高等教育新形态教材
课程思政特色教材
现代经济与管理类系列教材

统计学教程

（第 4 版）

主　编　许　瑞　朱艳丽
副主编　肖　巍　朱红兵　吴　敏
主　审　卢小广

清华大学出版社
北京交通大学出版社
·北京·

内 容 简 介

  按照经济管理学科专业的要求，本书从描述统计和推断统计两个层次上系统地综述了统计学的基本理论、基本原理和基本方法。在严谨科学的理论框架下，本书强调简洁性、系统性和可读性，力求深入浅出，理论联系实际，着重提高读者运用各种统计方法和统计软件分析问题、解决问题的实际能力，为经济管理专业课程的学习和研究奠定基础。

  本书为各类经济管理学科的研究生、本科生教学用书，也可以作为从事经济管理的研究人员和工作人员的专业参考书籍。

图书在版编目（CIP）数据

统计学教程 / 许瑞，朱艳丽主编. -- 4 版. -- 北京 ： 北京交通大学出版社 ： 清华大学出版社，2025.6. -- ISBN 978-7-5121-5549-7

  Ⅰ.C8

中国国家版本馆 CIP 数据核字第 2025BU1311 号

统计学教程
TONGJIXUE JIAOCHENG

责任编辑：吴嫦娥

出版发行：清 华 大 学 出 版 社 邮编：100084 电话：010—62776969 http://www.tup.com.cn
     北京交通大学出版社 邮编：100044 电话：010—51686414 http://www.bjtup.com.cn
印 刷 者：北京时代华都印刷有限公司
经 销：全国新华书店
开 本：185 mm×260 mm 印张：18.25 字数：456 千字
版 印 次：2025 年 6 月第 4 版 2025 年 6 月第 1 次印刷
定 价：49.00 元

本书如有质量问题，请向北京交通大学出版社质监组反映。对您的意见和批评，我们表示欢迎和感谢。

投诉电话：010 - 51686043，51686008；传真：010 - 62225406；E-mail：press@bjtu.edu.cn。

第4版前言

在当今时代，数字经济蓬勃发展，统计学作为一门关键学科，其数据的获取、处理与分析方法在各领域的重要性日益凸显。《统计学教程》第4版应时而生，此次修订紧密契合时代需求，深度融入课程思政元素，拓宽教材适用范围，强化工程实践应用能力，同时精心梳理知识架构，补充前沿领域新知识，修正原版存在的问题，确保教材兼具准确性、严谨性与前沿性。教材主要修订内容如下。

（1）新增课程思政要素

每章设置思政目标，将课程思政要素融入教材，引导学生树立正确的数据价值观，培养其严谨、客观、实事求是的科学态度，激发学生的爱国主义情怀，培养学生的社会主义核心价值观。

（2）新增高级统计学分析方法

随着大数据和人工智能时代的迅猛发展，统计学迎来了前所未有的机遇与挑战。本版教材与时俱进，增加了高级统计分析方法介绍，为学生应对未来复杂多变的统计应用做好充分准备。

（3）凸显水利特色

在保障教材通用性的基础上，积极融入水利行业特色元素。新增系列水利行业相关的统计指标和水利特色数据案例进行分析，培养学生运用统计思维洞察大型复杂工程问题的能力。

（4）新形态教学模式

本版教材采用了新形态教学模式，在教材中嵌入二维码，学生可以方便地扫描获取电子学习资源，提高学习的便捷性和趣味性。

本次修订工作承蒙前3版作者卢小广老师的悉心指导，其在统计学领域的深厚造诣和丰富经验为教材的完善提供了坚实基础，我们在此深表感谢。同时，也要感谢出版社吴嫦娥编辑一如既往的专业支持与辛勤付出，她的细致工作确保了教材的高质量出版。

本次修订工作，由肖巍负责第1章和第11章，朱红兵负责第2章和第10章，吴敏负责第3～5章，朱艳丽负责第6～9章，全书由许瑞、朱艳丽进行统稿工作。

在教材修订过程中，我们得到了众多专家学者、师生以及业界人士的关心与帮助。在此，我们要向他们表示衷心的感谢！同时，也期待广大读者在使用本教材过程中提出宝贵意见和建议，共同推动统计学教育事业的发展。

许瑞、朱艳丽

2025年4月

第1版前言

面对今天的知识经济时代，信息呈几何级数迅猛增长，各类信息的采集、处理、辨识和分析已经成为当今各行各业日常工作的重要内容，作为数据处理和分析技术的统计方法越来越广泛地应用于科学研究、生产管理、经济分析和经营决策的各个方面。

统计学是教育部规定的财经类专业的核心课程，在我国高等院校的经济学科和管理学科中普遍开设了这一课程。本书综合论述了统计学的基本理论和基本方法，并且基于经济管理学科专业基础课程的考虑，着重介绍了经济管理方面所涉及的统计学理论和方法。本书既可供经济管理学科教学使用，也可以作为从事经济管理工作人员的参考书籍。

本书具有以下特点。

(1) 体系结构上贯彻"大统计"的观点。根据"统计学是研究如何搜集数据，分析数据，以便得出正确认识结论的方法论科学"，统计学是一门既适用于自然科学，又适用于社会科学的通用的方法论科学的原则，从统计数据出发，以统计数据的处理和分析为核心，在描述统计和推断统计两个层次上，论述统计学的基本理论和基本方法。

(2) 内容布局上注重统计方法的严谨性和实用性。在确保理论体系科学严谨的前提下，力求体现本书的简洁性、系统性和可读性特征，以突出统计方法的实用性本质，来适应学生和实际工作者自学的需要。例如，本书删去了概率论的章节，因为概率论在各高校已经开设成独立的课程，没有必要在统计学中重复讲述。又如，本书在论述样本分布的章节中始终强调独立同分布样本概念，并将融合了样本分布、参数估计、假设检验等知识的抽样技术安排在最后的"抽样技术与试验设计"一章中介绍，以避免出现概念混乱。

(3) 方法掌握上强调计算机软件的使用。作为非统计专业的读者，没有必要掌握全部统计方法的推导和论证过程，关键在于学会运用各种统计方法分析问题，研究问题，尤其是正确地运用各种统计方法，采用各种数据处理和统计分析软件来进行统计分析的实际能力。所以本书专门设立了 Excel 应用栏目，采用目前使用最普遍的 Microsoft Excel 电子表格软件，结合案例讲解具体的统计方法，重点介绍 Excel 的"分析工具库"和有关统计函数等内容。

(4) 本书配有教学课件、例题及课外练习题答案，有需求者可从北京交通大学出版社网站下载，或发邮件至 cbswce@jg.bjtu.edu.cn 索取。

本书的章节结构如以下框图所示。

描述统计和推断统计是本书对统计学知识的基本分类，但在具体章节安排中也有少量的交叉。例如，第 2 章的"2.2.3 敏感问题的随机化处理"属于推断统计的内容，以及第 10 章的"10.1 描述性分析"属于描述统计的范畴。

在本书的编写过程中，参考了国内外有关学者的专著和论文，并得到了北京交通大学出版社吴嫦娥编辑的支持，在此一并致谢。

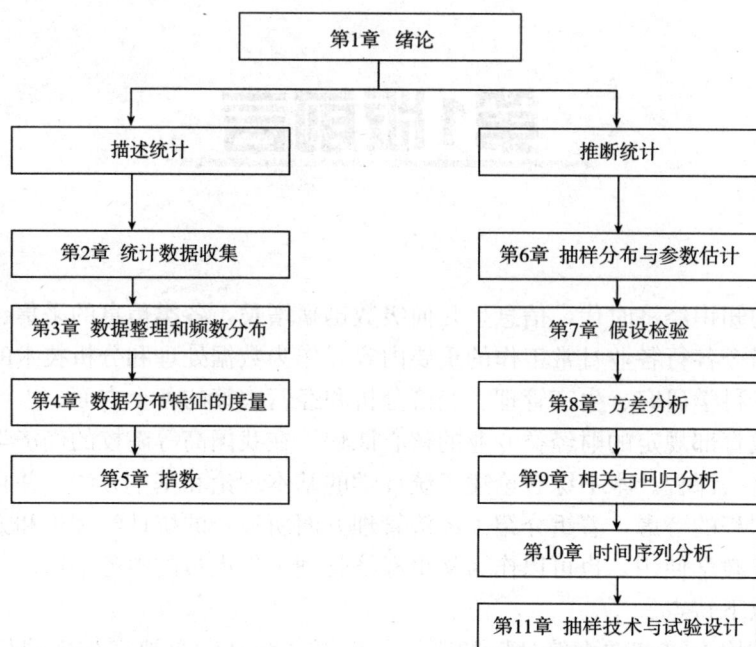

```
                         ┌─────────────────┐
                         │   第1章 绪论     │
                         └────────┬────────┘
              ┌───────────────────┴───────────────────┐
     ┌────────┴────────┐                     ┌────────┴────────┐
     │    描述统计      │                     │    推断统计      │
     └────────┬────────┘                     └────────┬────────┘
     ┌────────┴────────┐                     ┌────────┴────────────┐
     │第2章 统计数据收集 │                     │第6章 抽样分布与参数估计│
     └────────┬────────┘                     └────────┬────────────┘
     ┌────────┴──────────┐                   ┌────────┴────────┐
     │第3章 数据整理和频数分布│                 │第7章 假设检验    │
     └────────┬──────────┘                   └────────┬────────┘
     ┌────────┴──────────┐                   ┌────────┴────────┐
     │第4章 数据分布特征的度量│                 │第8章 方差分析    │
     └────────┬──────────┘                   └────────┬────────┘
     ┌────────┴────────┐                     ┌────────┴──────────┐
     │   第5章 指数     │                     │第9章 相关与回归分析 │
     └─────────────────┘                     └────────┬──────────┘
                                             ┌────────┴────────┐
                                             │第10章 时间序列分析│
                                             └────────┬────────┘
                                             ┌────────┴─────────────┐
                                             │第11章 抽样技术与试验设计│
                                             └──────────────────────┘
```

　　本书是编者在统计学教学和研究过程之中，长期思考、不断探索的一个成果，也是力求完善统计学教材的一次尝试。种种不当和疏漏在所难免，恳请各位同行和读者提出宝贵意见，以便再版时修正（联系方式：hongrui@jlonline.com）。

编　者

2006.1

目 录

第1章

绪　　论

思政目标

统计学作为一门工具，帮助我们认识客观世界，并为科学决策提供依据。改革开放以来，我国在经济和社会发展中取得的举世瞩目成就，离不开准确的统计数据支持。我们做统计工作需具备实事求是、精益求精的精神，树立科学严谨的态度，增强责任意识，为国家现代化建设贡献智慧和力量。

学习目标

通过本章的学习，重点掌握什么是统计学，"统计"一词的含义及其相互联系，描述统计和推断统计的内涵，定类尺度、定序尺度、定比尺度和定距尺度的定义及其统计意义，总体、样本、样本容量、参数、统计量，以及离散变量和连续变量等基本概念；理解统计学是研究如何搜集数据、分析数据，以便得出正确认识结论的方法论科学；理解总体、样本和参数、统计量，及其描述统计和推断统计中的相互联系；理解正确区分定类尺度、定序尺度、定比尺度和定距尺度是科学运用统计方法的基础；了解统计学产生和发展的历史，主要的学术流派及其代表人物，以及现代统计科学的发展现状，及其理论框架和基本内容。

在工作、生活、学习中，人们经常接触各类统计数据、统计图表，需要搜集、处理、分析和使用各类统计数据，统计已经渗入人类社会经济生活的每个角落。

本章主要介绍统计学的产生和发展，以及统计学的一些基本概念。

1.1　统计与统计学

1.1.1　统计实践的出现

随着人类文明的出现，远在原始社会初期的氏族、部落在安排狩猎、分配食物时，就有了最初的计数活动，孕育着统计实践的萌芽。

统计实践活动随着国家的产生而不断加强和完善。早在公元前 3000 年前，古埃及为了建造金字塔征集经费、劳力，对全国的财产、人口进行了数次普查。我国在春秋战国时期，管仲就明确指出"不明于计数而欲举大事，犹无舟楫而欲经于水险也"；商鞅提出了"强国知十三数"，系统地列出了治理国家必须了解的十三项指标，包括人口、土地、粮食等。

统计是人类的一项社会实践活动。不论何时何地，只要提到统计，人们总是要把它与数据的总计、平均、差异比较，和大量数据的综合分析联系起来。统计是通过对事物的数量特征进行搜集、整理和分析，进而得出对事物规律性认识的社会实践活动。各类事物及其现象的发展变化规律，都表现为质与量的辩证统一，要认识客观存在的事物及其现象的规律性，就必须把握其数量关系的基本特征及度的界限，这些都离不开统计。

❖ **讨论题**　你认为统计实践的主要特征是什么？

1.1.2　统计学的产生和发展

在数千年的统计实践活动中，人们对统计规律的认识逐渐加深，通过对统计实践活动的长期总结和逐步归纳，将其系统化为一门规范的科学体系——统计学。统计学作为一门独立的科学已有三百多年的历史，一般将统计学的产生和发展分为三个阶段。

1. 古典统计学时期（17 世纪中叶至 18 世纪末）

17 世纪中叶欧洲各国相继进入资本主义经济发展阶段，处于思想活跃的社会变革时期。各国不约而同地从不同领域开始了统计学的奠基工作，并相继形成了统计学的三大来源，即政治算术学派、国势学派和古典概率理论，为近代统计学奠定了理论基础，这一阶段是统计学的萌芽时期。

政治算术学派产生于 17 世纪中叶的英国，代表人物是威廉·配第（William Petty）和约翰·格朗特（John Graunt）。英国古典政治经济学的创始人，威廉·配第博士在 1676 年前后撰写了著名的《政治算术》一书，并于 1960 年正式出版。在《政治算术》中，威廉·配第采用"数字""重量""尺度"等定量分析工具，用数量比较的统计学方法进行经济政治研究。约翰·格朗特在 1662 年出版了著名的《关于死亡率的自然观察和政治观察》一书，建立了最初的人口增长模型，对伦敦市的人口现象进行了统计研究，提出了"大量恒静"这一统计学的著名格言。

国势学派产生于 18 世纪的德国。1660 年赫尔曼·康令（Hermann Conring）博士把国势学从法学、史学、地理学等学科中独立出来，在大学中讲授"实际政治家所必需的知识"，后由马丁·休姆采尔（Martin Schneitzel）将其更名为《政治学·统计学讲义》。高特弗瑞德·阿痕瓦尔（Gottfried Achenwall）于 1749 年正式确定了"统计学"这一学科的名称及有关统计学的一些术语。直到 1797 年，统计学（statistics）一词的词条才正式出现在《大英百科全书》上为世人普遍接受。

古典概率理论的研究始于 16 世纪的意大利，直到 17 世纪中叶才得到一般化的解法，并在 18 世纪的法国、瑞士等国得到广泛发展，最终于 19 世纪初叶由法国著名的数学家、天文学家、统计学家概率论的创始人，法国科学院院士拉普拉斯（Pierre Simon Laplace）在总结前人成果的基础上，于 1812 年出版了《概率论分析理论》一书，从而形成完整的应用理论体系。

2. 近代统计学时期（19 世纪初至 20 世纪初）

近代统计学的主要贡献是建设和完善了统计学的理论体系，并逐渐形成了以随机现象的推断统计为主要内容的数理统计学和以传统的政治经济现象的描述统计为主要内容的社会统计学两大学派。

数理统计学派的代表人物比利时的凯特勒（Lambert Adolphe Jacques Quetelet）博士深受拉普拉斯的影响，在其《社会物理学》中将概率论引入统计学，在生物统计和天文学研究中成功地运用了二项分布和正态分布方法。凯特勒博士认为要促进科学的发展，就必须更多地应用统计学，大力提倡采用统计方法对自然现象和社会现象的规律性进行观察。

社会统计学派的代表人物有克尼斯（Karl Gustav Adolf Knies）和梅尔（Georg Von Mayr）等。社会统计学派继承和发展了"政治算术学派"的理论体系，完善了统计有关描述性的分析方法，建立了较为完整的统计指标方法和社会统计学科体系，对当时的政府统计工作和统计学理论的推广产生了积极的促进作用。

3. 现代统计学的发展时期（20 世纪初至今）

自 20 世纪初到 20 世纪 50 年代是数理统计学派迅速发展的时期。多位统计学大师，共同完成了现代统计学的理论框架，使统计学成为一门严谨的学科，同时数理统计学逐渐成为主流统计学。

卡尔·皮尔逊（Karl Pearson）定义了相关系数的联合正态分布、估计误差的联合分布，以及关于拟合度的 χ^2 检验；费希尔（Ronald Aylmer Fisher）确立了统计推测理论、样本分布理论、试验计划法及 F 分布理论，特别是于 1921 年发表了《理论统计学的数学基础》一文，一般性地规定了数理统计学的基本架构；1937 年内曼（Neyman）发表了关于置信区间的奠基性论文；1950 年沃尔德（Wald）出版了《统计决策函数》一书。至此，数理统计学已经形成了一个统一的理论框架，并沿用至今。

20 世纪中叶，统计学在社会经济领域里的应用首推 1953 年创立的 SNA（the system of national accounts）核算体系，以及 1968 年发表的新 SNA 体系和 1993 年经过再次改进的 SNA 体系。在这一领域中，著名的统计学家斯通（John Richard Nicolas Stone）和里昂惕夫（Wassily W. Leontief）两位诺贝尔经济学奖得主做出了杰出贡献。

❖ **讨论题** 结合统计学产生和发展的历史，提出你对统计学的认识。

1.1.3 统计学的定义

从统计实践和统计学的产生和发展可以看出，统计学是一门应用领域宽广、分支众多、学派林立的大学科。因此，简单地对统计学给出一个普遍赞同的定义是困难的。《大不列颠百科全书》给出的定义——统计学是用以收集数据、分析数据和由数据得出结论的一组概念、原则和方法。

具体来说，可以从以下三个方面来把握统计学的定义。

第一，统计学是方法论科学，而不是实质性科学。统计学不研究具体规律本身，而是研究普遍存在的数量关系的计量及其分析，并通过数量分析来认识特定事物内在规律性的方法。

第二，统计学的应用范围不仅限于社会科学，也不只限于自然科学。统计学方法来自于社会科学和自然科学的统计实践活动，可以用于社会现象，也可以用于自然现象，统计学是一种通用的方法论科学。统计学是一门不依附于任何实质性科学而存在的方法论，它是一门独立的方法论科学。

第三，统计学的研究对象既包括确定性现象的总体数量特征，也包括随机现象的总体数量特征，即统计学是研究各类事物及其现象的数量特征及其内在联系的方法论科学。

❖ 讨论题　从统计学的定义出发，探讨统计学在经济管理中的地位和作用。

1.1.4　"统计"一词的含义

"统计"一词，一般包括如下三个方面的含义。

一是统计工作，即对事物及其现象的数量特征进行数据搜集、整理和分析的社会实践活动过程。

二是统计数据，一般也称为统计资料，即统计工作的成果。

三是统计科学，即对统计工作规律进行总结和理论概括的系统学说。

统计学与统计工作之间是理论和实践的关系。统计学来源于统计实践的经验总结，同时作为系统化了的人类知识积累，又指导着人们有效地开展统计实践，并在统计实践中得到检验和修正，推动统计学自身的完善和发展。统计数据是统计工作的成果，不仅反映了统计实践活动的规模和水平，同时还反映了统计科学的完善和规范，为检验和发展统计学理论和方法提供了重要依据和必要中介。

1.1.5　描述统计和推断统计

描述统计（descriptive statistics）是研究数据的收集、整理、综合及分析的统计方法体系。

推断统计（inferential statistics）是研究利用样本数据估计、检验及分析总体特征的统计方法体系。

描述统计和推断统计构成完整的现代统计学方法体系。

1.2　统计的几个基本概念

1.2.1　总体和样本

总体（population）是指由所研究的全部个体构成的集合。构成总体的每一元素称为个体（unit），或总体单位（population unit）。

总体是统计最基本的要素和的概念。总体是统计研究的对象，统计认识活动的目的决定着总体。科学地进行统计活动的首要前提就是准确地界定总体。

由于统计认识活动的对象千差万别，构成总体的个体特征差异悬殊，界定总体的复杂程度差别明显。例如：对当需要了解一批进口葡萄酒的质量时，该批所有进口葡萄酒有关质量特征的集合就是总体，由于个体特征清晰，很容易界定这一总体的内涵和外延。当调查分析某一城市居民中第二产业职工收入水平时，问题就复杂了。例如：城市居民如何定义，在该城市所辖的县、乡、镇的居民是否为该城市居民？短期居住人口是否包括在内？若不包括短期居住人口，如何区分流动人口和固定人口？如何界定第二产业？收入中是否包括居民的投资收入、转移收入、借贷收入，以及从事非第二产业的兼业收入？一系列接踵而来的具体问题使得界定总体的工作变得复杂和困难。显然，正确地界定总体，需要具备问题所涉及领域的专业知识和工作经验。

统计意义上的总体是对客观存在的现实反映，通过对客观事物及其现象的某一方面的数量观测，以具体的观测数据来揭示研究对象的特征。所以，总体一般表现为一组观测数据所构成的集合。例如：对一批进口葡萄酒质量的统计活动，目的是了解该批进口葡萄酒的质量，那么由反映葡萄酒质量的有关数据的集合就构成了统计意义上的总体。又如：在调查分析某一城市居民第二产业职工收入水平时，研究的对象是职工的收入，不是该城市居民第二产业职工本身，也不是该城市居民第二产业职工的其他数量特征；由该城市居民第二产业每一职工收入的有关数据所构成的集合，就是统计意义上的这一特定的总体。

根据总体的范围是否明确界定，即总体所包含的个体数量是否具有可数性，将总体区分为有限总体和无限总体。总体所包含的个体数量可数时，称为有限总体；总体所包含的个体数量不可数时，称为无限总体。例如：当研究某一渔港的海产品捕捞量时，那么一定时间内该渔港各个从事海洋捕捞作业的企业和渔民所捕捞的海产品产量就构成了一个具体的有限总体；当所研究的是某一海域的鱼类资源总量时，该海域的各种鱼类总数就构成了一个无限总体。

在有限总体场合，采取不重复方式随机抽取样本时，每次抽样都会引起总体单位数产生确定性的减少，这样的抽样过程是非独立的；在无限总体场合，即使采取不重复方式随机抽取样本，也不会对随后的抽样产生影响，等价于有限总体场合采取重复方式随机抽样，所抽取的样本均为独立同分布样本。独立同分布样本是推断统计中的重要概念。

样本（sample）为从总体中抽取的一部分个体构成的集合。在样本这一集合中元素的数量，称为样本容量（sample size）。相对应地，将总体中个体的数量，称为总体容量（population size），一般也称为总体单位数，或总体单位总量。

假如一批进口葡萄酒的总数为 100 000 瓶，从中抽取 50 瓶进行开瓶检查，这 100 000 瓶的总数就是总体容量，或称为总体单位数。从这 100 000 瓶中抽取的 50 瓶葡萄酒就是这一统计调查的样本，其样本容量为 50 瓶。在现实生活中，显然不可能为了检查一批葡萄酒的质量，就打开所有的 100 000 瓶葡萄酒。可行的方法是采用抽样技术，从 100 000 瓶葡萄酒中按照随机原则抽取只占总数很小比重的葡萄酒作为样本，通过样本获得有关观测数据，科学地推断出这 100 000 瓶葡萄酒的质量情况。所以，推断统计具有广泛的实用性。

✣ 讨论题 试用某一实例解释总体概念。

1.2.2 参数和统计量

参数（parameter）是描述总体特征的概括性数字度量。参数是进行统计活动所要了解的关于研究对象特征的综合数值，有均值、标准差、总体比例、相关系数、回归系数等，通常用希腊字母或拉丁字母表示参数。

在统计中，参数一般为待定的未知常数，统计活动的目的就是搜集或推断这一总体数值。参数数值可以通过普查等全面调查的方式获得，也可以通过随机抽样的方法科学推断。例如：某城市居民第二产业职工收入水平就是一个参数，有待通过全面调查，或者根据样本推断得到该收入水平的具体数值。

统计量（statistic）是描述样本特征的概括性数字度量。统计量是为了满足人们进行统计活动，研究总体的需要，根据统计推断理论和方法，在样本数据基础上计算出来的用以推断参数的数值。所以，统计量同样包括了关于研究对象特征的综合数值，有均值、标准差、总体比例、相关系数、回归系数等统计量，通常用小写的英文字母表示。例如：均值用 $\bar{x}$，标准差用 s，总体比例用 p，相关系数用 r 等。还有一类用于显著性检验的统计量，一般用大写的英文字母表示，如 Z 统计量、T 统计量、F 统计量等。

1.2.3　数据计量尺度

统计数据（data）是对客观现象进行登记和计算的结果，是进行统计分析的基础。由于客观事物及其现象具体特征不同，以及进行统计资料搜集时采用的具体量表不同，所得到的观测数据的精确程度也就不同，这里用数据计量尺度来加以区分。由粗略到精细，由初级到高级，可将数据计量尺度分为定类尺度、定序尺度、定距尺度和定比尺度四个层次。

1. 定类尺度

定类尺度（nominal scale）又称为类别尺度或列名尺度，由其构成的量表一般称为称名量表或分类量表。定类尺度是最粗略、计算层次最低的计量尺度。

定类尺度只能按照事物及其现象的某种属性对其进行平行的分类或分组。例如：车牌号、学生学号、运动员号码、身份证号码、人员性别、企业类别等。

定类尺度精确到"一一变换是唯一的"，具有传递性，即当 $a=b$，$b=c$ 时，有 $a=c$。

由定类尺度计量形成的定类数据，表现为不分顺序的类别，只能进行"="和"≠"的运算，也就是只能区分事物是同类或不同类，进行分类统计。定类尺度可以计算频率或频数、众数和进行列联分析。

2. 定序尺度

定序尺度（ordinal scale）又称为顺序尺度，由其构成的量表一般称为顺序量表或评秩量表。

定序尺度精确到"单调变换是唯一的"，变换不改变定序尺度中的信息，即 $a>b$，$b>c$，则有 $a>c$。

定序尺度是描述事物之间等级差或顺序差的一种测度。不仅可以将事物分成不同的类别，还可以确定这些类别的优劣或顺序，例如：军阶、职称、工资级别、产品质量等级、受教育水平等。

由定序尺度计量形成的定序数据，表现为有顺序的类别，可以比较大小、优劣，具有"=、≠、<、>"的数学性质，可以计算中位数，但不能测量出类别之间的准确差距，不能进行加减乘除的运算。

3. 定距尺度

定距尺度（interval scale）又称为间隔尺度，由其构成的量表一般称为间隔量表或间距量表。

定距尺度精确到"线性变换是唯一的"。定距尺度没有确定的"零点"，但是可以准确地指出事物类别之间的距离是多少。

定距尺度的特征可以用公式表示为 $y=a+bx$。例如：温度、考试成绩等。

由定距量表计量形成的定距数据，表现为数值，通常是以自然单位或度量衡单位作为量纲，它是一个真正意义上的"定量"量表，可以进行加减运算，可以计算平均数、标准差、相关系数、T 检验量、F 检验量等数值。

4. 定比尺度

定比尺度（ratio scale）又称为比率尺度，由其构成的量表一般称为比例量表。

定比尺度精确到"乘以一个正常数的变换是唯一的"。

定比尺度不仅准确地界定了事物类别之间的距离，而且还存在一个绝对固定的"零点"。

由定比尺度形成的定比数据，也表现为数值，并且是等级最高的统计数据，可以进行加减乘除的运算。

1.2.4 变量

变量（variable）是说明现象某种特征的概念。

变量最基本的特点是在同一总体的不同单位上可取不同的数值，以及同一总体相同单位在不同时间上可取不同的数值，即变量的变异性，或差异性特征。例如：企业的增加值、城市的居民人口数、同一家庭在不同年份的收入水平等。

根据计量尺度的不同，一般变量可划分为以下三种类型。

1. 定类变量

定类变量（nominal variable）是由定类数据来登记的变量。

例如：国民经济部门分类属于定类变量，其变量值为制造业、采矿业、建筑业、金融业、房地产业等。

2. 定序变量

定序变量（ordinal variable）是由定序数据来登记的变量。

例如：产品按质量可以分为特等品、一等品、二等品、三等品、等外品、次品、废品，它们就属于定序变量。

定类变量和定序变量都是对事物质的属性的界定，所以又称为定性变量，或者非数字变量，其变量的数值只是对类型进行标注的代码，不具有可加性。

3. 数字变量

数字变量（numerical variable）是由定距数据或定比数据来登记的变量。

例如：投资总量、工资总额、人口数、固定资产总额、国土面积、公路里程、汽车保有量、粮食总产量、国内生产总值、消费价格指数、通货膨胀率等。数字变量的取值是对客观事物数量特征的具体测定和数值表述，具有可加性。经济管理中的变量基本上为数字变量。

数字变量根据其取值特征，又可以分为离散变量和连续变量。

离散变量（discrete variable）是指只能取可数的整数值的数字变量。在离散变量的两个取值之间只能插入整数数值，具有可以一一列举的特征。例如：人口数、企业数、汽车保有量等。

连续变量（continuous variable）是指在其取值范围可以取任意小数数值的数字变量。在连续变量的任意两个取值之间都可以插入任意数值。例如：固定资产总额、国内生产总值、消费价格指数、通货膨胀率等。

1.2.5　统计指标和标志

在政府统计工作和有关经济管理实践和研究中，经常用到统计指标和标志的概念。

1. 统计指标

统计指标是反映总体数量特征的概念及其具体数值。

统计指标是指反映实际存在的一定总体现象的数字概念（或名称）和具体数值，有时仅指指标的概念（或名称）。例如：2024 年我国国内生产总值、2024 年我国国内生产总值增长速度等，仅具有指标的概念（或名称）；而 2024 年我国国内生产总值为 134.9 万亿元，2024 年我国国内生产总值增长速度为 5.0%，则既有社会总体现象的数字概念（或名称），又有具体数值。统计指标是说明事物数量和总体的综合特征的，实际可以测量和度量的，可以用数值来计量和描述的量。统计指标是对客观事实的数量反映。

统计指标按其作用和表现形式的不同，有总量指标（绝对数）、相对指标（相对数）、平均指标（平均数）三种。

2. 标志

标志是说明构成总体的个体特征的名称，可分为品质标志和数量标志。

品质标志是说明个体质的特征的名称。质的特征是指不能用数值来表示的特征。例如：性别、民族、工种、籍贯等。

数量标志是说明个体量的特征的名称。量的特征是指可以用数值来表示的特征。例如：身高、年龄、工资额等。

3. 标志和指标的区别和联系

标志是说明总体单位个体特征的；指标是说明总体综合特征的。

标志具有不能用数值表示的品质标志和可以用数值表示的数量标志两种；指标都是用数值表示的。

标志中的数量标志有的可以不通过汇总，直接获得；指标数值都是经过汇总后得到的。

统计指标的数值是从标志的原始资料汇总而得到的。一部分是由数量标志加总而得到的总体标志总量，另一部分是按照品质标志或统计分组数据汇总得到的总体单位总量。

4. 统计指标体系是由若干相互联系的统计指标组成的一个整体

单个统计指标只能反映总体现象的某一方面的某一特征。而事物之间客观存在着普遍的内在联系，反映事物及其现象数量特征的统计指标必须反映出这样的联系。因此，要求将若干相互联系的统计指标组成一个有机整体，通过构造相应的统计指标体系，对客观事物及其现象的数量特征进行全面、综合和客观的描述。

统计指标体系是人们通过统计实践，根据事物内在的客观联系而编制出来的一个统计指标集合，它是对现实存在的客观反映，而不是人们的主观臆造。

1.3　大数据环境下的统计发展

随着信息技术的飞速进步与互联网的广泛普及,人类社会正以前所未有的速度产生着海量数据,这一趋势标志着大数据时代的到来。在这一背景下,统计学作为一门研究数据收集、处理、分析及解释的科学,正经历着深刻的变革与发展,其应用领域、方法体系及理论框架均展现出新的活力与潜力。大数据环境下的统计学科面临着如下典型的特征。

1. 数据规模的爆炸性增长

大数据环境下,数据规模从传统的 GB、TB 级跃升至 PB、EB 乃至 ZB 级别,这种爆炸性的增长不仅极大地丰富了统计研究的数据源,也对统计学的数据处理能力提出了更高要求。传统的统计软件和方法在处理如此庞大的数据集时显得力不从心,促使统计学家们不断探索和开发新的计算技术和算法,如分布式计算、云计算等,以应对大数据带来的挑战。

2. 统计方法的创新

面对大数据的复杂性、多样性和高速性,统计学在方法上进行了诸多创新。一方面,非参数统计、机器学习、数据挖掘等现代统计与数据科学方法逐渐融入传统统计学体系,为处理高维数据、非结构化数据提供了有力工具;另一方面,预测分析、因果推断等高级统计技术在大数据背景下得到了广泛应用,不仅提升了数据分析的精度和深度,还拓展了统计学的应用领域,如金融风控、医疗健康、智慧城市等。

3. 实时统计与动态监测

大数据的实时性特点促使统计学向实时统计与动态监测方向发展。在社交媒体分析、网络舆情监控、市场趋势预测等领域,统计学需要快速捕捉并处理数据流中的信息,实现即时反馈和决策支持。这要求统计学家们不仅要掌握高效的数据处理技术,还要具备敏锐的洞察力和快速响应能力,以应对瞬息万变的市场环境和社会需求。

4. 隐私保护与数据安全

大数据的广泛应用也带来了隐私泄露和数据安全的风险。如何在保护个人隐私的同时,有效利用大数据资源进行统计分析,成为统计学界亟待解决的问题。因此,差分隐私、联邦学习等隐私保护技术应运而生,为大数据环境下的统计研究提供了重要的安全保障。

统计学作为数据科学的基石,正经历着深刻的变革与发展,大数据时代在为统计学的发展带来前所未有的机遇的同时,也提出了全新的挑战。统计学家们正在不断探索新的理论、方法和技术,以适应大数据时代的需要,推动统计学向更加智能化、精准化、实时化的方向发展。未来,统计学将在数据融合、智能化分析、实时统计、隐私保护及普及化教育等方面不断取得新的突破和进展,为人类社会的可持续发展贡献更大的力量。

▶▶▶ **Excel 应用** ◀◀◀

"分析工具库"的安装和使用

Excel 是 Microsoft 公司推出的电子表格软件,它不仅具有强大的电子表格处理功能,而且附带内容丰富的统计数据处理功能（统计函数和统计数据分析宏），可用于进行数据管理、数据处理、数据分析和绘制图表。在 Excel 提供的统计数据处理分析的宏程序库——"分析工具库"中，包括了比较完备的统计方法，可以基本满足本书所讲授的统计方法的学习和使用。使用"分析工具库"能够显著地提高统计工作效率，降低计算误差。

Excel 的"分析工具库"不属于典型安装的内容，需要另行安装。在开始使用"分析工具库"前，请单击"工具"菜单中的"数据分析"命令。如果"工具"菜单中没有"数据分析"命令，则需要安装"分析工具库"。

1. 安装"分析工具库"

在"工具"菜单中，单击"加载宏"命令。

如果"加载宏"对话框中没有"分析工具库"，则说明 Excel 电子表格系统尚未加载分析工具宏程序，必须在 Excel 中加载并启动"分析工具库"宏程序。单击"浏览"按钮，定位到"分析工具库"加载宏文件"Analys32.xll"所在的驱动器和文件夹（通常位于"Microsoft Office\Office\Library\Analysis"文件夹中）；如果没有找到该文件，应运行"安装"程序，再进行"分析工具库"程序的加载。

如果"加载宏"对话框中有"分析工具库"，请选中"分析工具库"复选框。然后，将 Office 2000 软件光盘插入计算机光盘驱动器中，进行安装。参见图 1.1"分析工具库"的加载。

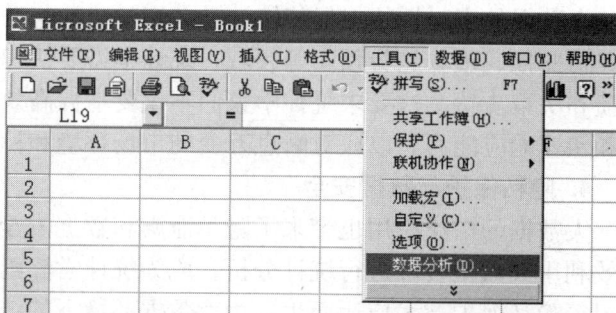

2. 使用分析工具库

加载"分析工具库"之后，即可在"工具"的下拉菜单中，单击"数据分析"，调出"数据分析"工具，然后在"分析工具"列表框中，选中需要使用的数据分析工具。参见图 1.2"分析工具库"的调用。

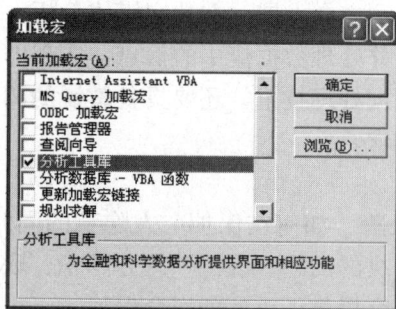

图 1.1　"分析工具库"的加载　　　　　图 1.2　"分析工具库"的调用

此外，Excel 还提供了功能强大的统计分析函数，可以简便地用于各类统计分析计算。统计分析函数是 Excel 典型安装的内容，不用另行安装就可以直接使用。

本书将对应各章所介绍的统计学方法，在各章的"Excel 应用"栏目中逐步介绍 Excel "分析工具库"及其统计分析函数的详细功能和具体运用。

思考与练习

1. 什么是统计学？
2. "统计"一词的含义及其相互联系各是什么？

3. 举例说明描述统计和推断统计。

4. 解释定类尺度、定序尺度、定比尺度和定距尺度。

5. 举例说明总体、样本、样本容量、参数、统计量的基本概念。

6. 分析总体、样本和参数、统计量的联系。

7. 变量可以分为几类？

8. 举例说明离散变量和连续变量。

自测题

自测题答案

人物小传

威廉·配第（William Petty）

威廉·配第（1623—1687）是英国古典政治经济学的创始人，统计学家。他所著的《政治算术》一书是经济学和统计学史上的重要著作。对于统计学而言，这本书的历史地位不在于它的分析结论，而在于它采用的分析方法。

威廉·配第在该书中采用了大量的数量比较的方法，进行经济政治研究，他认为自己进行这种工作所使用的方法，在当时还不常见。因为他不采用比较级或最高级的词语进行思辨式的议论，而是采用数字、重量和尺度来表达想说明的问题。

马克思对威廉·配第的评价很高，称威廉·配第是"最有天才的和最有创见的经济学家"，"政治经济学之父，在某种程度上也可以说是统计学的创始人"。威廉·配第的数量对比分析方法成为统计学的来源之一。由于他对于统计学的贡献和《政治算术》一书，人们将他所代表的统计学派命名为政治算术学派。

第2章

统计数据收集

2.1　统计数据的来源

从统计数据的观测登记方式和统计数据本身的属性看，统计数据存在两种不同的来源：一是专门组织的统计调查；二是科学试验和生产实验的观测数据。

从使用者的角度看，统计数据也存在两种不同的来源：一是直接的来源，属于第一手的统计数据，称为初级数据；二是间接的来源，属于第二手的统计数据，称为次级数据。

对于大多数普通使用者而言，在进行统计分析时，除了通过直接进行统计调查或试验观测，以取得所需的数据，还使用间接的第二手的统计数据，如各类文献数据、统计年鉴上公开出版的统计数据，以及有关部门、机构尚未公开出版的统计数据。

2.1.1　统计调查

统计调查的主要方法有普查、抽样调查和统计报表等。我国政府统计调查工作是"以必要的周期性普查为基础，经常性的抽样调查为主体，重点调查、科学推断等为补充的多种方法综合运用的国家统计调查方法体系"。

1. 普查

普查（census）是为了特定目的而专门组织的一次性或周期性的全面调查，调查在某一标准时间上的社会经济现象的总量。普查具有以下特点。

（1）普查是一种全面调查

普查对总体中所有个体都进行调查登记，直接获得总体参数的具体数值。普查是一种需要耗费大量人力、物力和时间，全面的统计调查方式。普查对总体中所有个体进行调查，因此普查不存在由部分样本推断总体参数的估计误差；普查往往需要临时征用大量调查人员，同时进行大规模的实地调查登记和数据处理工作。由于调查人员专业素质参差不齐，调查任务过于繁重，调查时间比较紧张，普查容易导致各类登记性误差。

（2）普查是一种一次性或周期性的调查

这是由普查全面调查的性质决定的。全面调查耗费大量人力、物力和时间，不可能经常性连续进行，只能按照需要采取一次性或周期性的方式开展。周期性普查是我国政府统计调查工作的基础。我国统计制度规定，在每逢年份的末尾数字为"0"的年份进行全国人口普查，每逢末尾数字为"6"的年份进行全国农业普查，每逢末尾数字为"3"和"8"的年份进行全国经济普查。

（3）普查是一种在某一标准时间上的社会经济现象总量的调查

普查通过设定标准时间来保证普查数据在时间上的一致性。

普查的目的在于搜集那些不能够或不适宜用其他统计调查方式搜集的统计数据，以掌握重要的国情、国力数据，以及为经常性的抽样调查提供抽样框和其他辅助数据。

抽样框（sampling frame）是进行抽样调查时抽取样本的有序数据库。为了降低抽样调查的系统性偏误，抽样框数据与总体的客观存在应尽量保持一致。抽样框的原始数据只能来自于对总体的全面调查，借助周期性的普查来不断更新抽样框数据，是科学地实施抽样调查的基本要求。

2. 抽样调查

抽样调查（sampling survey）是根据随机原则的要求，从总体中抽取部分个体构成样本，并依据样本信息推断总体数量特征的非全面调查。

（1）抽样调查是一种按照随机原则抽取样本的调查

抽样调查的随机原则，就是在抽样时排除主观意识的干扰，使总体中的每个单位具有一定的被抽中概率。只有遵循随机原则，确保样本的随机性，才能满足抽样理论对估计量的精确度和可靠度进行数理推算的要求。随机抽样是保证抽样调查科学性的先决条件。

（2）抽样调查是一种可以事先估计和控制抽样误差的调查

基于抽样调查的随机原则，运用样本信息估计总体参数时所产生的抽样误差，可以事先估计出来，并且通过确定恰当的必要样本容量对抽样误差加以有效控制。

（3）抽样调查是一种非全面调查

抽样调查仅对总体中部分被随机抽中的个体进行调查登记，因此可以显著地提高调查的时效性，降低调查的人力、物力、财力投入，抽样调查是一种经济的调查方法。

（4）抽样调查是一种准确性高的调查

基于抽样调查的随机原则，可以事先估计和控制抽样误差；同时抽样调查仅对总体中被随机抽中的部分个体进行调查，调查工作量大幅减少，可以运用具备丰富经验的专业人员，在相对充裕的调查时间里，高质量地进行数据采集和数据处理，有效地降低调查的登记性误差。所以，抽样调查是对普查等统计调查中存在的登记性误差进行检查和校正的主要方法。

（5）抽样调查是一种具有广泛适用性的调查

抽样调查可以用于破坏性检验场合的调查和推断。对于具有破坏性的调查，如对一些产品的使用寿命、抗压、防震等能力的检验，以及对一次性使用物品的检验等，只有采用非全面调查方法。

抽样调查可以用于较大规模总体或无限总体的调查和抽样。在总体单位数无限或虽然有限却无法一一观察的情况下，要研究总体的数量特征，就难以进行全面调查，而只能以抽样调查方法推断总体。

抽样调查可以用于检查和补充全面调查数据。全面调查涉及的范围广，参加的人员多，往往存在着较大的登记性误差。为了提高数据的准确性，常在全面调查后再抽取一部分单位进行一次抽样调查，利用抽样调查的数据估计全面调查的误差，并据此对全面调查数据进行调整和补充。另外，在两次全面调查之间，尤其是在周期性普查的间隙期间，可以采用抽样调查方法来反映总体数量特征在此期间的变动情况。

抽样调查可以用于企业的全面质量控制。在全面质量控制中最基本的方法就是抽样调查。例如：抽样调查广泛运用于产品生产和销售过程中的原料检验、工序控制、误差控制、在制品检验、产品验收，以及产品的售后服务等方面。

自1953年起，我国政府统计部门相继成立了全国农产量调查总队和各省区市农产量调查队。1982年以后，我国又设立了全国城市抽样调查队和企业调查队，形成了一个自上而下的全国抽样调查网络体系。

3. 统计报表

统计报表（statistical report forms）是指按照统一的表式、统一的报送时间和报送程序，自上而下统一布置，自下而上逐级上报，逐级汇总，提供基本统计数据的统计调查方式。

统计报表分为国家正式报表和企业内部报表。国家正式报表是指按照国家有关法规规定，由统计主管部门正式核准的，所有单位和公民都必须依法填写和报送的统计报表。企业内部报表是现代企业管理信息采集和经营决策分析的重要工具之一，由企业按照内部核算要求和填报国家正式报表需要，自行制定，自我管理。

2.1.2　数据的搜集方法

数据的搜集方法一般可以归纳为询问调查、观察和实验两大类。

1. 询问调查

询问调查是调查者与被调查者通过某种方式或某种工具进行信息交流，以采集和登记调查数据的方法。根据其在方式和工具上的差异可以分为以下几类。

① 访问调查。又称为入户调查，或派员调查。访问调查是专门派出调查人员，前往被调查对象所在地，直接进行的面对面的信息交流和当场登记的一种调查方法。

② 电话调查。调查人员通过电话与被调查对象进行的信息交流和数据登记的一种调查方法。

③ 邮寄调查。邮寄调查是指通过邮政系统邮寄，以及大众传播媒介发布、专门场所派发和部门单位内部系统分发等方式将标准化的调查表递送至被调查对象，由被调查对象按照填表说明自行填写，然后按照要求寄回到指定的调查数据回收地址，或投放到指定的调查数据回收场所，以实现数据采集的一种调查方法。

④ 计算机辅助调查。计算机辅助调查是指采用计算机技术进行问卷设计、样本抽取、调查登记、数据录入和数据处理的一种调查方法，多用于与现代信息技术相结合的场合。例如：电话自动应答调查系统、网络调查系统和短信调查系统等。

⑤ 座谈会调查。座谈会调查是通过召集一组被调查者集中进行，调查者与被调查者，以及被调查者之间的面对面的信息交流和当场登记的一种调查方法。座谈会所召集的被调查者一般为有针对性的特征人群。例如：某方面专业人士、某领域专家学者、某行业实际工作人员、某产品直接消费者或使用者等。

2. 观察和实验

① 观察法。观察法是调查者单方面观察、采集信息的一种数据搜集方法。例如：道路车辆通过状态数据采集，超市商品的购买者行为数据采集，等等。

② 实验法。实验法是在特定的实验环境下，对参与实验调查的被调查对象进行实验测量，以取得所需信息的一种数据搜集方法。广泛用于各类量表设计分析、因素影响分析、产出效果调查，产品设计研究等方面。

❖ **讨论题** 谈一谈你所接触过的统计数据的搜集方法。

2.2 统计调查设计

2.2.1 统计调查方案设计

统计调查是一项复杂细致的系统工程，为了在调查过程中统一认识、统一内容、统一方法、统一步调，顺利完成调查任务，必须事先编制一个科学的统计调查方案。

统计调查方案一般包括以下几方面的内容。

1. 调查任务和目的

调查任务和目的是统计调查的依据。如果任务不清，目的不明，就无法确定向谁调查、调查什么，以及用什么方法进行调查。调查任务和目的是根据一定时期内对某一具体统计调查对象进行调查的具体要求和实际需要来决定的。调查目的决定着调查的对象、内容和方法。

2. 调查对象、调查单位和填报单位

调查对象是需要调查的那一现象的集合，由许多性质相同的单位所组成。调查单位就是组成调查对象的单位，是调查项目的承担者。调查对象和调查单位的确定取决于调查任务和目的。调查对象和调查单位是总体和总体单位在统计调查阶段的具体表现。

填报单位（又称报告单位）是负责报告调查内容、提交的原始数据的单位。调查单位与填报单位有时是一致的，有时却不一致。

3. 调查项目和调查指标

调查项目就是调查中所要登记的调查单位的数据及其他有关情况。确定调查项目的依据是事先设计好的统计指标。确定调查项目时应注意数据搜集的可行性、项目和指标解释的一致性，保证项目和指标之间的衔接性，以及保证项目和指标的一致性。

4. 调查时间

调查时间有两种含义。一是调查数据所属的时间。如果所要调查的是时期现象，就要明确规定搜集从什么时间开始到什么时间结束的数据；如果所要调查的是时点现象，就要明确规定统一的标准时点。二是调查工作的期限。指的是调查工作开始和结束的具体时间要求。

5. 调查方法

要根据调查任务的要求，调查对象的特点，调查人员业务水平和专业经验，选用合适的方法进行调查。只有在具体的调查方法确定之后，才能制定调查误差控制方法、数据处理方法，才能提出明确的调查经费概算，组织人员培训，设置调查机构等。

6. 调查误差的控制方法

根据所采用的不同统计调查方法，对于调查中可能出现的误差，相应地采取不同的调查误差控制方法，以提高统计调查数据的质量。对于全面调查，一般可以用抽样数据来控制全面调查中出现的登记性误差；对于抽样误差，则通过确定必需的样本容量等方法来实现对抽样误差的有效控制。

7. 调查数据的汇总处理方法

首先是制定调查数据的汇总方法。在社会经济调查中，为了提高调查的时效性、准确性，大多采用了分级汇总与超级汇总相结合的方式。采取超级汇总方式，一方面可以加快数据汇总的速度，满足各级部门的需要；另一方面避免了统计调查原始数据的信息在逐级汇总过程中的损失、衰减和干扰，使其得到有效的利用。

其次是制定调查数据的处理方法。需要细致地制定各项调查指标的计算口径和计算方法，保证调查数据在时间上和空间上的可比性。在进行抽样调查时，还要对样本容量计算，抽样估计量推断和抽样误差计算的具体方法给予统一的规定。现在调查的数据处理工作一般都是利用计算机来进行，大型的调查可以通过编制专用的调查数据汇总和数据处理软件来保证这一工作的质量和效率。

8. 调查表和调查问卷设计

将调查项目按照一定顺序排列在规范的表格上，附上填表说明，就构成了调查表。

统计调查的问卷设计是调查设计中一个技术性较强的问题，该问题将在 2.2.2 节中专门论述。

9. 制定调查工作的组织实施计划

这具体包括调查工作的组织领导机构的设置和职能，调查人员的培训和组织、统计调查的宣传教育、文件印刷、调查经费的管理等内容。

2.2.2　问卷设计

除政府统计部门的专业统计机构之外，大量进行的是各类专门组织的中小规模的社会经济调查，这类调查大多采用问卷调查方式实施。科学的问卷设计技术是提高数据搜集效率和保证数据质量的重要环节。

1. 问卷结构

问卷结构由问卷的开始、主体和结束三个部分组成。

（1）问卷的开始部分

主要包括识别信息、问候语和填写说明三项内容。

识别信息一般由问卷标题、问卷编号、调查者及被调查者姓名、地址、电话等基本信息组成，用于问卷的识别，便于问卷数据的检验、核对、校正，以及有效进行相关的后续调查。

问候语的内容包括简要介绍调查者的情况，调查的目的和意义，对被调查者合作的感谢。有的问卷还要告知被调查者填写问卷后的信息反馈、报酬和奖励等情况。问候语一定要亲切、自然、诚恳，文字表述必须简洁清晰。问候语的目的就是消除被调查者的疑惑和顾虑，争取被调查者的认可和认同，积极主动地参与和配合问卷调查。

填写说明的目的是介绍正确填写问卷的方法。例如：对于问题类型的说明和识别，对于封闭性问题中单选题和多选题的回答方式，对于开放性问题的回答方法等。

（2）问卷的主体部分

这是调查问卷的核心内容，包括所有封闭性问题及其备选答案，以及开放性问题。

（3）问卷的结束部分

一般由被调查者的背景数据构成。例如：被调查者的性别、年龄、收入状态、受教育水平、职业类别、家庭人口、居住地区等，以便按照研究目的进行分类比较分析。被调查者的背景数据放在问卷的结束部分提出，是一种消除被调查者顾虑的设计技巧，以避免被调查者在没有对问卷的全面了解情况下，就从自我保护的潜意识出发，排斥问卷调查，拒绝回答问卷，或提供虚假的回答。

2. 封闭性问题及备选答案

问卷的主体由若干问题组成，其中主要形式为封闭性问题。封闭性问题及备选答案的设计是问卷设计的核心内容。

（1）封闭性问题的表达要准确，内容要完整

一般可以按照 5W1H 原则检查，即按照 who（谁），where（何处），when（何时），why（为什么），what（是什么），how（如何）6 个方面来判断。

（2）封闭性问题备选答案要不重不漏

针对所提出的问题，备选答案要覆盖所有可能出现的状态，并且各项备选答案之间不能存在任何的遗漏、交叉或重叠，即保证封闭性问题备选答案的完备性和周延性。例如：对某一事件的态度，备选答案不能仅仅为"赞成"和"反对"，还应视具体问题设置第三项，诸如"其他""说不定""弃权"等，供被调查者选择。

（3）封闭性问题必须使用中性语言和陈述句式

要力求杜绝任何可能干扰被调查者的价值判断和真实状态的表述，问卷的问题里不应包

含任何的情绪和倾向，不能使用任何具有感情色彩和价值判断的表述，也不能使用否定句、反问句、感叹句等，可能引发某种暗示和诱导效应的封闭性问题构造方式。例如：

您反对这项规定吗？   （1）是   （2）否   （3）其他
您认为该饮料太甜了吗？   （1）太甜   （2）适中   （3）不够甜

这些封闭性问题，拟改为以下形式：

您对这项规定的态度   （1）赞成   （2）反对   （3）弃权
您认为该饮料的甜度   （1）太甜   （2）适中   （3）不够甜

（4）封闭性问题的表述要简洁、通俗

为了提高问卷的回答率和数据的准确性，封闭性问题表述要简洁，真正做到一目了然。同时，封闭性问题表述通俗易懂，尽量避免专业词汇，提高问卷的适用性。

（5）封闭性问题的敏感性问题的处理

在一般问卷调查中必须避免任何的敏感性问题，以免造成被调查者顾虑或反感，影响到整个问卷调查的质量。敏感性问题的调查必须通过专门的调查技术，对敏感问题进行随机化处理之后，专项组织进行，方可以取得可信的调查数据。具体的随机化处理方法参见 2.2.3 节。

3. 问题排列

（1）问题的排列应具有层次性和逻辑性，符合人们的思维习惯

前后相继的问题具有内在联系，反映事物的因果关系和递进的思维层次。问题排列的层次性和逻辑性也是"过滤"性问卷设计的基本要求。

（2）"过滤"性问卷设计的问题排列

原先"过滤"性问卷设计主要用于对被调查者的身份甄别。随着网络的迅猛发展，网上调查日益普及，借助计算机信息技术支撑，越来越多的网上调查采用了"过滤"性问卷设计，用于提高调查效率，改善问卷调查人机对话环境，强化个性化色彩。"过滤"性问卷设计要求问题排列构成逻辑的树状结构。

例如：某一项数码产品问卷调查采用了"过滤"性问卷设计。第一个问题是：

"您在近 2 年购买了 □ 笔记本计算机 □ 数码摄像机 □ 数码相机"

当你以上三个备选都为空时，调查到此结束。只要你选中了其中一项，调查便继续进行。

假定选中了数码相机，接下来就有一组有关数码相机的品牌、认知途径、功能档次、附属设备、主观评价的问题。假定其中有一项为"您购买了照片打印机吗？"若是尚未购买，又会出现一个问题"您准备在一年内购买吗？"假若你没有这项购买计划，这一分支问题结束；假若你有计划在一年内添置一台照片打印机，问题又会继续深入。如果你已经购买了照片打印机，接下来的就是一组有关照片打印机品牌、认知途径、功能档次、主要耗材、主观评价的问题，其中可以进行继续深化的分支问题调查，例如：有关照片打印机主要耗材的使用数量、品牌选择、购买方式等问题。

假如你在最初的三个备选中选了两项或三项，那么一项产品的问题结束之后，会接着开始第二项，依次再进行第三项的调查，如图 2.1 所示。

（3）问题的排列应先易后难

将简单、容易、直观的问题放在问卷的前面，提高被调查者的兴趣，使被调查者比较容易地进入答题角色，顺利完成问卷中所有问题的回答。

（4）开放性问题的排列

开放性问题属于非标准化问题，其数据需要调查人员事后进行人工分类整理，才能进行数据分析。由于开放性问题的非标准化特征，被调查者不能简单地采用选择答案的方式完成问卷调查，而是需要自行组织语言回答，增加了调查的难度。因此，在问卷调查中开放性问题处在配角的地位，作为封闭性问题的补充。开放性问题的排列要从属于封闭性问题的要求，一般有两种方式：有关全局性的开放性问题放在整个问卷主体部分的末尾；相对某类具体封闭性问题的开放性问题，放在这类封闭性问题的末尾。

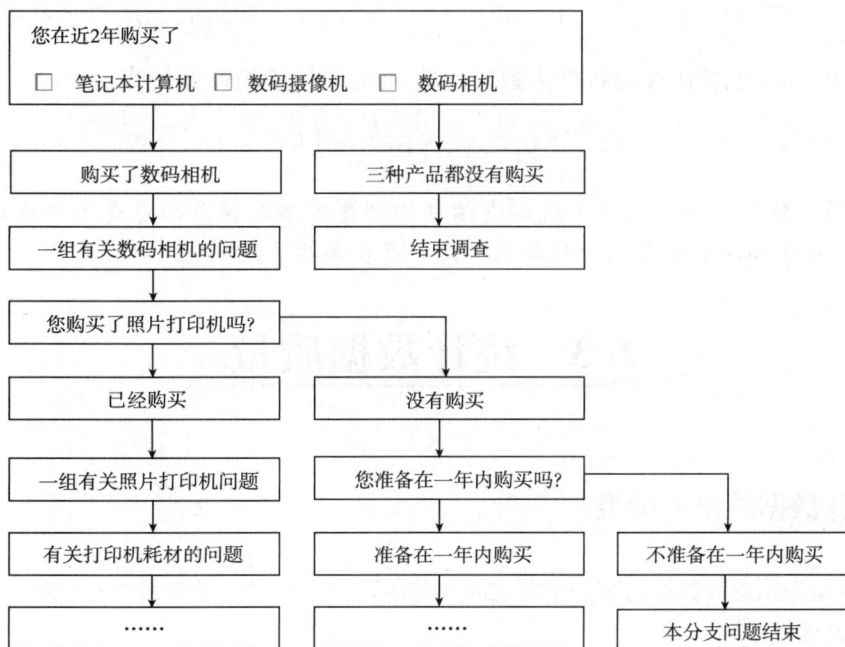

图 2.1 "过滤"性问卷设计示意图

2.2.3 敏感问题的随机化处理

所谓敏感问题，是指一些涉及个人隐私、有关违规违约、违反社会道德规范、影响个人利益和人际关系的问题。例如：家庭收入水平，考试作弊现象，偷逃税款行为，个人避孕状态，吸毒嫖娼问题，对领导和同事的个人评估，等等。在进行敏感问题调查时，人们出于自我保护的自然反应，不是拒绝回答，就是给予虚假回答，这时就需要对敏感问题进行随机化处理。

敏感问题的随机化处理是使这类调查中的回答在随机状态下进行，调查者无法识别具体被调查者的个体信息，不能得到被调查者对于敏感问题的倾向和回答。但是，可以计算出该总体对于敏感问题次数分布的估计量。在敏感问题的随机化处理下，被调查者个人真实状况得到完全屏蔽，使其打消顾虑，能够真实地回答问卷调查中的敏感问题，从而随机化处理的问卷调查可以获得普通调查方法无法取得的敏感问题数据。

敏感问题的随机化处理的基本形式为沃纳（Warner）于 1965 年提出的沃纳模型。沃纳模型在进行调查之前需要准备好 N 个备选答案，并将这 N 个备选答案分为"对"和"不对"两类，具体形式可以用两类不同的卡片、彩球等区分。其中为"对"的备选答案数目为

N_A 个，"不对"的备选答案数目为 $N-N_A$ 个。由被调查者当场随机抽取其中一个，然后针对具体的敏感问题和抽中的备选答案回答"是"或"不是"。由于调查人员不知道被调查者随机抽取的备选答案为"对"还是"不对"，不可能仅凭回答"是"或"不是"得知被调查者的具体情况，以此来保护被调查者的利益，激励被调查者如实回答。

设总体中 A 类特征人数的比重为 π_A，非 A 类特征人数的比重为 $1-\pi_A$，样本容量为 n，回答"是"的人数为 n_1；随机抽取的备选答案中为"对"的比重为 P。因此，回答"是"的人数比例为

$$\frac{n_1}{n}=P \cdot \pi_A+(1-P)(1-\pi_A)=n(2P-1)+(1-P) \tag{2.1}$$

可由式（2.1）解出总体中 A 类特征人数的比重 π_A 的估计量的计算公式

$$\hat{\pi}_A=\frac{n_1}{n} \cdot \frac{1}{2P-1}-\frac{1-P}{2P-1} \quad \left(P \neq \frac{1}{2}\right) \tag{2.2}$$

❖ **讨论题**　你所参与过或所了解调查活动的调查方案及调查问卷是怎样设计的？与统计学对于调查方案和调查问卷的设计要求相比，存在哪些差距？

2.3　统计数据质量

2.3.1　统计数据的误差种类

数据的误差是指统计数据与客观事实之间的差距，分为登记性误差和代表性误差两类。

1. 登记性误差

登记性误差是指在调查过程中由于调查者和被调查者的人为原因形成的误差。其中，调查者的人为原因主要有总体界定错误、调查单位缺失、计量和测量误差、记录失误、抄录错误、汇总差错；被调查者的人为原因主要有有意识地提供虚假数据、无意识地提供有误数据。从理论上说，登记性误差属于可以消除的误差。

2. 代表性误差

代表性误差是指利用样本数据推断总体参数时产生的误差。根据误差的基本属性、误差来源和控制误差的方法不同，又分为随机性误差和系统性误差。

（1）随机性误差

这是由随机性原因形成的误差，服从于某一概率分布的随机变量。一般来说，根据中心极限定理，在大样本场合，样本均值趋于正态分布，当利用样本数据推断总体均值时，便可以用样本均值的标准差来度量这一随机性误差，并且根据正态分布来进行区间估计，以及必要样本容量的计算。随机性误差是不可以消除的误差，只要利用样本数据推断总体参数，就必然存在着随机性误差。但是，随机性误差的取值随着样本容量的增大而减小，通过抽取适当的样本容量，就可以将随机性误差依概率控制在一定范围内。

（2）系统性误差

这是由非随机性原因形成的误差。产生系统性误差的主要原因有抽样框或样本过于陈

旧、非随机样本、无回答问题、辅助数据偏误等。系统性误差属于代表性误差，也是在利用样本数据推断总体参数时产生的误差，但是系统性误差不会随着样本容量的增大而减小，不能通过增大样本容量来实现对系统性误差的控制。系统性误差的特点类似于登记性误差，从理论上说，系统性误差同样属于可以消除的误差。

抽样调查是一种利用样本数据推断总体参数的调查方法，不仅存在代表性误差，而且还会产生登记性误差。但是，抽样调查大大降低了工作总量，由经验丰富的专业人员进行的调查，可以将登记性误差降到最低水平，同时又可以有效地控制随机性误差，从而有效地提高调查数据的质量。

在现实统计调查过程中，系统性误差往往被人们所忽视，各类非随机样本，以及存在大量无回答问题的调查，虽然存在着显著的系统性误差，但都冠以随机抽样的头衔，用以推断总体参数，进行社会经济分析。

❖ **讨论题**　谈谈你对统计数据误差的认识。

2.3.2　统计数据的质量标准

统计数据的搜集是统计活动的基础环节，所有统计数据的处理和分析都是在这个基础上进行的。对于统计数据质量的要求，具体可以归纳为统计数据的时效性、准确性和一致性三个方面的具体标准。

1. 统计数据的时效性

统计数据的时效性就是指及时和准时获取统计数据。及时获取统计数据就是要在规定的统计调查时间内，保质保量完成统计调查工作，保证数据在时间上的效率；准时获取统计数据就是要确切地反映出统计调查对象在规定的调查时点上，或规定的调查时段中的数量特征，以保证统计数据在时间上的准确性和可比性。

2. 统计数据的准确性

统计数据的准确性是指确保统计数据的完整性、真实性和精确性，最大限度地降低统计数据中的各种偏误。完整性是要保证调查对象中每一个调查单位都不重复、不遗漏地包含在统计调查的实际登记数据之中。在进行抽样调查时，则通过对抽样框不重复、不遗漏地包含统计调查对象所有调查单位的要求，来保证统计数据的完整性。真实性是要保证每一个调查单位的特征都要无偏差、无失真、准确无误地反映在统计调查的登记数据中，从而如实地描述出调查对象的数量特征。精确性是指在抽样调查中，要保证抽样误差有效地控制在规定的许可范围内。

3. 统计数据的一致性

统计数据的一致性是指统计数据在时间上和空间上的连续性和可比性。

▶▶ **Excel 应用** ◀◀

敏感问题随机化处理的例题的计算

例 2.1　在某大学校园对在校本科学生进行一次随机化处理的敏感问题问卷调查，调查问卷中包括了 5 个敏感问题。采用随机抽取卡片的方式进行了随机化处理，事先准备好的卡片有"对"与"不对"两种，其为"对"的卡片占卡片总数的比例为 0.4。该次调查一共随机抽取了 100 个被调查者，针对 5 个敏感问题和所随机抽取的卡片回答"是"或"不是"，来表明自己的态度。调查结果回答"是"的人数分别为 50，48，44，53，57。请采用式（2.2）来估计在该大学同学对应每个敏感问题的态度为"对"的总体比例 π_i。即：有样本容量 $n=100$，回答"是"的人数 n_i 分别为 50，48，44，53，57；随机抽取备选答案"对"的比重 $P=0.4$。

要求　计算每个敏感问题为"对"的总体比例 π_i 的估计量。

解　由于敏感问题随机化处理估计量的计算不是常用的统计分析方法，在 Excel 的"分析工具库"及其统计分析函数中，没有现成的计算总体比例 π_i 估计量的函数，需要根据式（2.2）来构造公式进行计算。

第一步建立 Excel 计算表。进入 Excel 打开一个活动窗口，按照数据处理的要求建立一个 6 行乘 3 列的表格，将敏感问题的"题号"和"回答'对'的人数"数据填入相应的表格里，为计算估计量做好准备，如图 2.2 所示。

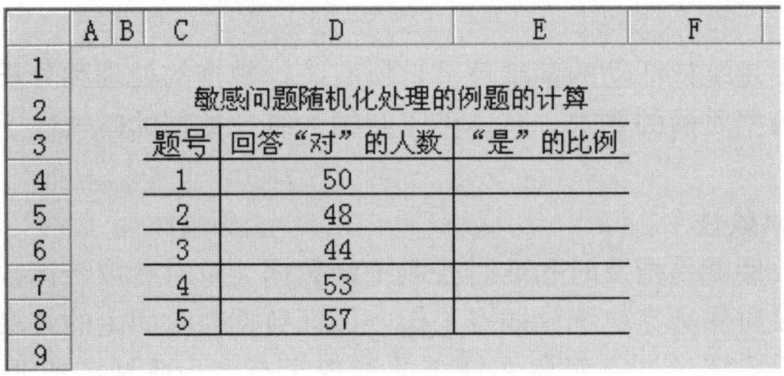

图 2.2　建立一个 Excel 计算表

第二步构造敏感问题随机化处理估计量计算公式，即在选中的活动单元输入敏感问题随机化处理估计量计算公式。例如：在本例中，选中对应于第一个敏感问题的活动单元为 E4，则在 E4 中键入公式"＝((D4/100)/(2*0.4-1)-(1-0.4)/(2*0.4-1))"，公式的 D4 为第一个敏感问题中回答"是"的人数 n_i 的所在单元，其具体数据为 50。这时，在 Excel 应用窗口上端的公式条内，也会同步显示出在活动单元 E4 中所输入的公式。这样即可计算出第一个敏感问题为"对"的总体比例 π_i 的估计量为 50%，如图 2.3 所示。

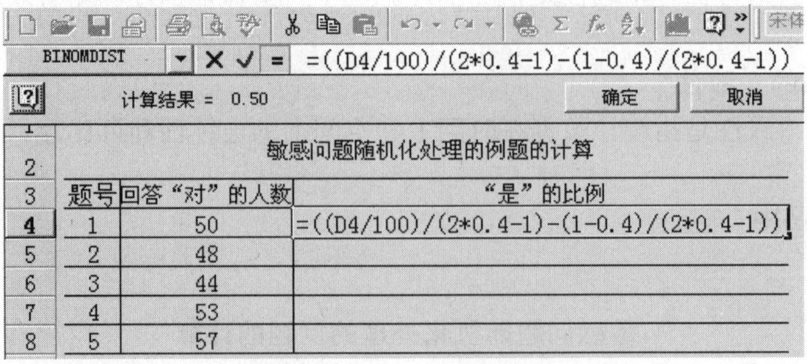

图 2.3　构造估计量计算公式

Excel 中的公式遵循一个特定的语法或次序：最前面是等号（=），后面是参与计算的元素（运算数），这些参与计算的元素又是通过运算符隔开的。每个运算数可以是不改变的数值（常量数值）、单元格或引用单元格区域、标志、名称或工作表函数。

Excel 从等号（=）开始从左到右执行计算（根据运算符优先次序）。可以使用括号组合运算来控制计算的顺序，括号括起来的部分将先执行计算。

第三步用复制公式的方法完成所有估计量的计算。Excel 的数据和公式的复制功能为简化运算，为避免计算错误和数据录入差错引起的登记性误差提供了有效的技术支持。

首先，选定包含需要复制的公式所在的单元格，在本例中为 E4（如图 2.4 所示）。然后将光标的十字标记移向该单元格的右下端，当光标的十字标记由空心转为实心时，按下左键，拖动填充柄经过需要填充数据的单元格，在本例中为 E5 至 E8，然后释放左键。

敏感问题随机化处理的例题的计算

题号	回答“对”的人数	“是”的比例
1	50	0.50
2	48	
3	44	
4	53	
5	57	

图 2.4　用复制的方法完成估计量的计算

这样，就完成了全部 5 个敏感问题估计量的计算，结果如图 2.5 所示。

敏感问题随机化处理的例题的计算

题号	回答“对”的人数	“是”的比例
1	50	0.50
2	48	0.60
3	44	0.80
4	53	0.35
5	57	0.15

图 2.5　估计量的计算结果

思考与练习

1. 简述统计数据的两个来源及其相互关系。
2. 简述普查、抽样调查的特点和联系。
3. 简述统计报表的特点。
4. 统计调查方案设计的主要内容是什么？
5. 问卷设计的主要内容是什么？
6. 数据的登记性误差和代表性误差是什么？

7. 什么是统计数据质量的三点标准？

8. 某饮料企业欲对其产品市场认知水平和用户的满意程度进行一次调查，请参照本章"2.2.1 统计调查方案设计"中的 9 个方面，提出你对该次调查方案设计的基本思路，并作一简单论述。

9. 对本校在校大学生的助学贷款的预期履约情况进行一次问卷调查，请从家庭状况、经济负担、消费观念、预期收入、社会环境、个人态度等方面，参照"2.2.2 问卷设计"的内容，试进行问卷设计。

10. 在某次随机化处理的敏感问题调查中，共进行 5 个敏感问题的调查。该次调查的样本容量 $n=300$，回答"是"的人数 n_1 分别为 155，138，124，183，177；并有备选答案"对"的比重 $P=0.35$。请估计每个敏感问题为"对"的总体比例 π_i。

自测题

自测题答案

人 物 小 传

约翰·格朗特（John Graunt）

约翰·格朗特（1620—1674）是威廉·配第的好友，政治算术学派代表人物之一。约翰·格朗特于 1662 年出版了著名的《关于死亡率的自然观察和政治观察》一书，该书畅销一时，并在 1662—1676 年的 14 年间连续发行了 5 版。因此约翰·格朗特被推荐为英国皇家学会会员。

在《关于死亡率的自然观察和政治观察》一书中，约翰·格朗特通过大量观察发现了伦敦市各年龄组人口的死亡率、性别比例等重要的人口数据发展变动的规律特征，并在此基础之上构建了人口增长模型，对伦敦市的人口现象进行了统计预测，科学地估计了伦敦市人口未来发展变动的趋势。

约翰·格朗特通过他的杰出的工作，总结归纳了如何运用科学的统计分析方法，通过大量的定量分析，从杂乱无章的数据中得出重要的结论；提出了从总体的现有比例，来推算总体数量发展趋势和未来总量规模数值的统计思想，以及著名的"大量恒静"统计格言。

由于约翰·格朗特在生命统计、保险统计和经济统计方面颇有建树，因此被推崇为人口统计学和数理统计学的创始人之一。

第 3 章

数据整理和频数分布

思政目标

在做数据整理和频数分布工作时，科学方法和严谨态度尤为重要。任何统计数据的疏忽或投机取巧都会影响决策的准确性。分析我国经济数据的频数分布，我们理解了各种社会现象与数据背后规律。在统计数据和分析过程中，我们要勇于自我革命，以严谨的态度发现问题、纠正偏差，运用统计学更好地服务社会，推动发展。

学习目标

通过本章的学习，了解按照数据处理和分析研究的要求，对原始数据进行审核、筛选、排序、分类或分组的科学方法；理解和掌握非数值型数据和数值型数据的分组方法，重点掌握数值型数据的等距分组，包括组距、组数和各组上限、下限的确定，频数、频数分布和总值数据的汇总，组中值的计算；应用统计图表将整理后的数据及其频数分布展示出来，如组距分组统计表和直方图、折线图的绘制等，以反映数据分布特征和总体概况，为数据统计分析提供基础和引导。

3.1　数据的审核和筛选

3.1.1　数据的审核

1．数据审核的对象

原始数据（raw data）是指数据搜集所取得的未经过分组和汇总的，反映个体特征的零散数据。

数据审核（data auditing）是指在进行数据整理之前对原始数据的审查和核对。

原始数据包含了所有经调查获取的个体信息的初级数据，经过整理的数据表现为分类或分组之后，汇总计算出来的系统化了的统计数据，表现为总体的绝对数值和频数分布。因此，经过整理的数据反映的是总体的综合数量特征和分布状态，而原始数据所反映的个体数值特征则消失或湮没在总体的综合数量特征和分布状态之中。

数据整理是按照数据分析的要求进行的，数据分析思路和目的决定着数据整理分类或分组。基于人类认识活动的多样性和渐进性，往往需要采用不同的分组方式对原始数据进行反复整理。需要重新回到数据整理过程的起点，通过采用新的或者更加恰当的分组方式，对原始数据进行再次整理，以便得出正确的认识结论。

为了保留原始数据中完整的信息，以满足认识活动和研究目的的要求，从不同角度对原始数据进行整理和再整理的需求，这对原始数据的妥善备份和科学管理显得至关重要。

2. 数据审核的内容

按照 2.3.2 节中关于数据质量的三点标准，统计数据的时效性、准确性、一致性就是数据审核的基本内容。

① 统计数据的时效性审核。检查是否在规定的统计调查时间内完成数据搜集，采集的数据是否为规定的调查时点上，或规定的调查时段内的数量特征，以保证统计数据在时间上的准确性和可比性。

② 统计数据的准确性审核。从数据的完整性、真实性和精确性角度进行审核。检查调查对象中每一个单位是否不重复、不遗漏地包含在统计调查的实际登记资料之中，或抽样调查的抽样框不重复、不遗漏地包含统计调查对象所有调查单位。检查是否每一个调查单位的特征都无偏差、无失真、准确无误地反映在登记资料中，以及抽样调查的抽样误差是否有效地控制在规定的许可范围内。

③ 统计数据的一致性审核。检查统计数据在时间和空间上的连续性和可比性。

3. 数据审核的方式

数据审核一般有逻辑审核和技术审核两种方式。

（1）逻辑审核（logistic auditing）

这是按照数据审核的内容，采用逻辑分析的方法，检查原始数据中各项数据是否合理的数据审核方式。逻辑检查要求检查人员具备较强的逻辑推理能力，以及丰富的专业知识和数据审核经验。

（2）技术审核（technical auditing）

这是按照数据审核的内容，通过对调查数据原始登记表，和其他原始登记材料进行机械性核对，来实施的数据审核方式。主要包括审核填报单位是否存在漏报和重报，调查项目是否填齐，所填内容是否符合填报要求，填报数据有无错行、错栏问题，计量单位是否正确，各栏之间的合计数、乘积数与相关分项数据是否相符等。由于技术检查是一种机械性的核对，一般采用专门的计算机软件来实现。

3.1.2 数据的筛选

数据筛选（data filter）是指对已有数据的有意识的过滤和挑选，滤去不需要的数据，选出所需要的数据。从广义上讲，数据审核也是一种数据筛选。这里所讲的数据筛选是指按照数据分析的要求所确定的挑选数据标准，通过对现有数据的逐一比较，从中挑选出一组数据，构成一个数据集合的过程。包括 Excel 在内的数据处理软件，都具备了很强的数据筛选功能。

3.1.3 数据的排序

数据排序是指将一组数据按照大小、高低、优劣等顺序进行依次排列的过程。依据数据在经过排序之后的有序序列中的位置确定的测度称为顺序统计量（order statistics）。

数据排序为计算取值范围、最大值、最小值等总体参数提供了便利，有助于人们了解数据大致的分布状态，数据排序也是有效地进行数据分类或分组的前期准备。

无论是数值型数据的排序，还是非数值型数据的排序，都可以方便地使用各种计算机软件来实现，Excel 就具有很强的数据排序功能。

3.2 数据的分组

3.2.1 数据分组的意义

数据分组（data grouping）就是根据研究现象的特点和数据分析的目的，将原始数据按照总体单位的某一特征分为不同的组别。作为数据分组标准的这一特征称为分组标志。经过数据分组之后形成的分布在各个组里的数据称为分组数据（grouped data）。

数据分组既可以视为是按照分组标志将原始数据分别归入各个不同的组里，又可以看成按照分组标志将具有相同特征原始数据合并在同一组中。在数据分组过程中，强调和突出了原始数据中作为分组标志这一特征，同时忽略和隐去了原始数据中的其他特征。例如：在以地区作为分组标志对全国职工的工资收入数据进行分组后，人们看到的是按全国各个地区分组的职工工资水平，突出了工资收入在地区之间的差异，而职工工资在从业部门、工作岗位、教育水平、工作年限、不同性别等方面的差异未能得到显示。

当然，可以通过平行分组和交叉分组的方式，同时突出数据的两个甚至更多方面的特征。不论怎样，分组标志的选择决定了数据整理工作的基调。按照统计研究的要求，科学地选择分组标志是有效进行统计认识活动的基本前提。

数据分组包括非数值型数据的分组和数值型数据的分组。

3.2.2 非数值型数据的分组

非数值型数据的分组也称为分类。定类数据和定序数据都是对事物质的属性的描述，两者都是一种分类性质的数据，只在分类划分的无序和有序上存在差别。

反映事物自然属性的非数值型数据的分组一般比较简单，只要进行适当的细分或合并，以及选择恰当的分组标志即可。例如：在货物中划分农产品、工业品等，在农产品中划分种植业、林业、渔业、畜牧业产品等，在种植业产品中划分水稻、小麦、玉米、棉花等。

反映事物社会经济属性的非数值型数据的分组一般比较复杂，往往是人们对事物数量特征进行深入的统计分析之后形成的一种质的划分，这种质的划分体现了人们认识活动对于事物由量变到质变的把握。一般采用国家标准、行业标准或者企业标准等标准化的形式确定下来，并借助统计报表和统计调查方案等方式加以明确，以此来规范和指导后续的统计活动。

例如：企业对于生产产品等级的确定，通常采用一等品、二等品、三等品，或者优质品、合格品等形式，表现为定序数据。然而，产品等级的确定是建立在一个由多项数值型数据构成的产品质量检测标准之上的，这里就存在该产品按照某类标准制定产品质量分级标准的问题。

在我国现行统计制度中，将全国居民收入五等份分组，即将所有调查户按人均可支配收入从低到高顺序排列，平均分为 5 个等份，处于最低 20％频数的收入家庭为低收入组，以此类推，分别为中间偏下收入组、中间收入组、中间偏上收入组和高收入组，从而构成了我国居民收入水平由低到高的定序数据分组。2019—2023 年我国居民人均可支配收入五等份分组如表 3.1 所示。

表 3.1　2019—2023 年我国居民人均可支配收入五等份分组　　元

组别	2019 年	2020 年	2021 年	2022 年	2023 年
低收入组（20％）	7 380	7 869	8 333	8 601	9 215
中间偏下收入组（20％）	15 777	16 443	18 445	19 303	20 442
中间收入组（20％）	25 035	26 249	29 053	30 598	32 195
中间偏上收入组（20％）	39 230	41 172	44 949	47 397	50 220
高收入组（20％）	76 401	80 294	85 836	90 116	95 055

资料来源：中华人民共和国国民经济和社会发展统计公报（2019—2023 年）。

我国人口统计中关于劳动年龄人口的确定，随着社会经济发展，医疗保健和身体健康状态的改善，目前将人口年龄段划分为三段，具体为：0～14 岁为少年儿童人口，15～64 岁为劳动年龄人口，65 岁及以上为老年人口，从而可以在此基础上计算老年人口抚养比和少年儿童抚养比等分析指标。

从事统计分析和统计研究，需要掌握对复杂的社会经济现象的非数值型数据进行科学分组的方法，正确地使用非数值型数据也需要了解其定性分组背后的数量界限。

综上所述，复杂的非数值型数据分组大多建立在对隐含的数值型数据进行科学分组的基础之上，由数量界限的先行确定到定序或定类数据分组的产生，反映了统计认识过程由量的分析到质的确定的鲜明特征。因而，数值型数据分组构成了统计分组研究的主要内容。

3.2.3　数值型数据的分组

1. 组距分组

（1）概述

数值型数据分组可以分为单变量分组和组距分组，组距分组是数值型数据分组的基本形式。

单变量分组是指每个分组只用一个变量值表示的分组形式，又称为单项分组。单变量分组一般在分组标志上为离散变量，且变量的取值范围不是太大的情况下使用。

组距分组是指每个分组用一个数据取值区间表示的分组形式。组距分组适用于按连续变量分组或变量的取值范围较大的离散变量的场合。

（2）组限

在组距分组中，各组之间的取值界限称为组限，一般用 L 表示。其中大者为该组数值变量可能取的最大数值，称为上限（upper limit）。小者为该组数值变量可能取的最小数值，称为下限（low limit）。

在一个组距分组中，既有上限又有下限的组称为闭口组，否则称为开口组。

（3）组距

组距分组中，同一分组的上限与下限之间的绝对距离称为组距（class width），用 d 表示。一般有：组距＝上限－下限。

2. 等距分组

组距分组有等距分组和异距分组之分。等距分组是各组组距相等的分组，等距分组中各组单位数的多少不会受到组距大小的影响，便于直接比较各组次数的多少，研究次数分布的特征，适合于数值型数据变动比较均匀的情况。因此，等距分组是组距分组的基本方法。

等距分组的具体步骤如下。

（1）计算取值范围

取值范围（value area）为全体数据中最大数值与最小数值之差，反映了该组数值变量取值的变动幅度，一般用 R 表示，有

$$R = \max X - \min X \tag{3.1}$$

（2）确定组数

在进行数值型数据分组时，有一个计算组数的经验公式，即

$$H = 1 + \frac{\lg N}{\lg 2} \tag{3.2}$$

由于组数是个只能取整数的离散变量，一般取式（3.2）的四舍五入数值作为组数的参考数值。例如：当数据的总数 N 为 80 时，采用经验公式计算出组数为 $K = 1 + \lg 80 / \lg 2 \approx 7$，可考虑将该组数据分为 7 组。

确定组数的目的是使数据恰当地分布在各组中，数据过于集中和过于分散都有碍于对数据分布特征的展示，不利于后续的分析研究，计算组数的经验公式正是从这个角度出发，总结出的一个根据待分组数据的多少计算组数的具体方法。但是，经验公式计算出来的组数只是一个参考数值，组数的确定还要根据研究对象的实际情况，具体问题具体分析，因地制宜地加以确定。例如：在考试成绩的分析中，人们习惯将其分为优、良、中、及格和不及格 5 组，不论数据个数多少，分成这样 5 组较为适宜。

（3）计算组距

由于取值范围是客观存在的，当组数确定之后，组距也就随之确定了，两者之间呈反比例关系。设 H 为组数，d 为组距，即组距 $d = R / H$。为了便于数据分组和组限的划定，组距一般取 5，10 的整数倍。

（4）确定组限

　　确定组限就是具体规定各组中变量可能取值的上限和下限。确定组限的原则是"不重不漏"，使每一个数据都能够被分配到其中一组里，并且只能分配到其中一组里。组限的具体形式有间断组限和重合组限，闭口组限和开口组限。

　　间断组限是每一组的组限与邻组的组限都是间断设置的。例如：表 3.2 中我国政府人口统计中的年龄分组就是间断组限设置，以 5 岁为组距，设置了年龄为 0～4、5～9、10～14，直到 85～89、90～94、95＋等分组，各组的组限之间不存在任何重叠。间断组限一般适用于离散变量数据的分组，在用于连续变量数据分组时，容易产生歧义。例如：表 3.2 的年龄分组中，9.8 岁的人口是归入 5～9 岁组，还是 10～14 岁组？按照普通的四舍五入的思想，似乎应归入 10～14 岁组；而按照人们对于实足年龄的习惯概念，按照人口年龄分组解释，则应归入 5～9 岁组。

表 3.2　2023 年我国人口变动情况抽样调查人口数（间断组限）

年龄/岁	人口数/人		
	男	女	合计
0～4	30 045	27 492	57 537
5～9	47 754	42 744	90 498
10～14	50 567	44 208	94 775
⋮	⋮	⋮	⋮
85～89	5 662	7 781	13 443
90～94	1 904	2 981	4 885
95＋	334	619	953
总计	756 458	725 772	1 482 230

注：① 本表是 2023 年全国人口变动情况抽样调查样本数据，抽样比为 1‰。
　　② 由于各地区数据采用加权汇总的方法，全国人口变动情况抽样调查样本数据合计与各分项或分组相加略有误差（以下表同）。

　　重合组限是每一组的组限与邻组的组限都是相互重叠设置的。例如：表 3.3 中将原先的间断组限设置的年龄分组改为重合组限设置，仍然以 5 岁为组距，设置了年龄为 0～5、5～10、10～15，直到 85～90、90～95、95＋等分组，各组的组限之间均存在重叠。

表 3.3　2023 年我国人口变动情况抽样调查人口数（重合组限）

年龄/岁	人口数/人		
	男	女	合计
0～5	30 045	27 492	57 537
5～10	47 754	42 744	90 498
10～15	50 567	44 208	94 775
⋮	⋮	⋮	⋮
85～90	5 662	7 781	13 443
90～95	1 904	2 981	4 885
95＋	334	619	953
总计	756 458	725 772	1 482 230

　　在采用重合组限场合，为了贯彻"不重不漏"原则，一般采用"上限不在内"统计惯例的处理方式。所谓上限不在内，完整表述是"下限在内，上限不在内"，凡是其数值恰好等

于某组上限的数据，在重合组限场合必然同时等于其以上一组的下限，这一数据不划入与其数值相等的上限的那组，这就是"上限不在内"，而应该归入与其数值相等的下限的那组，这就是"下限在内"。在统计中的"以上一组"是指其数据的数值水平相对高的邻组，不是指分组在统计表上的位置。例如：在表 3.3 中对于数值为 10 岁的数据，恰好等于 5～10 岁组的上限，以及 10～15 岁组的下限。按照"上限不在内"的规定，它应分配在"以上一组"，即数值水平比 5～10 岁组相对高的邻组 10～15 岁组中，而不能归入到位置在 5～10 岁组上方的 0～5 岁组里。这样，同时也满足"下限在内"原则的要求。

重合组限既适用于离散变量数据的分组，也适用于连续变量数据分组，在各种场合能够适应各种数据分组的需要，同时有利于组中值的计算，所以重合组限在数据分组中得到了广泛的应用。

闭口组限是既有上限又有下限的组限设置。由闭口组限设置形成的数据分组称为闭口组。例如：表 3.2 和表 3.3 中除 95＋组以外的数据分组都既有上限又有下限，均为闭口组。

开口组限是缺少上限或者缺少下限的组限设置。由开口组限设置形成的数据分组称为开口组。开口组限用于组距分组的上下两端的组限设置，即最高数值组和最低数值组的组限设置。当继续采用相等的组距进行分组，落在上下两端的分组中的数据明显过少，不具有单独分析价值时，通常采用开口组限设置。最低数值组的开口组限设置，将落在该开口组限以下，不包括该组限在内的所有数据统统归入到这一开口组组中；最高数值组的开口组限设置，将落在该开口组限以上，包括该组限在内的所有数据统统归入到这一开口组组中。例如：表 3.3 中 95＋组就是一个最高数值组的开口组限设置，所有等于和大于 95 岁的数据都分配到该分组中。

（5）将原始数据分配到各组中

先按照分组标志对原始数据进行排序，然后根据各组的组限水平，将经过排序之后的有序数据进行分段，归入到各个组中。

在采用 Excel 等数据处理软件时，可以直接运用有关数据筛选的功能，完成数据的分组。

3. 异距分组

异距分组是各组组距不尽相等的组距分组。当采用等距分组时，如果各组之间数据的数量差距过大，一些分组中的数据过多或过少，影响对数据分布状态的观察和分析，可采取缩小或扩大组距的方法，来拆分数据过多的组或合并数据过少的组，这样形成的各组组距不尽相等的组距分组就是异距分组。异距分组适合变量变动不均匀的情况。

3.2.4　组中值

组中值（class midpoint）是指组距分组中处在各组取值范围中点位置上的数值。组中值是一个代表性的数值，用来代表该组数据取值的一般水平，用 $\bar{X}$ 表示。在缺乏原始数据，仅拥有已经分组整理后的数据情况下，只能采用组中值取代组平均数，作为一个代表性的数值，进行各种数据分析。组中值作为代表性数值所隐含的假定前提是该组数据呈均匀分布，或者对称分布。在该组数据明显偏离均匀分布或者对称分布时，使用组中值作为该组数据的代表性数值存在着较大偏误。

（1）重合组限分组的组中值计算

在采用重合组限设置的组距分组中，组中值为本组的上限与下限之和除以2，即

$$组中值＝（上限＋下限）/2 \tag{3.3}$$

例如：在表3.3中第三组10～15岁组的组中值为(15＋10)/2＝12.5（岁）。重合组限分组是使用较多的组距分组方式，因此式（3.3）是基本的组中值计算公式。

（2）间断组限分组的组中值计算

在采用间断组限设置的组距分组中，计算组中值需要将以上一组的下限与本组的下限之和除以2，即

$$组中值＝（上组下限＋本组下限）/2 \tag{3.4}$$

这里的"以上一组"依然是指其数据的数值水平相对高的邻组，而不是指数据分组在统计表上的上下位置。例如，可以根据表3.2中第三组10～14岁组，以及"以上一组"的第四组15～19岁组的下限数值，按照式（3.4），计算出第三组的组中值为(15＋10)/2＝12.5（岁）。

（3）开口组组中值的计算

计算开口组组中值，需先确定其缺少的下限或上限。一般以邻组组距近似地作为本组的组距，来确定其下限或上限，进而计算出开口组组中值。开口组组中值的计算仍然要区分重合组限设置、间断组限设置两种情况。

重合组限设置开口组组中值的计算

$$缺少下限的组的组中值＝该组上限－邻组组距/2$$
$$缺少上限的组的组中值＝该组下限＋邻组组距/2 \tag{3.5}$$

间断组限设置开口组组中值的计算

$$缺少下限的组的组中值＝邻组下限－邻组组距/2$$
$$缺少上限的组的组中值＝该组下限＋邻组组距/2 \tag{3.6}$$

例如：在表3.3中95＋组为缺少上限的组的开口组，其邻组为90～95岁组，由式（3.5）可计算出95加上岁组的组中值为95＋5/2＝97.5（岁）。因此，2023年我国人口变动情况抽样调查人口数及组中值见表3.4。

表3.4　2023年我国人口变动情况抽样调查人口数及组中值

年龄/岁	组中值/岁	人口数/人		
		男	女	合计
0～5	2.5	30 045	27 492	57 537
5～10	7.5	47 754	42 744	90 498
10～15	12.5	50 567	44 208	94 775
⋮		⋮	⋮	⋮
85～90	87.5	5 662	7 781	13 443
90～95	92.5	1 904	2 981	4 885
95＋	97.5	334	619	953
总计	—	756 458	725 772	1 482 230

3.3 数据的频数分布

3.3.1 频数与频数分布

频数与频数分布是在数据分组基础上形成的概念，是在具体分组的前提下对总体数据分布特征的描述。

频数（frequence）是落在某一特定分组中的数据个数，也称为次数。频数有两点要素：一是具体的数据分组，二是落在该组中的数据个数。例如：表 3.5 中 2020—2024 年我国按性别所分的男性和女性人口数就是频数。

频数分布（frequence distribution）是由各组的频数组成的一个数组。一般需要用统计图或统计表的形式将频数分布展示出来，以便更加直观和全面地了解和把握总体的频数分布特征。

比例（proportion），即各组数据个数（频数）占数据总数（各组频数之和）的比重，为频数的相对形式，又称为频率，一般用百分数表示。显然，各组比例之和等于 100%。例如表 3.5 中 2020—2024 年末我国按性别所分的男性和女性人口比重就是比例，也称为频率，各年份的男性和女性人口比例之和均为 100%。

表 3.5 2020—2024 年末我国按性别分人口数及构成

年 份	年末总人口/万人	人口数 /万人		比重/%	
		男	女	男	女
2020	141 178	72 334	68 844	51.24%	48.76%
2021	141 260	72 311	68 949	51.2%	48.8%
2022	141 175	72 206	68 969	51.1%	48.9%
2023	140 967	72 032	68 935	51.1%	48.9%
2024	140 828	71 909	68 919	51.06%	48.94%

资料来源：中华人民共和国国民经济和社会发展统计公报（2020—2024 年）。

3.3.2 累积频数

累积频数（cumulative frequency），即按照各组数据取值范围高低的次序，逐组依次累加得到的一组频数。累积频数表明了在某一数值水平以上或以下总共包含的数据个数。

依据逐组累加次序是从最低的数据取值范围组依次向较高组进行，还是从最高的数据取值组依次向较低组进行，可以将累积频数分为向下累积和向上累积。从最高的数据取值组开始，依次向较低组进行累加所形成的累积频数称为向下累积频数，表明了各组下限以上的数据个数之和；从最低的数据取值组开始，依次向较高组进行累加所形成的累积频数称为向上累积频数，表明了各组上限以下共包含的数据个数。

同样，可以用数据的总频数分别去除各组的累积频数，得到各组累积频数的相对数值，即累积频率，以相对的形式来描述累积频数。

3.3.3　异距分组与标准组距频数

由于异距分组中各组组距不尽相等，组距不等必然影响各组频数数值。在异距分组条件下，各组频数数值不仅反映了研究对象本身的数据分布，而且还要受到组距大小的制约，各组频数之间不具有直接的可比性，不能直接用来描述数据的分布特征，需要进行标准化处理之后，剔除组距大小对频数的影响，将不等距的频数换算成标准组距频数，再进行比较分析。

一般可以用某一组组距作为标准组距，将各组实际组距去除标准组距，得出一组"组距标准化系数"，然后用该"组距标准化系数"分别乘以各组不等组距的实际频数，将其换算为统一的、以标准组距为组距条件的组距频数。即

$$标准组距频数 = \frac{该组频数 \times 标准组距}{该组组距} \tag{3.7}$$
$$= 该组频数 \times 组距标准化系数$$

经过标准化后的标准组距频数消除了组距不等的问题，具有了直接的可比性。

还可以通过计算频数密度，来进行异距分组的标准化，即

$$频数密度 = \frac{该组频数}{该组组距} \tag{3.8}$$

显然，频数密度是单位组距作为标准组距，即标准组距为 1 的情况下的标准组距频数，它是标准组距频数公式的特例。

3.4　绝　对　数

所有数据（包括非数值型数据和数值型数据）的个数，经过数据整理分组后汇总形成了频数和频数分布，反映了数据在总体中的分布状态。由于非数值型数据不具有可加性，不能对数据直接进行加减运算，只能进行非参数统计，只能计算出数据的个数，即频数。然而，数值型数据具有可加性，数值型数据经过整理分组和数值汇总，一方面形成了频数和频数分布；另一方面通过将各组和全部的数据进行加总，还形成了各组数据的合计数值和全部数据的总计数值，用以反映总体及其各组数值型数据的总水平，这一数值型数据的汇总数值一般称为总值。总值和频数都表现为一定的绝对水平，因此又称为绝对数。在政府统计工作和经济管理研究中，绝对数一般又称为总量指标或绝对指标，其中频数称为总体单位总量，总值称为总体标志总量。

3.4.1　绝对数的概念

绝对数（absolute data）是反映总体绝对规模和绝对水平的测度，是通过数据汇总直接得到的测度。绝对数数值的大小与总体的范围有直接的联系，两者呈同方向变化。

数据整理的结果就是产生总体及其各分组的绝对数。就数值型数据而言，数据整理的成果表现为两个方面：一方面是数据个数的频数，反映总体的分布状态和总规模；另一方面是数据的总值，反映总体的总水平。

原始数据经过整理所形成的总值和频数的绝对数是统计研究的基本数据，统计分析和统计推断所形成的其他数据都是在绝对数的基础上进一步加工和计算形成的。因此，由数据整理形成的绝对数是基础数据，其他数据都是在绝对数基础上衍生出来的派生数据。

在经济管理中，绝对数是反映现象在一定时间、地点、条件下的总规模和总水平的综合数据，有着特别重要的地位。一个国家、地区或单位的基本情况通常要通过绝对数来反映。例如：国内生产总值、总人口数、国土面积、主要工业产品产量等都是反映一国国情和国力的基本数据，绝对数是制定国民经济政策、编制计划、进行企业经营管理的重要依据。

3.4.2　绝对数的种类

1. 总值和频数

按照绝对数所反映的内容不同，绝对数分为总值和频数。

总值（total value）为总体内某一数值型变量所有数据之和。总值是说明总体某一数量特征总水平的数据。

频数为总体内所有数据个数之和。频数是说明总体分布状态及其规模大小的数据。

2. 时期数据和时点数据

根据绝对数所反映的时间状态不同，可将绝对数区分为时期数据和时点数据两种。

时期数据（period data）是反映事物及其现象在某一指定时间区间内的发展过程中的累计总量的数据。如全国总用水量、水利建设投资总额、企业的利税总额等。

时点数据（point data）是反映事物及其现象在某一指定瞬间状态下的具体水平的数据。如耕地灌溉面积、企业总数、商品库存额等。

时期数据具有累加性，时点数据不具有累加性；时期数据的数值大小与时间长短直接相关，其数值大小直接受现象活动时间长短的制约，而时点数据与时间间隔长短没有直接的关系。

3. 截面数据和时间序列数据

依据绝对数所反映的是空间上的差异，还是时间上的变化，绝对数可分为截面数据和时间序列数据。

截面数据（cross-sectional data），是在相同的时期内或相同的时点上搜集的数据，反映同一时间上的变量在不同空间上的差异。例如：同一年份不同国家和地区生产总值数据，或者当年各省、自治区、直辖市完成的水利建设投资等。

时间序列数据（time-sectional data），是在同一空间上，不同的时期或不同的时点的数据，反映变量在不同时间上的变动。例如：我国各年国内生产总值数据、各年耕地灌溉面积等。

表 3.6 中 2020—2024 年我国国内生产总值，就是具有时期数据和时间序列特征的总值数据。

表 3.6　　2020—2024 年我国国内生产总值　　　　　　　　　亿元

年　份	第一产业	第二产业	第三产业	合　计
2020	77 754	384 255	553 977	1 015 986
2021	83 086	450 904	609 680	1 143 670
2022	88 345	483 164	638 698	1 210 207
2023	89 755	482 589	688 238	1 260 582
2024	91 414	492 087	765 583	1 349 084

本表按当期价格计算。

资料来源：中华人民共和国国民经济和社会发展统计公报（2020—2024 年）。

❖ 讨论题　根据以上绝对数种类的划分方法，试分析表 3.6 中 2020—2024 年我国国内生产总值数据。

3.4.3　绝对数的计量单位

绝对数是反映总体绝对规模和绝对水平的数据，都具有具体计量单位。例如：人口用人、万人，长度用厘米、米、千米，质量用克、千克、吨等。

计量单位是绝对数数值的尺度，计量单位和绝对数数值是绝对数缺一不可的两个组成要素，两者有机地结合在一起，共同反映总体绝对规模和绝对水平。计量单位又称为量纲。

绝对数的计量单位都为有名数，可分为实物单位、货币单位及时间单位三种。据此，绝对数也可相应分为实物量数据、价值量数据和劳动量数据。

（1）实物单位

实物单位（goods unit），是指根据现象的自然或物理属性而规定的计量单位，也称为使用价值量单位。具体有：自然单位，如总人口数按"人"；度量衡单位，如煤产量以"吨"；以及双重单位、多重单位和复合单位，如货运周转量以"吨公里"等。

采用实物单位为计量单位的绝对数称为实物量数据，也称为使用价值量数据。实物数据的特点是能够直接地反映事物的具体内容，但综合能力差。不同的实物具有不同的使用价值，不同的使用价值无法直接汇总，从而不能全面和概括地反映复杂总体的总规模或总水平。

（2）货币单位

货币单位（monetary unit），是指以货币作为价值尺度对社会财富和劳动成果进行计算的计量单位。货币单位又称为价值量单位，如国内生产总值、总成本、销售总额等。

采用货币单位为计量单位的绝对数称为货币量数据，也称为价值量数据。与实物量数据相反，价值量数据的突出特点就是它隐去了现象的具体物质内容，具有很强的综合能力。在实际使用时要充分注意这个特点，尤其要防止使用不当，混淆事物的本质特征。

（3）时间单位

时间单位（time unit），一般用劳动时间的长短来度量，以复合单位的形式出现，如工时、工日等。

3.5　数据的展示

统计展示数据的主要形式有统计表和统计图。

3.5.1　统计表

统计表是展示数据的基本工具，通过统计表不仅能够将统计数据条理化地呈现出来，还可以通过同一张统计表中的数据之间的数量对等关系，来反映事物内部的相互关联，使原本单独杂乱的数据变得有序和清晰。

1. 统计表的构成

从形式上看，统计表由表头、行标题、列标题和数据四个主要部分组成。此外，在需要做某些说明时，可以在表的上、下端加上附注。

2. 统计表的种类

按其用途不同，统计表可分为调查表、整理表（又称汇总表）和分析表。

按其分组方式不同，统计表可分为简单表、简单分组表和复合分组表。

按其表述的内容不同，统计表可分为时间分组表、空间分组表和时空分组结合表。

3. 统计表的绘制

设计统计表要遵循科学、实用、简练、美观的原则。

（1）统计表的表头

统计表的表头应用较少的文字准确地概括出统计表的基本内容，必须满足时间（when）、地点（where）和什么数据（what）的 3W 要求。一般来说，根据具体情况和实际需要，统计表的表头还包括表号、制表时间、计量单位等内容。

（2）统计表的标题

统计表的行标题和列标题分别位于统计表的第一行和第一列，表示的内容包括所研究问题的类别、分组标志、变量名称和数据所属的空间或时间。

（3）统计表的表式

统计表一般是两端开口式，表的左右两边不封口。统计表是由纵横直线垂直交叉而组成的长方形表格，表的上、下两端的横线应以粗线绘制，其他线段均用细线。各列间用细线分开，除行标题和总计栏外，其他各行之间一般不需再用线条分隔。

（4）统计表的计量单位

统计表上应标明数据的计量单位，如果全表所有数据的计量单位都相同，则统一标注表头的右端；否则，应在行标题或列标题分别注明，或专门列出一行或一列加以分别标明。

（5）统计表的填表要求

统计表中的数字要求整齐划一，包括小数点的位置、小数的保留的位数等，都必须保持一致。

统计表中不应留有空格，当某些表格中不应有数字或可免填时，应用"—"表示；当某些表格中的数字的有效数值尚不足本表小数保留的最小位数时，可用"…"表示等。

一般统计表内要列出合计数，方便核对和使用。

（6）统计表的注释

统计表的注释一般放在表的下端。统计资料的来源和调查方法的说明也可以列在表头的下端。

以表 3.7 为例，对统计表的构成作简要说明，如表 3.7 所示。

表 3.7 2020—2024 年我国国内生产总值 （亿元） 表头

年 份	第一产业	第二产业	第三产业	合 计
2020	77 754	384 255	553 977	1 015 986
2021	83 086	450 904	609 680	1 143 670
2022	88 345	483 164	638 698	1 210 207
2023	89 755	482 589	688 238	1 260 582
2024	91 414	492 087	765 583	1 349 084

本表按当期价格计算。
资料来源：中华人民共和国国民经济和社会发展统计公报（2020—2024 年）。

3.5.2 统计图

统计图是以直观、形象的图形，将数据的分布特征呈现出来的重要辅助工具。

1. 非数值型数据的统计图

非数值型数据通常使用的统计图有条形图和饼图。

（1）条形图（bar chart）

条形图是以一簇宽度相等、相互分离的条状图形的长度（或高度）来表示频数分布的统计图。当以条状图形的高度来表示频数分布特征时，条形图也称为柱形图。条形图中条状图形的长度（或高度）所表示的数据可以是频数，也可以是频数的相对比例，还可以是事物具体的数值水平等。

条形图图形为落在一个直角坐标系中的条状或柱状图形。这个直角坐标系可以是两维的，也可以是三维的。相应的条状或柱状图形为平面和立体的。这个直角坐标系原点的具体数值可以为 0，也可以为其他特定数值，需要根据实际情况而定。

图 3.1 和图 3.2 都是采用了三维的直角坐标系，其条状或柱状图形均为立体的。其中图 3.1 是根据表 3.5 中 2024 年我国按性别分人口数数据绘制的 2024 年我国按性别分人口数柱形图。在该图中以我国 2024 年末按性别分人口数作为柱形的高度，并且采取了以 67 000 万人作为该直角坐标系纵轴起点数值的方式，以此突出展示我国人口性别比例上的差距水平。

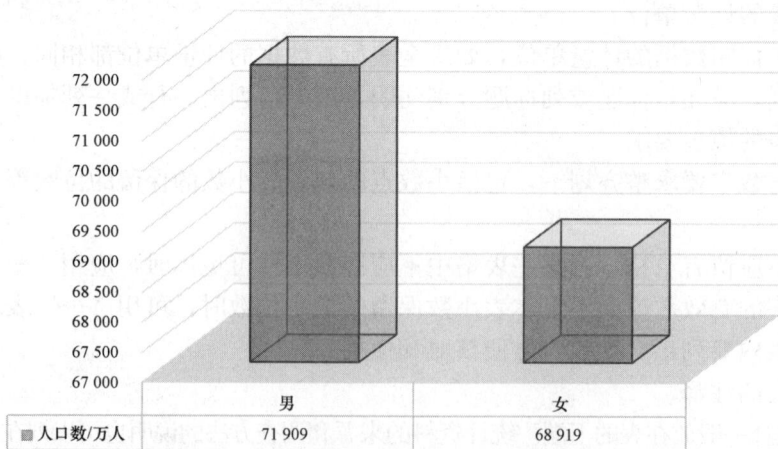

图 3.1 2024 年我国按性别分人口数柱形图

图 3.2 是根据表 3.6 中 2024 年我国国内生产总值数据绘制的条形图。

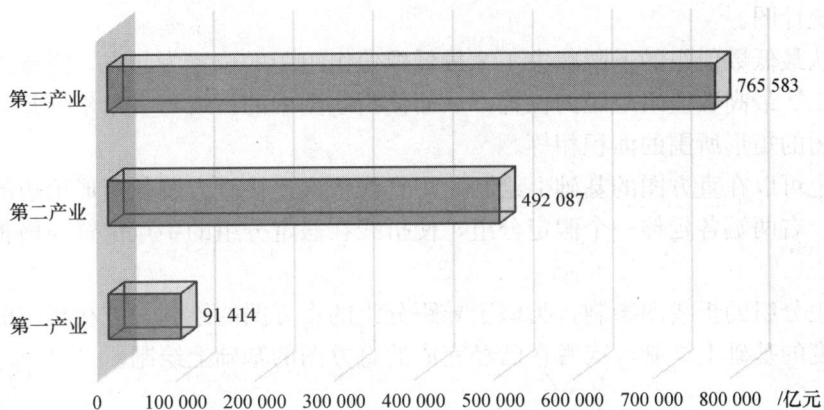

图 3.2　2024 年我国国内生产总值条形图

（2）饼图（pie chart）

饼图是以同一圆形内一簇扇形的面积的大小来表示数据分布特征的统计图。

图 3.3 是根据表 3.6 中我国 2024 年国内生产总值数据绘制的饼图。

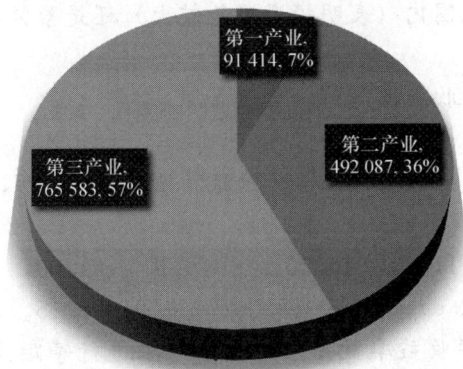

图 3.3　2024 年我国国内生产总值饼图（单位：亿元）

2. 数值型数据的统计图

数值型数据通常使用的统计图有直方图和折线图。适用于非数值型数据的条形图和饼图，同样也可以适用于数值型数据。

（1）直方图（histogram）

直方图是以各组的组距为宽，以各组的频数为高，在直角坐标系的第一象限依次绘制一系列矩形来表示频数分布状态的统计图。

直方图与条形图的本质区别在于直方图的矩形宽度是数值型数据分组的组距，并且直接标明了每一组的上限和下限。所以，直方图的矩形一般以连续的方式相继排列，不同于条形图一般是以间断的方式分隔排列。

对于异距分组，绘制直方图时应以各组的实际组距为宽，以相应的标准组距频数或频数密度为高。

（2）折线图（line graph）

折线图是将各组的组中值和频数在直角坐标系的点，用一条折线联系起来，以反映频数分布状态的统计图。

折线图从最低数值组的下限减去 1/2 最低数值组组距的位置为起点，终点为最高数值组的上限加上 1/2 最高数值组组距的位置，从而使折线图中的折线与直角坐标系的横轴所围的面积同直方图的矩形所围的面积相等。

折线图也可以在直方图的基础上绘制，用直线依次连接直方图各矩形顶边的中点，并在直方图的左、右两端各延伸一个假定分组，使折线在假定分组的中点位置与横轴相交，绘制出折线图。

对于异距分组的折线图绘制，类似于异距分组的直方图的绘制，应在相应的标准组距频数或频数密度的基础上绘制，或者在已经完成的直方图的基础上绘制。

▶ Excel 应用 ◀

数值型数据的整理：某投资 A 的年收益率整理

我们可以使用统计方法来分析资本市场，概括资本市场的特性，如股票或者债券收益的分布情况。假设现在有某项投资 A 的部分年收益率数据，你想从这些数据里获得什么信息，比如收益率是分散在很大范围内（表明投资风险较大）还是紧紧地聚集在一起（表明投资风险相对较低）。

例 3.1 某投资 A 的年收益率（%）数据如下：

30.00, 6.93, 13.73, −8.47, −2.13, 4.30, −13.24, 22.43, −5.42, −18.90, 34.34, −7.21, 25.00, 9.43, 49.82, −12.32, 12.89, 1.27, 22.93, 12.89, −20.45, 31.76, 20.95, 63.00, 1.20, 11.04, 43.91, −19.27, −2.72, 8.47, −12.83, −9.22, 33.00, 36.08, 0.52, −17.00, 14.26, −21.95, 61.00, 16.73, −15.81, 10.52, −11.96, 51.00, 0.67, 12.64, 1.94, 38.00, 13.09, 28.45。

要求 对该投资 A 的年收益率数据采用重合组限进行等距分组，编制频数分布表和绘制直方图。

解 运用本章介绍的数据整理方法，

第一步，计算取值范围。

可以利用 Excel 的"分析工具库"中"描述统计"工具，直接计算出原始数据的取值范围，以及其他测度。在"数据"菜单中，单击"数据分析"命令，调出"分析工具"列表框。如图 3.4 所示，在"分析工具"列表框中，选中需要使用的"描述统计"工具。

如图 3.5 所示，在"描述统计"对话框中的"输入区域"中输入原始数据所在的单元格，在本例中年收益率数据位于 A2 到 A51 单元格；"分组方式"选择"逐列"；在"输出选项"中，若希望运算结果输出在当前工

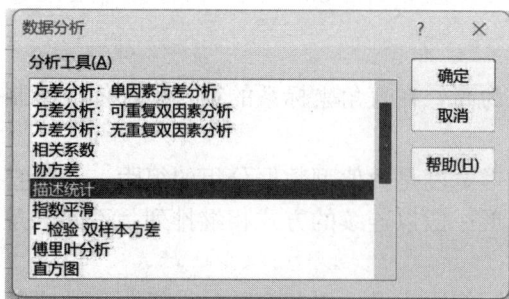

图 3.4 调用"描述统计"工具

作表上，选定"输出区域"，并在窗口中输入输出计算结果的起始位置。在本例中选择了运算结果输出在当前工作表上，输出运算结果的起始位置为 C4。若需要将运算结果输出到新的工作表，或者新的工作簿，可选定相应选项。最后选定含有取值范围数值的"汇总统计"。

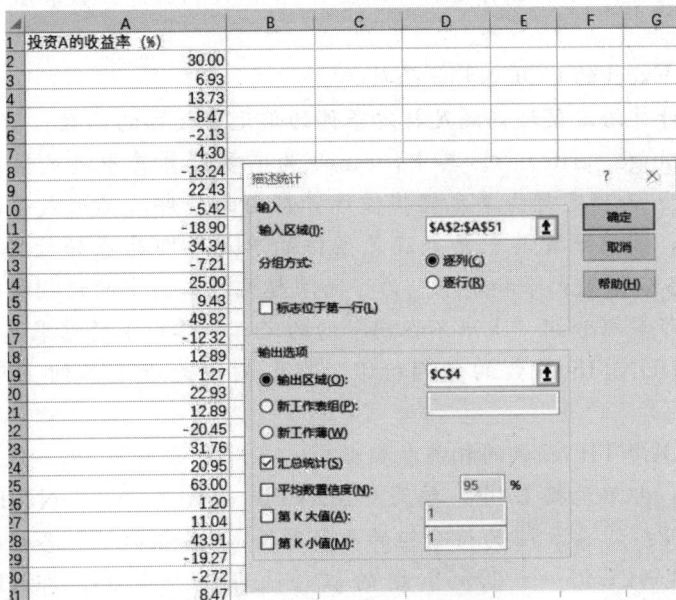

图 3.5 "描述统计"对话框

单击"确定"，完成取值范围的计算，计算机输出计算结果如图 3.6 所示。

平均	10.9058
标准误差	3.09271129
中位数	9.975
众数	12.89
标准差	21.8687712
方差	478.243155
峰度	−0.3288365
偏度	0.54102443
区域	84.95
最小值	−21.95
最大值	63
求和	545.29
观测数	50

图 3.6 输出的"描述统计"计算结果

其中，"区域"即取值范围为 84.95。也可以由图 3.6 中的"最大值"63 和"最小值"−21.95，计算出取值范围 $R = 63 + 21.95 = 84.95$。

第二步，确定组数和组距。

由确定组数的经验公式，可计算出参考的组数 $H = 1 + \lg 50 / \lg 2 \approx 6.6$，结合组数的确定应以能够显示数据的分布特征和规律为目的，本例将组数确定为 5 组。

组数确定之后，可以根据取值范围、组数和组距之间的数量关系，计算出各组的组距 $d = 84.95 / 5 = 16.99$，为便于计算，组距宜取 5 或 10 的倍数，而且第一组的下限应小于最小变量值，最后一组的上限应大于最大变量值，因此组距可取整为 20。

第三步，计算频数分布。

计算频数分布，就是按照分组将原始数据一一分配到各组中，然后计算出落在各组中数据的个数。这一步可选择的方法有多种，这里介绍 COUNTIF 函数和数据分析中的直方图工具两种方法。

方法一，采用 Excel 的 COUNTIF 函数。

COUNTIF 是计算给定区域内满足特定条件的单元格数目的函数。COUNTIF 函数的语法为 COUNTIF（range，criteria）。其中，range 为需要计算其中满足条件的单元格数目的单元格区域，criteria 为确定哪些单元格将被计算在内的条件，其形式可以为数字、表达式或文本。在本例中，需要计算其中是否满足条件的单元格即为原始数据所在单元格 A2 到 A51；评判标准为各分组的上限和下限。为了简洁起见，本例中的评判标准为小于各组上限的单边条件，满足了数据分组"上限不在内"的约定，计算出来的结果是向上累积的次数。

首先，给定 COUNTIF 函数的评判标准，在本例中为小于各组上限。参见图 3.7 中"各组取值"一栏。

其次，给出 COUNTIF 函数的相关参数数值，在对应"-21.95——1.95"组的"向上累积次数"一栏中，即单元格 I3 中，编写 COUNTIF 函数"=COUNTIF（A\$2：A\$51，H3)"，单元格 A\$2：到 A\$51 为待分组的原始数据；"各组取值"各栏给出了对应各组的取值上限，其中"-21.95——1.95"组的取值上限为 -1.95，即 H3 为"-21.95——1.95"分组的上限标准"＜-1.95"。COUNTIF 函数"=COUNTIF（A\$2：A\$51，H3)"运算结果显示为该组向上累积次数为 16 年。

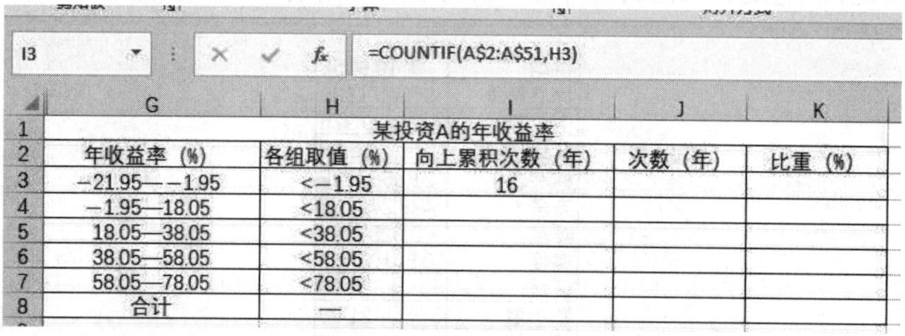

图 3.7　COUNTIF 函数的应用

再次，拖动填充柄经过需要填充相同 COUNTIF 函数公式的单元格 I4 到 I7，完成各组向上累积次数的运算。通过对向上累积次数计算的逆运算，即可以计算出各组频数数值。

最后，在各组频数的基础上，将各组次数除以总次数，可以计算出各组次数占总次数的比重，即频数的相对形式——频率。如图 3.8 所示，在对应于"-21.95——1.95"组的"比重"一栏中，即单元格 K3 中，编写的计算公式"=J3 * 100/J\$8"，单元格 J3 为该组次数 16，乘上 100 是换算为百分数，单元格 J\$8 为总投资次数 50 年，在行数 8 前加上 \$ 符号是为了在采用拖动填充柄复制公式时，将行数固定在第 8 行，即固定在总投资次数 50 年的单元格 J8 上。运算结果显示该组次数占总投资次数的比重为 32%。

| K3 | ▼ | : | × | ✓ | fx | =J3*100/J$8 |

	G	H	I	J	K
1		某投资A的年收益率			
2	年收益率（%）	各组取值（%）	向上累积次数（年）	次数（年）	比重（%）
3	−21.95—−1.95	<−1.95	16	16	32.00
4	−1.95—18.05	<18.05	34	18	36.00
5	18.05—38.05	<38.05	45	11	22.00
6	38.05—58.05	<58.05	48	3	6.00
7	58.05—78.05	<78.05	50	2	4.00
8	合计	—		50	100.00

图 3.8　频数和频率的计算

方法二，采用数据分析中的直方图工具计算频数。

使用 Excel "数据分析" 中的 "直方图" 工具也可生成数值数据的频数分布表。在 "数据" 菜单中，单击 "数据分析" 命令，调出 "分析工具" 列表框。如图 3.9 所示，在 "分析工具" 列表框中，选中需要使用的 "直方图" 工具。

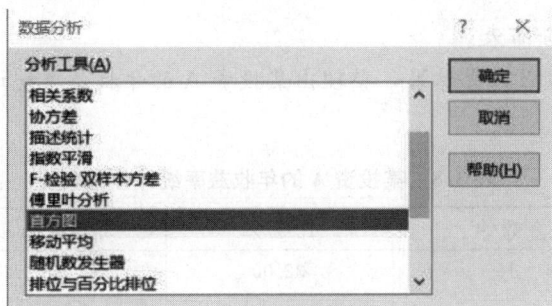

图 3.9　调用 "直方图" 工具

在如图 3.10 所示的 "直方图" 对话框中的 "输入区域:" 中输入原始数据所在的单元格，在本例中年收益率数据位于 A2 到 A51 单元格；"接收区域" 为分组标准，由于 Excel 在制作频数分布表时，每一组的频数包括一个组的上限值，即 $a < x \leqslant b$，而在实际分组时，通常规定 "上限不在内"，即当相邻两组的上下限重叠时，恰好等于某一组上限的变量值不算在本组内，而计算在下一组内，即 x 满足 $a \leqslant x < b$，因此，需要输入一列比上限值小的数

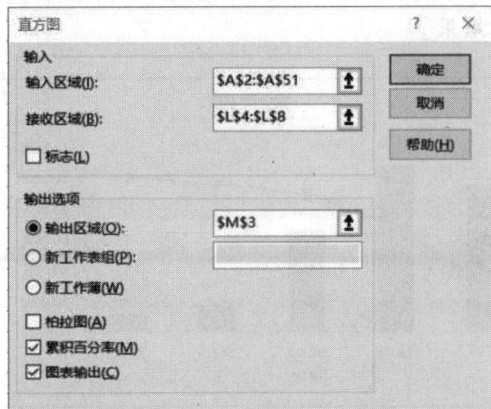

图 3.10　"直方图" 对话框

作为"接收区域"。就本例而言,恰好没有变量值等于每组上限,因此以每组上限值作为"接收区域";在"输出选项"中,若希望运算结果输出在当前工作表上,选定"输出区域",并在窗口中输入输出计算结果的起始位置。在本例中选择了运算结果输出在当前工作表上,输出运算结果的起始位置为 M3。若需要将运算结果输出到新的工作表,或者新的工作簿,可选定相应选项。最后勾选"累积百分率"和"图表输出"。

单击"确定",计算机输出计算结果如图 3.11 所示。

某投资A的年收益率			
各组上限 (%)	接收	频数 (年)	累积 %
−1.95	−1.95	16	32.00%
18.05	18.05	18	68.00%
38.05	38.05	11	90.00%
58.05	58.05	3	96.00%
78.05	78.05	2	100.00%
合计	—	50	100.00%

图 3.11 "数据分析"中"直方图"工具对频数和累积频率的计算

第四步,编制频数分布表。

根据第三步分组和频数计算结果,整理出某投资 A 的年收益率统计分布表,结果如表 3.8 所示。

表 3.8 某投资 A 的年收益率统计分布表

年收益率/%	年数/年	比重/%	累积年数/年	累积比重/%
−21.95～−1.95	16	32.00	16	32.00
−1.95～18.05	18	36.00	34	68.00
18.05～38.05	11	22.00	45	90.00
38.05～58.05	3	6.00	48	96.00
58.05～78.05	2	4.00	50	100.00
合 计	50	100.00	—	—

第五步,绘制直方图。

接第三步中的方法二,"数据分析"中的"直方图"工具在输出频数分布结果的同时也输出了如图 3.12 的直方图结果。

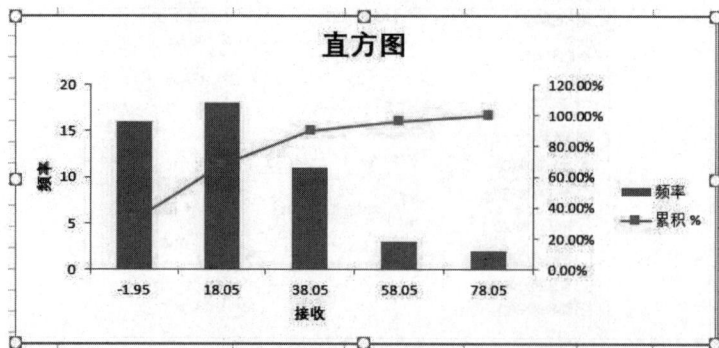

图 3.12 "数据分析"中"直方图"工具输出默认结果

下面对 Excel 输出的直方图作一些必要的修改和补充。首先，消除直方图矩形之间存在的间隔，并清晰展示每一矩形所代表的分组。右击图中的矩形，调出"设置数据系列格式"对话框，将"间隙宽度"选项框中的数值改为 0；单击"填充与线条"对话框，设置"边框"为"实线"，"颜色"选择黑色，"宽度"0.75 磅。其次，将"水平（分类）轴标签"改成分组组限，通过将直方图依据的数据来源"接收"栏分组组限依次改成"[−21.95，−1.95)、[−1.95，18.05)、[18.05，38.05)、[38.05，58.05)、[58.05，78.05)"实现；最后，将"垂直（值）轴标题"改成"频数（年）"，"水平（类别）轴标题"改成"投资 A 年收益率（％）分组"，单击直方图右上方的"＋"调出添加"图表元素"对话框，勾选"数据标签"，添加频数和累积频率具体数值，修改后的直方图如图 3.13 所示。

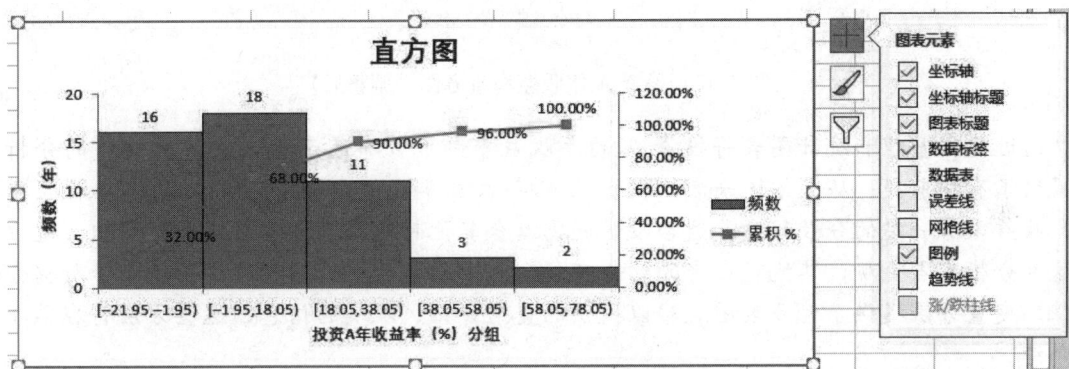

图 3.13　投资 A 年收益率直方图

除使用"数据分析"中的"直方图"工具绘制直方图，还可以直接选中所有的原始数据，单击"插入"｜"图表"，选择"直方图"，即可绘制出直方图。根据需要再对直方图作必要的修改。例如：将"图表标题"改为"投资 A 年收益率（％）直方图"，单击任意一个矩形，右击选择"添加数据标签"添加每一组的频数标签。结果如图 3.14 所示。

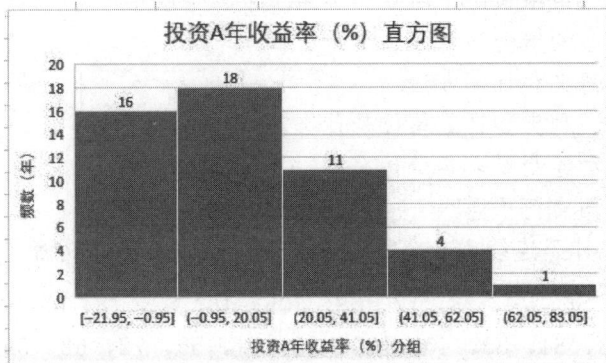

图 3.14　投资 A 年收益率直方图（Excel 默认）

图 3.14 是使用 Excel 对原始数据直接形成的默认直方图，默认将数据分成了 5 组，组距默认为 21，根据需要，可以对直方图进行修改。例如：如果要将数据分成组距为 20 的组，可以选中"水平坐标轴"，即分组标签，在右侧弹出的"设置坐标轴格式"下单击"箱

宽度",在后面写入箱宽度(组距)的值 20 即可,调整后的直方图如图 3.15 所示。

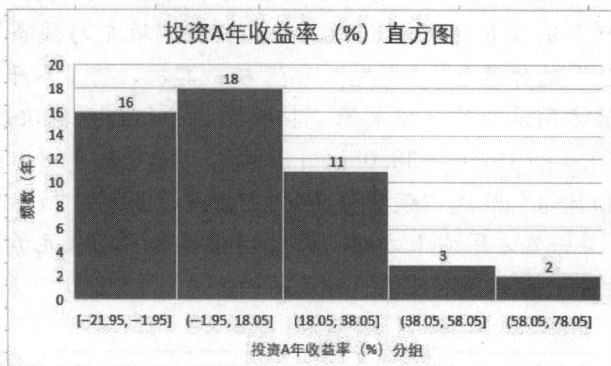

图 3.15　投资 A 年收益率直方图(调整后)

通过数据整理和统计图表将投资 A 的年收益率频数分布展示出来,为进一步的分析研究提供了有利前提。从直方图来看,投资 A 的年收益率略微右偏,有 32% 的概率收益率为负,收益率有一定的分散程度,是否投资还需结合其他可选投资方案对比分析得出。直方图的这些分析有点主观,其他观察者的结论可能和作者的不太一致,在这种情况下,数据分布特征的度量方法提供了大多数图表难以提供的更为详细、准确的信息,这些方法将在第 4 章中介绍。

思考与练习

1. 什么是数据的审核?具体有什么内容和方式?
2. 非数值型数据分组和数值型数据分组有哪些差别?
3. 数值型数据分组的具体方式有哪些?
4. 怎样确定等距分组中组距、组数和各组上限、下限?
5. 频数、频数分布的概念和意义各是什么?
6. 阐述组中值的意义和计算方法。
7. 绝对数的概念、种类和计量单位是什么?
8. 统计表的构成和绘制要求各是什么?
9. 直方图和条形图有何不同?
10. 某家电公司统计了连续 160 个月的某型号双门冰箱出口数据(单位:台)如下:

65, 80, 66, 94, 82, 56, 79, 73, 77, 98, 105, 48, 83, 78, 65, 49, 63, 81, 60, 94,
83, 79, 103, 83, 83, 84, 85, 40, 109, 55, 71, 59, 72, 62, 59, 50, 116, 75, 92,
70, 79, 65, 82, 48, 74, 62, 73, 31, 84, 56, 60, 61, 95, 74, 105, 92, 92, 100,
55, 45, 63, 83, 48, 46, 105, 43, 55, 67, 82, 81, 106, 78, 90, 116, 28, 62, 85,
55, 57, 64, 113, 59, 63, 60, 84, 84, 68, 77, 77, 95, 53, 65, 65, 100, 66, 40,
96, 70, 51, 58, 91, 81, 72, 76, 47, 85, 54, 49, 91, 67, 61, 49, 111, 75, 66, 57,
73, 76, 62, 87, 67, 90, 40, 60, 80, 82, 59, 63, 85, 75, 68, 61, 65, 70, 57, 95,

69，70，61，60，59，81，70，38，69，74，74，82，66，86，68，104，94，79，51，49，64，84，59，55

要求：

（1）运用数值型数据整理方法，采用重合组限进行等距分组、计算组中值、生成频数分布表。

（2）绘制直方图和直线图，说明该公司冰箱出口数据的分布状态。

自测题

自测题答案

人物小传

凯特勒（Lambert Adolphe Jacques Quetelet）

数理统计学派的代表人物凯特勒博士 1796 年 2 月 22 日出生于比利时的甘特市，1874 年 2 月 17 日在比利时首都布鲁塞尔去世。

凯特勒博士是一位博学多才的学者，他不仅是著名的统计学家，还是数学家、天文学家、人类学家。凯特勒博士担任过比利时布鲁塞尔大学的数学教授、比利时国家天文台台长、科学院秘书等职务，还担任过比利时国家统计委员会主席。

为了创建比利时国家天文台，1924 年凯特勒博士来到法国首都巴黎，结识了数学家拉普拉斯和傅里叶，向他们学习概率论。由于凯特勒博士具备了数学、概率论知识，后来又长期从事天文学研究和政府统计工作，使得他能够把概率论和统计相互联系，从而开创了统计学新的研究领域，提出了许多创新观点。凯特勒博士在他的《社会物理学》一书中，采用了原先仅用于自然科学的数学、概率论方法，对社会现象的规律性进行观察，认为要促进科学的发展，就必须更多地应用数学和发展统计学。

凯特勒博士在统计方面研究的课题主要涉及人口、犯罪和人体测量等领域。他提出了具有平均身高、平均体重、平均智慧和平均道德品质的"平均人"概念。凯特勒博士是第一届国际统计会议（1853 年）的召集人，因而被称为"近代统计学之父"。

第4章

数据分布特征的度量

思政目标

集中趋势、离散程度、偏度和峰度等重要概念帮助我们更好地认识社会经济现象的总体特征。例如：在分析我国收入分布的集中趋势后，可了解我国在实现共同富裕目标方面取得的成就和现存的差距与挑战。我们做统计工作需要培养严谨的学术态度和实事求是的精神，肩负起社会责任，着力推动国家高质量发展。

学习目标

通过本章的学习，要求了解从数据分布的集中趋势、离散趋势和偏度、峰度三个方面描述数据分布特征，三者之间相互联系、互为补充；理解和掌握数据分布特征三个方面综合度量的具体测度计算方法、统计意义、内在联系及其应用分析。

4.1　集中趋势的度量

集中趋势（central tendency）是指一组数据所趋向的中心数值。对集中趋势的度量就是采用具体的统计方法和统计测度对这一中心数值的测量，用该综合数值来表述数据所趋向的这一中心数值的一般水平。

数据的集中趋势有多种度量方法，以下从数据类型的角度依次介绍。

4.1.1　众数

众数（mode）是一组数据中频数最多的变量值，直观地反映了数据的集中趋势。众数是度量定类数据集中趋势的测度，一般用 M_0 表示。

例4.1　某品牌运动服装专卖店一批新品球衣销售情况如表4.1所示。

表 4.1　某专卖店新品球衣销售情况

件

球衣货号	前日售出数量	当日售出数量
AS01 - 90	6	4
AS02 - 95	18	21
AB09 - 10	25	33
SP09 - 05	88	93
SS12 - 10	15	23
PP89 - 15	8	6
合计	160	180

要求　试计算该品牌运动服装专卖店这批新品球衣销售数量的众数。

解　从众数定义出发，可以得出在这两天的销售中，该品牌运动服装专卖店所售出的新品球衣的众数都是"SP09-05"，即 $M_o=$"SP05-05"球衣。

虽然众数是度量定类数据集中趋势的测度，基于计量尺度向下兼容的性质，众数也可以用于层次更高的计量尺度测定的定序数据和数值型数据的集中趋势的度量。

例 4.2　某学期某班 35 名学生统计学考试成绩的原始数据如下：

92，87，75，74，65，91，98，78，84，83，78，96，62，84，76，52，69，84，81，88，70，91，89，87，75，79，82，86，79，82，64，90，56，84，89

要求　试计算该班 35 名学生统计学考试成绩的众数。

解　将该原始数据排序之后，得到有序数据为

52，56，62，64，65，69，70，74，75，75，76，78，78，79，79，81，82，82，

83，84，84，84，84，86，87，87，88，89，89，90，91，91，92，96，98

"84"分在这 35 名学生的统计学考试成绩的原始数据中出现了 4 次，属于出现次数最多的变量值，根据众数定义，可以确定众数为 84 分，即 $M_o=84$ 分。

在缺乏原始数据，利用已经分组的数值型数据计算众数的场合，需要运用插值公式来计算众数的近似数值。众数的插值公式有下限公式和上限公式。其下限公式从众数所在组的下限出发，有

$$M_o=L+\frac{F_{M_o}-F_L}{(F_{M_o}-F_L)+(F_{M_o}-F_U)}\cdot d_{M_o} \tag{4.1}$$

上限公式则从众数所在组的上限出发，有

$$M_o=U-\frac{F_{M_o}-F_U}{(F_{M_o}-F_L)+(F_{M_o}-F_U)}\cdot d_{M_o} \tag{4.2}$$

式（4.1）和式（4.2）中，L 和 U 表示众数所在组的下限和上限，F_{M_o}，F_U 和 F_L 分别为众数所在组及其以上一组和以下一组的频数；d_{M_o} 表示众数所在组组距。

例 4.3　表 4.2 为例 4.2 某学期某班 35 名学生的统计学考试成绩的分组数据。

表 4.2　某学期某班 35 名学生的统计学考试成绩的分组数据 1

成绩/分	人数/人
60 以下	2
60～70	4
70～80	9
80～90	14
90～100	6
合计	35

要求　根据表 4.2 的数据，计算该班 35 名学生的统计学考试成绩的众数。

解　由于表 4.2 中的数据为已经分组的数值型数据，所以需要采用式（4.1）和式（4.2）的插值公式来计算该班统计学考试成绩的众数。

首先，确定众数所在组。频数数值最大的组，就是众数所在组。在本例中，人数最多的组为 14 人对应的"80～90"组，则这"80～90"组就是本例中的众数所在组。

然后，运用众数的插值公式计算众数。

若采用下限公式，则为

$$M_o = L + \frac{F_{M_o} - F_L}{(F_{M_o} - F_L) + (F_{M_o} - F_U)} \cdot d_{M_o} = 80 + \frac{14-9}{(14-9)+(14-6)} \times 10 = 83.85 (分)$$

若采用上限公式，则为

$$M_o = U - \frac{F_{M_o} - F_U}{(F_{M_o} - F_L) + (F_{M_o} - F_U)} \cdot d_{M_o} = 90 - \frac{14-6}{(14-9)+(14-6)} \times 10 = 83.85 (分)$$

通过上限公式或下限公式计算众数所得到的计算结果是一致的。

众数是一个通过数据中频数最大的数据的数值来反映集中趋势的测度，属于位置型的代表数值，所以众数的取值不受极端数值的影响，也不受组距分组中开口组设置的影响。当数值型数据中含有极小值和极大值时，使用众数来度量数据的集中趋势，可以作为其他集中趋势测度的补充。

众数是一个适用于最低层次的定类数据的测度，因此可以用于各种量表数据的集中趋势分析，有效使用众数的前提是数据的频数分布存在明显的集中态势。

❖ 讨论题　你认为哪些现象不适宜采用众数来描述其集中趋势？

4.1.2　中位数

中位数（median）是位于有序数据正中间位置上的变量值，中位数用其特殊的位置属性直接地体现了集中趋势的中心数值特征。中位数是度量定序数据集中趋势的测度，一般用 M_e 表示。

中位数也是一种位置型的代表数值，同时中位数还是一种顺序统计量，因此计算中位数要求数值至少具备定序数据的性质。中位数一旦确定，就可以根据中位数的具体取值，将全部数据分成数量相等的两个部分：一半数据的数值小于或等于中位数；另一半数据的数值大于或等于中位数。由此，可得出中位数的计算公式。当数据的个数为奇数时，有

$$M_e = X_{\frac{N+1}{2}} \tag{4.3}$$

当数据的个数为偶数时，有

$$M_e = \frac{X_{\frac{N}{2}} + X_{\frac{N}{2}+1}}{2} \tag{4.4}$$

式（4.3）和式（4.4）中，X 表示变量值，N 表示所计算的数据的总数。

虽然中位数是度量定序数据集中趋势的测度，根据计量尺度的向下兼容性质，中位数也可以用于度量比它量表层次更高的数值型数据的集中趋势。

例 4.4　采用例 4.2 某学期某班 35 名学生的统计学考试成绩的原始数据。

要求　试计算该班 35 名学生的统计学考试成绩的中位数。

解　将原始数据排序之后，得到以下有序数据

52，56，62，64，65，69，70，74，75，75，76，78，78，79，79，81，82，

82，83，84，84，84，84，86，87，87，88，89，89，90，91，91，92，96，98

该数据的个数为"35"，因此采用式（4.3）计算，排列在该数据的有序数据第 18 位上

的变量值为 82 分，该班 35 名学生的统计学考试成绩的中位数为 82 分。即

$$M_e = X_{\frac{N+1}{2}} = X_{18} = 82(\text{分})$$

类似于众数的计算，在缺乏原始数据场合，利用已经分组的数值型数据计算中位数时，需要运用插值公式计算中位数的近似数值。中位数的插值公式也有下限公式和上限公式。其下限公式从中位数所在组的下限出发，为

$$M_e = L + \frac{\frac{\sum F}{2} - S_{M_e - 1}}{F_{M_e}} \cdot d_{M_e} \tag{4.5}$$

上限公式从中位数所在组的上限出发，为

$$M_e = U - \frac{\frac{\sum F}{2} - S_{M_e + 1}}{F_{M_e}} \cdot d_{M_e} \tag{4.6}$$

式（4.5）和式（4.6）中，L 和 U 表示中位数所在组的下限和上限，F_{M_e} 表示中位数所在组的频数，$S_{M_e - 1}$ 和 $S_{M_e + 1}$ 表示中位数所在组以下各组和以上各组的累积频数，d_{M_e} 表示中位数所在组的组距。$\sum$ 为求和符号，在描述统计中的求和，一般未分组数据均为从 1 到 N 的全求和，已分组数据均为从 1 到 H 的全求和，在不至于引起误解的场合，可以省略求和符号的上标和下标，以及相应变量的脚标，表示为数据的全求和。F 表示各组频数，各组频数之和等于总体单位总数，即 $\sum F = N$。

例 4.5 表 4.3 为例 4.2 某学期某班 35 名学生的统计学考试成绩的分组数据。

要求 根据表 4.3 数据，计算该班 35 名学生的统计学考试成绩的中位数。

解 运用插值公式计算该班学生统计学考试成绩中位数的近似数值。

表 4.3 某学期某班 35 名学生的统计学考试成绩的分组数据 2

成绩/分	人数/人	向上累积人数/人	向下累积人数/人
60 以下	2	2	35
60～70	4	6	33
70～80	9	15	29
80～90	14	29	20
90～100	6	35	6
合计	35	—	—

首先，计算累积频数。可以采用向上累积，也可以采用向下累积。

其次，确定中位数所在组。数据总数加 1 的 1/2 的累积频数数值落在哪一组中，哪一组就是中位数所在组。在本例中 $(N+1)/2 = 18$。由向上累积频数分析，自低向高排序的该 35 名学生的统计学考试成绩有序数据中第 16 位到第 29 位落在"80～90"组中；由向下累积频数分析，自高向低排序的该 35 名学生的统计学考试成绩有序数据中第 7 位到第 20 位仍然落在"80～90"组中，所以"80～90"组是中位数所在组。累积频数的方向不影响中位数所在组位置的确定。

然后，运用式（4.5）或式（4.6）的中位数的插值公式计算中位数。

若采用下限公式，为

$$M_e = L + \frac{\frac{\sum F}{2} - S_{M_e - 1}}{F_{M_e}} \cdot d_{M_e} = 80 + \frac{\frac{35}{2} - 15}{14} \times 10 = 81.79（分）$$

若采用上限公式，则为

$$M_e = U - \frac{\frac{\sum F}{2} - S_{M_e + 1}}{F_{M_e}} \cdot d_{M_e} = 90 - \frac{\frac{35}{2} - 6}{14} \times 10 = 81.79（分）$$

显然，可以任选上限公式或下限公式来计算中位数，得到的结果是相同的。

中位数是一个顺序统计量，其取值不受极端数值的影响，也不受组距分组中开口组设置的影响。当数值型数据中含有极小值和极大值时，可以使用中位数来度量数据的集中趋势。

❖ **讨论题**　你认为中位数的主要局限是什么？

4.1.3　均值

均值（mean）为一组数值型数据之和除以该组数据总个数的商，即同一组数据的总值与其频数的商。由于离散变量的均值是采用算术平均方法计算的，所以，一般也将均值称为算术平均数（arithmetical average）。

计算均值的数据需要具备数值型数据的属性，均值是一个数值型的集中趋势测度。通过计算均值的运算过程，首先将各个数据之间的数量差异抽象掉了，以一个抽象性的综合测度概括地反映事物的集中趋势；其次将不同总体的总量规模抽象掉了，表现出来的只是一个一般性的代表水平，有利于不同规模的同类总体在不同空间和时间上的广泛比较。

均值符合人们关于集中趋势的一般概念，在各个方面得到广泛应用。均值属于参数统计内容，只能用作数值型数据集中趋势的测度，不能度量非数值型数据的集中趋势。

1. 简单均值

简单均值（simple mean）是根据未分组的原始数据计算出来的均值。有

$$\overline{X} = \frac{\sum X}{N} \tag{4.7}$$

式中，$\overline{X}$ 表示均值。

例 4.6　采用例 4.2 某学期某班 35 名学生的统计学考试成绩的原始数据。

要求　试计算该班 35 名学生的统计学考试成绩的均值。

解　采用式（4.7）计算，有

$$\overline{X} = \frac{\sum X}{N} = \frac{2\ 800}{35} = 80（分）$$

2. 加权均值

加权均值（weighted mean）是运用各组频数作为权数对各组数值水平进行加权计算出来的均值。根据是单变量值分组还是组距分组，以及组距分组的各组数值水平代表数据是组均值还是组中值，加权均值的计算分为以下三种类型。

（1）单变量值分组加权均值

在单变量值分组场合，加权均值的计算公式为

$$\overline{X} = \frac{\sum XF}{\sum F} \qquad (4.8)$$

例 4.7　某机床总装车间 10 个装配小组日完成产品台数情况，见表 4.4。

表 4.4　某机床总装车间 10 个装配小组日完成产品台数情况

日完成产品量/台	装配小组/个	小计/台
5	1	5
6	2	12
7	5	35
8	2	16
合计	10	68

要求　试计算单变量值分组加权均值。

解　采用式（4.8）计算，可得

$$\overline{X} = \frac{\sum XF}{\sum F} = \frac{68}{10} = 6.8(台)$$

在组距分组场合，在拥有各组组均值数据时，采用各组组均值计算加权均值；当不具备各组组均值数据时，则采用各组组中值计算加权均值的近似数值。

（2）采用组均值计算加权均值

在组距分组中，采用组均值计算加权均值时，计算公式为

$$\overline{X} = \frac{\sum_{j=1}^{H} \overline{X}_j F_j}{\sum_{j=1}^{H} F_j} \qquad (4.9)$$

式（4.9）中 $\overline{X}_j$ 表示第 j 组的组均值。采用式（4.9）利用组均值计算加权均值的结果等于式（4.7）和式（4.8）的结果。

例 4.8　采用例 4.2 某学期某班 35 名学生的统计学考试成绩的各组均值数据。

要求　试计算组距分组的该班 35 名学生的统计学考试成绩的加权均值。

解　根据原始数据排序之后得到的有序数据，按照分组组限，将所有数据分配到各组中。

60 分以下组：52，56

60～70 分组：62，64，65，69

70～80 分组：70，74，75，75，76，78，78，79，79

80～90 分组：81，82，82，83，84，84，84，84，86，87，87，88，89，89

90～100 分组：90，91，91，92，96，98

依据各组中的数据数值和数据个数，按照式（4.7）的均值计算公式，计算出各组的组

均值，填入表 4.5 中。

表 4.5　某学期某班 35 名学生统计学考试成绩的组均值和频数

成绩/分	组均值/分	频数/人	组总分/分
60 以下	54	2	108
60～70	65	4	260
70～80	76	9	684
80～90	85	14	1 190
90～100	93	6	558
合计	—	35	2 800

$$\overline{X} = \frac{\sum\limits_{j=1}^{H} \overline{X}_j F_j}{\sum\limits_{j=1}^{H} F_j} = \frac{54 \times 2 + 65 \times 4 + \cdots + 93 \times 6}{2 + 4 + \cdots + 6} = \frac{2\ 800}{35} = 80 (\text{分})$$

（3）采用组中值计算加权均值

在没有原始数据和组均值数值，只拥有已分组的数据时，可以利用各组组中值采用加权的方式计算均值的近似数值。利用组中值计算均值近似值的公式为

$$\overline{X} = \frac{\sum\limits_{j=1}^{H} \widetilde{X}_j F_j}{\sum\limits_{j=1}^{H} F_j} \tag{4.10}$$

式中，$\widetilde{X}_j$ 表示第 j 组的组中值。

例 4.9　采用例 4.2 某学期某班 35 名学生的统计学考试成绩计算出的各组组中值和频数数据。

要求　试采用组中值计算该班 35 名学生的统计学考试成绩的加权均值。

解　采用式（4.10）计算，见表 4.6。

表 4.6　某学期某班 35 名学生统计学考试成绩的组中值和频数

成绩/分	组中值/分	频数/人	组总分/分
60 以下	55	2	110
60～70	65	4	260
70～80	75	9	675
80～90	85	14	1 190
90～100	95	6	570
合计	—	35	2 805

$$\overline{X} = \frac{\sum\limits_{j=1}^{H} \widetilde{X}_j F_j}{\sum\limits_{j=1}^{H} F_j} = \frac{55 \times 2 + 65 \times 4 + \cdots + 95 \times 6}{2 + 4 + \cdots + 6} = \frac{2\ 805}{35} = 80.14 (\text{分})$$

利用组中值计算加权均值存在一个假定前提，就是各组数据近似地趋于均匀分布或对称

分布，各组的组中值近似于各组的组均值。当各组数据显著地不趋于均匀分布或对称分布时，各组的组中值与各组的组均值就会存在较大差异，两者数值水平相差越大，采用组中值替代组均值的误差就越大。

3. 权数与加权结构

由式（4.8）可知，权数就是各组的频数。在计算均值时，用各组频数乘以各组水平数值方法和过程称为加权，由此计算出来的均值即称为加权均值，得到反映数据集中趋势的测度。因此，对于加权均值而言，有两个因素决定着均值数值的大小：一个因素是各组的数值水平，在不同场合，可以是单变量值、组均值或组中值；另一个因素是各组的频数。在这里，频数对各组的数值水平起着权衡轻重的作用，所以将加权均值计算公式中的频数称为"权数"。并且，在均值的计算中又将频数分布称为"加权结构"。"加权结构"形象地反映了数据在各组中的分布与集中趋势之间的联系，及其对均值形成的影响。

将式（4.8）略加变形，有

$$\bar{X} = \frac{\sum XF}{\sum F} = \sum X \frac{F}{\sum F} = \sum X\pi \qquad (4.11)$$

式（4.11）中 π 是各组单位数占总体单位总数的比例，即频率。显然，式（4.11）更加清晰地解析出频数在均值形成中的意义，均值的具体数值就是各组数值水平和各组频率的乘积之和。

4. 均值的数学性质

（1）各个变量值与其均值的离差和为零，即 $\sum(X-\bar{X})=0$

均值是一组数据的重心点，各个数据的取值与均值的离差和为零。均值的这一数学性质可以由简单均值的计算公式（4.7）证明。

（2）各个变量值与其均值的离差平方和为最小，即对于任意实数 λ，有 $\sum(X-\bar{X})^2 \leqslant \sum(X-\lambda)^2$

均值的这一数学性质是度量离散程度，进行误差分析和最小二乘估计等统计方法的基础。

设 $f(\lambda) = \sum(X-\lambda)^2$，则 $f'(\lambda) = -2\lambda\sum X + 2N\lambda$，令 $f'(\lambda)=0$，解得 $\lambda = \frac{\sum X}{N} = \bar{X}$；并且有

$$f''(\lambda) = 2N > 0$$

所以，当且仅当 $\lambda = \bar{X}$ 时，$f(\lambda) = \sum(X-\lambda)^2$ 为最小。

❖ **讨论题**　试比较均值、众数和中位数在数值型数据的集中趋势分析中的作用。

4.1.4　调和平均数

调和平均数（harmonic mean）是各个变量数值倒数的算术平均数的倒数，因此又称为"倒数平均数"。

1. 简单调和平均数

设有 N 个变量值为 X_1，X_2，…，X_N，则有简单调和平均数的计算公式为

$$\overline{H} = \frac{1}{\frac{1}{N} \cdot \left(\frac{1}{X_1} + \frac{1}{X_2} + \cdots + \frac{1}{X_N} \right)} = \frac{N}{\sum \frac{1}{X}} \tag{4.12}$$

例 4.10   设有 12 批 A 产品当日在某海关进口时报关的单价分别为每件 25，24，25，27，26，25，24，28，26，25，26，28 美元。

要求   试用调和平均数方法计算其平均价格。

解   由式（4.12）得

$$\overline{H} = \frac{1}{\frac{1}{12} \times \left(\frac{1}{25} + \frac{1}{24} + \cdots + \frac{1}{28} \right)} = \frac{12}{0.467\,184} = 25.68（美元）$$

2. 加权调和平均数

（1）单变量值分组的加权调和平均数

在单变量值分组场合，加权调和平均数的计算公式为

$$\overline{H} = \frac{\sum F}{\sum \frac{F}{X}} \tag{4.13}$$

例 4.11   采用例 4.10 整理的单变量值分组数据。

要求   试应用单变量值分组的加权调和平均数方法，计算其平均价格。

解   由式（4.13），$\overline{H} = \dfrac{\sum F}{\sum \dfrac{F}{X}} = \dfrac{12}{0.467\,184} = 25.68（美元）$。显然，利用式（4.13）与式（4.12）计算的结果是一致的，计算过程见表 4.7。

表 4.7   某海关当日报关的 A 产品进口单价情况

按单价分组/美元	频数/批	F/X
28	2	0.071 429
27	1	0.037 037
26	3	0.115 385
25	4	0.160 000
24	1	0.083 333
合计	12	0.467 184

（2）组距分组的加权调和平均数

在组距分组场合，仍然根据是否拥有各组组均值数据，加权调和平均数的计算分为两种不同的方式。拥有各组组均值数据时，采用各组组均值计算加权调和平均数；不具有各组组均值数据时，则需要采用各组组中值来计算加权调和平均数的近似数值。

由于调和平均数计算繁杂，并且当有一数据取值为零时，无法计算调和平均数，所以在现实生活中，直接使用调和平均数的地方很少。实际使用到的仅是一种形式上类似调和平均数的"加权调和平均数"，它是均值的一种变形。

3. 均值的变形

在拥有各组总值数据和各组变量值水平，缺少各组频数数据时，往往采用形式上类似加权调和平均数的公式，来计算加权均值。用 M 表示各组总值，用 $\overline{X}_H$ 表示这一形式上类似

加权调和平均数的集中趋势测度，有

$$\overline{X}_{\mathrm H}=\frac{\sum M}{\sum \dfrac{M}{X}}=\frac{\sum XF}{\sum \dfrac{1}{X}XF}=\frac{\sum XF}{\sum F}=\overline{X} \tag{4.14}$$

由式（4.14）可知，这一形式上类似加权调和平均数的集中趋势测度实际上就是均值，而不是调和平均数。

例 4.12　某商店 W 商品销售情况见表 4.8。

要求　试求销售价格的均值。

解　由式（4.14）得

$$\overline{X}_{\mathrm H}=\overline{X}=\frac{110\ 500}{650}=170（元）$$

表 4.8　某商店 W 商品销售情况

价格	单价/元 X	销售总额/元 $XF=M$	数量/件 $M/X=F$
原价	200	40 000	200
折扣价	160	48 000	300
优惠价	150	22 500	150
合计	—	110 500	650

4.1.5　几何平均数

几何平均数（geometric mean）是指各项数据的连乘积开其项数次方的算术根，一般用 G 表示。当研究对象为某种连乘积的关系，例如总比率或总速度时，则需要采用几何平均数方法，计算其平均比率或平均速度。

几何平均数的计算公式也有简单几何平均数、加权几何平均数两种形式。

1. 简单几何平均数

简单几何平均数计算公式为

$$G=\sqrt{X_1\cdot X_2\cdot\cdots\cdot X_N}=\sqrt[N]{\prod X} \tag{4.15}$$

这里的运算符号 $\prod$ 表示连乘，在不至于引起误解的场合，可省略该连乘符号的上标和下标，以及相应变量的脚标，表示对数据的全连乘。

例 4.13　某厂有四个连续作业车间，其产品的合格率分别为 95%，96%，94% 和 90%。

要求　试计算该产品的平均合格率。

解　显然，本题不能采用算术平均法或调和平均法，因为各车间的合格率之积等于全厂的总合格率，应采用几何平均法来计算其平均合格率。由式（4.15）有

$$G=\sqrt[4]{95\%\times96\%\times94\%\times90\%}=93.72\%$$

例 4.14　设某企业参与了一项每年分红一次的投资项目，10 年间该项投资各年的实际收益率分别为 10%，9%，8%，8%，9%，8%，9%，7%，11%，10%。

要求　试求该项投资 10 年间的平均年收益率。

解　该企业每年分红一次的收入可以用于再投资，并获得投资收益，属于复利性质的收益，具有连乘的特征，应使用几何平均法来计算平均年收益率。平均年收益率是一项平均增长速度，需要由平均发展速度间接计算。因此，需要将本例中的各年收益率数据（年增长速度），换算成年本利和（年发展速度），利用式（4.15）计算出该项投资 10 年间的平均年本利率，最后将平均年本利率扣除本金后，计算出平均年收益率。

$$G = \sqrt[10]{1.1 \times 1.09 \times \cdots \times 1.1} = \sqrt[10]{2.344\ 46} = 1.088\ 94$$

$$平均年收益率 = 1.088\ 94 - 1 = 8.894\%$$

该平均年收益率的经济意义是该企业在每年收益率若都为 8.894% 时，其 10 年的总收益与实际的收益相等。

2. 加权几何平均数

加权几何平均数计算公式为

$$G = \sqrt[F_1+F_2+\cdots+F_h]{X_1^{F_1} \cdot X_2^{F_2} \cdot \cdots \cdot X_h^{F_h}} = \sqrt[\sum F]{\prod X^F} \tag{4.16}$$

例 4.15　将例 4.14 中该企业某项投资 10 年间收益率整理为单变量值分组数据。

要求　试求该项投资 10 年间平均年收益率。

解　10 年间平均年收益率的计算过程见表 4.9。根据式（4.16）有

$$G = \sqrt[\sum F]{\prod X^F} = \sqrt[10]{2.344\ 46} = 1.088\ 94$$

表 4.9　某企业某项投资 10 年间收益率情况

按年收益率分组/%	年本利率/%	频数/次	X^F
11	111	1	1.110 00
10	110	2	1.210 00
9	109	3	1.295 03
8	108	3	1.259 71
7	107	1	1.070 00
总计	—	10	2.344 46

显然，利用式（4.16）与式（4.15）计算的结果是一致的。

3. 对数均值

将几何平均数计算公式等号两端同时取对数，几何平均数计算公式表现出类似均值计算公式的形式。所以，几何平均数又被称为对数均值或对数平均数。

由式（4.15）等号两端同时取对数，可得对数形式的简单几何平均数计算公式。有

$$\ln G = \frac{\sum \ln X}{N} \tag{4.17}$$

由式（4.16）等号两端同时取对数，可得对数形式的、具有类似加权均值计算公式形式的加权几何平均数计算公式，即

$$\ln G = \frac{\sum F \ln X}{\sum F} \tag{4.18}$$

4.1.6 均值、调和平均数和几何平均数的比较

对于同一组数据，仅从数值比较的角度，均值大于或等于几何平均数，几何平均数大于或等于调和平均数，即 $\overline{X} \geqslant G \geqslant \overline{H}$。

因为 $(\sqrt{X_1} - \sqrt{X_2})^2 = X_1 + X_2 - 2\sqrt{X_1 X_2}$，所以 $\dfrac{X_1 + X_2}{2} \geqslant \sqrt{X_1 X_2}$，即均值大于或等于几何平均数。

因为 $\dfrac{X_1 + X_2}{2} \geqslant \dfrac{X_1 X_2}{\sqrt{X_1 X_2}}$，所以 $\sqrt{X_1 X_2} \geqslant \dfrac{2 X_1 X_2}{X_1 + X_2} = \dfrac{2}{\dfrac{1}{X_1} + \dfrac{1}{X_2}}$，即几何平均数大于或等于调和平均数。

例 4.16 有一组数据为 4，5，6，7，8，6，7，8，9，8。

要求 请分别计算均值、调和平均数和几何平均数，并指出它们的大小关系。

解

$$\overline{X} = \frac{\sum X}{N} = \frac{68}{10} = 6.8$$

$$\overline{H} = \frac{N}{\sum \dfrac{1}{X}} = \frac{10}{1.555\ 159} = 6.43$$

$$G = \sqrt[N]{\prod X} = \sqrt[10]{162\ 570\ 240} = 6.62$$

有 $\overline{X} \geqslant G \geqslant \overline{H}$。

4.1.7 均值、众数和中位数的比较

在均值、众数和中位数这三个测度中，均值是唯一的数值型测度，对极端数值的反应比较敏感，在数据的分布出现偏倚时，均值受到的影响最大。众数和中位数都是位置型的集中趋势测度，其具体取值不受极端数值的影响。众数是对应于最大频数的数值，中位数是居于有序数据中间位置上的数值。

因此，若数据的分布是对称的，如图 4.1 所示，则必有均值、众数和中位数三个集中趋势测度的取值相等，即 $\overline{X} = M_e = M_o$，这三个集中趋势测度都处在数据分布峰顶位置上，既是最大频数所对应的数值，又是居于有序数据中间位置上的数值，同时还是数据的算术平均所对应的数值。

若数据的分布是非对称的，众数仍然处在数据分布的峰顶位置上，均值和中位数则偏向数据分布偏倚的一方，其中均值偏倚程度往往要大于中位数。当数据分布呈左偏态

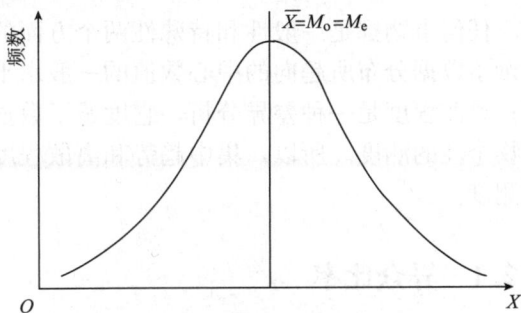

图 4.1 对称分布 $\overline{X} = M_e = M_o$

时，如图 4.2 所示，众数始终对应于峰顶，均值和中位数偏在峰顶的左边，均值又在中位数左边，即 $\overline{X}<M_e<M_o$；当数据分布呈右偏态时，如图 4.3 所示，这时与左偏态恰好相反，均值和中位数偏在众数的右边，并且均值偏在最右边，即 $\overline{X}>M_e>M_o$。

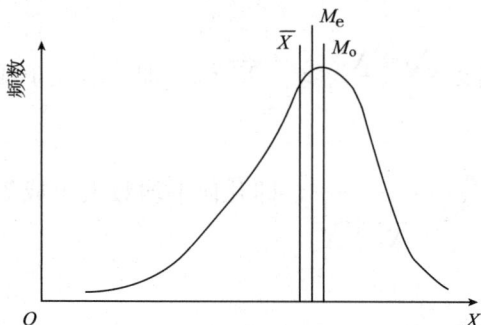

图 4.2　左偏分布 $\overline{X}<M_e<M_o$　　　　图 4.3　右偏分布 $\overline{X}>M_e>M_o$

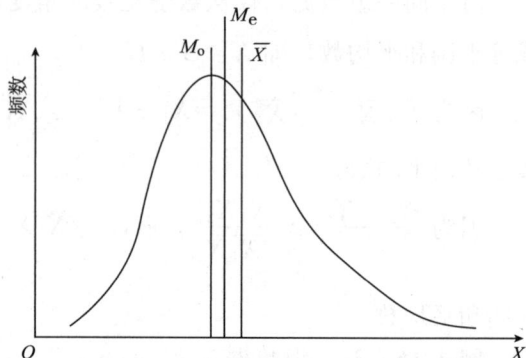

根据均值、众数和中位数之间的这种关系，通过比较这三个集中趋势测度的具体取值，可以反映数据的分布状态，是否存在偏态，是左偏态还是右偏态，进而粗略地把握偏态的大致程度。

例 4.17　采用例 4.2 某学期某班 35 名学生的统计学考试成绩的原始数据。

要求　计算该班 35 名学生的统计学考试成绩的均值、众数和中位数，简要分析数据的分布状况。

解　由该班 35 名学生的统计学考试成绩均值、众数和中位数的具体取值，可得出三者之间的数值比较关系，有

$$\overline{X}=80<M_e=82<M_o=84$$

则认为该班 35 名学生的统计学考试成绩呈左偏态，偏倚的程度不是很大，从均值角度来说，该班高分（超过均值 80 分）的学生较多，超过了半数。按分数排序处在正中间位置上学生的分数为中位数 82 分，高于均值 80 分的水平。

4.2　离散程度的度量

任何事物都是一般性和特殊性两个方面的辩证统一，共性和个性的辩证统一。集中趋势度量了数据分布所趋向的中心数值的一般水平，所反映的是事物的一般性，是事物共性的测度；离散程度是一种差异分析，它度量了数据分布的离中趋势，反映的是事物的特殊性，是事物个性的测度。所以，集中趋势和离散程度是分析事物基本特征和数据分布状态的两个重要测度。

4.2.1　异众比率

异众比率（variation ratio）是非众数所在组的频数之和占总频数的比率，一般用 V_r

表示。

$$V_r = \frac{\sum F - F_{M_o}}{\sum F} = 1 - \frac{F_{M_o}}{\sum F} \qquad (4.19)$$

异众比率用于评价众数的代表性，取值在 0 到 1 之间，一般用百分数表示。异众比率数值越大，越趋近于 1，说明众数所在组的频数占总频数的比率越低，众数的代表性越弱，反映数据的频数分布不存在显著集中的态势，无法借助众数来反映数据的集中趋势；异众比率数值越小，越趋近于 0，说明众数所在组的频数占总频数的比率越高，众数作为集中趋势测度的代表性越强。

例 4.18　采用例 4.1 某品牌运动服装专卖店一批新品球衣的销售情况的频数分布数据。

要求　试计算众数"SP09-05"球衣的异众比率。

解　由式（4.19），该新品球衣的前日和当日销售情况众数的"SP09-05"球衣的异众比率分别为

$$V_r = \frac{160-88}{160} = \frac{72}{160} = 45\% ; \quad V_r = \frac{180-93}{180} = \frac{87}{180} = 48.33\%$$

前日销售情况的异众比率为 45%，当日销售情况的异众比率为 48.33%，说明这两天众数"SP09-05"球衣的销售量都超过 50%，表明在此场合使用众数"SP09-05"球衣作为该批新款球衣集中趋势的测度是比较有效的。

4.2.2　四分位差

四分位差（quartile deviation）为上四分位数与下四分位数的绝对离差，也称为四分间距（inter-quartile range），用 Q_d 表示。计算公式为

$$Q_d = Q_U - Q_L \qquad (4.20)$$

式（4.20）中的 Q_U 和 Q_L 分别为上四分位数与下四分位数。将原始数据按照由低到高排序后得到的有序数据中，上四分位数是处在后 1/4 位置上（即 3/4）的数值；下四分位数是处在前 1/4 位置上的数值。

上四分位数减下四分位数即四分位差，反映了处在有序数据中间位置上的 50% 的数据的绝对离差。因此，四分位差是与中位数相联系的离散程度测度。

例 4.19　采用例 4.2 某学期某班 35 名学生统计学考试成绩的原始数据。

要求　试计算该班 35 名学生的统计学考试成绩的四分位差。

解　当 $N+1$ 可以被 4 整除时，在由低到高排序后得到的有序数据的基础上，有上四分位数与下四分位数的计算公式为 $Q_U = X_{\frac{3(N+1)}{4}}$ 和 $Q_L = X_{\frac{N+1}{4}}$，解得 $Q_U = 88$ 分；$Q_L = 75$ 分。

52, 56, 62, 64, 65, 69, 70, 74, 75, 75, 76, 78, 78, 79, 79, 81, 82, 82,

83, 84, 84, 84, 84, 86, 87, 87, 88, 89, 89, 90, 91, 91, 92, 96, 98

即可计算出考试成绩的四分位差为

$$Q_d = 88 - 75 = 13（分）$$

该班 35 名学生的统计学考试成绩的四分位差为 13 分，说明处在中间位置上的一半该班学生分数的最大差距为 13 分。这一差异数值较小，表明 82 分的中位数对于集中趋势的代表

性较好。

在缺乏原始数据场合，利用已经分组的数值型数据计算四分位差时，需要运用插值公式计算上四分位数与下四分位数，再计算出四分位差。其下限公式从上四分位数和下四分位数所在组的下限出发，为

$$Q_U = L_{Q_U} + \frac{\frac{3\sum F}{4} - S_{Q_U-1}}{F_{Q_U}} \cdot d_{Q_U} \tag{4.21}$$

$$Q_L = L_{Q_L} + \frac{\frac{\sum F}{4} - S_{Q_L-1}}{F_{Q_L}} \cdot d_{Q_L} \tag{4.22}$$

上限公式从上四分位数和下四分位数所在组的上限出发，为

$$Q_U = U_{Q_U} + \frac{\frac{3\sum F}{4} - S_{Q_U+1}}{F_{Q_U}} \cdot d_{Q_U} \tag{4.23}$$

$$Q_L = U_{Q_L} + \frac{\frac{\sum F}{4} - S_{Q_L+1}}{F_{Q_L}} \cdot d_{Q_L} \tag{4.24}$$

式（4.21）～式（4.24）中，L_{Q_U} 和 U_{Q_U} 表示上四分位数所在组的下限和上限，L_{Q_L} 和 U_{Q_L} 表示下四分位数所在组的下限和上限，F_{Q_U} 和 F_{Q_L} 表示上四分位数和下四分位数所在组的频数，S_{Q_U-1} 和 S_{Q_U+1} 表示上四分位数所在组以下各组和以上各组的累积频数，S_{Q_L-1} 和 S_{Q_L+1} 表示下四分位数所在组以下各组和以上各组的累积频数，d_{Q_U} 和 d_{Q_L} 表示上四分位数和下四分位数所在组的组距，$\sum F$ 表示各组频数之和，即总体单位总数。

4.2.3　取值范围

取值范围（value area）为全体数据中最大数值与最小数值之差，反映了数值变量取值的变动幅度。取值范围也称为全距，一般用 R 表示，有

$$R = \max X - \min X \tag{4.25}$$

当使用样本数据的最大数值与最小数值之差来计算该组样本数值变量取值区间，以反映总体变量取值的变动幅度时，一般称之为极差（range），用 $\hat{R}$ 表示。即

$$\hat{R} = \max x - \min x \tag{4.26}$$

例 4.20　某车间甲、乙两个生产小组的个人日产量件数数据如下。

甲组：50，55，60，70，80，85，90

乙组：67，68，69，70，71，72，73

要求　试计算该车间甲、乙两个生产小组的个人日产量的取值范围。

解　可计算出甲、乙两个生产小组的均值都为 70 件，采用式（4.25），有

甲组：　　　　　　　　　　$R = 90 - 50 = 40$（件）

乙组：　　　　　　　　　　$R = 73 - 67 = 6$（件）

甲、乙两个生产小组的个人日产量的均值都为 70 件，但是甲组的取值范围为 40 件，乙

组的取值范围为 6 件，表明 70 件的均值对于乙组个人日产量的集中趋势更具有代表性，或者说乙组个人日产量的离散程度小，集中趋势更为显著。在企业生产过程管理中，则说明乙组生产较甲组更加均衡，更加容易控制。

取值范围的计算只使用了数值变量中的最大与最小两个数值，具有计算简洁、意义明确、易于理解的特点，但是没有充分利用数据的全部信息，是一个粗略的、简单的，尤其是容易受到极端数值影响的测度，往往不能全面和准确地反映数据分布的真实离散程度。

4.2.4　平均差

平均差（mean deviation）是指全部变量值与其均值的离差的绝对值的均值，也称为平均离差，用 AD 表示。

简单平均差计算公式为

$$AD = \frac{\sum |X - \overline{X}|}{N} \tag{4.27}$$

加权平均差计算公式为

$$AD = \frac{\sum |X - \overline{X}| F}{\sum F} \tag{4.28}$$

例 4.21　采用例 4.20 中某车间甲、乙两个生产小组的个人日产量件数数据。

要求　试计算该车间甲、乙两个生产小组的个人日产量的平均差。

解　甲、乙两个生产小组的个人日产量的平均差计算见表 4.10。已知均值为 70 件，由式（4.27）得

甲组：
$$AD = \frac{90}{7} = 12.86(件)$$

乙组：
$$AD = \frac{12}{7} = 1.71(件)$$

表 4.10　甲、乙两个生产小组的个人日产量的平均差计算表　　　　　件

个人日产量		$|X - \overline{X}|$	
甲组	乙组	甲组	乙组
50	67	20	3
55	68	15	2
60	69	10	1
70	70	0	0
80	71	10	1
85	72	15	2
90	73	20	3
—	—	90	12

甲组的平均差为 12.86 件，乙组的平均差为 1.71 件。平均差测度同样表明乙组个人日产量的离散程度小，70 件的个人日产量均值对于乙组的集中趋势更具有代表性。

例 4.22　采用例 4.8 中某学期某班 35 名学生统计学考试成绩的组均值和频数数据，并已知均值为 80 分。

要求　试计算该班 35 名学生统计学考试成绩的加权平均差。

解　此班学生统计学考试成绩的平均差计算见表 4.11。

表 4.11　某学期某班 35 名学生统计学考试成绩的平均差计算表

成绩/分	组均值/分	人数/人	$\|X-\overline{X}\|F$/分
60 以下	54	2	52
60~70	65	4	60
70~80	76	9	36
80~90	85	14	70
90~100	93	6	78
合计	—	35	296

运用式（4.28），有

$$AD=\frac{296}{35}=8.46（分）$$

平均差是以均值为中心，通过每个变量值与均值的绝对离差的均值来测度数据的离散程度。一方面，平均差借助绝对值的运算，避免了变量值与均值离差数值正负抵消，离差之和为零的问题；另一方面，平均差应用了全部变量值的信息。因此，平均差能够全面地反映数据分布的离散状态。平均差数值越大，全部数据的综合离散程度越大，意义明确。平均差取绝对值运算相对繁杂，限制了它在统计中的应用。

4.2.5　方差和标准差

方差（variance）是指全部变量值与其均值的离差的平方的均值。

方差以数据的中心——均值作为基准数值来度量数据分布的离散程度，同时用平方的方式消除了变量值与均值离差数值正负相抵的问题，便于数学上的处理。方差是正态分布等概率分布的重要参数，是度量数值变量离散程度的基本测度，一般用 σ^2 或 $V(X)$ 表示。

根据所拥有的数值变量数据的形式不同，方差的计算可以分为以下几种方式。

1. 简单方差计算公式

当拥有未分组的数据时，采用简单方差公式计算方差。

$$\sigma^2=\frac{\sum(X-\overline{X})^2}{N} \tag{4.29}$$

例 4.23　采用例 4.20 中某车间甲、乙两个生产小组的个人日产量件数数据，并已知均值为 70 件。

要求　试计算该甲、乙两个生产小组个人日产量的方差。

解　甲、乙两个生产小组的个人日产量的方差计算见表 4.12。由式（4.29）有

甲组：
$$\sigma^2=\frac{1\,450}{7}=207.14（件^2）$$

乙组：
$$\sigma^2=\frac{28}{7}=4（件^2）$$

表 4.12　甲、乙两个生产小组的个人日产量的方差计算表　　　　　　　　　件

个人日产量		$(X-\overline{X})^2$	
甲组	乙组	甲组	乙组
50	67	400	9
55	68	225	4
60	69	100	1
70	70	0	0
80	71	100	1
85	72	225	4
90	73	400	9
490	490	1 450	28

2. 加权方差计算公式

当拥有分组数据时，需要采用加权方差公式计算方差。

当拥有单变量值分组数据时，加权方差计算公式为

$$\sigma^2 = \frac{\sum (X-\overline{X})^2 F}{\sum F} \tag{4.30}$$

例 4.24　采用例 4.7 中某机床总装车间 10 个装配小组日完成产品台数数据，并已知均值为 6.8 台。

要求　计算该机床总装车间装配小组日完成产品台数的方差。

解　该机床总装车间完成产品台数的方差计算见表 4.13。由式（4.30）有

$$\sigma^2 = \frac{7.6}{10} = 0.76 (台^2)$$

表 4.13　某机床总装车间完成产品台数的方差计算表

日完成产品量/台	装配小组/个	$(X-\overline{X})^2 F/台^2$
5	1	3.24
6	2	1.28
7	5	0.20
8	2	2.88
合计	10	7.60

当拥有组距分组数据时，加权方差计算公式为

$$\sigma^2 = \frac{\sum_{j=1}^{H} (\overline{X}_j - \overline{X})^2 F_j}{\sum_{j=1}^{H} F_j} \tag{4.31}$$

式（4.31）是采用各组的组均值作为代表该组数值的一般水平，通过组均值与总体均值的离差的加权均值来反映数据分布的离散程度。显然，这里就存在一个各组的组均值 $\overline{X}_j$ 与各组中各个变量的实际取值 X_{ji} 之间的差异，即式（4.31）实质上是将各组中各个变量与其组均值之间的差异忽略不计。只有在各个变量的实际取值等于各组的组均值时，式（4.31）才等于式（4.30）；这两者的差距越大，式（4.31）与式（4.30）之间的差距也就越大，并

且由式（4.31）计算的数值小于式（4.30）计算的数值。式（4.30）是与方差的定义一致的测度，而式（4.31）只是式（4.30）的近似计算。

经过后面几章的学习就可以知道，式（4.31）计算的实质是组间方差，或者称为层间方差，反映的只是各组（层）的组均值与总均值之间离差平方的均值，缺失了对各组（层）内部各个数据与其组均值之间离差平方的均值的度量。各组（层）内部各个数据与其组均值之间离差平方称为组内方差，或者称为层内方差，它是对各组组内变量离散程度的测度。因此，式（4.31）仅为方差所定义的全部变量值与其均值的离差平方均值的一部分。

例 4.25　采用例 4.8 的表 4.5 中某学期某班 35 名学生统计学考试成绩的组均值和频数数据，并已知均值为 80 分。

要求　计算该班 35 名学生统计学考试成绩的加权方差。

解　某学期此班学生统计学考试成绩的方差计算见表 4.14。由式（4.31）有

$$\sigma^2 = \frac{3\,760}{35} = 107.43 (分^2)$$

表 4.14　某学期某班 35 名学生统计学考试成绩的方差计算表

成绩/分	组均值/分	人数/人	$(\overline{X}_j - \overline{X})^2 F /分^2$
60 以下	54	2	1 352
60~70	65	4	900
70~80	76	9	144
80~90	85	14	350
90~100	93	6	1 014
合计	—	35	3 760

当拥有的数据为不具有组均值的组距分组时，需要采用组中值近似地替代组均值计算加权方差，这时计算公式为

$$\sigma^2 = \frac{\sum\limits_{j=1}^{H} (\widetilde{X}_j - \overline{X})^2 F_j}{\sum\limits_{j=1}^{H} F_j} \tag{4.32}$$

式（4.32）不仅存在式（4.31）以各组的组均值 $\overline{X}_j$ 近似替代各组中各个变量的实际取值 X_{ji} 所产生的误差，而且还存在以各组的组中值 $\widetilde{X}_j$ 近似替代各组的组均值 $\overline{X}_j$ 所产生的误差。所以，式（4.32）也只能是对式（4.30）的近似计算。

3. 标准差

由于方差的量纲是变量原有量纲的平方，在实际使用时有所不便。因此，人们常常采用具有与变量一致量纲的测度，即方差的算术平方根——标准差。

标准差（standard deviation）为方差的算术平方根，即全部变量值与其均值离差的平方的均值的算术平方根。标准差有简单标准差计算公式和加权标准差计算公式，即

$$\sigma = \sqrt{\frac{\sum (X - \overline{X})^2}{N}} \tag{4.33}$$

$$\sigma = \sqrt{\frac{\sum (X - \overline{X})^2 F}{\sum F}} \tag{4.34}$$

将方差的数值开平方取其算术平方根即可得到标准差。例如：通过开方就可以直接计算出例 4.23 中某车间甲、乙两个生产小组的个人日产量的标准差分别为 14.39 件和 2 件；计算出例 4.24 中该机床总装车间完成产品台数的标准差为 0.87 台，以及计算出例 4.25 该班 35 名学生统计学考试成绩的标准差为 10.36 分。不过考试成绩标准差的具体数值是运用式（4.31），采用组均值近似地替代变量值计算的方差的近似数值的基础上得到的，所以该标准差也是一个近似数值。

利用例 4.2 该班 35 名学生统计学考试成绩的原始数据，按照式（4.29）计算的标准差为 10.70 分，显然大于运用式（4.31）采用组均值近似地替代变量值计算的标准差数值。

4.2.6　离散系数

离散系数（coefficient of variation）为同一总体的标准差与均值的比值。

在以上介绍的数值变量离散程度测度中，取值范围为绝对数，平均差、标准差为特殊的均值，均为具有具体量纲和具体数值水平的测度，不具有直接的可比性。

其中，标准差为全部变量值与其均值离差的平方的均值的算术平方根，具有与变量相同的量纲，不同量纲的标准差的数值不能直接进行对比分析。另外，标准差的取值还要受到中心数值——均值水平高低的制约，均值数值水平不等的标准差之间，即使量纲相同也不具有可比性。

所以，用标准差除以同一数据的均值，分子分母量纲相同相互约去，同时剔除了均值水平差异的影响，得到了一个没有量纲的相对数测度，这就是离散系数。计算离散系数的主要目的就是消除标准差的量纲和数值水平上的差异，使其成为一个抽象的、纯粹反映数据分布离散程度的测度，一个具有广泛的直接的可比性的离散程度测度。从形式上看，离散系数是一个相对的比值，一个相对数。

离散系数的计算公式为

$$V_\sigma = \frac{\sigma}{\overline{X}} \tag{4.35}$$

离散系数一般用百分数表示。

例 4.26　已知某公司 A、B 两种产品 2024 年的日产量及其标准差数据（见表 4.15）。

要求　试计算 A、B 两种产品 2024 年的日产量的离散系数，对该公司 A、B 两种产品生产过程的均衡性进行比较分析。

解　采用式（4.35），可计算出 A、B 两种产品的离散系数，见表 4.15。

表 4.15　某公司 A、B 两种产品的日产量的离散系数计算表

产品	均值/吨	标准差/吨	离散系数/%
A	5	3	60
B	800	240	30

该公司两种产品的计量单位是相同的，但是均值水平相差明显，两者相差 160 倍，这时的标准差显然不具有可比性。例如：A 产品的标准差数值仅为 B 产品的 1/80，不能就此认为 A 产品日产量的离散程度小，生产过程均衡性优于 B 产品。需要计算出这两种产品日产量的离散系数，剔除均值水平不等的不可比因素。计算得出 A 产品日产量的离散系数为

60%，B产品日产量的离散系数为30%，说明B产品日产量的离散程度小，生产过程均衡性优于A产品。

由此例可以看出，标准差的数值水平是由纯粹的数据分布离散程度（可用离散系数表示）和数据分布集中趋势的中心数值（一般用均值表示）两者共同作用的结果。例如：A产品日产量的标准差3吨，等于离散系数60%乘上均值5吨。

此外，基于离散系数，还可以将两个总体离散程度的比较分解为两个总体标准差之比与两个总体的均值之比的商。例如：本例中A产品的离散程度为B产品离散程度的2倍，可以视为由A产品的标准差为B产品标准差的1/80和A产品的均值为B产品均值的1/160，这两个因素共同作用的结果。

4.2.7　标准化值

标准化值（standard score）是变量值与其均值的差除以标准差的比值，也称为标准分数或Z分数。其计算公式为

$$Z_i = \frac{X_i - \overline{X}}{\sigma} \tag{4.36}$$

式中Z_i表示第i个变量的标准化值。

标准化值的分子$X_i - \overline{X}$为第i个变量值与其均值的差，一般称为数据的中心化，表现为变量值与其均值的绝对距离。标准化值的分母为标准差σ，通过用标准差σ除中心化后的数据，来消除标准化值的量纲和绝对水平，剔除不同的数据分布离散程度在量纲和标准差数值水平上的差异，使离散程度不同的数据具有了普遍的可加性和直接的可比性。

标准化值也是一个相对数测度，反映了以标准差σ为单位计量的第i个变量值与其均值的相对距离。标准化值为1，表明第i个变量值与其均值的距离$X_i - \overline{X}$的数值水平恰好等于标准差σ；若标准化值为2，则表明第i个变量值与其均值的距离$X_i - \overline{X}$的数值水平等于标准差σ的2倍。

例4.27　某中学A、B两位同学期末考试5门功课的考试成绩如表4.16所示。

要求　采用标准化值，对某中学A、B两位同学期末考试5门功课的考试成绩进行综合评价。

表 4.16　某中学 A、B 两位同学期末考试成绩的标准化值总分计算表

考试科目	原始成绩/分		均值/分	标准差/分	离差/分		标准化值	
	A	B			A	B	A	B
数学	90	84	85	10	5	−1	0.50	−0.10
物理	88	78	82	20	6	−4	0.30	−0.20
化学	66	84	60	30	6	24	0.20	0.80
语文	76	78	65	25	11	13	0.44	0.52
英语	80	80	75	25	5	5	0.20	0.20
总分	400	404	367	—	33	37	1.64	1.22

解　在试卷分析中，主要有两项标准。其一为难度，一般用试卷的平均得分来衡量。标

准化值分子的数据中心化过程，即 $X_i - \overline{X}$，剔除了试卷难易程度高低不一的不可比问题，使试卷都处在相同的难度水平上。其二为分辨度，一般用试卷得分的标准差来测度。标准化值通过用标准差 σ 除中心化后的数据，消除试卷分辨程度大小不同的不可比问题，使试卷都处在相同的分辨度水平上。因此，可以采用标准化值的方法对该中学 A、B 两位同学期末考试 5 门功课的考试成绩进行综合评价，见表 4.16 相关数据。

在表 4.16 中，A 同学的 5 门功课考试成绩直接汇总总分低于 B 同学，但是按照标准化值的观点，直接汇总总分并不能作为判断学生几门课程考试综合成绩的评价标准，即采用简单的直接汇总往往失之偏颇。经过简单观察可知，A 同学在均值水平较高、标准差数值水平较低的数学、物理中的成绩要好于 B 同学，即在难度和分辨度都相对偏低的课程中占有优势；在均值水平较低、标准差数值水平较高的化学、语文上的成绩要差于 B 同学，即在难度和分辨度都相对较高的课程中落后于 B 同学。依据标准化值的综合评价结果，认为 A 同学 5 门功课考试成绩的综合得分应高于 B 同学。

标准化值方法可以广泛用于各类多测度评价的综合分析场合。

4.3　偏度和峰度的度量

集中趋势和离散程度是关于数据分布的基本测度，要进一步描述数据分布的形态是否偏倚，偏倚的方向和程度；分布是尖耸还是扁平，尖耸或扁平的程度，以及数据分布形态与正态分布的差异等，还需要对数据分布的偏度和峰度进行度量。

4.3.1　偏度系数

偏度（skewness）是指数据分布偏倚的方向和程度。偏度系数是度量数据分布偏离对称分布的方向和程度的测度，用 γ_1 表示。

在 4.1 节里，曾利用均值、中位数和众数之间的数值特征及其联系，判断数据分布的偏倚方向，以及粗略地分析偏倚的程度，但不能对数据偏倚程度进行综合性的度量，偏度系数就是对数据分布偏倚程度进行规范度量的专门测度。

偏度系数一般采用三阶中心矩与标准差三次方的比值来度量数据分布的偏倚。简单偏度系数计算公式为

$$\gamma_1 = \frac{\sum (X - \overline{X})^3}{\sigma^3 \cdot N} \tag{4.37}$$

加权偏度系数计算公式为

$$\gamma_1 = \frac{\sum (X - \overline{X})^3 F}{\sigma^3 \cdot \sum F} \tag{4.38}$$

由于一阶中心矩为变量与其均值离差和的均值，按照均值的数学性质，一阶中心矩为 0，不具备度量数据分布偏倚的功能；二阶中心矩为变量与其均值离差平方和的均值，二阶中心矩为方差。在二阶中心矩中，变量与其均值离差通过平方，不存在负值，也不能度量数

据分布的偏倚；三阶中心矩为变量与其均值离差三次方和的均值，在数据完全对称时，变量与其均值离差三次方和正好正负相抵，三阶中心矩为 0，在数据分布存在偏倚时，变量与其均值离差三次方和正负相抵之后还有余数，这个余数的均值即三阶中心矩的取值，反映了数据分布偏倚的方向和程度，所以采用三阶中心矩作为度量数据分布偏倚测度的基础。

类似于二阶中心矩的方差，三阶中心矩也具有量纲，其量纲为变量量纲的三次方；同时三阶中心矩的取值也受到均值水平高低的影响。所以，采用标准差的三次方数值去除三阶中心矩，消除三阶中心矩在具体量纲和均值水平上的不可比属性，构造出一个具有广泛可比性质的度量数据分布的偏倚方向和程度的综合测度。

偏度系数为 0 时，表示数据为对称分布；偏度系数为负数时，表示数据为负偏度或左偏度；偏度系数为正数时，表示数据为正偏度或右偏度。偏度系数的绝对数值越小，表示数据偏倚的程度越小；偏度系数的绝对数值越大，表示数据偏倚的程度越大。数据分布偏态的示意图见图 4.4。

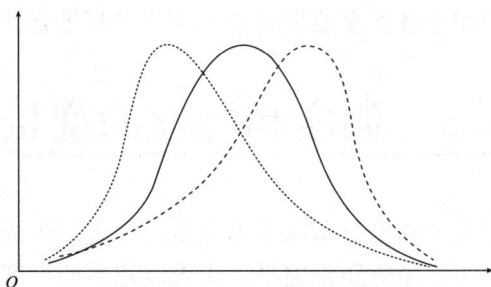

图 4.4　数据分布偏态的示意图

在图 4.4 中"——"表示对称分布，"……"表示正偏度或右偏度，"----"表示负偏度或左偏度。

4.3.2　峰度系数

峰度（kurtosis）是指数据分布平峰或尖峰的程度，也称为峰态。峰度系数是度量数据分布平峰或尖峰形态偏离正态分布的程度的测度，用 β_2 表示。

峰度系数一般都采用四阶中心矩与标准差四次方的比值来度量数据平峰或尖峰形态偏离正态分布的程度。简单峰度系数计算公式为

$$\beta_2 = \frac{\sum (X - \overline{X})^4}{\sigma^4 \cdot N} \tag{4.39}$$

加权峰度系数计算公式为

$$\beta_2 = \frac{\sum (X - \overline{X})^4 F}{\sigma^4 \cdot \sum F} \tag{4.40}$$

四阶中心矩为变量与其均值离差四次方和的均值。在四阶中心矩中，变量与其均值离差通过四次方的运算，不存在负值，可以通过离差和的四次方的累积数值来反映数据平峰或尖峰的形态。由于四阶中心矩也是一个具有量纲的测度，其取值也受到均值水平高低的影响，

所以仍然采用标准差的四次方数值去除四阶中心矩，消除四阶中心矩在具体量纲和均值水平方面的局限性。

　　峰度系数的取值为 3 时，表示数据的峰度与正态分布相一致；峰度系数的取值小于 3 时，表示数据为平峰分布；峰度系数的取值大于 3 时，表示数据为尖峰分布。峰度系数偏离 3 的绝对数值越小，表示数据的峰度偏离正态分布的程度越小；峰度系数偏离 3 的绝对数值越大，表示数据偏离正态分布的程度越大，如图 4.5 所示。

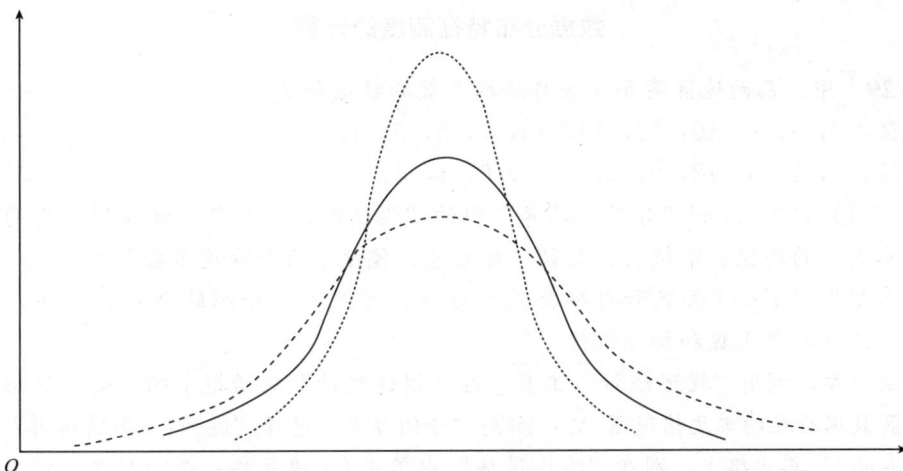

图 4.5　数据分布峰度的示意图

　　在图 4.5 中，"——"表示正态分布，"……"表示尖峰分布，"----"表示平峰分布。

　　例 4.28　采用第 4 章中例 4.2 某学期某班 35 名学生的统计学考试成绩的各组均值数据，并已知均值为 80 分，标准差为 10.36 分。

　　要求　试计算该班 35 名学生的统计学考试成绩的偏度系数和峰度系数，并作简要分析。

　　解　各组均值的组距分组数据，以各组均值近似地替代变量值，采用式（4.38）和式（4.39）计算偏度系数和峰度系数，见表 4.17。

表 4.17　某学期某班 35 名学生考试成绩偏度系数和峰度系数计算表

成绩/分	组均值/分	人数/人	$(\overline{X}_j - \overline{X})^3 F/$分^3	$(\overline{X}_j - \overline{X})^4 F/$分^4
60 以下	54	2	−35 152	913 952
60～70	65	4	−13 500	202 500
70～80	76	9	−576	2 304
80～90	85	14	1 750	8 750
90～100	93	6	13 182	171 366
合计	—	35	−34 296	1 298 872

$$\gamma_1 = \frac{-34\ 296}{10.36^3 \times 35} = -0.88$$

$$\beta_2 = \frac{1\ 298\ 872}{10.36^4 \times 35} = 3.22$$

　　计算结果偏度系数为 −0.88，表明该班 35 名学生考试成绩略呈左偏度，偏倚的程度不是很大。这与在例 4.17 利用均值、众数和中位数的具体取值和三者之间的数值比较关系分析的结论是相同的，说明该班 35 名学生考试成绩的分布曲线的峰值偏在对称分布的右边，该班高分的同学较多。峰度系数为 3.22，表明该班 35 名学生考试成绩略呈尖峰分布，分数比较集中。总体来说，该班 35 名学生考试成绩基本趋于正态分布，略呈左偏和集中。

Excel 应用

数据分布特征测度的计算

例 4.29　甲、乙两地区某年度每月降水天数的数据如下。

甲地区：5，8，9，10，12，15，10，7，8，5，5，4

乙地区：2，3，3，12，9，7，8，5，6，4，3，2

要求　（1）应用 Excel "分析工具库"中的"描述统计"工具，计算甲、乙两地区某年度每月降水天数的均值、中位数、众数、标准差、偏度系数和峰度系数等测度。

（2）采用调用 Excel 函数和自编公式的方法，按照本章介绍的公式和方法，计算（1）中的测度，以及离散系数和标准化值。

解　第一步，调用"描述统计"工具。在"描述统计"对话框中的"输入区域"中选中甲、乙地区数据所在的单元格范围 A2：B13；"分组方式"选择"逐列"；若将运算结果输出在当前工作表的 C1 单元格上，则在"输出区域"中单击 C1 单元格；最后勾选"汇总统计"选项，计算均值、中位数、众数、标准差、偏度系数和峰度系数等数值，见图 4.6。

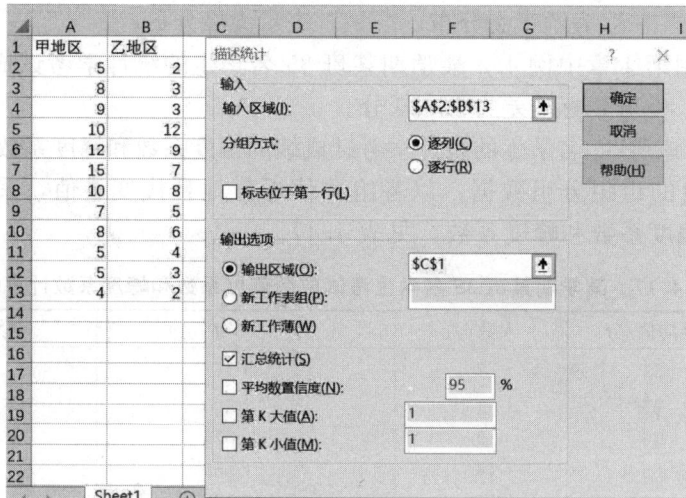

图 4.6　调用"描述统计"工具

第二步，分析"描述统计"工具的输出结果。图 4.7 为"描述统计"工具输出的计算结果。分析时，各度量指标计算结果均保留小数点后两位。其中，"平均"为均值，甲地为 8.17 天，乙地为 5.33 天，甲地比乙地多 2.84 天；中位数甲地为 8 天，乙地为 4.5 天，甲地比乙地多 3.5 天；众数甲地为 5 天，乙地为 3 天，甲地比乙地多 2 天。"偏度"为偏度系数，甲地为 0.68，乙地为 0.89，两地的偏度系数均为正值，说明两地降水天数数据均呈右偏度，其中甲地向右偏倚的程度略小于乙地。从均值、中位数和众数的数值关系来看，两地均为 $M_0 < M_e < \bar{x}$，表明数据分布均呈右偏度，与偏度系数的结论相同。"标准差"中，甲地为 3.27，乙地为 3.14。"峰度"为峰度系数，甲地为 0.13，乙地为 0.09。在"描述统计"工具输出的结果中，标准差、偏度系数和峰度系数的计算公式与本章介绍的有所不同，所得数值也有所差异，具体分析参见第三步的计算。

	A	B	C	D	E	F
1	甲地区	乙地区	列1		列2	
2	5	2				
3	8	3	平均	8.166667	平均	5.333333
4	9	3	标准误差	0.944147	标准误差	0.907322
5	10	12	中位数	8	中位数	4.5
6	12	9	众数	5	众数	3
7	15	7	标准差	3.270622	标准差	3.143054
8	10	8	方差	10.69697	方差	9.878788
9	7	5	峰度	0.131461	峰度	0.0898
10	8	6	偏度	0.683222	偏度	0.895538
11	5	4	区态	11	区态	10
12	5	3	最小值	4	最小值	2
13	4	2	最大值	15	最大值	12
14			求和	98	求和	64
15			观测数	12	观测数	12

图 4.7　"描述统计"工具输出的计算结果

第三步，按照本章介绍的公式，通过调用 Excel 函数和自编公式的方法，计算数据分布特征的相关测度，并与"描述统计"工具输出的结果进行比较，以便正确地使用。

1）计算均值

调用"AVERAGE"函数计算均值。单击"插入函数"标符 f_x，在函数类别中选择"统计"函数，再在统计函数中选择"AVERAGE"函数，调出"AVERAGE"函数对话框，见图 4.8。

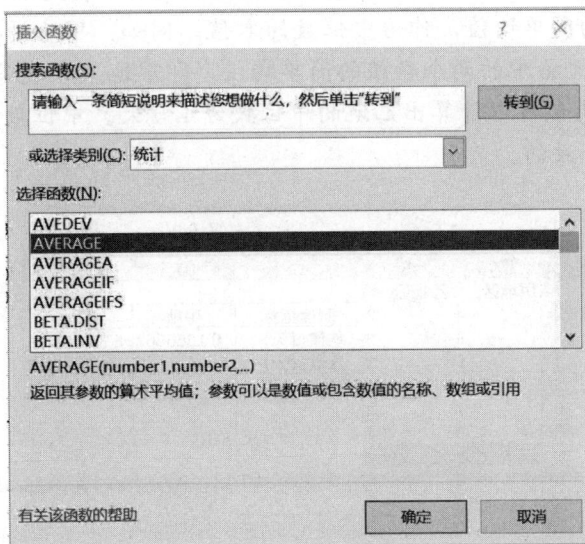

图 4.8　使用"插入函数"快捷键调用"AVERAGE"函数

在"AVERAGE"函数对话框的"Number1"栏中，填入所要计算的数据所在单元格。

例如：本例中甲地某年度每月降水天数的数据在 A2 到 A15 单元格，即可计算出甲地均值为 8.17 天，见图 4.9；同样可以计算出乙地均值为 5.33 天。均值的数值与"描述统计"工具输出的结果是一致的。

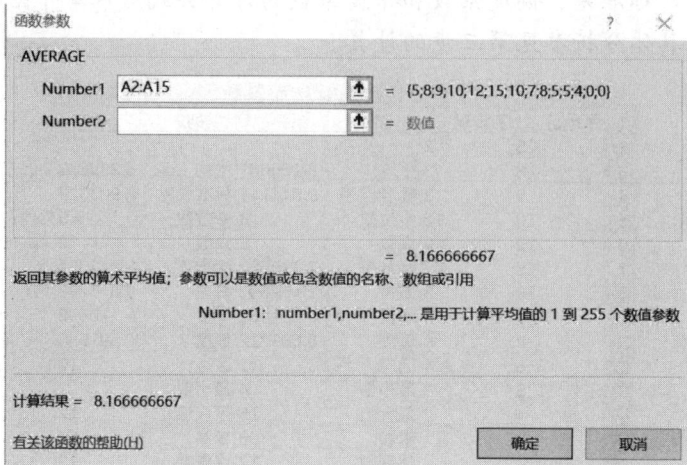

图 4.9 "AVERAGE"函数对话框

2）计算众数

按照众数的定义，对于本例未分组的原始数据，出现次数最多的变量值就是众数。在经过排序后的数据中，可以很容易确定众数。本例中甲地的众数为 5 天，乙地的众数为 3 天，众数的数值与"描述统计"工具输出的结果也是一致的。

3）计算中位数

对于本例未分组的原始数据，并且在数据总数为偶数时，需要采用位于排序后数据中间位置上的两个变量值的简单均值，作为中位数的取值。例如：甲地的中位数为排在 12 个数据中间的 A7 和 A8 单元格中的两个数值的简单均值，即甲地某年度每月降水天数的中位数为 8 天，见图 4.10。类似可以计算出乙地的中位数为 4.5 天。中位数的数值与"描述统计"工具输出的结果也是一致的。

图 4.10 计算中位数的自编公式

4）计算标准差

可以通过在 Excel 工作表的"快捷键"栏中的"插入函数"标符 fx ，调用总体标准差函数"STDEV.P"的方式来计算，见图 4.11。

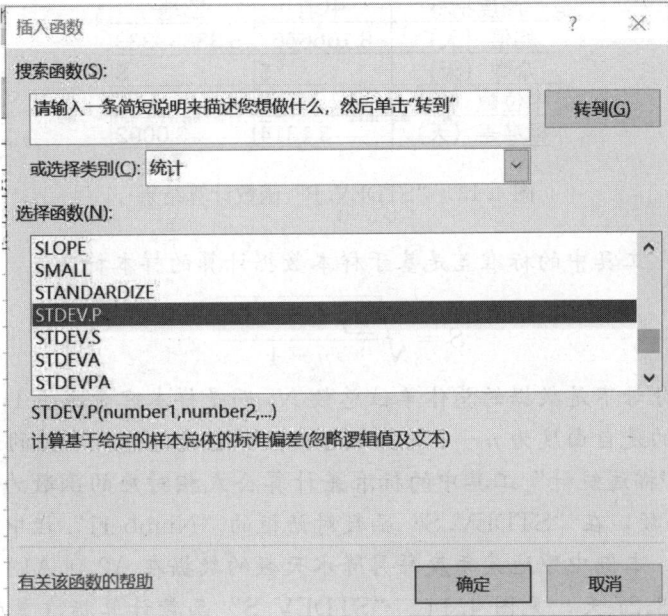

图 4.11　调用"STDEV.P"函数对话框

"STDEV.P"是计算总体标准差的函数，其计算公式为简单方差公式计算方差，即式（4.33）。在"STDEV.P"函数对话框的"Number1"栏中，填入所要计算的数据所在的单元格。例如：本例中甲地某年度每月降水的天数的数据在 A2 到 A13 单元格，即可计算出标准差的数值为 3.13 天，见图 4.12 和图 4.13。标准差的数值 3.13 与"描述统计"工具输出的结果 3.27 是不一致的。

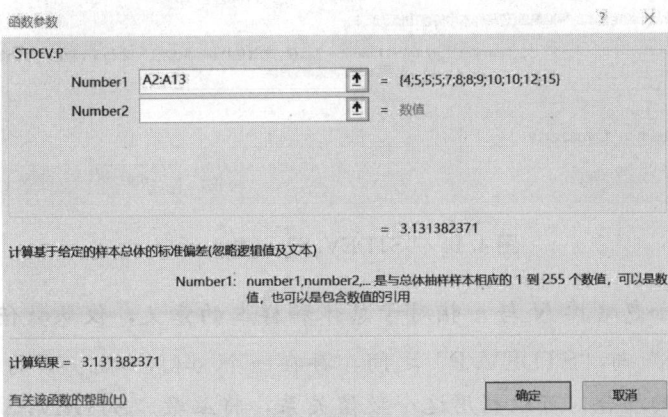

图 4.12　"STDEV.P"函数对话框

图 4.13　"STDEV. P"函数计算结果

在"描述统计"工具中的标准差是基于样本数据计算的样本标准差，其计算公式为

$$S = \sqrt{\frac{\sum (x - \bar{x})^2}{n-1}} \tag{4.41}$$

式（4.41）的分母不是数据的总体单位总数 N，而是样本容量减去 1，即 $n-1$。"描述统计"工具中所计算的是自由度为 $n-1$ 的样本标准差，它是总体标准差的无偏估计量。

Excel 中，与"描述统计"工具中的标准差计算公式相对应的函数为"STDEV. S"。调出"STDEV. S"函数，在"STDEV. S"函数对话框的"Number1"栏中，填入所要计算的数据所在的单元格。本例中甲地某年度每月降水天数的数据在 A2 到 A13 单元格，即可计算出标准差的数值为 3.27 天，见图 4.14。"STDEV. S"函数计算标准差的数值与"描述统计"工具输出的结果是一致的。

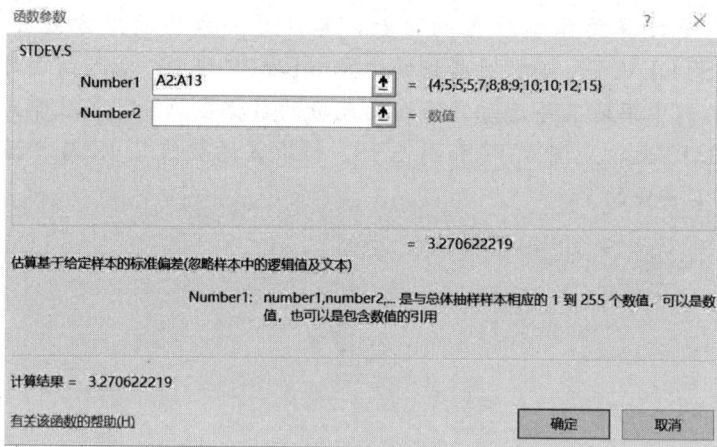

图 4.14　"STDEV. S"函数对话框

可以看出，假如忽略掉 N 与 n 相对于总体和样本的意义，仅从数值计算的角度分析，在函数"STDEV. S"与"STDEV. P"之间，存在一个 $\sqrt{(N-1)/N}$ 的关系。所以，在需要计算总体标准差的场合，可以利用这个数值关系，将函数"STDEV. S"计算的样本标准差换算为函数"STDEV. P"计算的总体标准差，见图 4.15（标准差 * 为样本标准差，标准差为总体标准差）。

	C	D	E
fx	=D7*SQRT(11/12)		
测度指标		甲地	乙地
均值（天）		8.1666667	5.33333333
众数（天）		5	3
中位数（天）		8	4.5
标准差（天）		3.1314	3.0092
标准差＊（天）		3.2706	3.1431
标准差（天）		3.1314	3.0092

图4.15　将样本标准差换算为总体标准差

5）计算离散系数

按照式（4.35）计算离散系数，一般用百分数表示，见图4.16。

D7		fx	=D6*100/D3		
	A	B	C	D	E
1	甲地区	乙地区			
2	4	2	测度指标	甲地	乙地
3	5	2	均值（天）	8.1666667	5.33333333
4	5	3	众数（天）	5	3
5	5	3	中位数（天）	8	4.5
6	7	3	标准差（天）	3.1314	3.0092
7	8	4	离散系数（%）	38.3435	56.4233
8	8	5			
9	9	6			
10	10	7			
11	10	8			
12	12	9			
13	15	12			

图4.16　计算离散系数

6）计算偏度系数和峰度系数

在"描述统计"工具中偏度系数称为"偏斜度"，其计算公式为

$$\gamma_1 = \frac{n}{(n-1)(n-2)} \sum \left(\frac{x_i - \bar{x}}{s}\right)^3 \tag{4.42}$$

式（4.42）与本章所介绍的利用总体数据计算偏度系数的式（4.37）相比较，虽然都是以三阶中心矩为基础，但具体形式有所不同，计算的结果也会有所差异。

在"描述统计"工具中，峰度系数称为"峰值"，其计算公式为

$$\beta_2 = \frac{n(n+1)}{(n-1)(n-2)(n-3)} \sum \left(\frac{x_i - \bar{x}}{s}\right)^4 - \frac{3(n-1)^2}{(n-2)(n-3)} \tag{4.43}$$

同样，式（4.43）与本章所介绍的利用总体数据计算峰度系数的式（4.39）相比较，虽都是以四阶中心矩为基础，但也存在一些差别，计算的结果也会不同。

所以，需要按照本章所介绍的公式，利用总体数据来计算偏度系数和峰度系数。

首先，计算变量值与其均值的离差的三次方和四次方，计算结果见图4.17。

=(A3-C$16)^3

原始数据		$(X-\bar{X})^3$		$(X-\bar{X})^4$	
甲地区	乙地区	甲地区	乙地区	甲地区	乙地区
4	2	-72.338	-37.037	301.4082	123.4568
5	2	-31.7546	-37.037	100.5563	123.4568
5	3	-31.7546	-12.7037	100.5563	29.64198
5	3	-31.7546	-12.7037	100.5563	29.64198
7	3	-1.58796	-12.7037	1.852623	29.64198
8	4	-0.00463	-2.37037	0.000772	3.160494
8	5	-0.00463	-0.03704	0.000772	0.012346
9	6	0.578704	0.296296	0.482253	0.197531
10	7	6.162037	4.62963	11.29707	7.716049
10	8	6.162037	18.96296	11.29707	50.5679
12	9	56.3287	49.2963	215.9267	180.7531
15	12	319.0787	296.2963	2180.371	1975.309
合计		219.1111	254.8889	3024.306	2553.556
均值（天）		8.166667	5.333333		

图 4.17　变量值与其均值的离差的三次方和四次方计算表

其次，按照有关公式计算偏度系数和峰度系数，计算结果见图 4.18。

=H7/(D6^4*12)

测度指标	甲地	乙地		$\sum(X-\bar{X})^3$		$\sum(X-\bar{X})^4$	
均值（天）	8.1666667	5.33333333		甲地	乙地	甲地	乙地
众数（天）	5	3		219.1111	254.8889	3024.306	2553.556
中位数（天）	8	4.5					
标准差（天）	3.1314	3.0092					
离散系数（%）	38.3435	56.4233					
偏度系数	0.5947	0.7795					
峰度系数	2.6211991	2.59497911					

图 4.18　偏态系数和峰度系数计算表

最后，将计算结果与"描述统计"工具给出测度的数值进行比较，如图 4.19 所示。

测度指标	甲地	乙地	"描述统计"工具测度数值	甲地	乙地
均值（天）	8.16666667	5.33333333	平均	8.16666667	5.333333333
众数（天）	5	3	众数	5	3
中位数（天）	8	4.5	中位数	8	4.5
标准差（天）	3.1314	3.0092	标准差 *	3.2706	3.1431
离散系数（%）	38.3435	56.4233			
偏度系数	0.5947	0.7795	偏度	0.683222	0.895538
峰度系数	2.62119911	2.59497911	峰度	0.131461	0.0898

图 4.19　"描述统计"工具给出测度数值的比较

"描述统计"工具输出的数值与按本章所介绍的利用总体数据计算的结果不同的有标准差、偏度系数和峰度系数。其中，"描述统计"输出的峰度数值是与"0"进行比较判断峰形，而本章所介绍的利用总体数据计算的峰度系数是与"3"进行比较判断峰形，在具体应用时应加以注意。

　　7）计算标准化值

　　通过函数"STANDARDIZE"计算标准化值。"STANDARDIZE"函数的语法为：STANDARDIZE（x，mean，standard_dev）。单击"插入函数" fx ，调出"STANDARDIZE"函数对话框进行操作，见图4.20。

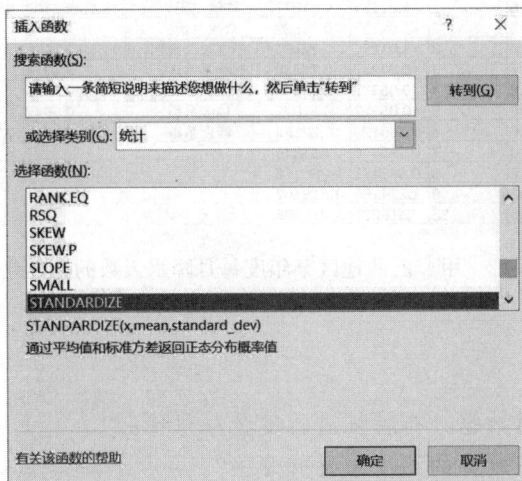

图 4.20　调用"STANDARDIZE"函数

　　在"STANDARDIZE"函数对话框（见图4.21）的第一栏中填入计算标准化值的变量所在单元格，如本例第一个需要标准化的变量所在单元格为A3；在对话框的第二栏中填入该变量所在数据的均值所在单元格F4，并且在F4的4之前加上符号"$"，表示将均值固定在第3行。这样，我们向下拖动填充柄复制公式，列不会发生变动，变量值逐行依次出现替换，均值由于其行已经固定在第3行上不会改变；当横向拖动填充柄复制公式，计算乙地数据的标准化值时，变量值和均值的数值都发生变动，分别由A列和F列移到B列和G列。在对话框的第三栏中填入该变量所在数据的标准差所在单元格F7，同样需要在F7的7之前加上符号"$"，将标准差固定在第7行。

图 4.21　"STANDARDIZE"函数对话框

采用拖动填充柄复制公式的方法，计算出甲、乙两地区某年度每月降水天数的标准化值，见图4.22。

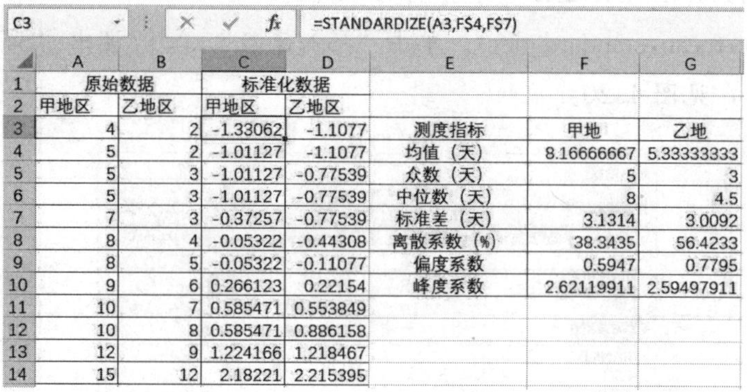

图4.22　甲、乙两地区某年度每月降水天数的标准化值

思考与练习

1. 应从哪几个方面对数据分布特征进行度量？为什么？
2. 度量数据分布集中趋势的测度主要有哪些？
3. 简述均值的特征、计算方法、数学性质及其在度量数据分布特征中的地位。
4. 均值、调和平均数和几何平均数的比较。
5. 如何利用均值、众数和中位数的数值特征分析数据分布的偏度？
6. 度量数据分布离散趋势的测度主要有哪些？
7. 为什么要计算离散系数？
8. 标准化值的意义和用途各是什么？
9. 偏度系数和峰度系数的意义是什么？
10. 某学期某班新生入学体检的男同学身高和体重数据如表4.18所示。

表4.18　某学期某班新生入学体检的男同学的身高和体重数据

学生序号	1	2	3	4	5	6	7	8	9	10
身高/cm	1.65	1.77	1.76	1.80	1.81	1.78	1.79	1.69	1.71	1.73
体重/kg	60	76	71	72	75	72	68	63	65	66
学生序号	11	12	13	14	15	16	17	18	19	20
身高/cm	1.74	1.76	1.75	1.79	1.73	1.66	1.84	1.80	1.77	1.77
体重/kg	70	71	71	77	70	63	80	78	71	70

要求　（1）计算该班男同学身高和体重的均值、中位数、众数、标准差。

（2）计算该班男同学身高和体重的离散系数、偏度系数和峰度系数。

（3）计算该班男同学身高和体重的标准化值。

11. 某企业职工某年10月工资数据如表4.19所示。

表 4.19　某企业职工某年 10 月工资数据

月收入/元	人数/人
6 000~7 500	15
7 500~9 000	35
9 000~10 500	25
10 500~12 000	15
12 000 以上	10
合计	100

要求　（1）计算该企业职工月工资的均值。

（2）计算该企业职工月工资的众数和中位数。

（3）根据以上计算的均值、中位数和众数，分析该企业职工月工资的偏度特征。

（4）计算该企业职工月工资的标准差和离散系数。

（5）计算该企业职工月工资的偏度系数和峰度系数。

12. 某项长期投资理财项目，投资期限为 10 年，每年分配一次红利，第 10 年返还本金。预计各年红利分别为 3%，4%，4%，5%，5%，6%，6%，7%，8%，9%，求该长期投资理财项目预计的平均年收益率。

13. 某公司招收推销员，要测定男、女推销员的推销能力是否有差别，随机抽选了 8 人，经过一段时间销售后，其销售额数据如表 4.20 所示。

表 4.20　男、女推销员销售额数据

男推销员销售额/万元	女推销员销售额/万元
31	35
12	27
52	24
51	22
20	55
19	49
28	14
29	44

试计算：

（1）计算男推销员销售额的四分位数。

（2）计算男推销员销售额的平均数和标准差。

（3）已知女推销员销售额的平均数是 33.75 万元，标准差是 14.44 万元，比较男女推销员销售额数据的差异程度。

自测题

自测题答案

人 物 小 传

高斯（Carl Friedrich Gauss）

高斯（1777—1855）出生于德国一个贫穷家庭。高斯从小就显示出了在数学方面的过人天资，得到了当地公爵的长期资助，进入了 Coroline 高等学校和 Göttingen 大学学习，并且在大学毕业之后，赴 Helmstedt 大学继续从事数学方面的研究，在那里取得博士学位。

高斯曾在 Göttingen 大学任教，随后担任了 Göttingen 天文台台长，直到他去世。在长期的天文学观察和大地测量等实践过程中，高斯深入研究和发展了统计学中两个极为重要的工具——最小二乘法和正态分布理论。在 1799—1809 年间，高斯发表了许多关于最小二乘法和正态分布曲线的论著，并在众多领域内成功地使用这些统计学理论和方法。在高斯之前，拉普拉斯就已经开展了正态分布曲线的研究，由于高斯在该领域杰出的科学贡献和丰硕的应用成果，人们仍然将正态分布曲线称为高斯曲线。

高斯的座右铭是 "Few but ripe"，他的著作以言简意赅、内容丰实而著称于世。高斯是一位伟大的数学家，素有"数学王子"之称，他的卓著贡献在数学发展史上影响深远。

指　　数

　　指数是反映经济、社会变化的重要数据。改革开放以来 GDP 总指数、价格指数等的数据变化，让我们感受到中国经济的快速增长和社会进步，增强了制度自信。指数的精确计算要求我们培养严谨的科学态度和精益求精的精神。

　　通过本章的学习，理解统计指数的定义和分类；掌握综合指数、平均指数的编制方法和计算公式，两者的联系和区别；掌握指数体系和因素分析的思想、计算及应用；了解几种经典的价格指数如居民消费价格指数、商品零售价格指数、工业品出厂价格指数、股票价格指数等在经济分析中的应用。

　　在日常生活工作中，我们经常遇到或者需要使用各种指数。例如：与 2022 年相比，2023 年居民消费价格指数为 100.2%，农产品生产价格指数为 97.7%，工业生产者出厂价格指数为 97% 等。这些数字是怎样计算出来的？它们反映了什么问题？了解指数是如何编制的，有助于我们更好地认识指数的功能与作用，更好地利用指数分析和解释经济现象，为政策制定和经济研究提供重要工具。

5.1　指　数　概　述

5.1.1　指数的概念

　　统计指数，也称指数，是分析社会经济现象数量变化的一种重要统计方法。追根溯源，指数起源于 18 世纪的欧洲，当时大量的黄金白银涌入欧洲，导致物价飞涨，出于了解商品价格变动的实际需要，产生了反映单一商品价格在不同时间上对比的个体物价指数，并逐渐发展演进为反映多种商品价格全面变动的综合指数，形成了初步的指数方法和理论。随后，指数的应用逐步推广到反映产量变动的物量指数，以及反映其他现象的各种指数，如工业生产量指数、劳动生产率指数、生活水平指数和社会发展指数等。最后，指数的应用扩展到数量差异的静态对比领域。

从内涵角度看，指数是反映研究对象某一数量特征在时间上或空间上差异的方向和程度的测度；从外延角度看，指数有广义和狭义之分。

狭义的指数是一种特殊的相对数，是用来表示复杂社会经济现象总体数量的综合变动方向和程度的相对数。复杂现象总体是指数量上不能直接加总或比对的总体，其特点在于构成总体的各种事物具有不同的计量单位和使用价值，或者虽然计量单位相同，但使用价值不同。例如：中证水利指数（CS 水利）反映的是水利工程、水电、水务、节水灌溉、污水治理等水利领域相关上市公司证券的整体表现，这些水利代表性上市公司的性质不同，要反映这个复杂总体股票价格数量上的综合变动便不能简单地采用一般相对数的方法，统计就需要建立一种特殊的相对数，以解决不能简单相加和对比的问题，这种专门的、特殊的方法就是狭义的统计指数。从指数理论和方法上看，统计指数所研究的主要是狭义指数。利用统计指数的原理和方法，通过编制实物量指数、价格指数等，可以反映不同产品或商品的实物量、价格等的综合变动情况。

广义的指数是指任意两个数值的对比，泛指反映数量差异的各类相对数，如计划完成相对数、比较相对数、结构相对数、比例相对数、强度相对数和动态相对数等都属于广义指数。

广义的指数既包括狭义的指数，也包括只反映单项事物变动的个体指数。

5.1.2　指数的分类

从不同的视角，指数可以分为以下几种类型。

1. 个体指数和总指数

个体指数（individual index number）是反映单个项目单一变动和单一差异的指数。例如：反映一种商品价格变动的价格个体指数。

总指数（gross index number）是度量和分析多个项目综合变动和综合差异的指数。例如：零售价格指数反映的是零售市场几百万种商品价格变化的整体情况。

一般个体指数称为相对数。根据总指数的构造理论和计算公式，可以将总指数视为一个基于个体指数的加权平均的综合测度，因此个体指数又是计算总指数的基础。

2. 数量指数和质量指数

数量指数（quantitative index number）是反映事物外延属性数量变动的相对数。例如：产量指数、销售量指数、人口数量指数等。

质量指数（qualitative index number）是反映事物内涵属性数量变动的相对数。例如：价格指数、劳动生产率指数、成本指数等。

最初的数量指数和质量指数是专指物量指数和物价指数，随着统计指数理论的发展和指数应用范围的拓展，形成了今天关于数量指数和质量指数的概念。对于具体指数的数量指数和质量指数的划分，尤其是在两个因素以上的多因素指数场合时，往往需要结合具体的指数体系辩证地认定。例如：单位产品原材料消耗量指数，相对于产品产量指数，它是质量指数；但相对于单位原材料价格指数，它又是数量指数。

3. 时间性指数和区域性指数

时间性指数（time index number）是反映事物在时间上数量变动的指数。时间性指数根据比较数据基期时间是否固定，又分为定基指数和环比指数。

区域性指数（regional index number）是反映事物在空间上数量差异的指数。

最初统计指数都是分析事物在时间上的数量变动的动态特征，后来才逐步推广到对事物在空间上数量差异的研究，进而形成了时间性指数和区域性指数的划分。

4. 简单指数和加权指数

简单指数（simple index number）将计入指数的每个项目的重要性同等对待。简单指数可以视为每个项目的权数均相等的加权指数，所以也可以作为加权指数的特例。但是，简单指数只适用于每个项目均具有相同量纲的场合。实际应用中，有时由于缺少必要的权数资料，或者指数编制的频率或时效性要求较高，会采用适当的简单指数。

加权指数（weighted index number）则对计入指数的每个项目依据重要程度赋予不同的权数，进行综合计算。由于所赋予的权数，可以将每个项目的量纲由不同的使用价值量量纲，转化为统一的价值量、劳动量或标准实物量量纲，所以加权指数适用于每个项目具有不同量纲的场合。

5. 综合指数和平均指数

综合指数（aggregative index number）是在由总体全面数据得到的总值绝对数基础上，通过绝对数的比较计算出来的总指数。综合指数属于加权指数。

平均指数（average index number）是在由样本数据得到的个体指数基础上，以总体的结构数据作为权数，采用加权平均的形式计算出来的总指数。平均指数也属于加权指数。由于平均指数可以通过样本数据来计算，所以在政府统计实践中得到了广泛应用。

综合指数和平均指数都可用来计算总指数，两者的基本性质和意义是相同的，只是运用的数据和计算方法有所不同。综合指数是计算总指数的基本方法，反映了总指数度量和分析多个项目综合变动及综合差异的性质的要求；平均指数是在仅拥有样本数据时计算总指数的方法，通过样本数据来度量和分析多个项目综合变动及综合差异。

5.2　综 合 指 数

5.2.1　综合指数原理

如果一个绝对数可以分解为两个或者两个以上因素的乘积，为了度量其中某一个因素变动或差异的方向和程度，可将其他因素固定下来，即将其他因素的变动或差异暂时抽象掉，以专门考察和分析其中某一个因素的变动或差异，以这样的思路所构造出的指数就是总指数。按照计算形式不同，总指数的编制有综合指数和平均指数两种方法。

综合指数就是利用总体的全面资料，计算出两个相互关联的、具有相同量纲的、进行相对比较的绝对数，通过这两个绝对数的比值，来反映构成绝对数的某一因素的影响方向和程度。为了单纯分析这一因素的变动或差异所形成的数值影响，需要将绝对数分解为两个或者两个以上因素的乘积，通过将其他非分析因素在分子和分母中取相同的值，将其固定在同一时间或同一空间，从而单纯地反映所研究的因素变动情况，来度量所研究的因素对事物某一数量特征的变动的作用。

下面以商品销售量和销售价格数据为例，来说明综合指数的编制方法。

例 5.1　假设某商场仅经营三种商品，其销售情况如表 5.1 所示。

表 5.1　某商场甲、乙、丙三种商品销售情况

商品名称	计量单位	销售量		销售价格/元	
		上月 Q_0	本月 Q_1	上月 P_0	本月 P_1
甲	千克	1 100	1 500	15	13
乙	件	1 000	1 200	100	100
丙	台	800	850	150	180

要求　试编制综合指数，反映商品销售量和销售价格的变化程度。

分析　若只是测定其中任何一种商品的销售量或销售价格的变化程度，便不存在困难，只需计算其个体指数即可。一般以 K 表示个体指数，以 Q 表示物量或数量因素，以 P 表示物价或质量因素，下标 1 表示报告期，下标 0 表示基期，则个体数量指数和个体质量指数为

$$K_Q = \frac{Q_1}{Q_0} \tag{5.1}$$

$$K_P = \frac{P_1}{P_0} \tag{5.2}$$

可以计算出甲商品的个体物量指数 $K_Q = Q_1/Q_0 = 1500/1100 = 136.36\%$，以及甲商品的个体价格指数 $K_P = P_1/P_0 = 13/15 = 86.67\%$。

现在的问题是，如何使用综合指数来测定该商场三种商品的销售量和销售价格综合变动的方向及程度？

设想将该商场经营的三种商品的销售量和销售价格直接加总起来进行比较，这种将每个项目的重要性同等对待的指数就是简单指数。

直接加总该商场经营的三种商品的销售量，并加以比较，即计算销售量的简单指数 $\sum Q_1 / \sum Q_0$，这显然不能成立。由于这三种商品的属性各不相同，计量单位都不一样，它们的销售量之间完全没有可加性。不同事物只有从共同属性的角度，找到统一度量时才能相加，才能计算出绝对数，进而计算出绝对数的比值——综合指数，反映事物的综合变动和差异。

直接加总该商场经营的三种商品的销售价格，并加以比较，即计算销售价格的简单指数 $\sum P_1 / \sum P_0$，这显然也不能成立。首先，这种方式忽略了商品销售数量对整个价格变动的影响，与实际情况不符；其次，销售价格是在一定单位量纲基础上的单位价格，不同单位量纲的销售价格同样也不具有可加性。例如：甲商品的单位量纲为元/千克，假若将甲商品的量纲换为元/克，其销售价格水平就要相应变动 1 000 倍。

所以，不能简单地采用销售量或销售价格的综合数据进行比较，而必须将销售量和销售价格视为互相影响的两个因素，以销售量和销售价格之积——销售总额，这一具有普遍的可比性和综合性的价值量量纲的绝对数作为比较分析的基础，对该商场销售量和销售价格综合变动进行分析。这就是综合指数的基本出发点。

综合指数的基本思路可以归纳为综合和分析两个方面。

综合的思路首先体现为量纲的可加性。通过采用具有普遍可加性的价值量、劳动量和标准实物量单位作为计算综合指数比值的两个绝对数的量纲，将所研究的单纯反映物量或物价变动的、受到不同量纲局限的、不具有可加性的数据改造成具有可加性的数据；综合指数"综合"的思路更体现在总量数据的综合功能上，通过因素之间的互为权数的设置，以一个统一的总量数据作为对比的基础，综合地反映了各项因素对所研究的事物及其现象某一数量特征的总量变动影响的程度和方向，为综合指数分析奠定了基础。

分析的思路是将影响因素分为两类：一类是该指数所研究的因素，如商场的销售数量；另一类是暂时不考察的其他因素，如商场的销售价格。在计算比较的绝对数时，指数所研究的因素是变动的，即分子和分母采用了不同时间或空间的数据来计算；而其他因素是固定不变的，即采用了相同时间或空间的数据来计算分子和分母，从而抽象掉其他因素的变动，单纯地凸现出所研究因素的变动，实现指数分析的目的。在综合指数分析中，将所研究的因素称为指数化因素；其他因素称为权数因素，或者称为同度量因素。这两者的划分是相对的，是根据综合指数研究对象而确定的，并且将根据综合指数研究对象的改变而改变。例如：相对例 5.1 而言，若编制的是销售量综合指数，则销售量是指数化因素，综合指数的分子采用本月的销售量数据，分母采用上月的销售量数据；而销售价格是权数因素，综合指数的分子和分母需要采用相同月份的数据；若编制的是销售价格综合指数时恰好相反，这时销售价格是指数化因素，而销售量是权数因素。

所以，综合指数不是研究单个因素的自身变动，而是研究有关因素的变动对某一事物及其现象的总量变动的影响。综合指数是在某一事物及其现象数量特征的总量变动的背景下，来研究因素的综合变动的统计方法和过程。

在以上论述中，权数因素是固定不变的，但是究竟是固定在基期（即指数化因素在分母中的时间或空间），还是固定在报告期（即指数化因素在分子中的时间或空间）呢？由此产生了拉氏指数和帕氏指数两个计算综合指数的基本公式。

5.2.2 拉氏指数和帕氏指数

1. 拉氏指数

拉氏指数（Laspeyres index）是将权数因素固定在基期的综合指数。这个指数公式是由德国学者埃蒂恩·拉斯贝尔（Etienne Laspeyres）在 1864 年提出的，故称为拉氏指数。拉氏指数的数量指数和质量指数的计算公式为

$$I_Q = \frac{\sum Q_1 P_0}{\sum Q_0 P_0} \tag{5.3}$$

$$I_P = \frac{\sum P_1 Q_0}{\sum P_0 Q_0} \tag{5.4}$$

一般将式（5.3）和式（5.4）称为拉氏公式。

2. 帕氏指数

帕氏指数（Paasche index）是将权数因素固定在报告期的综合指数。该指数是由德国学

者哈曼·帕许（Herman Paasche）在 1874 年提出的，故称为帕氏指数。帕氏指数的数量指数和质量指数的计算公式为

$$I_Q = \frac{\sum Q_1 P_1}{\sum Q_0 P_1} \tag{5.5}$$

$$I_P = \frac{\sum P_1 Q_1}{\sum P_0 Q_1} \tag{5.6}$$

一般将式（5.5）和式（5.6）称为帕式公式。

由拉氏公式和帕氏公式可知，计算综合指数的分子和分母均为绝对数，其中有两项是实际的绝对数 $\sum Q_0 P_0$ 和 $\sum Q_1 P_1$，两项假定的绝对数 $\sum Q_1 P_0$ 和 $\sum Q_0 P_1$，这四项绝对数都是具有实际意义的数值。在综合指数分析中，需要结合绝对数数值及其差额，对相对比值进行分析，以研究和说明综合指数的相对比值形成的基础，及其对应的绝对差异的数值水平。

例 5.2　沿用例 5.1 中商品销售量和销售价格数据。

要求　分别运用拉氏公式和帕氏公式计算数量指数和质量指数。

解　由拉氏公式的数量指数式（5.3）和质量指数式（5.4），可以计算得

$$I_Q = \frac{\sum Q_1 P_0}{\sum Q_0 P_0} = \frac{270\ 000}{236\ 500} = 114.17\%$$

$$I_P = \frac{\sum P_1 Q_0}{\sum P_0 Q_0} = \frac{258\ 300}{236\ 500} = 109.22\%$$

运用拉氏公式计算的结果表明，报告期和基期相比，销售量综合上升了 14.17%，由于这一上升，销售额增加了 $\sum Q_1 P_0 - \sum Q_0 P_0 = 270\ 000 - 236\ 500 = 33\ 500$（元）；同时，商场销售价格综合上升了 9.22%，销售额增加了 $\sum P_1 Q_0 - \sum P_0 Q_0 = 258\ 300 - 236\ 500 = 21\ 800$（元）。

由帕氏公式的数量指数式（5.5）和质量指数式（5.6），可以计算得

$$I_Q = \frac{\sum Q_1 P_1}{\sum Q_0 P_1} = \frac{292\ 500}{258\ 300} = 113.24\%$$

$$I_P = \frac{\sum P_1 Q_1}{\sum P_0 Q_1} = \frac{292\ 500}{270\ 000} = 108.33\%$$

运用帕氏公式计算的结果表明，报告期和基期相比，销售量综合上升了 13.24%，由于这一上升，销售额增加了 $\sum Q_1 P_1 - \sum Q_0 P_1 = 292\ 500 - 258\ 300 = 34\ 200$（元）；同时，商场销售价格综合上升了 8.33%，销售额增加了 $\sum P_1 Q_1 - \sum P_0 Q_1 = 292\ 500 - 270\ 000 = 22\ 500$（元）。该商场甲、乙、丙三种商品销售情况指数分析计算见表 5.2。

表 5.2 某商场甲、乙、丙三种商品销售情况指数分析计算

商品名称	计量单位	销售量		销售价格/元		销售额/元			
		上月 Q_0	本月 Q_1	上月 P_0	本月 P_1	上月 P_0Q_0	本月 P_1Q_1	假定	
								P_0Q_1	P_1Q_0
甲	千克	1 100	1 500	15	13	16 500	19 500	22 500	14 300
乙	件	1 000	1 200	100	100	100 000	120 000	120 000	100 000
丙	台	800	850	150	180	120 000	153 000	127 500	144 000
合计	—	—	—	—	—	236 500	292 500	270 000	258 300

由于拉氏公式和帕氏公式权数因素的时期不同，采用不同的指数公式计算的结果当然不同。拉氏公式和帕氏公式都符合构造综合指数的基本原则，都是科学地计算综合指数的基本公式。一般而言，若分析侧重于测定现象以基期的结构为比较基础的变动或差异程度时，宜采用拉氏公式；若研究的内容需要测定现象以报告期的结构为比较基础的变动和差异程度时，则采用帕氏公式为宜。同时，还需要依据所能够及时搜集的数据来选择综合指数公式，保证综合指数的数据采集、指数构造和数值计算的可行性。由于帕氏公式需要具备报告期的权数因素数据，使得该公式在经济管理实践中的推广应用存在难以避免的局限。

5.2.3 著名的指数公式

拉氏公式和帕氏公式所采用的权数不同，会对指数数值产生偏倚干扰，就此许多学者进行了长期研究，提出了采用各种校正权数的指数公式，以及对统计指数进行评价的检测标准。

以下为两个著名的指数公式。

1. 马歇尔-艾奇沃斯指数

马歇尔-艾奇沃斯指数（Marshall-Edgeworth index number）是由英国经济学家马歇尔（Alfred Marshall，1842—1924）于 1887 年提出的以基期和报告期物量因素的简单均值作为权数的综合物价指数。其计算公式为

$$I_P = \frac{\sum P_1 \dfrac{Q_0 + Q_1}{2}}{\sum P_0 \dfrac{Q_0 + Q_1}{2}} \tag{5.7}$$

该公式为英国统计学家艾奇沃斯（Francis Ysidro Edgeworth，1845—1926）大力推广，因而被称为马歇尔-艾奇沃斯指数。

此公式从计算的数值上来看，处在拉氏公式和帕氏公式之间，但它的具体经济意义不明确，曾经在欧洲的海关等场所得到一些应用，随后逐渐被退出，目前在统计实践中很少使用。

2. 费雪理想指数

费雪理想指数（Fisher's ideal index number）由美国统计学家费雪（Irving Fisher，1867—1947）于 1911 年提出。该公式为拉氏公式和帕氏公式的几何平均公式。

$$I_P = \sqrt{\frac{\sum P_1 Q_0}{\sum P_0 Q_0} \times \frac{\sum P_1 Q_1}{\sum P_0 Q_1}} \tag{5.8}$$

$$I_Q = \sqrt{\frac{\sum Q_1 P_0}{\sum Q_0 P_0} \times \frac{\sum Q_1 P_1}{\sum Q_0 P_1}} \tag{5.9}$$

费雪还提出了评价指数优劣的三项测验标准。

① 时间互换测验标准。报告期对基期的指数和基期对报告期的指数的乘积应等于1。

② 因子互换测验标准。物价指数和物量指数的乘积应等于其总量指数。

③ 循环测验标准。环比指数的乘积应等于相应的定基指数。

极少的综合指数能够通过费雪提出的测验标准，而费雪提出几何平均的指数公式可以通过前两项测验，因此费雪将其称为理想公式。

从形式上看，费雪理想公式在拉氏公式和帕氏公式中间不偏不倚，但同样缺乏实际意义，并且对统计资料的要求过高，可操作性弱，在实际工作中很少应用，只是一个"理想"的公式。

5.2.4　拉氏公式和帕氏公式的变形

将拉氏公式和帕氏公式略加变形，可构造出相应的个体数量指数和个体质量指数的加权平均形式的综合指数。

拉氏公式的数量指数和质量指数公式的变形为

$$I_Q = \frac{\sum Q_1 P_0}{\sum Q_0 P_0} = \frac{\sum \frac{Q_1}{Q_0} Q_0 P_0}{\sum Q_0 P_0} = \frac{\sum K_Q Q_0 P_0}{\sum Q_0 P_0} \tag{5.10}$$

$$I_P = \frac{\sum P_1 Q_0}{\sum P_0 Q_0} = \frac{\sum \frac{P_1}{P_0} Q_0 P_0}{\sum Q_0 P_0} = \frac{\sum K_P Q_0 P_0}{\sum Q_0 P_0} \tag{5.11}$$

拉氏公式的变形采用了算术平均的形式，以基期的绝对数 $\sum P_0 Q_0$ 作为权数，对个体数量指数和个体质量指数进行加权，可以计算出相应的综合指数。

帕氏指数的数量指数和质量指数公式的变形为

$$I_Q = \frac{\sum Q_1 P_1}{\sum Q_0 P_1} = \frac{\sum Q_1 P_1}{\sum \frac{Q_0}{Q_1} Q_1 P_1} = \frac{\sum Q_1 P_1}{\sum \frac{Q_1 P_1}{K_Q}} \tag{5.12}$$

$$I_P = \frac{\sum P_1 Q_1}{\sum P_0 Q_1} = \frac{\sum Q_1 P_1}{\sum \frac{P_0}{P_1} Q_1 P_1} = \frac{\sum Q_1 P_1}{\sum \frac{Q_1 P_1}{K_P}} \tag{5.13}$$

帕氏公式的变形采用了调和平均的形式，以报告期的绝对数 $\sum P_1 Q_1$ 作为权数，对个体数量指数和个体质量指数进行加权，可以计算出相应的综合指数。

帕氏公式需要以报告期的绝对数 $\sum P_1 Q_1$ 作为权数，而报告期的绝对数 $\sum P_1 Q_1$ 数据往往较难及时获得，导致帕氏公式的实际应用存在现实的障碍。

5.3　平　均　指　数

平均指数是利用样本数据计算的总指数，是个体指数的加权平均测度。平均指数的特点主要体现在两个方面：一是使用的数据，平均指数是采用抽样调查、重点调查所得到的样本数据来编制的总指数；二是计算公式的形式，平均指数是采用加权平均形式计算的总指数。

5.3.1　平均指数数量指数和质量指数

平均指数的计算公式从形式上看，与综合指数的变形极为相似，但是这是两种不同的总指数计算公式：综合指数需要总体的全面数据，平均指数使用的是非全面的样本数据，这是两者的本质区别。为了突出这个区别，以下采用大写字母表示总体全面数据，小写字母表示样本数据。

平均指数数量指数的计算公式为

$$I_q = \frac{\sum \frac{q_1}{q_0} Q_0 P_0}{\sum Q_0 P_0} = \frac{\sum k_q Q_0 P_0}{\sum Q_0 P_0} \tag{5.14}$$

$$I_q = \frac{\sum Q_1 P_1}{\sum \frac{q_0}{q_1} Q_1 P_1} = \frac{\sum Q_1 P_1}{\sum \frac{Q_1 P_1}{k_q}} \tag{5.15}$$

平均指数数量指数的计算公式有算术平均和调和平均两种形式。其中，算术平均数量指数以基期总体的绝对数 $\sum P_0 Q_0$ 作为权数，调和平均数量指数以报告期总体的绝对数 $\sum P_1 Q_1$ 作为权数。

平均指数质量指数的计算公式为

$$I_p = \frac{\sum \frac{p_1}{p_0} Q_0 P_0}{\sum Q_0 P_0} = \frac{\sum k_p Q_0 P_0}{\sum Q_0 P_0} \tag{5.16}$$

$$I_p = \frac{\sum Q_1 P_1}{\sum \frac{p_0}{p_1} Q_1 P_1} = \frac{\sum Q_1 P_1}{\sum \frac{Q_1 P_1}{k_p}} \tag{5.17}$$

平均指数质量指数计算公式也有算术平均和调和平均两种形式。其中，算术平均质量指数以基期总体的绝对数 $\sum P_0 Q_0$ 作为权数，调和平均质量指数以报告期总体的绝对数 $\sum P_1 Q_1$ 作为权数。

由于平均指数的算术平均形式公式，在计算数量指数和质量指数时都是采用基期总体的绝对数 $\sum P_0 Q_0$ 作为权数，因此得到广泛的使用。

5.3.2 固定权数的平均指数

如同均值中的权数，总指数的权数可以直接采用其绝对形式，也可以采用其相对形式。相对形式的权数更加鲜明地反映了权数对指数数值水平形成的贡献和影响。

将平均指数的算术平均的公式略加变形，可得相对权数形式的算术平均指数，即

$$I = \frac{\sum k Q_0 P_0}{\sum Q_0 P_0} = \sum k \frac{Q_0 P_0}{\sum Q_0 P_0} = \sum k W_0 \tag{5.18}$$

式（5.18）中的 $W_0 = Q_0 P_0 / \sum Q_0 P_0$，为算术平均指数的相对权数，是以基期总体的全面数据计算的加权结构。

将平均指数的调和平均形式公式略加变形，可得相对权数形式的调和平均指数，即

$$I = \frac{\sum Q_1 P_1}{\sum \dfrac{Q_1 P_1}{k}} = \frac{\sum Q_1 P_1}{\sum \dfrac{1}{k} Q_1 P_1} = \frac{1}{\sum \dfrac{W_1}{k}} \tag{5.19}$$

式（5.19）中的 $W_1 = Q_1 P_1 / \sum Q_1 P_1$，为调和平均指数的相对权数，是以报告期总体的全面数据计算的加权结构。

同样，固定权数的算术平均指数采用基期总体的全面数据作为权数，数据易于采集，具有较强的可操作性，得到了广泛的采用。

在实际的政府统计工作中，权数数据一般只能通过普查取得，因此根据普查数据计算得到的权数大多在较长一段时间内连续使用。在经济管理实践中，许多现象的结构是相对稳定的，因此可以采用固定权数的方式，在一段时间内将某一现象的加权结构固定下来，用于总指数的计算。固定权数一般用算术平均指数形式计算，其固定的相对权数用 $W_T = Q_T P_T / \sum Q_T P_T$ 表示，这里的 T 为计算该固定权数数据的具体时间。固定权数的算术平均指数计算公式为

$$I = \sum k \frac{Q_T P_T}{\sum Q_T P_T} = \sum k W_T \tag{5.20}$$

固定权数的平均指数在国内外政府统计工作中得到广泛应用。例如：商品零售价格指数、居民消费价格指数、工业品出厂价格指数、工业生产指数、消费品价格指数等，大多采用固定权数的平均指数方法编制。

无论从设计思想还是从实际应用上讲，平均指数都是一种独立的总指数编制方法。随着我国市场经济发展，以及抽样调查方法的不断发展和完善，平均指数在统计实践中的应用价值不断提高。

例 5.3 设居民消费支出分为商品支出和服务支出两类，现知两类支出各占居民消费支出总额的比重 W_N，如表 5.3 所示。

要求 采用固定权数的算术平均指数，计算居民消费价格指数。

解 由式（5.20），有

$$I_p = \sum k_p W_N = 123\%$$

得到居民消费价格指数为 123%，见表 5.3。

表 5.3 居民消费价格指数计算 %

支出类别	类价格指数 k_p	固定权数 W_N	$k_p W_N$
商品	120	70	84
服务	130	30	39
合计	—	100	123

5.4 指数体系

在实际应用中，我们不仅可以利用指数反映社会经济现象的数量变动程度，而且还能利用指数工具，通过构造指数体系将现象的总变动和总差异分解为若干个因素，对社会经济现象之间的相互联系作更深入的分析和研究。这种分析方法的基础是进行因素分解，因素分解的对象可以是总量指数，也可以是平均数指数。

5.4.1 总量指数体系分析

总量指数体系是一个总量指数和若干个因素指数构成的具有内在联系、量上相等的数量关系式。例如："商品销售额指数＝商品价格指数×商品销售量指数""工业总产值指数＝工人人数指数×劳动生产率指数""原材料总成本指数＝产品产量指数×单位产品原材料消耗量指数×单位原材料价格指数"等。

在总量指数体系中，我们把反映现象数值总水平变动的测度称为总量指数（total amount index），把引起总量指数变动的因素计算的总指数称为因素指数（factor index number），因素指数的乘积在量上等于总量指数的数值。这种数量对等关系取决于客观事物内在的联系和数量关系。若无"商品销售额＝商品销售量×商品价格"，则"商品销售额指数＝商品销售量指数×商品价格指数"便无从成立。指数体系不仅分别测定销售额、销售量和销售价格的综合变动，并要求销售额变动的程度在量上等于销售量和销售价格这两个因素的综合变动的乘积。

总量指数按照内在经济联系可以分解为两因素指数体系和多因素指数体系，作为方法的说明，这里只介绍两因素指数体系。为使总量指数等于各因素指数的乘积，两个因素指数通常一个为数量指数，另一个为质量指数，并且各因素指数的权数必须是不同时期的。例如：数量指数采用基期权数，则质量指数必须用报告期权数，反之亦然。在实际应用中，一般将数量指数的权数固定在基期，即采用拉氏公式；将质量指数的权数固定在报告期，即采用帕氏公式。该指数体系可表示为

$$\frac{\sum P_1 Q_1}{\sum P_0 Q_0} = \frac{\sum Q_1 P_0}{\sum Q_0 P_0} \times \frac{\sum P_1 Q_1}{\sum P_0 Q_1} \tag{5.21}$$

若以 I_{QP} 表示总量指数，I_Q 表示因素指数中的数量指数，I_P 表示因素指数中的质量指数，式（5.21）又可以写为 $I_{QP} = I_Q \times I_P$。

指数体系还派生出一个由总量指数的绝对数值与因素指数绝对数值的总和在量上相等的平衡关系。指数体系的绝对数量关系公式为

$$\sum P_1 Q_1 - \sum P_0 Q_0 = \left(\sum P_0 Q_1 - \sum P_0 Q_0\right) + \left(\sum P_1 Q_1 - \sum P_0 Q_1\right) \quad (5.22)$$

式（5.22）表示总量指数的绝对差异由两部分构成：一部分是由数量因素的变动引起的绝对数值（$\sum P_0 Q_1 - \sum P_0 Q_0$）；另一部分则是由质量因素变动引起的绝对数值（$\sum P_1 Q_1 - \sum P_0 Q_1$）。因此，指数体系所作的因素分析便由相对数分析延伸到了绝对数分析。

例 5.4 沿用例 5.1 中商品销售量和销售价格数据。

要求 运用指数体系思想，对引起销售额变动的销售量和销售价格进行综合性因素分析。

解 根据式（5.21）和式（5.22），结合表 5.4，分别计算如下。

（1）计算总量指数，在本例中为销售额指数，属于动态相对数，有

$$I_{QP} = \frac{\sum Q_1 P_1}{\sum Q_0 P_0} = \frac{292\ 500}{236\ 500} = 123.68\%$$

$$\sum P_1 Q_1 - \sum P_0 Q_0 = 292\ 500 - 236\ 500 = 56\ 000 (元)$$

该商场销售额本月比上月增长了 23.68%，共计 56 000 元。

（2）计算数量指数，在本例中为销售量指数，有

$$I_Q = \frac{\sum Q_1 P_0}{\sum Q_0 P_0} = \frac{270\ 000}{236\ 500} = 114.16\%$$

$$\sum P_0 Q_1 - \sum P_0 Q_0 = 270\ 000 - 236\ 500 = 33\ 500 (元)$$

该商场销售量本月比上月增长了 14.16%，使销售额增加了 33 500 元。

（3）计算质量指数，在本例中为销售价格指数，有

$$I_P = \frac{\sum P_1 Q_1}{\sum P_0 Q_1} = \frac{292\ 500}{270\ 000} = 108.33\%$$

$$\sum P_1 Q_1 - \sum P_0 Q_1 = 292\ 500 - 270\ 000 = 22\ 500 (元)$$

该商场销售价格本月比上月增长了 8.33%，使销售额增加了 22 500 元。

（4）综合分析，根据指数体系相对数值的恒等关系，有

$$I_{QP} = I_Q \times I_P = 114.16\% \times 108.33\% = 123.68\%$$

根据绝对数值的总和恒等关系，有

$$\sum P_1 Q_1 - \sum P_0 Q_0 = \left(\sum P_0 Q_1 - \sum P_0 Q_0\right) + \left(\sum P_1 Q_1 - \sum P_0 Q_1\right)$$
$$= 33\ 500 + 22\ 500 = 56\ 000 (元)$$

该商场销售额本月比上月增加了 56 000 元。其中：由于销售量增长了 14.16%，使销售额增加了 33 500 元；销售价格增长了 8.33%，使销售额增加了 22 500 元。

此商场甲、乙、丙三种商品销售情况指数体系分析见表 5.4。

表 5.4　某商场甲、乙、丙三种商品销售情况指数体系分析

商品名称	计量单位	销售量		销售价格/元		销售额/元		
		上月 Q_0	本月 Q_1	上月 P_0	本月 P_1	上月 $Q_0 P_0$	本月 $Q_1 P_1$	假定 $Q_1 P_0$
甲	千克	1 100	1 500	15	13	16 500	19 500	22 500
乙	件	1 000	1 200	100	100	100 000	120 000	120 000
丙	台	800	850	150	180	120 000	153 000	127 500
合计	—	—	—	—	—	236 500	292 500	270 000

5.4.2　平均数变动的因素分解

指数体系的因素分解思想同样可以用于分析影响平均数变动的各种因素及其对平均数变动的影响程度。

根据加权算术平均数的公式 $\bar{x} = \dfrac{\sum xf}{\sum f} = \sum \left[x \dfrac{f}{\sum f} \right]$，平均数的变动受到两个因素的影响：一个是各组的变量水平 x；另一个是各组的结构 $\dfrac{f}{\sum f}$。指数体系的内在联系及数量对等关系在这里仍然存在，即

$$总平均数指数 = 组水平变动指数 \times 结构变动指数$$
$$总平均水平变动额 = 组水平变动影响额 + 结构变动影响额$$

参照总量指数体系的构造，可把总体平均数的变动分解为组水平变动的影响和结构变动的影响，将组水平变动指数视为质量指数，其结构权数固定在报告期，将结构变动指数视为数量指数，其各组水平权数固定在基期。具体计算公式如下。

（1）总平均数指数

$$I_{xf} = \frac{\bar{x}_1}{\bar{x}_0} = \frac{\sum x_1 f_1 / \sum f_1}{\sum x_0 f_0 / \sum f_0} \tag{5.23}$$

（2）组水平变动指数

$$I_x = \frac{\bar{x}_1}{\bar{x}_n} = \frac{\sum x_1 f_1 / \sum f_1}{\sum x_0 f_1 / \sum f_1} \tag{5.24}$$

（3）结构变动指数

$$I_f = \frac{\bar{x}_n}{\bar{x}_0} = \frac{\sum x_0 f_1 / \sum f_1}{\sum x_0 f_0 / \sum f_0} \tag{5.25}$$

则平均数指数体系的相对数量关系公式为

$$\frac{\sum x_1 f_1 / \sum f_1}{\sum x_0 f_0 / \sum f_0} = \frac{\sum x_1 f_1 / \sum f_1}{\sum x_0 f_1 / \sum f_1} \times \frac{\sum x_0 f_1 / \sum f_1}{\sum x_0 f_0 / \sum f_0} \tag{5.26}$$

式（5.26）又可以写为 $I_{xf} = I_x \times I_f$。并且，平均数指数体系的绝对数量关系公式为

$$\sum x_1 f_1 / \sum f_1 - \sum x_0 f_0 / \sum f_0$$
$$= (\sum x_1 f_1 / \sum f_1 - \sum x_0 f_1 / \sum f_1) + (\sum x_0 f_1 / \sum f_1 - \sum x_0 f_0 / \sum f_0) \quad (5.27)$$

式（5.27）又可以写为 $\bar{x}_1 - \bar{x}_0 = (\bar{x}_1 - \bar{x}_n) + (\bar{x}_n - \bar{x}_0)$。

例 5.5　某工厂有三个生产车间，基期和报告期各车间的职工人数和劳动生产率资料如表 5.5 所示。

表 5.5　某工厂劳动生产率资料

车间	职工人数		劳动生产率／（万元/人）	
	基期 f_0	报告期 f_1	基期 x_0	报告期 x_1
一车间	200	240	4.4	4.5
二车间	160	180	6.2	6.4
三车间	150	120	9.0	9.2
合计	510	540	6.32	6.18

要求　运用指数体系分析方法，分析该工厂劳动生产率的变动及原因。

解

（1）计算总平均数指数

$$I_{xf} = \frac{\bar{x}_1}{\bar{x}_0} = \frac{\sum x_1 f_1 / \sum f_1}{\sum x_0 f_0 / \sum f_0} = \frac{6.18}{6.32} = 97.78\%$$

$$\bar{x}_1 - \bar{x}_0 = 6.18 - 6.32 = -0.14（万元/人）$$

该工厂总平均劳动生产率报告期比基期降低了 2.22%，即降低了 0.14 万元/人。

（2）计算组水平变动指数

$$I_x = \frac{\bar{x}_1}{\bar{x}_n} = \frac{\sum x_1 f_1 / \sum f_1}{\sum x_0 f_1 / \sum f_1} = \frac{6.18}{6.02} = 102.66\%$$

$$\bar{x}_1 - \bar{x}_n = 6.18 - 6.02 = 0.16（万元/人）$$

该工厂组劳动生产率报告期比基期提高了 2.66%，使总平均劳动生产率提高了 0.16 万元/人。

（3）计算结构变动指数

$$I_f = \frac{\bar{x}_n}{\bar{x}_0} = \frac{\sum x_0 f_1 / \sum f_1}{\sum x_0 f_0 / \sum f_0} = \frac{6.02}{6.32} = 95.25\%$$

$$\bar{x}_n - \bar{x}_0 = 6.02 - 6.32 = -0.3（万元/人）$$

该工厂职工人数结构变化报告期比基期减少了 4.75%，使总平均劳动生产率降低了 0.3 万元/人。

（4）综合分析，根据指数体系相对数值的恒等关系，有

$$I_{xf} = I_x \times I_f = 102.66\% \times 95.25\% = 97.78\%$$

绝对数值的总和恒等关系，有

$$\bar{x}_1 - \bar{x}_0 = (\bar{x}_1 - \bar{x}_n) + (\bar{x}_n - \bar{x}_0) = 0.16 - 0.3 = -0.14 (万元/人)$$

该工厂总平均劳动生产率报告期比基期降低了 0.14 万元/人。其中由于组劳动生产率提高了 2.66%，使总平均劳动生产率增加了 0.16 万元/人；职工人数结构减少了 4.75%，使总平均劳动生产率降低了 0.3 万元/人。

该工厂劳动生产率指数体系分析见表 5.6。

表 5.6 某工厂劳动生产率指数体系分析

车间	职工人数		劳动生产率/（万元/人）		总产值/万元		
	基期 f_0	报告期 f_1	基期 x_0	报告期 x_1	基期 $x_0 f_0$	报告期 $x_1 f_1$	假定 $x_0 f_1$
一车间	200	240	4.4	4.5	880	1 080	1 056
二车间	160	180	6.2	6.4	992	1 152	1 116
三车间	150	120	9.0	9.2	1 350	1 104	1 080
合计	510	540	6.32	6.18	3 222	3 336	3 252

5.5 几种经典的价格指数

我国的物价指数主要包括：由国家政府统计部门编制的居民消费价格指数，商品零售价格指数，农业生产资料价格指数，工业品出厂价格指数（生产者价格指数），原材料、燃料和动力购进价格指数，固定资产投资价格指数和房地产价格指数，以及证券交易市场和主要证券交易商编制的各类证券价格指数，等等。

5.5.1 居民消费价格指数

居民消费价格指数（consumer price index）是反映一定时期内城乡居民所购买的生活消费品、服务项目价格变动趋势及程度的指数。

我国的居民消费价格指数编制方法可分为两大步骤：首先，分别计算城市居民消费价格指数和农村居民消费价格指数，以反映我国城市居民和农村居民在不同的消费结构与消费偏好情况下，各自支付的生活消费品、服务项目的价格变动的程度与态势；然后，对城市居民消费价格指数和农村居民消费价格指数数值加权汇总，计算出综合的城乡居民消费价格指数。

居民消费价格指数不仅是观察和分析消费品、服务项目的价格变动，及其对城乡居民实际生活支出的影响程度的重要测度，还是分析和研究居民实际收入状况、社会有效购买能力、经济紧缩或膨胀程度的重要依据，是剔除价格波动对国民经济指标数值扰动影响，揭示宏观经济长期走势的重要工具。具体作用有以下几个方面。

1. 反映居民生活消费品、服务项目价格变动趋势和程度

这是居民消费价格指数的基本功能。

2. 测定通货膨胀程度

通货膨胀率（inflation rate of currency）是反映通货膨胀程度，说明一定时期内商品价格变动幅度的主要测度，一般由居民消费价格指数计算。

$$通货膨胀率 = \frac{报告期居民消费价格指数 - 基期居民消费价格指数}{基期居民消费价格指数} \qquad (5.28)$$

3. 度量货币购买能力

货币购买能力指数（currency purchasing power index）是反映单位货币所购买商品或服务的数量变动程度的测度。货币购买能力指数与居民消费价格指数是反比关系。

$$货币购买能力指数 = \frac{1}{居民消费价格指数} \qquad (5.29)$$

4. 计算实际工资水平

居民的实际消费水平，不仅受到名义工资增减的影响，还要受到居民消费价格指数的制约。在名义工资一定时，居民消费价格指数的提高等价于减少了居民的实际收入总量，降低了居民的实际消费水平；反之，居民消费价格指数下降就等价于提高了居民的实际消费水平。所以，可以利用居民消费价格指数将居民的名义工资转换为实际工资，来反映居民的实际消费水平。

实际工资是将名义工资中的价格变动影响剔除了之后的真实工资水平。

$$实际工资 = \frac{名义工资}{居民消费价格指数} \qquad (5.30)$$

在更多的场合，使用具有广泛可比性的相对数——实际工资指数来度量实际工资与名义工资的差异程度，及其变动幅度。

实际工资指数（index of real wages）同时考虑了名义工资、居民消费价格两个因素综合变动对居民实际收入和生活水平的影响程度。

$$实际工资指数 = \frac{名义工资指数}{居民消费价格指数}$$
$$= 名义工资指数 \times 货币购买能力指数 \qquad (5.31)$$

5. 剔除价格变动影响

任何以货币单位为量纲的数据都不可避免地要受到价格水平波动的影响，当进行不同时间上的时间序列数据计算和分析时，需要使用居民消费价格指数来剔除不同时间上商品或服务单位价格变动的影响，这种方法称为缩减或平减，通过居民消费价格指数缩减，剔除了价格变动影响之后的数据，称为缩减数据或缩减指标。

$$缩减指标 = \frac{按现价计算的指标}{居民消费价格指数} \qquad (5.32)$$

5.5.2　商品零售价格指数

商品零售价格指数（retail price index）是反映一定时期内城乡商品零售价格变动趋势和程度的指数。

商品零售价格的变动直接影响城乡居民的生活支出和国家的财政收入，影响居民购买力和市场供需的平衡，影响消费与积累的比例关系。因此，借助该指数可以从一个侧面对上述经济活动进行观察和分析。

我国商品零售价格指数的编制主要有以下步骤。

1. 选择调查商店（农贸市场）

① 各市、县调查队在对当地零售企业、农贸市场的基本情况，包括经营品种、零售额等指标进行摸底调查的基础上，选择经营品种齐全、零售额大的中心市场、农贸市场作为价格调查点。

② 对于同一规格品，大城市选择 3～4 个价格调查点，小城市和县选择 2～3 个价格调查点。

2. 选择代表规格品

① 选定代表规格品的原则是价格变动趋势有代表性，零售量较大，规格品之间具有较强的异质性；生产和销售前景较好。选中的工业消费品必须是合格产品，产品包装上有注册商标、产地、规格等级等标识。

② 根据商品零售量大小及其结构分布，将编制商品零售价格指数的商品目录划分为225个基本分类。

③ 代表规格品一经确定，原则上一年内不能更改。如果失去代表性或其他缺价情况，可采用辅助调查点的价格或用其他有代表性的规格品变动幅度估算其价格。

3. 平均价格的计算

① 根据同日各调查点价格的简单算术平均计算代表规格品的调查日平均价格。

② 根据月内各调查日平均价格的简单算术平均计算代表规格品的月度平均价格；根据年内各月平均价格的简单算术平均计算代表规格品的年度平均价格。

4. 权数的计算

① 大类权数根据批发零售贸易统计中的相关资料和其他相关资料推算，小类及基本分类的权数可参考居民消费价格指数中的相关权数进行调整，并辅之以典型调查资料。

② 商品零售价格指数的编制权数，原则上在尾数为 0 和 5 的年份进行调整。

5. 价格指数的编制方法

① 采用简单算术平均方法，计算第 i 类商品的第 j 种代表规格品平均价格 $p_{i,j}$。

$$p_{i,j} = \frac{\sum_{h=1}^{n_{i,j}} p_{i,j,h}}{n_{i,j}} \qquad h = 1, 2, \cdots, n_{i,j} \tag{5.33}$$

式中，$p_{i,j,h}$ 为调查期第 i 类商品的第 j 种代表规格品的第 h 次调查的价格，$n_{i,j}$ 为调查期第 i 类商品的第 j 种代表规格品的调查总次数。

② 采用几何平均法，计算第 i 类商品第 t 月的环比分类指数 $k_{i,t}$。

$$k_{i,t} = \left(\prod_{j=1}^{n_i} \frac{p_{i,j,t}}{p_{i,j,t-1}} \right)^{\frac{1}{k_i}} \qquad j = 1, 2, \cdots, n_i \tag{5.34}$$

式中，t 表示调查期月份，$t-1$ 表示调查期上一期月份；n_i 表示第 i 类商品代表规格品的总数。

③ 采用环比指数连乘法，计算第 i 类商品的定基分类指数 I_i。

$$I_i = \prod_{t=1}^{T} k_t \tag{5.35}$$

式中，T 表示当期月份。

④ 采用固定权数的算术平均指数公式，逐级加权计算各级类指数及总指数。

5.5.3　工业品出厂价格指数

工业品出厂价格指数（ex-factory price index of industrial products）是反映一定时期内全部工业产品出厂价格总水平的变动趋势和程度的指数。

工业品出厂价格指数包括工业企业售给本企业以外所有单位的各种产品和直接售给居民用于生活消费的产品。该指数可以观察出厂价格变动对工业总产值及增加值的影响，及时、准确、科学地反映全国及各地区的各工业行业产品价格水平和各种工业产品价格的变动趋势及幅度，为国民经济核算、测算工业发展速度、宏观经济分析和调控、理顺价格体系，提供科学、准确的依据。

我国工业品出厂价格指数的编制主要有以下步骤。

1. 选择代表产品

编制工业品价格指数是以代表产品的价格变动来反映全部产品的价格变化趋势和变动幅度。我国编制工业品出厂价格指数选用了 1 386 种产品（2 995 个规格），代表产品所代表的行业销售额超过当年全国工业品销售总额的 70%，具有较好的代表性。

2. 权数的确定

权数是衡量每种产品重要性的指标。由于每种产品在工业经济中的作用大小不同，其价格变动对全部工业品价格指数的影响程度也有所不同。为合理反映价格变化的平均趋势，工业品价格指数是根据每种代表产品的价格指数加权平均计算而得出的。所以，在计算工业品价格指数时，要科学、合理地确定权数。

编制工业品出厂价格指数所用的权数，用工业品销售额计算；编制原材料、燃料、动力购进价格指数所用的权数，用工业部门各种物资消耗额计算。与国外通行的做法一样，权数一般 5 年更换一次，在 5 年期间，若出现产品更新换代快，以致影响权数代表性的情况时，可进行合理修正。计算资料来源于工业普查数据，若近期没有工业普查数据时，可以用工业统计资料和部门统计资料来推算。

3. 工业品出厂价格指数的计算

① 采用几何平均法，计算第 i 种代表产品的第 j 种规格品的价格指数 $k_{i,j}$。

$$k_{i,j} = \left(\prod_{h=1}^{n_{i,j}} k_{i,j,h} \right)^{\frac{1}{n_{i,j}}} \qquad h = 1, 2, \cdots, n_{i,j} \qquad (5.36)$$

式中，$k_{i,j,h}$ 为第 h 个企业的第 i 种代表产品的第 j 种规格品价格指数，各个企业的规格品价格指数是用本企业该规格品报告期单价除以基期单价的个体指数；$n_{i,j}$ 为调查期第 i 种代表产品的第 j 种规格品的调查总次数。

② 采用简单算术平均法，计算第 i 种代表产品的价格指数 k_i。

代表产品的价格指数 k_i，是采用简单算术平均法计算的其规格品价格指数的均值。采用简单算术平均方法是因为代表规格品的生产经常发生变化，权数资料几乎无法取得，权重无法确定。

$$k_i = \frac{\sum_{j=1}^{N_i} k_{i,j}}{n_i} \qquad j = 1, 2, \cdots, n_i \qquad (5.37)$$

式中，n_i 为第 i 种代表产品所调查的规格品的数量。

③ 采用加权算术平均指数方法，计算工业品出厂价格总指数 I。

工业品出厂价格总指数由代表产品出厂价格指数的加权算术平均求得。

$$I = \frac{\sum k_i W_i}{\sum W_i} \tag{5.38}$$

式中，W_i 为第 i 个代表产品的权数。

5.5.4 股票价格指数

股票价格指数（stock price index）是综合反映某一股票市场股票价格变动的总指数，一般也简称为股价指数。

股票价格指数是国民经济运行的重要先行指标，故有经济风向标之称。股票价格指数有用某一股票市场所有股票价格计算的总指数，如上证综合指数、深证综合指数；也有选取部分样本股计算的总指数，如上证 180 指数、深证成份指数等。中证水利指数（CS 水利）选取了沪深两市与水利工程、水电、水务、节水灌溉、污水治理等水利相关的代表性公司为样本，以 2012 年 6 月 29 日为基日，以 1 000 点为基点，采用自由流通市值加权方式，反映水利相关上市公司证券的整体表现。从指数持仓来看，中证水利指数十大权重股分别为：中国电建（10.29%）、长江电力（9.76%）、川投能源（8.62%）、国投电力（8.49%）、中国能建（7.91%）、华能水电（4.72%）、首创环保（3.77%）、兴蓉环境（2.92%）、碧水源（2.8%）、南网储能（2.6%）。

由于股票交易均在计算机交易平台上进行，具有数据采集简便、信息充分及时、处理快捷准确的特点，股票价格指数大多采用综合指数形式计算。

Excel 应用

指数体系分析的应用

例 5.6 某企业生产 A、B、C 三种产品，本年度和上年度的产量与单位成本数据如表 5.7 所示。

表 5.7 某企业生产 A、B、C 三种产品产量与单位成本情况

产品	计量单位	产量		单位成本/元	
		上年度 Q_0	本年度 Q_1	上年度 P_0	本年度 P_1
A	吨	100	120	1 500	1 300
B	件	1 000	1 200	1 000	1 050
C	台	800	850	750	680
合计	—	—	—	—	—

要求 运用指数体系方法，分析该企业生产总成本变动情况，以及产品产量和单位成本变动对总成本变动的影响。

解　第一步，计算出上年度、本年度和假定的三项总成本数值 $\sum P_0 Q_0$，$\sum P_1 Q_1$ 和 $\sum P_0 Q_1$，为指数体系分析做好准备。

首先，在 A 产品上年度总成本的单元格中，写入计算公式"＝D6＊F6/10 000"，D6 为 A 产品上年度产量 100 吨数值所在单元格，F6 是 A 产品上年度单位成本 1 500 元数值所在单元格，除以 10 000 是为了将总成本的量纲转换为"万元"。A 产品上年度总成本为 15 万元，见图 5.1。

H6	▼	=	=D6*F6/10000						
	B	C	D	E	F	G	H	I	J
2	表5.11　某企业生产A、B、C三种产品产量与单位成本情况								
3		计量	产量		单位成本 /元		总成本 /万元		
4		单位	上年度	本年度	上年度	本年度	上年度	本年度	假定
5	产品		Q_0	Q_1	P_0	P_1	$Q_0 P_0$	$Q_1 P_1$	$Q_1 P_0$
6	A	吨	100	120	1500	1300	15		
7	B	件	1000	1200	1000	1050			
8	C	台	800	850	750	680			
9	合计	—	—	—	—	—			

图 5.1　计算总成本数值

其次，可以采用拖动填充柄复制公式的方法，计算该企业三种产品上年度和本年度总成本数值，以及这三种产品假定的总成本数值和三项总成本数值的合计数值。

第二步，进行指数体系分析。

① 计算总成本指数及其总成本变动的绝对差额，有

$$I_{QP} = \frac{\sum P_1 Q_1}{\sum P_0 Q_0} = \frac{199.40}{175.00} = 113.94\%$$

$$\sum P_1 Q_1 - \sum P_0 Q_0 = 199.40 - 175.00 = 24.40（万元）$$

该企业总成本本年度比上年度增长了 13.94%，共计 24.4 万元。

② 计算产量指数及其产量变动对总成本影响的绝对差额，为

$$I_Q = \frac{\sum P_0 Q_1}{\sum P_0 Q_0} = \frac{201.75}{175.00} = 115.29\%$$

$$\sum P_0 Q_1 - \sum P_0 Q_0 = 201.75 - 175.00 = 26.75（万元）$$

该企业的产品产量本年度比上年度增长了 15.29%，使总成本增加了 26.75 万元。

③ 计算单位成本指数及其产量变动对总成本影响的绝对差额，为

$$I_P = \frac{\sum P_1 Q_1}{\sum P_0 Q_1} = \frac{199.40}{201.75} = 98.84\%$$

$$\sum P_1 Q_1 - \sum P_0 Q_1 = 199.40 - 201.75 = -2.35（万元）$$

该企业的单位成本本年度比上年度下降了 1.16%，使总成本减少了 2.35 万元。

④ 综合分析

$$I_{QP} = I_Q I_P = 115.29\% \times 98.84\% = 113.94\%$$

$$\sum P_1 Q_1 - \sum P_0 Q_0 = \left(\sum P_0 Q_1 - \sum P_0 Q_0\right) + \left(\sum P_1 Q_1 - \sum P_0 Q_1\right)$$
$$= 26.75 - 2.35 = 24.40(万元)$$

该企业总成本本年度比上年度增长了 13.94%，共计 24.4 万元。其中，由于该企业的产品产量本年度比上年度增长了 15.29%，使总成本增加了 26.75 万元；该企业的单位成本本年度比上年度下降了 1.16%，使总成本减少了 2.35 万元，见图 5.2。

某企业生产A、B、C三种产品产量与单位成本情况

产品	计量单位	产量 上年度 Q_0	产量 本年度 Q_1	单位成本/元 上年度 P_0	单位成本/元 本年度 P_1	总成本/万元 上年度 $Q_0 P_0$	总成本/万元 本年度 $Q_1 P_1$	总成本/万元 假定 $Q_1 P_0$
A	吨	100	120	1500	1300	15.00	15.60	18.00
B	件	1000	1200	1000	1050	100.00	126.00	120.00
C	台	800	850	750	680	60.00	57.80	63.75
合计	—	—	—	—	—	175.00	199.40	201.75

	相对数	绝对数
总成本指数:	113.94	24.40
产量指数:	115.29	26.75
单位成本指数:	98.84	-2.35
综合:	113.94	24.40

图 5.2 指数体系分析

思考与练习

1. 什么是指数？它分为哪几类？
2. 拉氏指数和帕氏指数各有什么特点？
3. 权数因素在指数中有什么作用？
4. 综合指数与平均指数的联系和区别各是什么？
5. 指数体系分析有什么特点？
6. 我国商品零售价格指数和工业品出厂价格指数的编制方法如何？
7. 如何应用居民消费价格指数分析经济问题？
8. 某企业生产费用情况如表 5.8 所示。

表 5.8 某企业生产费用情况

产品	单位成本/元 上年	单位成本/元 本年	产量/万台 上年	产量/万台 本年
甲产品	100	98	12	15
乙产品	82	81	2	3
丙产品	94	90	9	11
合 计	—	—	23	29

要求：采用指数体系分析方法，计算生产总成本指数、产量指数和单位成本指数，结合绝对数，对该企业生产总成本变动情况进行综合分析。

9. 某集团设有下属纯净水生产企业、食品加工企业和养老机构，分别按特种用水、非居民用水和执行居民生活用水价格的非居民用水缴纳水费，所在城市执行新的水价政策，三

种水价的个体价格指数和该集团报告期水费数据如表 5.9 所示。

表 5.9 三种水价的个体价格指数和该集团的报告期水费

类别	个体价格指数 /%	报告期水费 /元
纯净水生产企业	157.29	31 000
食品加工企业	117.54	27 000
养老机构	113.48	32 000
合 计	—	90 000

要求：采用平均指数公式，计算该集团三家企业/机构的水价总指数。

10. 某公司今年与去年相比，总销售额增长了 10%，商品销售量增长了 15%，该公司销售的商品单价有何变动？

11. 某企业基期和报告期技师工资情况如表 5.10 所示。

表 5.10 某企业基期和报告期技师工资情况

按技术级别分组	基期		报告期	
	人数/人	平均工资/元	人数/人	平均工资/元
高级技师	45	6 000	50	6 800
中级技师	120	5 000	180	5 400
初级技师	40	3 000	135	3 700

要求：采用指数体系分析方法，计算总平均工资指数、组平均工资指数和人员结构指数，结合绝对数，对该企业技师工资水平变动情况进行综合分析。

12. 某地区今年居民消费价格指数为 109.89%，该地区当年的货币购买能力如何变动？请计算该地区当年的货币购买能力指数。

自测题

自测题答案

人 物 小 传

费希尔（Ronald Aylmer Fisher）

费希尔（1890—1962）是英国统计学家和遗传学家。1890 年 2 月 17 日生于伦敦，1962 年 7 月 29 日在澳大利亚阿德莱德去世。

费希尔 1912 年毕业于剑桥大学数学系，1918 年任罗坦斯泰德农业试验站统计试验室主任，1933 年因为在生物统计和遗传学研究方面成绩卓著而被聘为伦敦大学优生学教授，1943 年任剑桥大学遗传学教授。1959 年之后去澳大利亚，一直在澳大利亚联邦科学和工业研究组织的数学统计部从事研究工作。

费希尔对于统计学最重要的贡献是提出了 F 分布理论和方差分析方法。费希尔论证了方差分析的原理和方法，并身体力行地将 t 检验和 F 检验方法及方差分析方法推广到各类试验设计之中，完善了统计学知识体系，推动了统计科学方法的应用与普及。

此外，费希尔首先提出了最大似然估计方法，论述了自由度在统计假设检查中的重要性，阐明了许多重要的抽样分布，做出了杰出贡献，如在 t 分布函数的数学推导等方面。

第6章

抽样分布与参数估计

▌思政目标

　　统计推断是科学研究、社会调查中的重要方法，帮助我们在复杂社会经济现象中找到规律，提高分析问题和解决问题的能力。需要我们培养严谨的思维方式，尊重数据的随机性和多样性。结合我国统计学家在抽样和参数估计中的贡献，我们要树立实事求是、追求科学真理的精神，增强对祖国统计事业和社会发展的责任感。

▌学习目标

　　通过本章的学习，重点掌握正态分布、t分布、χ^2分布和F分布，总体参数的点估计和区间估计，点估计的一致性、无偏性和有效性，以及不同条件下的区间估计方法；理解总体分布、样本分布和抽样分布的概念、特点和联系，点估计的矩估计法和最大似然法，点估计量的一致性、无偏性和有效性，区间估计中置信区间和置信水平的联系；了解大数定律和中心极限定理在推断统计中的地位和意义。

　　抽样和参数估计是通过样本信息推断总体数量特征的方法和过程，是推断统计的重要内容。对抽样分布的正确认识是有效地进行抽样和参数估计的基础。

6.1 抽 样 分 布

6.1.1 总体、个体和样本

　　总体（population）是指所研究的事物及其现象的全体，由该事物及其现象的全部个体组成。

　　个体（item unit）是指构成总体的元素。

　　总体容量（population size）是指构成总体的全部个体的数量。

　　例如：当研究某一企业职工收入情况时，该企业全体职工的收入状况就是所研究的总体，每一个职工的收入状况就是个体，而该企业所有职工个人收入状况数据的个数就构成了总体容量。

　　样本（sample）是指从总体中抽取的若干个体构成的集合。

抽样（sampling）是指按照一定的抽样方法和抽样设计，从总体中抽取若干个体的过程。

样本容量（sample size）是指构成样本的全部个体的数量。

例如：在研究某一企业职工收入状况时，采用抽样调查的方法从该企业职工收入状况总体中，抽取 100 个数据，推断总体参数。该 100 个职工个人收入状况数据的集合就构成了一个关于该企业职工收入状况的样本，并且样本容量为 100。

参数估计是用样本统计量去估计总体参数。例如：用样本均值估计总体均值，用样本方差估计总体方差，用样本比例估计总体比例，等等。样本统计量是样本的函数。

❖ **讨论题**　请用经济管理中的实例，解释上述的总体、个体和样本等概念。

6.1.2　大数定律和中心极限定理

1. 大数定律（law of large numbers）

在对客观事物及其现象进行观测或试验中，随着观测或试验的次数增多，事件发生的频率逐渐趋于某个常数，这种在大量观测或实验条件下呈现出来的稳定性就是大数定律的客观背景。雅各布•伯努利（Jacob Bernoulli，1654—1705）于 1713 年首先提出被后人称为"大数定律"的极限定理，他是第一个研究这一问题的数学家。

（1）伯努利定理（Bernoulli theorem）

设 n_A 是在 n 次独立试验中事件 A 发生的次数，即事件 A 发生的频数；P 表示事件 A 在每次试验中发生的概率，则对于任意正数 ε 有

$$\lim_{n\to\infty}P\left\{\left|\frac{n_A}{n}-P\right|<\varepsilon\right\}=1 \tag{6.1}$$

伯努利定理表明事件发生的频率 n_A/n 依概率收敛于事件发生的概率 P，从而以严格的数学形式表述了频率的稳定性特征，即当 n 趋于无穷大时，事件发生的频率与概率之间出现较大偏差的可能性很小。由此，在大样本场合，可以用事件发生的频率来替代事件的概率。

（2）车比雪夫定理（Chebyshev theorem）

设随机变量 X_1，X_2，…，X_n，…相互独立，且具有相同并有限的数学期望和方差，若前 n 个随机变量的均值 $\bar{x}=\dfrac{1}{n}\sum_{i=1}^{n}X_i$，则对于任意正数 ε 有

$$\lim_{n\to\infty}P\{|\bar{x}-\mu|<\varepsilon\}=\lim_{n\to\infty}P\left\{\left|\frac{1}{n}\sum_{i=1}^{n}X_i-\mu\right|<\varepsilon\right\}=1 \tag{6.2}$$

称序列 X_1，X_2，…，X_n，…依概率收敛于总体均值 μ，即对于任意正数 ε，当 n 趋于无穷大时，n 个随机变量的均值趋于总体均值 μ。

2. 中心极限定理（central limit theorem）

在客观现实中，随机变量大多是由大量相互独立的随机因素的综合影响而形成的，任何一个因素在总影响中的作用都是微小的，这种随机变量往往近似地服从正态分布，这是中心极限定理的客观背景。

中心极限定理反映了随机变量近似地服从正态分布的特征，是大样本推断的理论基础。例如：在大样本场合下推断总体均值时，样本中每一数值对样本均值的影响都较小，因此不

论随机变量本身服从什么分布，均可认为样本均值近似服从正态分布。以下介绍的独立同分布的中心极限定理是应用最多的一种中心极限定理。

设随机变量 X_1，X_2，$\cdots$，X_n，$\cdots$相互独立，服从同一分布，且具有相同并有限的数学期望和方差，随机变量 $Y_n = \dfrac{\sum\limits_{i=1}^{n} X_k - n\mu}{\sqrt{n}\ \sigma}$ 的分布函数 $F_n(y)$ 对于任意 y，满足

$$\lim_{n\to\infty} F_n(y) = \lim_{n\to\infty} P\left\{ \frac{\sum\limits_{i=1}^{n} X_k - n\mu}{\sqrt{n}\ \sigma} \leqslant y \right\} = \int_{-\infty}^{y} \frac{1}{\sqrt{2\pi}} e^{-\frac{t^2}{2}} dt \tag{6.3}$$

❖ 讨论题　大数定律和中心极限定理对于参数估计的意义。

6.1.3　三种分布

总体是客观存在的事实，总体参数是确定的常数，推断统计是借助样本信息计算样本统计量来推断总体参数。而样本统计量是样本的函数，完全依赖于样本数据，不同的样本数据会计算得到不同的统计量数值。按照一定的抽样方法随机抽取的样本，所包含的个体是随机的，由此随机样本确定的统计量，如样本均值、样本方差和样本比例等也是随机变量。学习统计推断方法，必须先了解总体分布、样本分布和抽样分布的特征及其相互联系。

1. 总体分布

总体分布（population distribution）是指由客观存在的、构成总体的个体所形成的频数分布及其相关的参数数值。例如：当研究某一企业职工收入状况时，该企业全体职工收入状况的频数分布，以及反映该企业全体职工收入状况的均值、方差、偏态系数和峰度系数，从不同角度综合描述了这一总体的分布特征。

2. 样本分布

样本分布（sample distribution）是指由构成样本的个体所形成的频数分布，以及计算出来的相关统计量。

样本中的个体都是来自总体，具有总体的相关信息和基本特征，样本分布是总体分布的一个缩影。当样本容量 n 充分大时，样本分布趋近于总体分布。

在现实生活中，我们往往是通过对构成总体的部分个体进行观察，即通过样本数据计算的统计量，如样本均值、样本方差、样本偏态系数和样本峰度系数，以及样本的频数分布来推断总体参数，用样本分布来估计总体分布。样本分布反映的是某一个具体样本中的个体数量特征。由于样本是随机抽取的，每一次抽取的样本中的个体不尽相同，每一个具体的样本分布也会与对应的总体分布存在或大或小的偏误。

例如：从某企业抽取 100 个职工个人的收入状况数据，来研究某一企业职工收入情况时，就是根据这 100 个职工个人的收入状况数据计算的频数分布、均值和方差等统计量，来推断该企业职工收入的真实情况。由于企业职工收入情况是客观的，而每次抽取的 100 个职工个人的收入状况数据都是随机的，样本统计量与该企业职工客观的收入状况之间总会存在着或大或小的偏误。在利用样本数据反映总体状态时，需要了解样本统计值与总体参数真值的误差状态，希望确定这一误差是以多大的概率落在某一区间范围内，或在一定的概率保证

下这一误差的区间有多大。

研究样本分布与客观的总体分布之间的误差，需要借助抽样分布的概念。

3. 抽样分布

抽样分布（sampling distribution）是指从同分布总体中，独立抽取相同样本容量的样本统计量的概率分布。因此，抽样分布是样本分布的概率分布，抽样分布是抽样理论的研究对象。

抽样分布反映了依据样本计算出来的统计量数值的概率分布，这是科学地进行统计推断的基础。例如：在大样本场合，由中心极限定理可知，样本均值趋于正态分布，当运用所抽取的 100 个职工个人的收入状况数据计算的样本均值推断总体均值时，就可以按照正态分布计算出样本均值偏离总体均值 10 元、20 元，或者偏离总体均值 1%，3%，5%的可能性是多大。或者说，总体真值依某一具体的概率水平落在某个确定的取值区间内，因而可以在此基础上，通过合理地确定样本容量，来实现对抽样误差的有效控制。

❖ **讨论题** 为什么说抽样分布是抽样理论研究的对象？解释三种分布之间的区别和联系。

6.1.4 样本均值的抽样分布

1. 正态总体、总体方差 σ^2 已知，或非正态总体、大样本

在反复抽取容量相同的独立同分布样本条件下，所得到样本均值的概率分布称为样本均值的抽样分布。用 $\bar{x}$ 表示样本均值，计算公式为

$$\bar{x} = \frac{\sum_{i=1}^{n} X_i}{n} \quad i = 1, 2, \cdots, n \tag{6.4}$$

式中，n 为样本容量。当总体服从正态分布且总体方差 σ^2 已知时，或者总体不是正态分布但为大样本（通常要求 $n > 30$）时，样本均值 $\bar{x}$ 的抽样分布均为正态分布，其数学期望为总体均值 μ，方差为 σ^2/n，即 $\bar{x} \sim N(\mu, \sigma^2/n)$。从平均的观点来看，用样本均值估计总体均值 μ 不存在偏差，即具有无偏性；样本均值的方差为 σ^2/n，表明只要总体方差 σ^2 是有限的，那么随着样本容量 n 的增大，样本均值的方差 σ^2/n 相应减小，用样本均值 $\bar{x}$ 估计总体均值 μ 的误差也相应减小。同时，可以由总体方差 σ^2 和样本容量 n 精确地计算出这一样本均值的方差 σ^2/n，用以度量使用样本均值 $\bar{x}$ 估计总体均值 μ 的误差。

当总体服从正态分布且总体方差 σ^2 已知时，或者总体不是正态分布但为大样本（通常要求 $n > 30$）时，样本均值 $\bar{x}$ 经过标准化后的随机变量服从标准正态分布，即

$$Z = \frac{\bar{x} - \mu}{\sigma/\sqrt{n}} \sim N(0,1) \tag{6.5}$$

在大样本场合，当总体方差 σ^2 未知时，可用样本方差 s^2 来代替，这时，有

$$Z = \frac{\bar{x} - \mu}{s/\sqrt{n}} \sim N(0,1) \tag{6.6}$$

标准正态分布的概率和累积概率数值可以通过查阅标准正态分布数值表，或借助 Excel 的 NORMDIST 函数获得。

例 6.1　假定某一企业职工收入服从正态分布，从该企业随机抽取了 16 个职工个人的收入状况数据构成样本，以此推断该企业职工的平均月收入。

要求　若该企业职工平均月收入的总体均值 μ 为 2 000 元，总体标准差为 σ 为 250 元，试计算样本均值不小于 1 950 元的概率。

解　由于企业职工收入服从正态分布，且总体标准差已知，样本均值 $\bar{x}$ 服从数学期望为 μ、方差为 σ^2/n 的正态分布，可知本例的样本均值 $\bar{x}$ 服从数学期望为 2 000 元、标准差为 $\sigma/\sqrt{n} = 250/\sqrt{16} = 62.5$ 元的正态分布，即 $\bar{x} \sim N(2\,000, 62.5^2)$。代入正态分布概率计算公式，得

$$P(\bar{x} \geqslant 1\,950) = P\left(\frac{\bar{x} - 2\,000}{250/\sqrt{16}} \geqslant \frac{1\,950 - 2\,000}{250/\sqrt{16}}\right) = P\left(Z \geqslant \frac{-50}{62.5}\right)$$

$$= P(Z \geqslant -0.8) = 1 - P(Z < -0.8)$$

$$= 0.7881$$

即样本均值不小于 1 950 元的概率为 78.81%。

例 6.2　若某一企业职工收入的分布未知，从该企业随机抽取 100 个职工个人的收入状况数据构成样本，以此推断该企业职工的平均月收入。

要求　若该企业职工平均月收入的总体均值 μ 为 2 000 元，总体标准差为 σ 为 250 元，试计算样本均值不小于 1 950 元的概率。

解　根据中心极限定理，在大样本条件下，样本均值 $\bar{x}$ 服从数学期望为 μ、方差为 σ^2/n 的正态分布，可知本例的样本均值 $\bar{x}$ 服从数学期望为 2 000 元、标准差为 $\sigma/\sqrt{n} = 250/\sqrt{100} = 25$ 元的正态分布，即 $\bar{x} \sim N(2\,000, 25^2)$。代入正态分布概率计算公式，得

$$P(\bar{x} \geqslant 1\,950) = 1 - P(\bar{x} < 1\,950) = 1 - P\left(\frac{\bar{x} - 2\,000}{25} \geqslant \frac{1\,950 - 2\,000}{25}\right)$$

$$= 1 - P\left(Z < \frac{-50}{25}\right) = 1 - P(Z < -2) = P(Z \geqslant -2)$$

$$= 0.977\,3$$

即样本均值不小于 1 950 元的概率为 97.73%。

2. 正态总体、总体方差 σ^2 未知、小样本

若总体服从正态分布，且总体方差 σ^2 已知，则不论样本量如何，样本均值 $\bar{x}$ 均服从正态分布。但是，如果总体方差 σ^2 未知，在小样本场合，则需要用样本方差 s^2 代替总体方差 σ^2，这时，样本均值经过标准化以后的随机变量服从于自由度为 $n-1$ 的 t 分布。统计学家戈斯特（W. S. Gosset 1876—1936）在 1908 年以 Student 的笔名发表的一篇论文中，首次提出了 t 分布，因此这一小样本分布被称为 Student 分布，简称为 t 分布。戈斯特早年毕业于牛津大学，随后又到剑桥大学向卡尔·皮尔逊（Karl Pearson）学习统计学。戈斯特提出的 t 分布开创了统计学小样本理论和应用研究的先河。

设 $X_1, X_2, \cdots, X_n, \cdots$ 为来自正态分布总体 $N(\mu, \sigma^2)$ 的样本，并有样本均值 $\bar{x} = \frac{1}{n}\sum_{i=1}^{n} X_i$ 和样本方差 $s^2 = \frac{1}{n-1}\sum_{i=1}^{n}(X_i - \bar{x})^2$，称

$$T = \frac{\bar{x} - \mu}{s/\sqrt{n}} \tag{6.7}$$

为 T 统计量，服从于自由度为 $n-1$ 的 t 分布。

与正态分布比较，t 分布的形态也是左右对称的钟形图形，不同之处在于 t 分布曲线较正态分布顶部略低而尾部稍高，且会受到自由度的约束，自由度越小，t 分布曲线顶部愈低，尾部愈高。随着自由度的增大，t 分布的形态趋于正态分布。特别地，当 $n \to \infty$ 时，t 分布等价于正态分布，即正态分布是 t 分布的极限分布。t 分布的概率值可以通过查阅 t 分布临界值表，或者利用 Excel 的 TDIST 函数计算获得。由于 t 分布为对称分布，可以利用 $P(T < -X) = 1 - P(T \geqslant X)$ 的关系间接地计算。

例 6.3　假定某一企业职工收入服从正态分布，从该企业随机抽取了 16 个职工个人的收入状况数据构成样本，以此推断该企业职工的平均月收入。

要求　若该企业职工平均月收入的总体均值 μ 为 2 000 元，样本标准差为 250 元，试计算样本均值不小于 1 950 元的概率。

解　由于企业职工收入服从正态分布，总体方差未知，且样本容量 n 小于 30，样本均值 $\bar{x}$ 服从于自由度为 $n-1$ 的 t 分布，可知本例的样本均值 $\bar{x}$ 经过标准化后的随机变量 T 服从自由度为 15 的 t 分布。代入 t 分布概率计算公式，得

$$P(\bar{x} \geqslant 1\,950) = P\left(\frac{\bar{x} - 2\,000}{250/\sqrt{16}} \geqslant \frac{1\,950 - 2\,000}{250/\sqrt{16}}\right) = P\left(T \geqslant \frac{-50}{62.5}\right)$$

$$= P(T \geqslant -0.8) = 0.781\,9$$

即样本均值不小于 1 950 元的概率为 78.19%。

❖ **讨论题**　运用例 6.1～例 6.3 中的有关数据，计算在样本容量分别为 10，150 和 200 情况下，使用正态分布和 t 分布计算样本均值不小于 1 950 元的概率，并加以分析。

6.1.5　样本方差的抽样分布

在反复抽取容量相同的独立同分布样本条件下，所得到的样本方差的概率分布称为样本方差的抽样分布。样本方差抽样分布比较复杂，依据其变量的分布不同而不同。这里，仅就总体服从正态分布时的样本方差抽样分布进行讨论。

在服从正态分布 $X \sim N(\mu, \sigma^2)$ 的同分布总体中，抽取容量为 n 的样本，其样本方差与总体方差的比值服从于自由度为 $n-1$ 的 χ^2 分布。即

$$\frac{\sum_{i=1}^{n}(X_i - \bar{x})^2}{\sigma^2} = \frac{(n-1)s^2}{\sigma^2} \sim \chi^2(n-1) \tag{6.8}$$

阿贝（Abbe）于 1863 年首先提出 χ^2 分布，随后海尔墨特（Hermert）于 1875 年，皮尔逊（Karl Pearson）于 1900 年也分别独立地推导出了 χ^2 分布。

χ^2 分布仅在第一象限取值，所以 χ^2 分布的取值永远为正数。χ^2 分布一般为右偏态，具体偏倚形态取决于其自由度的大小，自由度越小，偏倚程度越大；自由度越大，偏倚程度越小。随着自由度的增大，χ^2 分布的形态趋于对称，当 $n \to \infty$ 时，χ^2 分布趋于正态分布，即正态分布是 χ^2 分布的极限分布。χ^2 分布的性质和特点可参见图 6.1。χ^2 分布的临界值可以通过查阅 χ^2 分布临界值表或者利用 Excel 的 CHIDIST 函数计算获得。

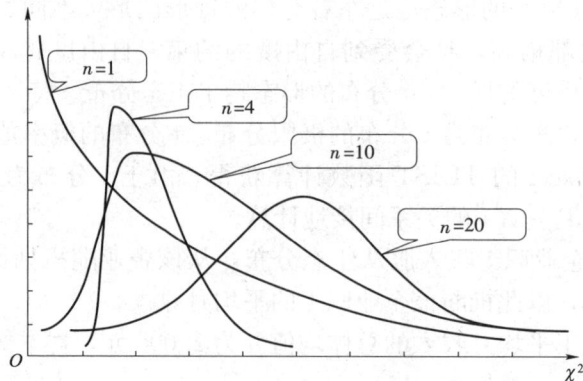

图 6.1 χ^2 分布示意图

6.1.6 样本比例的抽样分布

在经济管理中，经常要用样本比例 p 来推断总体比例 π。所谓总体比例 π，是指总体中具有某一属性的单位数 N_0 与总体全部单位数 N 的比例，即 $\pi = N_0/N$；样本比例 p 则是样本中具有某一属性的单位数 n_0 与样本容量 n 的比例，即 $p = n_0/n$。总体中不具有该属性的单位数 $N_1 = N - N_0$ 与总体全部单位数 N 的比例 $N_1/N = 1 - \pi$；样本中不具有该属性的单位数 n_1 与样本容量 n 的比例 $n_1/n = 1 - p$。

样本比例的抽样分布即为在服从二项分布的总体中，重复抽取样本容量为 n 的样本时，由样本比例 p 的所有可能取值形成的相对频数分布。

样本比例 p 的抽样分布就是样本比例 p 的所有可能取值的概率分布。在大样本场合，样本比例 p 的抽样分布渐进地趋于正态分布。一般来说，在 $np \geqslant 5$ 和 $n(1-p) \geqslant 5$ 时，可以认为样本比例 p 的抽样分布渐进地趋于正态分布。这时有样本比例 p 的数学期望 $E(p)$ 等于总体比例 π，即

$$E(p) = \pi \tag{6.9}$$

样本比例 p 的方差为

$$\sigma_p^2 = \frac{\pi(1-\pi)}{n} \tag{6.10}$$

即在大样本下，样本比例 p 渐进地服从于 $N\left(\pi, \frac{\pi(1-\pi)}{n}\right)$。

6.1.7 两个总体样本统计量的抽样分布

在实际分析中，常常需要通过取自两个总体的样本，来研究两个总体之间的差异，如比

较分析来自两个总体的样本均值之差、样本方差的比值和样本比例之差。因此，需要研究两个样本统计量的抽样分布。

1. 两个样本均值之差的抽样分布

两个总体中，在各自独立地重复抽取样本容量分别为 n_1 和 n_2 的独立同分布样本条件下，所得到的两个样本均值之差 $\bar{x}_1 - \bar{x}_2$ 的概率分布称为两个样本均值之差的抽样分布。若两个总体均为正态分布且总体方差已知，或两个总体不服从正态分布但两个样本均为大样本（$n_1 \geqslant 30$ 和 $n_2 \geqslant 30$），则两个样本均值之差 $\bar{x}_1 - \bar{x}_2$ 的期望为两个总体均值之差，即

$$E(\bar{x}_1 - \bar{x}_2) = \mu_1 - \mu_2 \tag{6.11}$$

方差 $D(\bar{x}_1 - \bar{x}_2)$ 为这两个样本均值的方差之和，即

$$D(\bar{x}_1 - \bar{x}_2) = \frac{\sigma_1^2}{n_1} + \frac{\sigma_2^2}{n_2} \tag{6.12}$$

因此，两个样本均值之差 $\bar{x}_1 - \bar{x}_2$ 的抽样分布为

$$(\bar{x}_1 - \bar{x}_2) \sim N\left(\mu_1 - \mu_2, \frac{\sigma_1^2}{n_1} + \frac{\sigma_2^2}{n_2}\right) \tag{6.13}$$

在两个样本均为大样本的情况下，当两个总体方差 σ_1^2 和 σ_2^2 未知时，可用两个样本方差 s_1^2 和 s_2^2 来代替。这时，两个样本均值之差的抽样分布为

$$(\bar{x} - \bar{x}_2) \sim N\left(\mu_1 - \mu_2, \frac{s_1^2}{n_1} + \frac{s_2^2}{n_2}\right) \tag{6.14}$$

在两个样本均为小样本的情况下，当两个总体方差 σ_1^2 和 σ_2^2 未知时，有以下两种情况。

① 当两个总体方差 σ_1^2 和 σ_2^2 相等时，即 $\sigma_1^2 = \sigma_2^2$，需要将两个样本的数据组合在一起，以给出总体方差的合并估计量 $s_{1,2}^2$，计算公式为

$$s_{1,2}^2 = \frac{(n_1-1)s_1^2 + (n_2-1)s_2^2}{n_1 + n_2 - 2} \tag{6.15}$$

两个样本均值之差 $\bar{x}_1 - \bar{x}_2$ 经过标准化后的随机变量 T 服从自由度为 $n_1 + n_2 - 2$ 的 t 分布，即

$$T = \frac{(\bar{x} - \bar{x}_2) - (\mu_1 - \mu_2)}{S_{1,2}\sqrt{\dfrac{1}{n_1} + \dfrac{1}{n_2}}} \sim t(n_1 + n_2 - 2) \tag{6.16}$$

② 当两个总体方差 σ_1^2 和 σ_2^2 不相等时，即 $\sigma_1^2 \neq \sigma_2^2$，两个样本均值之差 $\bar{x}_1 - \bar{x}_2$ 经过标准化后的随机变量 T 服从自由度为 v 的 t 分布，即

$$T = \frac{(\bar{x} - \bar{x}_2) - (\mu_1 - \mu_2)}{\sqrt{\dfrac{s_1^2}{n_1} + \dfrac{s_2^2}{n_2}}} \sim t(v) \tag{6.17}$$

其中，自由度 v 的计算公式为

$$v = \frac{\left(\dfrac{s_1^2}{n_1} + \dfrac{s_2^2}{n_2}\right)^2}{\dfrac{(s_1^2/n_1)^2}{n_1-1} + \dfrac{(s_2^2/n_2)^2}{n_2-1}} \tag{6.18}$$

2. 两个样本方差比值的抽样分布

在两个正态总体中，各自独立地重复抽取样本容量分别为 n_1 和 n_2 的独立同分布样本条件下，所得到的两个样本方差比值 s_1^2/s_2^2 的概率分布称为两个样本方差比值的抽样分布。两

个样本方差比值 s_1^2/s_2^2 的抽样分布服从 F 分布。

F 分布是一个重要的概率分布，在方差分析、回归分析等场合均需要使用这一分布。1924 年著名统计学家费希尔（R. A. Fisher）首先提出 $\ln\sqrt{\xi}$ 形式的 F 分布。1934 年斯内德克（G. W. Snedecor）直接确定了 ξ 的分布，并以费希尔姓名中的第一个字母命名了这一分布，即 F 分布。

F 分布在形式上为两个相互独立的 χ^2 分布除以各自自由度的比值。由式（6.8）可以给出两个样本方差 s_1^2 和 s_2^2 的 χ^2 分布，将这两个样本方差的 χ^2 分布分别除以各自自由度 n_1-1 和 n_2-1，再计算出二者的比值，即得到服从第一自由度为 n_1-1，第二自由度为 n_2-1 的 F 统计量。

$$\frac{(n_1-1)s_1^2}{\sigma_1^2(n_1-1)}\Big/\frac{(n_2-1)s_2^2}{\sigma_2^2(n_2-1)}=\frac{s_1^2}{s_2^2}\frac{\sigma_2^2}{\sigma_1^2}\sim F(n_1-1,\ n_2-1) \tag{6.19}$$

3. 两个样本比例之差的抽样分布

两个样本比例之差的抽样分布是指在两个服从二项分布的总体中，各自独立地重复抽取样本容量分别为 n_1 和 n_2 的独立同分布样本条件下，由所得到的两个样本比例 p_1 和 p_2 之差的所有可能取值形成的频数分布。

在两个样本均为大样本的场合下，两个样本比例之差 p_1-p_2 的抽样分布趋于正态分布。两个样本比例之差 p_1-p_2 的数学期望 $E(p_1-p_2)$ 等于两个总体比例之差 $\pi_1-\pi_2$，即

$$E(p_1-p_2)=\pi_1-\pi_2 \tag{6.20}$$

方差 $\sigma_{p_1-p_2}^2$ 为

$$\sigma_{p_1-p_2}^2=\frac{\pi_1(1-\pi_1)}{n_1}+\frac{\pi_2(1-\pi_2)}{n_2} \tag{6.21}$$

样本比例之差 p_1-p_2 的抽样分布渐进地服从于 $N\Big(\pi_1-\pi_2,\ \frac{\pi_1(1-\pi_1)}{n_1}+\frac{\pi_2(1-\pi_2)}{n_2}\Big)$。

6.2 参数估计的一般问题

参数估计是在抽样和抽样分布的基础上，计算某些样本统计量，进而推断相关的总体参数的方法和过程。

6.2.1 估计量和估计值

1. 估计量

估计量（estimator）是指用于估计相关的总体参数的统计量。所要估计的总体参数一般用 θ 表示，其估计量一般用 $\hat{\theta}$ 表示。样本均值、样本方差和样本比例都是估计量。

2. 估计值

估计值（estimate）是指估计量的具体数值。例如：通过样本数据，按照相关估计量的计算公式，所得出的样本均值、样本方差和样本比例的具体数值就是估计值。

参数估计（parameter estimation）是在样本数据的基础上，计算估计量的具体数值——

估计值，去推断相关总体参数的方法和过程。

例如：在对某一企业职工收入状况的调查中，需要估计该企业的职工平均月收入。由于该企业的职工平均月收入是一个未知的总体参数，用 θ 表示。根据样本数据计算的反映该企业职工平均月收入水平的均值 $\bar{x}$ 则是一个估计量，用 $\hat{\theta}$ 表示。假定计算得到总体均值的估计量，即样本均值 $\bar{x}$ 的具体数值为 1 988 元，这个反映该企业职工平均月收入水平真值的样本数值 1 988 元，就是一个估计值。

6.2.2　点估计

点估计（point estimate）是指用估计量 $\hat{\theta}$ 的数值直接作为总体参数 θ 的估计值的方法和过程。已知总体分布形式，从该总体中抽取一个样本，对未知参数所作的一个数值点的估计，称为参数的点估计。点估计的方法有矩估计法、最大似然法、顺序统计量法和最小二乘法等，下面讲述前两种。

1. 矩估计法

矩估计法（methods of moment estimation）是指用样本的矩来估计总体矩的参数估计方法。因为矩估计法是用样本的数字特征来估计与之相应的总体数字特征，所以也称为数字特征法。矩是在数学期望基础上定义的数字特征，可以分为 k 阶原点矩和 k 阶中心矩两类。

k 阶原点矩（moment of order k about the origin）是指随机变量 X 的 k 次方的数学期望，其中 k 为任意正整数，写为

$$m_k = E(X^k) \tag{6.22}$$

一阶原点矩就是随机变量 X 的数学期望，即 $m_1 = E(X) = \mu$。

k 阶中心矩（centred moment of order k）是指随机变量 X 与其数学期望之差的 k 次方的数学期望，其中 k 为任意正整数，写为

$$c_k = E[X - E(X)]^k \tag{6.23}$$

二阶中心矩就是随机变量 X 的方差，即 $c_2 = E[X - E(X)]^2 = \sigma^2$。

例6.4　假设总体 X 的均值 μ 和方差 σ^2 均存在但未知，$x_1, x_2, \cdots, x_n$ 为 X 的一组观察值。

要求　试求 μ 和 σ^2 的矩估计。

解　由一阶原点矩和二阶中心矩的定义，可知

$$m_1 = E(X) = \mu, \quad c_2 = E[X - E(X)]^2 = \sigma^2$$

用样本矩估计总体矩，可以得到 μ 和 σ^2 的矩估计为

$$\hat{\mu} = \bar{x} = \frac{1}{n}\sum_{i=1}^{n} x_i, \quad \hat{\sigma}^2 = \frac{1}{n}\sum_{i=1}^{n}(x_i - \bar{x})^2$$

2. 最大似然法

最大似然估计法（methods of maximum likelihood estimation）是指利用已知的总体分布的概率密度函数和样本信息，来估计未知的总体参数的方法。一般简称为最大似然法。

设总体 X 含有未知参数 θ，并且该总体分布的形式为已知，$x_1, x_2, \cdots, x_n$ 为 X 的一组观察值。若存在 $\hat{\theta}$，使函数 $L(\hat{\theta}; x_1, x_2, \cdots, x_n)$ 满足以下条件

$$L(\hat{\theta}; x_1, x_2, \cdots, x_n) = \max_{\theta}\{L(\theta; x_1, x_2, \cdots, x_n)\} \qquad (6.24)$$

则 $\hat{\theta}$ 为 θ 的一个最大似然估计值（maximum likelihood estimate）。函数 $L(\hat{\theta}; x_1, x_2, \cdots, x_n)$ 称为似然函数（likelihood function），它是样本的联合概率密度函数。

由此可见，计算总体未知参数 θ 的最大似然估计值 $\hat{\theta}$ 的问题，实质上就是求解似然函数最大值的问题。当似然函数关于 θ 可微时，令

$$\frac{dL}{d\theta} = 0$$

即可解得 θ 的最大似然估计值 $\hat{\theta}$。

由于 L 与 $\ln L$ 在同一 θ 值处取极值，而且 $\ln L$ 的数学处理更加便利，因此，一般 $\hat{\theta}$ 由式（6.25）解得，即

$$\frac{d}{d\theta}\ln L = 0 \qquad (6.25)$$

例 6.5 设 $X_1, X_2, \cdots, X_n$ 来自正态总体 $N(\mu, \sigma^2)$。

要求 试求 μ 与 σ^2 的最大似然估计。

解 似然函数为

$$L = \prod_{i=1}^{n} \frac{1}{\sigma\sqrt{2\pi}}\exp\left\{-\frac{1}{2\sigma^2}(X_i-\mu)^2\right\}$$

$$= \left(\frac{1}{2\pi\sigma^2}\right)^{\frac{n}{2}}\exp\left\{-\frac{1}{2\sigma^2}\sum_{i=1}^{n}(X_i-\mu)^2\right\}$$

$$\ln L = -\frac{n}{2}\ln(2\pi\sigma^2) - \frac{1}{2\sigma^2}\sum_{i=1}^{n}(X_i-\mu)^2$$

$$\frac{\partial}{\partial\mu}\ln L = \frac{1}{\sigma^2}\sum_{i=1}^{n}(X_i-\mu)$$

$$\frac{\partial}{\partial\sigma^2}\ln L = -\frac{n}{2}\cdot\frac{1}{\sigma^2} + \frac{1}{2\sigma^4}\sum_{i=1}^{n}(X_i-\mu)^2$$

令偏导数为零，可解出总体均值 μ 与总体方差 σ^2 的最大似然估计量为

$$\hat{\mu} = \frac{1}{n}\sum_{i=1}^{n}X_i = \bar{x}$$

$$\hat{\sigma}^2 = \frac{1}{n}\sum_{i=1}^{n}(X_i-\bar{x})^2$$

6.2.3 点估计量的评价准则

在参数的点估计中，采用样本估计量 $\hat{\theta}$ 来推断总体参数 θ，由于有许多种参数的点估计方法，不同的估计方法有可能产生不同的估计值和偏误。如何科学地选择合适的估计方法来

提高估计量的精确程度，改善参数估计的效率呢？这就需要有一套科学的点估计量的评价准则。一般来说，可以从一致性、无偏性和有效性三个方面对点估计量进行评价。

1. 一致性

一致性（consistency）是指对于任意正数 ε，当样本容量 $n \to \infty$ 时，估计量 $\hat{\theta}$ 依概率收敛于总体参数 θ，即

$$\lim_{n \to \infty} P\{|\hat{\theta} - \theta| < \varepsilon\} = 1 \tag{6.26}$$

此时称 $\hat{\theta}$ 为 θ 的满足一致性准则的估计量，一般称之为一致估计量。

一致估计量随着样本容量的增大，其数值越来越接近被估计的总体参数。估计量的一致性特征需要在样本容量充分大的情况下才能显现出来。用样本均值 $\bar{x}$ 作为总体均值 μ 的估计量时，就满足一致性准则的要求。

2. 无偏性

无偏性（unbiasedness）是指估计量 $\hat{\theta}$ 的数学期望等于未知的总体参数真值 θ，即

$$E(\hat{\theta}) = \theta \tag{6.27}$$

此时称 $\hat{\theta}$ 为 θ 的满足无偏性准则的估计量，一般称为无偏估计量。

例 6.6 证明样本均值 $\bar{x}$ 是总体均值 μ 的一个无偏估计量。

解 有 X_1，X_2，$\cdots$，X_n 来自同一总体的独立同分布随机变量，具有相同的数学期望和方差，可知

$$E(\bar{x}) = E\left(\frac{1}{n} \sum_{i=1}^{n} X_i\right) = \frac{1}{n} \sum_{i=1}^{n} E(X_i) = \mu \tag{6.28}$$

即样本均值 $\bar{x}$ 是总体均值 μ 的一个无偏估计量。

❖ **讨论题** 总体方差 σ^2 的矩估计量和最大似然估计量是否均为无偏估计量。

3. 有效性

有效性（effectiveness）是指采用均方误差对估计量精确程度的测定，通常表现为两个估计量的均方误差之比。

无偏性只是反映了平均的角度估计量的数学期望是否等于总体相关参数的真值，即仅仅判断了 $E(\hat{\theta})$ 是否等于 θ；没有考虑估计量分布的离散程度，以及估计量与总体相关参数真值的偏倚程度。均方误差是一个反映估计量本身的离散程度，以及估计量数学期望与总体相关参数真值偏倚程度的测度。

均方误差（mean square error）是估计量 $\hat{\theta}$ 与总体参数真值 θ 的离差平方的数学期望，一般记为 $\mathrm{MSE}(\hat{\theta})$，有

$$\mathrm{MSE}(\hat{\theta}) = E(\hat{\theta} - \theta)^2 \tag{6.29}$$

若将估计量的数学期望 $E(\hat{\theta})$ 与总体参数真值 θ 的离差记为 $B(\hat{\theta})$，称为估计量 $\hat{\theta}$ 的偏差，即 $B(\hat{\theta}) = E(\hat{\theta}) - \theta$，作为反映估计量 $\hat{\theta}$ 与总体参数真值 θ 偏倚程度的测度，则可将式（6.29）写为

$$\mathrm{MSE}(\hat{\theta}) = E(\hat{\theta} - \theta)^2 = E\{[\hat{\theta} - E(\hat{\theta})] + [E(\hat{\theta}) - \theta]\}^2$$

$$=E[\hat{\theta}-E(\hat{\theta})]^2+[E(\hat{\theta})-\theta]^2=D(\hat{\theta})+[B(\hat{\theta})]^2 \tag{6.30}$$

由式（6.30）可知，均方误差由估计量 $\hat{\theta}$ 的方差和偏差两部分组成。估计量 $\hat{\theta}$ 的方差反映的是估计量 $\hat{\theta}$ 本身的离散程度；估计量 $\hat{\theta}$ 的偏差反映的是估计量的数学期望 $E(\hat{\theta})$ 与总体参数真值 θ 的偏倚程度。

假定两个估计量 $\hat{\theta}_1$ 和 $\hat{\theta}_2$，若有

$$\text{MSE}(\hat{\theta}_1)<\text{MSE}(\hat{\theta}_2) \quad \text{或} \quad \frac{\text{MSE}(\hat{\theta}_1)}{\text{MSE}(\hat{\theta}_2)}<1$$

则称 $\hat{\theta}_1$ 是较 $\hat{\theta}_2$ 有效的估计量。当两个估计量 $\hat{\theta}_1$ 和 $\hat{\theta}_2$ 均为无偏估计量时，式（6.30）中的第二项 $B(\hat{\theta})$ 为 0，只剩下第一项估计量的方差 $D(\hat{\theta})$。通常比较两个估计量的方差来进行有效性评价。例如：当 $D(\hat{\theta}_1)<D(\hat{\theta}_2)$ 或 $D(\hat{\theta}_1)/D(\hat{\theta}_2)<1$ 时，即可以称 $\hat{\theta}_1$ 是较 $\hat{\theta}_2$ 有效的估计量。

由式（6.30）可知，对于一个估计量的评价，需要综合分析它对于相关总体参数的估计误差，不能简单地认为一个无偏估计量就一定优于一个有偏估计量，还要具体度量估计量的有效性。因此，有效性是评价估计量的一个重要的综合性准则。

❖ **讨论题** 从有效性和均方误差的角度，结合"2.3.1 统计数据的误差种类"中对于统计误差的分析，思考统计误差的来源及其对统计误差的控制。

6.2.4 区间估计

区间估计（interval estimate）是在点估计的基础上，给出在一定的置信程度下确定总体参数取值区间的方法和过程。

在点估计中，总体参数估计量的具体取值为一数值点，而样本是从总体中随机抽取出来的，是依抽样分布的随机变量，单一的数值点不能全面反映抽样分布的状态及其样本估计量的随机分布特征，不能度量样本估计的精确程度，所以提出了区间估计问题。

建立在点估计基础上的区间估计，在给出了总体参数真值 θ 的估计量 $\hat{\theta}$ 的同时，还给出了一个通常以取值区间形式表述的数值范围，以及在这个数值区间内包含总体参数 θ 的可靠程度。这种形式的参数估计就称为区间估计。以下介绍的区间估计方法是由著名的统计学家内曼（Jerzy Neyman，1894—1981）在 20 世纪 30 年代提出的。

设在总体分布中含有一未知参数 θ，若由样本确定的两个估计量 $\bar{\theta}(X_1,X_2,\cdots,X_n)$ 和 $\underline{\theta}(X_1,X_2,\cdots,X_n)$，对于给定值 $\alpha(1<\alpha<0)$，满足

$$P\{\underline{\theta}(X_1,X_2,\cdots,X_n)<\theta<\bar{\theta}(X_1,X_2,\cdots,X_n)\}=1-\alpha \tag{6.31}$$

则称 $1-\alpha$ 为置信水平（confidence level），也称为置信概率（confidence probability）；α 称为显著性水平（significance level）。随机区间 $(\underline{\theta},\bar{\theta})$ 为总体参数 θ 的 $(1-\alpha)$ 置信区间（confidence interval），其中 $\bar{\theta}$ 和 $\underline{\theta}$ 为总体参数 θ 在 $1-\alpha$ 置信水平下的置信上限和置信下限。

在区间估计中，对置信区间的上限 $\bar{\theta}$ 和下限 $\underline{\theta}$ 都加以限定的称为双侧区间估计，双侧

区间估计是区间估计的基本形式；仅对其中的上限 $\bar{\theta}$ 或下限 $\underline{\theta}$ 加以限定的称为单侧区间估计，这时置信区间可表示为 $(-\infty, \bar{\theta})$ 或 $(\underline{\theta}, \infty)$。单侧区间估计多用于某些只需对事物的某一方面的数值进行控制的场合。例如：生产过程中，降低单位成本，减少产品次品率，只需要对单位成本和产品次品率的上限进行控制；而提高产品收率，增加产品优质率，只需要对产品收率和产品优质率的下限进行控制。

　　在构造置信区间时，有 90%，95% 和 99% 三个常用的置信水平。在单侧区间估计场合，按照显著性水平 α 的取值确定正态分布的 Z_α 值，并根据 Z_α 值确定置信区间中加以限定的上限 $\bar{\theta}$ 或下限 $\underline{\theta}$，由 X 轴与置信区间的上限 $\bar{\theta}$ 或下限 $\underline{\theta}$ 所围的面积为 $1-\alpha$，即置信水平为 $1-\alpha$；在双侧区间估计场合，则需要按照显著性水平 $\alpha/2$ 来确定正态分布的 $Z_{\alpha/2}$ 值，并根据 $Z_{\alpha/2}$ 值确定置信区间的上限 $\bar{\theta}$ 和下限 $\underline{\theta}$，由 X 轴与置信区间的上限 $\bar{\theta}$ 和下限 $\underline{\theta}$ 所围的面积为 $1-\alpha$，即置信水平为 $1-\alpha$。

　　表 6.1 给出了在双侧区间估计时，三个常用的置信水平及其 Z 值，其中 $Z_{\alpha/2}$ 表示标准正态分布的上 $\alpha/2$ 分位数。

表 6.1　三个常用的双侧区间置信水平及其 Z 值

置信水平	$\alpha/2$	$Z_{\alpha/2}$ 的绝对值
90%	0.050	1.645
95%	0.025	1.960
99%	0.005	2.576

　　在区间估计中，置信区间反映的是区间估计的精确程度，置信水平反映的是区间估计的可靠程度，对于某一样本容量已定的具体样本而言，这两方面是互为消长的。例如：当通过缩小置信区间来提高对总体参数的估计精确程度时，就需要降低置信水平，降低对总体参数估计的可靠程度；若是要提高区间估计的可靠程度，势必会增大置信区间，降低对总体参数估计的精确程度。因此，需要根据具体情况和实际需要适当地选择置信水平的数值，进而确定置信区间。若既要提高区间估计的精确程度，又要提高区间估计的可靠程度，就需要采取增加样本容量，以及通过更有效的抽样和估计方法来实现。

6.3　单一总体参数的区间估计

　　当研究的对象是单一总体时，所关心的总体参数主要有总体均值 μ、总体方差 σ^2 和总体比例 π 等。

6.3.1　总体均值的区间估计

　　在进行总体均值的区间估计时，需要考虑总体是否为正态分布、总体方差是否为已知、用于构造估计量的样本是大样本（通常要求 $n > 30$）还是小样本（$n < 30$）等几种情况，以选择正确的估计方法。

1. 正态总体、总体方差 σ^2 已知，或非正态总体、大样本

当总体服从正态分布且总体方差 σ^2 已知时，或者总体不是正态分布但为大样本（通常要求 $n > 30$）时，样本均值 $\bar{x}$ 的抽样分布均为正态分布，其数学期望为总体均值 μ，方差为 σ^2/n，即 $\bar{x} \sim N(\mu, \sigma^2/n)$。样本均值 $\bar{x}$ 经过标准化后的随机变量服从标准正态分布，即

$$Z = \frac{\bar{x} \sim \mu}{\sigma/\sqrt{n}} \sim N(0,1) \tag{6.32}$$

根据区间估计的定义和正态分布的性质，构造总体均值 μ 的双侧区间估计置信区间，对于给定的显著性水平 α，有

$$
\begin{aligned}
P\{-Z_{\alpha/2} < Z < Z_{\alpha/2}\} &= P\left\{-Z_{\alpha/2} < \frac{\bar{x}-\mu}{\sigma/\sqrt{n}} < Z_{\alpha/2}\right\} \\
&= P\left\{\bar{x} - Z_{\alpha/2}\frac{\sigma}{\sqrt{n}} < \mu < \bar{x} + Z_{\alpha/2}\frac{\sigma}{\sqrt{n}}\right\} \\
&= 1 - \alpha
\end{aligned}
\tag{6.33}
$$

则总体均值 μ 的双侧区间估计置信区间为 $\left(\bar{x} - Z_{\alpha/2}\frac{\sigma}{\sqrt{n}}, \bar{x} + Z_{\alpha/2}\frac{\sigma}{\sqrt{n}}\right)$。这里的 $Z_{\alpha/2}$ 表示标准正态分布的上 $\alpha/2$ 分位数，$Z_{\alpha/2}\frac{\sigma}{\sqrt{n}}$ 是估计总体均值时的估计误差。换言之，总体均值的置信区间由两部分组成：点估计值和描述估计量精度的估计误差。

在对总体均值进行单侧区间估计时，有

$$P\left\{\mu > \bar{x} - Z_\alpha \frac{\sigma}{\sqrt{n}}\right\} = P\left\{\mu < \bar{x} + Z_\alpha \frac{\sigma}{\sqrt{n}}\right\} = 1 - \alpha \tag{6.34}$$

则总体均值 μ 的单侧区间估计置信区间为 $\left(\bar{x} - Z_\alpha \frac{\sigma}{\sqrt{n}}, \infty\right)$ 或者 $\left(-\infty, \bar{x} + Z_\alpha \frac{\sigma}{\sqrt{n}}\right)$。

在大样本场合，当总体方差 σ^2 未知时，可用样本方差 s^2 来代替，这时，总体均值 μ 的双侧区间估计置信区间为 $\left(\bar{x} - Z_{\alpha/2}\frac{s}{\sqrt{n}}, \bar{x} + Z_{\alpha/2}\frac{s}{\sqrt{n}}\right)$，单侧区间估计置信区间为 $\left(\bar{x} - Z_\alpha \frac{s}{\sqrt{n}}, \infty\right)$ 或者 $\left(-\infty, \bar{x} + Z_\alpha \frac{s}{\sqrt{n}}\right)$。

例 6.7 假定某一企业职工收入服从正态分布，从该企业随机抽取了 16 个职工个人的收入状况数据构成样本，并且已知该企业职工平均月收入的总体标准差 σ 为 250 元，样本均值 $\bar{x}$ 为 1 985 元。

要求 试计算给定置信水平为 95% 的该企业职工平均月收入的总体均值 μ 的置信区间。

解 依题意为双侧区间估计问题。已知 $\sigma = 250$，$\bar{x} = 1\,985$，$n = 16$，$\alpha = 0.05$，$Z_{\alpha/2} = 1.96$，其中 $Z_{\alpha/2}$ 数值可以通过查阅正态分布表或者利用 Excel 的 NORMSINV 函数计算得到。根据式（6.33），可计算得到总体均值 μ 的置信区间为

$$\left(\bar{x} - Z_{\alpha/2}\frac{\sigma}{\sqrt{n}}, \bar{x} + Z_{\alpha/2}\frac{\sigma}{\sqrt{n}}\right) = \left(1\,985 - 1.96 \times \frac{250}{4}, 1\,985 + 1.96 \times \frac{250}{4}\right)$$

即为 (1 862.5, 2 107.5)。因此，根据这次抽样调查的样本信息，可以认为该企业职工平均月收入的真实数值 μ 将依 95% 的概率落在 1 862.5～2 107.5 元。

例 6.8 某地对在该地就业的本科生在毕业一年后的月工资情况进行了一次调查，搜集

了 36 名学生的月工资数据，具体如表 6.2 所示。已知在该地就业的本科生在毕业一年后的
月工资的总体标准差 σ 为 400 元。

表 6.2　36 名本科生毕业一年后的月工资情况　　　　　　　　　元

1 950	2 080	2 200	1 590	2 140	2 080	1 690	1 960	2 980
2 500	2 600	2 300	2 400	2 450	2 600	2 780	2 590	2 460
2 200	1 800	1 980	2 460	2 580	3 100	1 980	1 890	2 390
3 090	2 900	2 460	2 470	2 650	2 890	2 300	2 730	3 180

要求　试计算给定置信水平为 95％的该地就业的本科生毕业一年后的月工资总体均值 μ
的置信区间。

解　依题意为双侧区间估计问题。已知 $\sigma = 400$，$n = 36$，$\alpha = 0.05$，$\alpha/2 = 0.025$，$Z_{\alpha/2}$
$= 1.96$，根据样本数据，有 $\bar{x} = \dfrac{1}{36}\sum\limits_{i=1}^{36} X_i = 2\ 400（元）$。

由式（6.33），可计算得到总体均值 μ 的置信区间为

$$\left(\bar{x} - Z_{\alpha/2}\frac{\sigma}{\sqrt{n}},\ \bar{x} + Z_{\alpha/2}\frac{\sigma}{\sqrt{n}}\right) = \left(2\ 400 - 1.96 \times \frac{400}{6},\ 2\ 400 + 1.96 \times \frac{400}{6}\right)$$

即（2 269.34，2 530.67）。因此，可以认为总体均值 μ，即在该地就业的本科生在毕业一年
后的月平均工资的真实数值依 95％的概率落在 2 269.34～2 530.67 元。

例 6.9　某进出口公司需要出口一批小型电机，其中有一个技术指标为电机工作时定子
线圈的最高温度，为此该进出口公司在供货厂家某小型电机生产厂家进行了一次调查。已知
该厂电机工作时定子线圈最高温度的总体标准差 σ 为 8 ℃，随机抽出 49 台电机进行实测，
得到该厂电机工作时定子线圈最高温度的样本均值为 110 ℃。

要求　试计算给定置信水平为 99％的该厂电机工作时定子线圈最高温度的总体均值 μ
的置信区间。

解　依题意为单侧区间估计问题，只需要对置信区间的上限进行限定，即需要对电机工
作时定子线圈最高温度可能出现的最大值进行单侧控制。因此，应采用式（6.34）计算在单
侧区间估计下的置信水平为 99％的总体均值 μ 的置信区间的上限。

根据样本均值为 110 ℃，$Z_\alpha = 2.326$，可计算出该工厂单侧区间估计下置信水平为 99％
的总体均值 μ 的置信区间上限为

$$\bar{x} + Z_\alpha \frac{\sigma}{\sqrt{n}} = 110 + 2.326 \times \frac{8}{\sqrt{49}} = 112.66$$

因此，可以认为总体均值 μ，即该工厂电机工作时定子线圈的平均最高温度依 99％的概率落
在小于 112.66 ℃的区间以内。

2. 正态总体、总体方差 σ^2 未知、小样本

若总体服从正态分布，且总体方差 σ^2 已知，则不论样本量如何，样本均值 $\bar{x}$ 均服从正
态分布。但是，如果总体方差 σ^2 未知，在小样本场合，则需要用样本方差 s^2 代替总体方差
σ^2，这时，样本均值经过标准化以后的随机变量服从于自由度为 $n-1$ 的 t 分布，即

$$T = \frac{\bar{x} - \mu}{s/\sqrt{n}} \sim t(n-1) \tag{6.35}$$

由式（6.35）出发，则有总体均值 μ 的双侧区间估计置信区间为

$$\left(\bar{x}-t_{\alpha/2}\frac{s}{\sqrt{n}},\bar{x}+t_{\alpha/2}\frac{s}{\sqrt{n}}\right) \quad (6.36)$$

总体均值 μ 的单侧区间估计置信区间为

$$\left(-\infty,\bar{x}+t_{\alpha}\frac{s}{\sqrt{n}}\right)\text{ 或 }\left(\bar{x}-t_{\alpha}\frac{s}{\sqrt{n}},\infty\right) \quad (6.37)$$

例 6.10 假定某大学的学生月消费金额服从正态分布，从该大学随机抽取了 16 个学生的消费金额数据构成样本，已知该大学学生平均月消费金额的样本均值 $\bar{x}$ 为 2 000 元，样本标准差 s 为 25。

要求 试估计该大学学生月消费金额在置信水平为 95% 下的置信区间。

解 依题意为双侧区间估计问题。已知 $n=16$，$\bar{x}=2\ 000$，$s=25$，$\alpha/2=0.025$，$t_{\alpha/2}(15)=2.131\ 4$。

由式（6.36）可以计算得到总体均值 μ 的双侧区间估计置信区间为

$$\left(\bar{x}-t_{\alpha/2}\frac{s}{\sqrt{n}},\bar{x}+t_{\alpha/2}\frac{s}{\sqrt{n}}\right)=\left(2\ 000-2.131\ 4\times\frac{25}{4},2\ 400+2.131\ 4\times\frac{25}{4}\right)$$

即为（1986.68，2013.32）。因此，可以认为总体均值 μ，即该大学学生平均月消费金额的真实数值将依 95% 的概率落在 1 986.68—2 013.32 元。

例 6.11 假定某品牌电视机的开关次数服从正态分布，在一次对该品牌电视机的开关次数进行的破坏性测试中，随机抽取了 9 台电视机进行测试，具体数据为：19 050，18 090，23 098，18 908，16 896，20 679，21 567，17 890，20 456。

要求 试估计该品牌电视机开关次数的总体均值，及其在置信水平为 95% 下最低开关次数的单侧置信区间。

解 依题意为单侧区间估计问题。已知 $n=9$，$\alpha=0.05$，$t_{\alpha}(8)=1.859\ 5$，其中 $t_{\alpha}(8)$ 的数值可以通过查阅 t 分布表，或者利用 Excel 的 TINV 函数计算得到。由样本数据计算得到样本均值 $\bar{x}=19\ 626$，样本标准差 $s=1\ 977.788$。根据式（6.37）可以计算得到总体均值 μ 的单侧区间估计置信区间为

$$\left(\bar{x}-t_{\alpha}\frac{s}{\sqrt{n}},\infty\right)=\left(19\ 626-1.859\ 5\times\frac{1\ 977.788}{3},\infty\right)$$

即有（18 400，∞）。因此，可以认为根据样本数据推断总体均值 μ，即该品牌电视机的平均开关次数的真实数值将依 95% 的概率不低于 18 400 次。

6.3.2 总体方差的区间估计

在总体服从正态分布时，样本方差 s^2 服从自由度为 $n-1$ 的 χ^2 分布，从而可以利用 χ^2 分布来构造总体方差 σ^2 的置信区间，确定一个 χ^2 值，使之对于给定的显著性水平 α，满足

$$\chi^2_{1-\alpha/2}<\chi^2<\chi^2_{\alpha/2} \quad (6.38)$$

由于有 $\frac{(n-1)s^2}{\sigma^2}\sim\chi^2(n-1)$，将其代入式（6.38），可得 $\chi^2_{1-\alpha/2}<\frac{(n-1)s^2}{\sigma^2}<\chi^2_{\alpha/2}$，则有

$$\frac{(n-1)s^2}{\chi^2_{\alpha/2}(n-1)}<\sigma^2<\frac{(n-1)s^2}{\chi^2_{1-\alpha/2}(n-1)} \quad (6.39)$$

例 6.12　沿用例 6.10 中的题干信息。

要求　试估计该大学学生月消费金额方差在置信水平为 95％下的置信区间。

解　依题意为双侧区间估计问题。已知 $n = 16, \bar{x} = 2\,000, s = 25, \alpha/2 = 0.025,$ $\chi^2_{0.975}(35) = 6.262\,1, \chi^2_{0.025}(15) = 27.488\,4$。可以通过查阅 χ^2 分布表，或借助 Excel 的 CHIINV 函数计算得到 χ^2 分布的临界值。

由式（6.39）可以计算得到总体方差 σ^2 的置信区间为

$$\frac{15 \times 25^2}{27.488\,4} < \sigma^2 < \frac{15 \times 25^2}{6.262\,1}$$

即置信区间为 (341.053 0, 1 497.101 6)。由此，可以认为该大学学生月消费金额方差将依 95％的概率落在 341.053 0～1 497.101 6 元。

6.3.3　总体比例的区间估计

这里，仅讨论在样本比例的抽样分布趋于正态分布条件下的总体比例的区间估计问题。

一般来说，当 $np \geqslant 5$ 和 $n(1-p) \geqslant 5$ 时，可以认为样本比例 p 的抽样分布渐进地趋于正态分布。这时有样本比例 p 渐进地服从于 $N\left(\pi, \frac{\pi(1-\pi)}{n}\right)$，其标准化后的随机变量 Z 渐进地服从标准正态分布，有

$$Z = \frac{p - \pi}{\sqrt{\pi(1-\pi)/n}} \sim N(0, 1) \tag{6.40}$$

即总体比例 π 在 $1-\alpha$ 置信水平下的置信区间为

$$p \mp Z_{\alpha/2} \sqrt{\frac{\pi(1-\pi)}{n}} \tag{6.41}$$

在式（6.41）中，存在总体比例 π，而总体比例 π 恰好是所要估计的未知参数，所以在实际使用时总是采用样本比例 p 替代总体比例 π 来计算其在 $1-\alpha$ 置信水平下的置信区间，即

$$p \mp Z_{\alpha/2} \sqrt{\frac{p(1-p)}{n}} \tag{6.42}$$

例 6.13　某公司为了分析新产品的电视广告效果，随机访问了 100 名用户，了解到其中有 36 人是通过电视广告了解该新产品的。

要求　试估计通过电视广告了解该新产品的用户占全部用户的比例在 95％置信水平下的置信区间。

解　已知 $n = 100$，由样本数据可计算得样本比例为

$$p = \frac{36}{100} = 36\%$$

因为 $np = 36 > 5$ 和 $n(1-p) = 54 > 5$，所以可认为样本比例 p 的抽样分布渐进地趋于正态分布，有 $Z_{\alpha/2} = 1.96$。由式（6.42）得

$$36\% \mp 1.96 \times \sqrt{\frac{36\% \times (1-36\%)}{100}} = 36\% \pm 9.408\%$$

即通过电视广告了解该新产品的用户占全部用户的比例在 95％置信水平下的置信区间，为 26.592％～45.408％。

6.4 两个总体参数的区间估计

当研究的对象是两个总体时，所关心的是两个总体的总体均值、总体方差和总体比例的比较。

6.4.1 两个总体均值之差的区间估计

1. 两个总体为正态总体、总体方差已知，或非正态总体、大样本

若两个总体均服从正态分布且总体方差已知，或两个总体不服从正态分布但两个样本均为大样本（$n_1 \geqslant 30$ 和 $n_2 \geqslant 30$），则两个样本均值之差 $\bar{x}_1 - \bar{x}_2$ 的抽样分布为

$$(\bar{x}_1 - \bar{x}_2) \sim N\left(\mu_1 - \mu_2, \frac{\sigma_1^2}{n_1} + \frac{\sigma_2^2}{n_2}\right) \tag{6.43}$$

样本均值之差 $\bar{x}_1 - \bar{x}_2$ 经标准化后，服从于标准正态分布：

$$Z = \frac{(\bar{x}_1 - \bar{x}_2) - (\mu_1 - \mu_2)}{\sqrt{\frac{\sigma_1^2}{n_1} + \frac{\sigma_2^2}{n_2}}} \sim N(0,1) \tag{6.44}$$

则两个总体均值之差 $\mu_1 - \mu_2$ 在 $1-\alpha$ 置信水平下的置信区间为

$$(\bar{x}_1 - \bar{x}_2) \mp Z_{\alpha/2}\sqrt{\frac{\sigma_1^2}{n_1} + \frac{\sigma_2^2}{n_2}} \tag{6.45}$$

在两个样本均为大样本的情况下，当两个总体方差 σ_1^2 和 σ_2^2 未知时，可用两个样本方差 s_1^2 和 s_2^2 来代替，这时，两个总体均值之差 $\mu_1 - \mu_2$ 在 $1-\alpha$ 置信水平下的置信区间为

$$(\bar{x}_1 - \bar{x}_2) \mp Z_{\alpha/2}\sqrt{\frac{s_1^2}{n_1} + \frac{s_2^2}{n_2}} \tag{6.46}$$

例 6.14 某进出口公司需要出口一批小型电机，其中有一个技术指标为电机工作时定子线圈的最高温度。为此，该进出口公司对 A、B 两个备选的小型电机供货厂家进行了一次调查，在每家工厂随机抽出 16 台电机进行实测，根据样本数据计算得到样本均值分别为 A 工厂 110 ℃，B 工厂 114 ℃。A、B 两厂电机工作时定子线圈最高温度服从正态分布，总体标准差已知，其中 A 工厂为 8 ℃，B 工厂为 6 ℃。

要求 试计算总体均值之差 $\mu_A - \mu_B$ 在 95％置信水平下的置信区间。

解 已知 $\bar{x}_A = 110, \bar{x}_B = 114, \sigma_A = 8, \sigma_B = 6, n_A = n_B = 16, \alpha/2 = 0.025, Z_{\alpha/2} = 1.96$，由式（6.45）可得

$$(\bar{x}_A - \bar{x}_B) \mp Z_{\alpha/2}\sqrt{\frac{\sigma_A^2}{n_A} + \frac{\sigma_B^2}{n_B}} = (110 - 114) \mp 1.96\sqrt{\frac{8^2}{16} + \frac{6^2}{16}} = -4 \mp 4.9$$

即总体均值之差 $\mu_A - \mu_B$ 的置信区间为（-8.9, 0.9），即 A、B 两厂电机工作时定子线圈最高温度均值之差 $\mu_A - \mu_B$ 依 95％的概率落在 -8.9 ℃到 -0.9 ℃以内。

例 6.15　某市采取随机抽样方法,在全市抽取 100 户城镇家庭进行生活费支出调查,今年每户家庭生活费支出的样本均值为 38 900 元,样本标准差为 580 元;上年每户家庭生活费支出的样本均值为 35 800 元,样本标准差为 570 元。

要求　试计算该市这两年城镇家庭生活费支出均值之差在 95% 置信水平下的置信区间。

解　已知 $\bar{x}_1 = 38\ 900$, $\bar{x}_2 = 35\ 800$, $s_1 = 580$, $s_2 = 570$, $n_1 = n_2 = 100$, $\alpha/2 = 0.025$, $Z_{\alpha/2} = 1.96$。由式 (6.46) 可得

$$(\bar{x}_1 - \bar{x}_2) \mp Z_{\alpha/2} \sqrt{\frac{s_1^2}{n_1} + \frac{s_2^2}{n_2}}$$

$$= (38\ 900 - 35\ 800) \mp 1.96 \sqrt{\frac{580^2}{100} + \frac{570^2}{100}} = 3\ 100 \mp 159.387\ 9$$

即总体均值之差 $\mu_1 - \mu_2$ 在 95% 置信水平下的置信区间为 (2 940.612 1, 3 259.387 9)。该市这两年城镇家庭生活费支出均值之差依 95% 的概率落在 2 940.612 1 元到 3 259.387 9 元的区间内。

2. 两个总体为正态总体、总体方差 σ^2 未知、小样本

在两个样本均为小样本的情况下,当两个总体方差 σ_1^2 和 σ_2^2 未知时,有以下两种情况。

① 当两个总体方差 σ_1^2 和 σ_2^2 相等时,即 $\sigma_1^2 = \sigma_2^2$,需要将两个样本的数据组合在一起,以给出总体方差的合并估计量 $s_{1,2}^2$,计算公式为

$$s_{1,2}^2 = \frac{(n_1 - 1)s_1^2 + (n_2 - 1)s_2^2}{n_1 + n_2 - 2} \tag{6.47}$$

两个样本均值之差 $\bar{x}_1 - \bar{x}_2$ 经过标准化后的随机变量 T 服从自由度为 $n_1 + n_2 - 2$ 的 t 分布,即

$$T = \frac{(\bar{x}_1 - \bar{x}_2) - (\mu_1 - \mu_2)}{s_{1,2}\sqrt{\frac{1}{n_1} + \frac{1}{n_2}}} \sim t(n_1 + n_2 - 2) \tag{6.48}$$

则两个总体均值之差 $\mu_1 - \mu_2$ 在 $1 - \alpha$ 置信水平下的置信区间为

$$(\bar{x}_1 - \bar{x}_2) \mp t_{\alpha/2}(n_1 + n_2 - 2)s_{1,2}\sqrt{\frac{1}{n_1} + \frac{1}{n_2}} \tag{6.49}$$

例 6.16　将例 6.15 抽取的样本容量改为 16 户,其他数据保持不变。假定该市今年和上年城镇家庭生活费支出服从正态分布,并且总体方差相等。

要求　试计算该市这两年城镇家庭生活费支出均值之差在 95% 置信水平下的置信区间。

解　已知 $\bar{x}_1 = 38\ 900$, $\bar{x}_2 = 35\ 800$, $s_1 = 580$, $s_2 = 570$, $n_1 = n_2 = 16$, $\alpha/2 = 0.025$, $t_{\alpha/2}(30) = 2.042\ 3$。

根据式 (6.47),采用两个随机样本的信息来计算总体方差的合并估计量 $s_{1,2}^2$,有

$$s_{1,2}^2 = \frac{(n_1 - 1)s_1^2 + (n_2 - 1)s_2^2}{n_1 + n_2 - 2} = \frac{15 \times 580^2 + 15 \times 570^2}{30} = 575.021\ 7^2$$

运用式 (6.49),有

$$(\bar{x}_1 - \bar{x}_2) \mp t_{\alpha/2}(n_1 + n_2 - 2)s_{1,2}\sqrt{\frac{1}{n_1} + \frac{1}{n_2}}$$

$$= (38\ 900 - 35\ 800) \mp 2.042\ 3 \times 575.021\ 7 \times \sqrt{\frac{1}{16} + \frac{1}{16}} = 3\ 100 \mp 415.201\ 4$$

即总体均值之差 $\mu_1-\mu_2$ 在 95% 置信水平下的置信区间为 (2 684.798 6, 3 515.201)。该市这两年城镇家庭生活费支出均值之差依 95% 的概率落在 2 684.798 6 元到 3 515.201 4 元的区间内。

② 当两个总体方差 σ_1^2 和 σ_2^2 不相等时，即 $\sigma_1^2 \neq \sigma_2^2$，两个样本均值之差 $\bar{x}_1-\bar{x}_2$ 经过标准化后的随机变量 T 服从自由度为 v 的 t 分布，即

$$T = \frac{(\bar{x}_1-\bar{x}_2)-(\mu_1-\mu_2)}{\sqrt{\frac{s_1^2}{n_1}+\frac{s_2^2}{n_2}}} \sim \mathrm{t}(v) \tag{6.50}$$

其中，自由度 v 的计算公式为

$$v = \frac{\left(\frac{s_1^2}{n_1}+\frac{s_2^2}{n_2}\right)^2}{\frac{(s_1^2/n_1)^2}{n_1-1}+\frac{(s_2^2/n_2)^2}{n_2-1}} \tag{6.51}$$

则两个总体均值之差 $\mu_1-\mu_2$ 在 $1-\alpha$ 置信水平下的置信区间为

$$(\bar{x}_1-\bar{x}_2)\mp t_{\alpha/2}(v)\sqrt{\frac{s_1^2}{n_1}+\frac{s_2^2}{n_2}} \tag{6.52}$$

例 6.17　沿用例 6.16 中的基本数据，只是假定该市今年和上年城镇家庭生活费支出服从正态分布，总体方差不相等。

要求　试计算该市这两年城镇家庭生活费支出均值之差在 95% 置信水平下的置信区间。

解　已知 $\bar{x}_1=38\,900$，$\bar{x}_2=35\,800$，$s_1=580$，$s_2=570$，$n_1=n_2=16$，$\alpha/2=0.025$，根据式 (6.51)，计算自由度 v，即

$$v = \frac{\left(\frac{s_1^2}{n_1}+\frac{s_2^2}{n_2}\right)^2}{\frac{(s_1^2/n_1)^2}{n_1-1}+\frac{(s_2^2/n_2)^2}{n_2-1}} = \frac{\left(\frac{580^2}{16}+\frac{570^2}{16}\right)^2}{\frac{(580^2/16)^2}{15}+\frac{(570^2/16)^2}{15}} = 29.990\,9 \approx 30$$

由于 $s_1=580$，$s_2=570$，两个样本方差数值水平非常接近，所以计算出来的自由度 v 与两个总体方差未知但相等情况下的自由度 n_1+n_2-2 基本一致，同为 30。该市这两年城镇家庭生活费支出均值之差在 95% 置信水平下的置信区间与例 6.16 在两个总体方差未知但相等情况下计算的结果一致。

例 6.18　沿用例 6.16 中的基本数据，但将该市上年每户家庭生活费支出的样本标准差改为 410 元，并且假定该市今年和上年城镇家庭生活费支出服从正态分布，总体方差不相等。

要求　试求该市城镇家庭生活费支出均值之差在 95% 置信水平下的置信区间。

解　已知 $\bar{x}_1=38\,900$，$\bar{x}_2=35\,800$，$s_1=580$，$s_2=410$，$n_1=n_2=16$，$\alpha/2=0.025$，仍根据式 (6.51)，计算自由度 v，即

$$f = \frac{\left(\frac{s_1^2}{n_1}+\frac{s_2^2}{n_2}\right)^2}{\frac{(s_1^2/n_1)^2}{n_1-1}+\frac{(s_2^2/n_2)^2}{n_2-1}} = \frac{\left(\frac{580^2}{16}+\frac{410^2}{16}\right)^2}{\frac{(580^2/16)^2}{15}+\frac{(410^2/16)^2}{15}} = 26.995\,7 \approx 27$$

本例中两个样本方差数值水平 $s_1=580$，$s_2=410$ 差距较大，所以计算出来的自由度 v 与两个总体方差未知但相等情况下的自由度 n_1+n_2-2 不同，$t_{0.025}(27)=2.051\,8$。由

式（6.52）得

$$(\bar{x}_1 - \bar{x}_2) \mp t_{\alpha/2}(v)\sqrt{\frac{s_1^2}{n_1} + \frac{s_2^2}{n_2}}$$

$$= (38\ 900 - 35\ 800) \mp 2.051\ 8 \times \sqrt{\frac{580^2}{16} + \frac{410^2}{16}} = 3\ 100 \mp 364.339\ 0$$

总体均值之差 $\mu_1 - \mu_2$ 在 95% 置信水平下的置信区间为（2 735.661 0，3 464.339 0），即该市这两年城镇家庭生活费支出水平的均值之差依 95% 的概率落在 2 735.661 0 元到 3 464.339 0 元的区间内。

6.4.2　两个总体方差比值的区间估计

在经济管理中，一些涉及差异性、稳定性、精确性的问题多表现为两个总体方差比值的分析。与两个总体均值的绝对离差分析不同，对于两个总体方差的差异分析采取了相对比值的方式，利用两个样本方差 s_1^2 和 s_2^2 来估计两个总体方差 σ_1^2 和 σ_2^2，并通过两个样本方差的比值来分析和判别两个总体方差之间的差异。当这一比值 s_1^2/s_2^2 趋近于 1 时，表明两个总体方差 σ_1^2 和 σ_2^2 的数值很接近；反之，则表明两个总体方差 σ_1^2 和 σ_2^2 的数值存在较大差异。

当两个均服从正态分布的总体参数都为未知，样本容量为 n_1 和 n_2 的两个独立样本的样本方差为 s_1^2 和 s_2^2 时，有

$$\frac{s_1^2}{s_2^2}\frac{\sigma_2^2}{\sigma_1^2} \sim F(n_1-1,\ n_2-1) \tag{6.53}$$

并对于给定的置信水平 $1-\alpha$，有

$$P\left\{F_{1-\alpha/2}(n_1-1,\ n_2-1) < \frac{s_1^2}{s_2^2}\frac{\sigma_2^2}{\sigma_1^2} < F_{\alpha/2}(n_1-1,\ n_2-1)\right\} = 1-\alpha \tag{6.54}$$

可得出置信水平 $1-\alpha$ 下两个总体方差比值 σ_1^2/σ_2^2 的区间估计为

$$\left(\frac{s_1^2/s_2^2}{F_{\alpha/2}(n_1-1,\ n_2-1)},\ \frac{s_1^2/s_2^2}{F_{1-\alpha/2}(n_1-1,\ n_2-1)}\right) \tag{6.55}$$

其中，$F_{\alpha/2}(n_1-1,\ n_2-1)$ 和 $F_{1-\alpha/2}(n_1-1,\ n_2-1)$ 分别表示第一自由度为 n_1-1、第二自由度为 n_2-1 的 F 分布的上 $\alpha/2$ 分位数和上 $1-\alpha/2$ 分位数，其数值可以从 F 分布表，或者利用 Excel 的 FINV 函数计算得到。

例 6.19　某纺织厂对其织布车间生产工艺进行了调整，以改善生产过程的均衡性，提高产品质量。假定该企业织布车间停机台数服从正态分布。在工艺调整前后，各抽取了容量为 25 和 36 的两个独立样本，计算得到样本标准差为 36 和 26。

要求　试计算工艺调整前后该企业织布车间停机台数方差之比 σ_1^2/σ_2^2 在 90% 置信水平下的置信区间。

解　已知 $n_1=25$，$n_2=36$，$s_1=36$，$s_2=26$，利用 Excel 的 FINV 函数计算得到 $F_{0.05}(24,35)=1.833\ 2$ 和 $F_{0.95}(24,35)=0.522\ 9$。

由式（6.55）计算得到

$$\left(\frac{s_1^2/s_2^2}{F_{\alpha/2}(n_1-1,\ n_2-1)},\ \frac{s_1^2/s_2^2}{F_{1-\alpha/2}(n_1-1,\ n_2-1)}\right)$$

$$=\left(\frac{36^2/26^2}{1.833\ 2},\ \frac{36^2/26^2}{0.522\ 9}\right)$$

即总体均值方差之比 σ_1^2/σ_2^2 在 90% 置信水平下的置信区间为 （1.045 8，3.666 4）。该企业织布车间停机台数工艺调整前后方差之比依 90% 的概率落在 1.045 8～3.666 4。

6.4.3　两个总体比例之差的区间估计

在大样本的场合下，即 $n_1p_1>5$，$n_1(1-p_1)>5$ 和 $n_2p_2>5$，$n_2(1-p_2)>5$ 时，从两个服从二项分布的总体中得到的两个样本比例 p_1 和 p_2 之差 p_1-p_2 的抽样分布渐进地趋于正态分布 $N\left(\pi_1-\pi_2,\ \frac{\pi_1(1-\pi_1)}{n_2}+\frac{\pi_2(1-\pi_2)}{n_2}\right)$，其标准化后的随机变量 Z 渐进地服从标准正态分布。

一般情况下，两个总体比例 π_1 和 π_2 为未知，采用样本比例 p_1 和 p_2 替代总体比例 π_1 和 π_2，这时两个总体比例之差在 $1-\alpha$ 置信水平下的置信区间为

$$(p_1-p_2)\mp Z_{\alpha/2}\sqrt{\frac{p_1(1-p_1)}{n_2}+\frac{p_2(1-p_2)}{n_2}} \tag{6.56}$$

例 6.20　某公司为了分析新产品的电视广告效果，在 A 市随机访问了 600 名用户，其中有 216 人是通过电视广告了解该新产品的；在 B 市随机访问了 500 名用户，其中有 120 人是通过电视广告了解该新产品的。

要求　试以 95% 的置信水平估计 A 市与 B 市通过电视广告了解该新产品的用户占全部用户的比例之差的置信区间。

解　已知 $n_1=600$，$n_2=500$，由样本数据可计算得到两个样本比例分别为

$$p_1=\frac{216}{600}=36\%，\quad p_2=\frac{120}{500}=24\%$$

由于 $n_1p_1>5$，$n_1(1-p_1)>5$ 和 $n_2p_2>5$，$n_2(1-p_2)>5$，可以认为这两个样本比例之差 p_1-p_2 的抽样分布渐进地趋于正态分布，有 $Z_{\alpha/2}=1.96$。由式（6.56）得

$$(36\%-24\%)\mp1.96\times\sqrt{\frac{36\%\times(1-36\%)}{600}+\frac{24\%\times(1-24\%)}{500}}$$

$$=12\%\mp5.36\%$$

即 A 市与 B 市通过电视广告了解该新产品的用户占全部用户比例之差在 95% 置信水平下的置信区间为 6.64%～17.36%。

Excel 应用

参 数 估 计

例 6.21 利用例 6.8 某地对在该地就业的本科生在毕业一年后的月工资情况调查数据，取前 18 名本科生的数值，进行相关的参数估计。假定该总体服从正态分布，具体数据如表 6.3 所示。

表 6.3　18 名本科生毕业一年后的月工资情况　　　　　　　　　　　　　　　元

1 950	2 080	2 200	1 590	2 140	2 080	1 690	1 960	2 980
2 500	2 600	2 300	2 400	2 450	2 600	2 780	2 590	2 460

要求　（1）计算样本均值和样本标准差。

（2）求给定置信水平为 95% 的总体均值 μ 的置信区间。

（3）求给定置信水平为 95% 的总体方差 σ^2 的置信区间。

解　第一步，利用 Excel 的"分析工具库"中"描述统计"工具，计算样本均值、样本标准差、样本均值标准差和 $t_{0.025}(17)\dfrac{s}{\sqrt{n}}$ 的数值。

在 Excel 的"分析工具库"中"描述统计"工具中的"平均"即样本均值，"标准偏差"即样本标准差，"标准误差"即样本均值标准差 $s_{\bar{x}}=s/\sqrt{n}$，"置信度（$1-\alpha$%）"即在 $1-\alpha$ 置信水平下 t 分布的分位值 $t_{\alpha/2}(n-1)$ 与样本均值标准差 $s_{\bar{x}}=s/\sqrt{n}$ 之积 $t_{\alpha/2}(n-1)\dfrac{s}{\sqrt{n}}$。各种计算结果见表 6.4。

表 6.4　"分析工具库"计算结果

平　　均	2 297.222 2
标准误差	86.726 2
标准偏差	367.948 3
样本方差	135 385.947 7
置信度（95%）	182.976 6

由表 6.4 可知，样本均值 $\bar{x}=2\,297.22$ 元，样本标准差 $s=367.95$ 元，可计算得给定置信水平为 95% 的总体均值 μ 的置信区间为（2 114.26，2 480.20）。

第二步，用 Excel 的 CHIINV 函数计算得 $\chi^2_{0.025}(17)=30.191$ 和 $\chi^2_{0.975}(17)=7.564$，根据式（6.39），有

$$\frac{17\times367.95^2}{30.191}<\sigma^2<\frac{17\times367.95^2}{7.564}$$

可以得到总体方差 σ^2 的置信区间为（76 233，304 271）。

例 6.22　仍然利用例 6.8 某地对在该地就业的本科生在毕业一年后的月工资情况调查

数据，假定前 18 名毕业生的数值和后 18 名毕业生的数值分别来自两个独立总体的样本，并且这两个总体均服从正态分布。

要求 （1）假定这两个总体的方差相等，即 $\sigma_1^2 = \sigma_2^2$，求给定置信水平为 90% 的两个总体均值之差 $\mu_1 - \mu_2$ 的置信区间。

（2）求给定置信水平为 90% 的两个总体方差之比 σ_1^2/σ_2^2 的置信区间。

解 第一步，利用 Excel 的"分析工具库"中"描述统计"工具，计算两个样本的样本均值、样本方差，计算结果见表 6.5。

表 6.5　利用 Excel "分析工具库" 计算结果

测　度	样本一	样本二
样本容量	18	18
样本均值	2 297.222 2	2 502.777 8
样本方差	135 385.947 7	183 138.888 9

第二步，由于这两个总体的方差相等，即 $\sigma_1^2 = \sigma_2^2$，采用式（6.49）计算总体均值之差 $\mu_1 - \mu_2$ 在给定置信水平为 90% 下的置信区间。

先根据式（6.47），采用两个随机样本的信息来计算总体方差，有

$$s_{1,2}^2 = \frac{17 \times 2\,297.22^2 + 17 \times 2\,502.78^2}{34} = 399.077^2$$

然后，采用 Excel 的 TINV 函数计算得 $t_{0.025}(34) = 2.032\,2$，再运用式（6.49）计算，有

$$(2\,297.22 - 2\,502.78) \mp 2.032\,2 \times 399.077 \times \sqrt{\frac{1}{18} + \frac{1}{18}}$$

即总体均值之差 $\mu_1 - \mu_2$ 在 90% 置信水平下的置信区间为 $(-475.895, 64.775)$。

第三步，采用式（6.55），计算置信水平 90% 下的两个总体方差比值 σ_1^2/σ_2^2 的置信区间。

先利用 Excel 的 FINV 函数计算得 $F_{0.05}(17, 17) = 2.271\,9$ 和 $F_{0.95}(17, 17) = 0.440\,2$。再运用式（6.55）计算，有

$$\left(\frac{135\,385.95/183\,138.89}{2.271\,9}, \frac{135\,385.95/183\,138.89}{0.440\,2} \right)$$

即总体均值方差之比 σ_1^2/σ_2^2 在 90% 的置信水平下的置信区间为 $(0.325\,4, 1.679\,5)$。

思考与练习

1. 什么是总体、样本、样本容量、估计量、估计值？
2. 什么是点估计和区间估计？
3. 什么是总体分布、样本分布和抽样分布？
4. 什么是大数定律和中心极限定理？
5. 样本均值和样本方差有哪些分布？
6. 什么是点估计的矩估计法和最大似然法？
7. 什么是点估计量的一致性、无偏性和有效性？
8. 解释置信区间和置信水平的联系。

9. 从正态分布总体 N(500，150^2) 抽取容量为 49 的样本，求：

(1) 置信区间为 458 到 542 的概率。

(2) 置信区间为 −∞ 到 542 的概率。

(3) 置信区间为 474 到 542 的概率。

10. 从正态分布的总体 N(100，20^2) 抽取容量为 100 的样本，求样本均值 $\bar{x}$ 与总体均值 μ 的绝对离差大于 3 的概率。

11. 假定某高校学生的日常消费服从正态分布，抽取了 100 名同学的月消费总额构成一随机样本。

(1) 若已知总体标准差为 160 元，样本均值 $\bar{x}$ 为 605 元，求总体均值 μ 在 95% 置信水平下的置信区间。

(2) 若总体标准差为未知，样本标准差 s 为 170 元，求总体标准差 σ 在 95% 置信水平下的置信区间。

12. 某产品的长度服从正态分布，从该正态总体中随机抽取一个容量为 81 的样本，测得样本均值 $\bar{x}$ 为 105 cm，样本标准差 s 为 27 cm。计算该产品长度的总体均值 μ 在 95% 置信水平下的置信区间。

(1) 采用正态分布的 Z 统计量计算。

(2) 采用 t 分布的 T 统计量计算。

13. 一正态总体，总体标准差 σ 为 8，若要求依 95% 的概率，估计总体均值的误差小于 1.8，问样本容量至少应为多少？

14. 由 46 件某产品重量构成的一随机样本，样本标准差 s 为 1.5 kg，试求在 95% 置信水平下总体标准差 σ 的置信区间。

15. 表 6.6 为在经济发展存在差异的甲、乙两地，各自独立抽取了 10 个社区保安月工资数据构成两个随机样本。已知甲、乙两地社区保安月工资均服从正态分布。

表 6.6　甲、乙两地社区保安月工资调查数据　　　　　　　　　　元

| 甲地 | 890 | 1 200 | 980 | 790 | 1 300 | 1 100 | 880 | 1 400 | 1 060 | 1 020 |
| 乙地 | 670 | 780 | 890 | 780 | 850 | 750 | 650 | 780 | 850 | 740 |

(1) 分别计算甲、乙两地社区保安月工资样本均值和样本标准差。

(2) 求甲、乙两地社区保安月工资总体均值在 95% 置信水平下的置信区间。

(3) 求甲、乙两地社区保安月工资总体均值之差在 95% 置信水平下的置信区间。

(4) 求甲、乙两地社区保安同工资总体标准差在 90% 置信水平下的置信区间。

(5) 求甲、乙两地社区保安月工资总体方差之比在 90% 置信水平下的置信区间。

自测题

自测题答案

人物小传

贝叶斯（Thomas Bayes）

贝叶斯（1702—1761），1702 年出生于伦敦。1742 年，贝叶斯被选为英国皇家学会会员。1761 年 4 月 17 日在坦布里奇韦尔斯去世。

贝叶斯是一位自学成才的数学家，他一直从事宗教事务，曾长期担任坦布里奇韦尔斯地方教堂的牧师。

直到贝叶斯去世之后的第三年，也就是 1764 年，著名的《论机会学说问题的求解》一书终于得以出版。在这本著作中，贝叶斯论述了他的一种归纳推理的理论，提出了著名的"贝叶斯定理（或贝叶斯公式）"，即现代统计学中的条件概率（后验概率）公式。

在贝叶斯的这一后验统计学观点的基础上，产生了统计学理论中的一个重要分支——后验统计学，形成了统计学研究的一个重要学派——后验统计学派。

在后续的统计学家的不懈努力下，后验统计学的方法已经发展为一种系统的统计推断方法，统称为贝叶斯方法。在当今的统计学理论体系中以贝叶斯命名的内容有贝叶斯公式、贝叶斯风险、贝叶斯决策函数、贝叶斯决策规则、贝叶斯估计量、贝叶斯方法、贝叶斯统计等。

假 设 检 验

假设检验帮助我们掌握在科学研究和实际问题中提出合理假设并进行检验的能力，培养我们诚实守信的工作态度，其在社会、经济等多个领域有重要作用，如公共政策制定、市场调查等方面。在假设检验工作中，我们要坚持探索真理、勇于质疑和验证，树立正确的人生观和价值观，增强服务社会的责任感。

通过本章的学习，要求重点掌握假设检验的一般步骤和要求，假设检验的一般问题，单一总体参数的均值、方差和比例的假设检验，以及两个总体参数的均值之差、方差比值和比例之差的假设检验的方法，正确地运用 Z 分布、t 分布、F 分布和 χ^2 分布来构造检验统计量，进行假设检验；理解假设检验依据的基本原理，假设检验的两类错误，假设检验的显著性水平 α 及其 p 值，假设检验的原假设和备择假设，假设检验的拒绝域和临界值，假设检验的双侧检验和单侧检验及其对检验效率的影响；了解什么是大样本，大样本时计算总体检验统计量的基本思想，假设检验的显著性水平 α 及其 p 值在统计认识中的意义。

7.1　假设检验的一般问题

假设检验（hypothesis test）是指先对总体参数提出某种假设，然后利用样本信息来判断假设是否成立的方法和过程。

7.1.1　小概率原理

小概率原理（small probability theory）是指发生概率很小的随机事件，在一次试验中几乎是不可能发生的。根据这一原理可以作出是否拒绝原先设定假设的决定。如果原先设定的假设成立，发生概率很小的随机事件在一次试验中几乎是不可能发生的，假如小概率事件在一次试验中竟然发生了，则拒绝原先设定的假设。

例如：某厂商对外宣布该企业生产的 A 产品不合格率已经降到1‰以下。这个产品不合格率小于1‰，可以视为该企业对 A 产品质量的一个假设。假若 A 产品不合格率小于1‰是真实的，从该企业生产的 A 产品中抽取 1 个产品进行测试，这个产品不可能为不合格品，假如抽取的 1 个产品恰好是不合格品，那么这个假定可能性仅为 1‰ 以下的小概率事件居然发生了，就有理由怀疑该 A 产品不合格率小于 1‰ 的假设，并且拒绝这个假设。这只是一个极端例子，对于这种极端情况容易进行分析和判断，并可以简单地作出选择。在现实统计分析时，人们需要解决的问题通常更为复杂和困难。例如：当假设的不合格率小于 5%，抽取的样本为 100 个，其中不合格品有 8 个时，假设是否成立？对于这类问题，需要由假设检验来解决。

7.1.2 假设检验的一般步骤

一般可以将假设检验的流程归纳为 5 个步骤。

1. 提出原假设和备择假设

原假设（null hypothesis）是指通过样本信息来推断正确与否的命题，也称为零假设，用 H_0 表示。

备择假设（alternative hypothesis）是指与原假设对立的命题，是原假设的替换假设，用 H_1 表示。

例 7.1 某化工企业为了提高产品合格率，需要采购一批纯度较高的 W 原料。在已经接到的报价中，A 厂商价格合理，并宣称 W 原料平均纯度不低于 98%，符合该企业对于原料纯度的要求。为此，该企业准备进行一次检测，核实 A 厂商报价中 W 原料的平均纯度不低于 98% 的技术指标数值是否属实，然后决定是否签订采购合同。

要求 试建立用于本次检测的原假设和备择假设。

解 设 A 厂商 W 原料纯度的总体均值为 μ，建立原假设和备择假设为

$$H_0: \mu \geqslant 98\% \text{（符合纯度不低于 98% 的要求）}$$

$$H_1: \mu < 98\% \text{（不符合纯度不低于 98% 的要求）}$$

2. 选定适当的检验统计量

如同参数估计，假设检验同样是从抽样分布出发，借助样本统计量进行统计推断。在假设检验中的样本统计量称为检验统计量。

检验统计量（test statistic）是指根据样本数据计算得到的，对原假设进行判断的样本统计量。

在假设检验中，需要根据所检验的问题、样本容量、总体分布、总体方差是否已知等要素，科学地选定检验统计量。

3. 确定适当的显著性水平 α

在参数估计的区间估计中，需要确定一个显著性水平 α，以此规定进行区间估计的精确程度。假设检验是基于样本信息的统计推断，存在出现错误的可能性。将其中一类错误定义为原假设是正确的，而根据样本信息计算出来的检验统计量却将其拒绝了，并将这类错误发生的概率用显著性水平 α 来表示。

显著性水平 α（significance level）是指原假设正确却被拒绝的概率。

显著性水平 α 一般取 0.1、0.05 或 0.01 等数值。显著性水平的数值通常在研究之前决定，并由研究人员根据研究目的、可用的样本量和接受错误风险的意愿来主观确定。

各类统计软件在给出检验统计量的数值时，一般会给出该检验统计量数值的相伴概率，即 p 值。p 值是根据检验统计量的数值、相关概率分布及其自由度等计算出来的实际显著性水平，反映了由该检验统计量进行假设检验时，正确的原假设遭到拒绝的实际概率水平。

4. 计算检验统计量的数值

在根据假设检验的要求和具体情况，提出了原假设和备择假设，选定了适当的检验统计量和显著性水平 α 之后，接着就是计算出原假设成立时检验统计量的具体数值，为作出统计决策提供依据。

5. 作出统计决策

作出统计决策是根据选定的显著性水平 α 和检验统计量的分布，确定拒绝域的临界值，将检验统计量的数值与临界值相比较，进而作出是否拒绝原假设决策的方法和过程。

拒绝域（rejection region）是指检验统计量拒绝原假设的所有取值的集合。

临界值（critical value）是指根据选定的显著性水平 α 所确定的拒绝域的边界数值。

显然，拒绝域是由显著性水平 α 确定的一个数值区间。若由样本数据计算的检验统计量数值落在这个区间里，则拒绝原假设；反之则不能拒绝原假设。我们把这个由所选定的显著性水平 α 直接相关的数值区间称为拒绝域。

7.1.3 假设检验的两类错误

假设检验的判断是建立抽样分布的基础上，依据一定的概率水平进行的统计推断。假设检验中存在着出现错误的可能性，并且需要用具体的概率水平来度量这一出错的可能性。假设检验将可能出现的错误分为第 Ⅰ 类错误和第 Ⅱ 类错误两种类型。

第 Ⅰ 类错误（type Ⅰ error）是指当原假设为真时拒绝原假设的错误，又称弃真错误。通常将犯第 Ⅰ 类错误的概率记为 α，即显著性水平。

第 Ⅱ 类错误（type Ⅱ error）是指当原假设为假时却没有拒绝原假设的错误，又称取伪错误。通常将犯第 Ⅱ 类错误的概率记为 β。

在假设检验中做出统计决策时，存在 4 种可能的结果。表 7.1 为假设检验中四种结果发生的概率。

表 7.1 假设检验中四种结果发生的概率

判断	实际	
	H_0 为真	H_0 为伪
H_0 为真	$1-\alpha$（正确判断）	α（弃真错误）
H_0 为伪	β（取伪错误）	$1-\beta$（正确判断）

在假设检验中，人们总是希望能够做出正确的统计决策，犯这两类错误的概率越小越好。然而，在样本容量一定的前提下，犯这两类错误的概率是互为消长的。若减小犯第 Ⅰ 类错误的概率 α，就增大了犯第 Ⅱ 类错误的概率 β；同样，若减小犯第 Ⅱ 类错误的概率 β，就增大了犯第 Ⅰ 类错误的概率 α。

　　由图 7.1 可见，若有原假设 $H_0:\mu=\mu_0$，且样本来自图 7.1 中 $\mu=\mu_0$ 的正态总体 a，在这种场合下原假设 H_0 为真，出现"弃真"错误的可能性，即样本落入图 7.1 中 a 的阴影部分的可能性，根据样本信息拒绝 H_0 的概率为犯第 I 类错误的概率 α；若仍有 $H_0:\mu=\mu_0$，但样本来自于图 7.1 中 $\mu=\mu_1>\mu_0$ 的正态总体 b，在这种场合下原假设 H_0 为伪，出现"取伪"错误的可能性，即样本落入图 7.1 中 b 的阴影部分的可能性，根据样本信息接受 H_0 的概率为犯第 II 类错误的概率 β。

　　图 7.1 中垂线 l 表示犯第 I 类错误的概率，即显著性水平 α，以及犯第 II 类错误的概率 β 在数轴中的相对位置。由图 7.1 可知，虽然显著性水平 α 所度量的是犯第 I 类错误的概率，不能具体度量犯第 II 类错误的概率水平，但是随着显著性水平 α 的确定，犯第 II 类错误的概率 β 也就确定下来了。当垂线 l 向右移动时，表示犯第 I 类错误的概率 α 减小，犯第 II 类错误的概率 β 增大；当垂线 l 向左移动时，表示犯第 I 类错误的概率 α 增大，犯第 II 类错误的概率 β 减小。因此，犯第 I 类错误的概率 α 和犯第 II 类错误的概率 β 是一种互为消长的数值关系。若要同时降低犯第 I 类错误的概率 α 和第 II 类错误的概率 β，就需要增大样本容量，以及采用更加有效的抽样设计，来同时缩小犯这两类错误的概率。

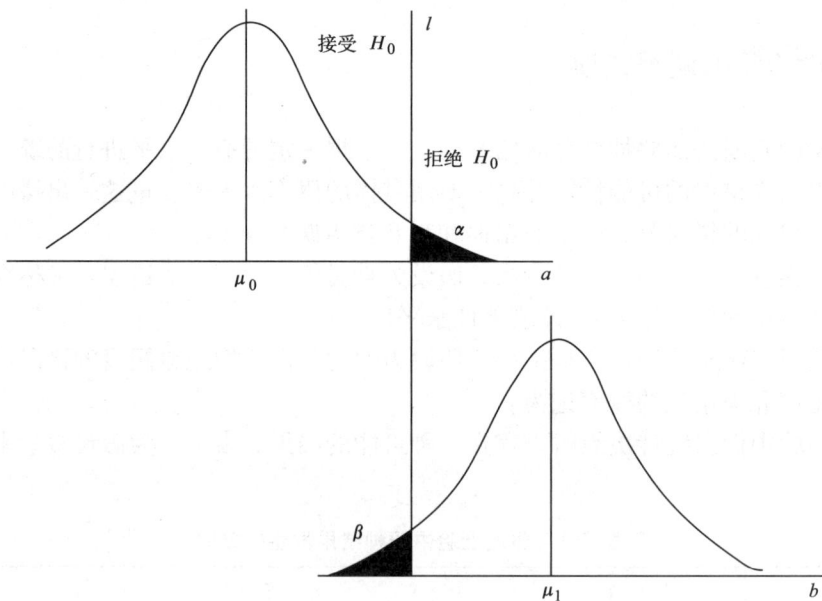

图 7.1　假设检验中出现两类错误的示意图

7.1.4　双侧检验和单侧检验

根据假设检验的要求和形式不同，假设检验可以分为双侧检验和单侧检验两类。

1. 双侧检验

双侧检验（two-sides test）是指判断总体参数是否发生了显著变化的假设检验，其备择假设没有特定的方向性，含有 "≠" 运算符号，一般也称为双尾检验（two-tailed test）。

双侧检验的拒绝域通常在概率分布的两边。如图 7.2 所示，落入左右两边拒绝域的概率均为 $\alpha/2$，从而保证了样本落在拒绝域的概率之和为显著性水平 α，样本落在接受域的概率为 $1-\alpha$。

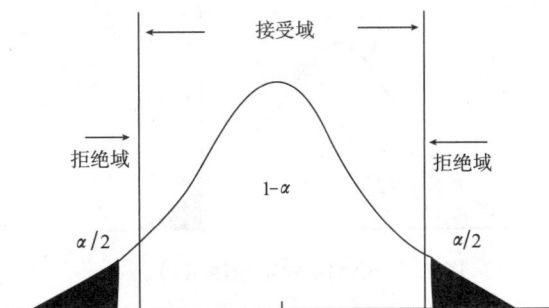

图 7.2　双侧检验示意图

例 7.2　某大学为了培养一年级新生良好的自我管理能力和自习习惯，规定晚自习时间为 3 小时。根据历史数据，一年级新生晚自习时间长度服从正态分布。该大学教学管理部门在新生入学后的第 12 周进行了一次一年级新生晚自习时间调查，随机抽取了 100 名新生的晚自习时间长度数据构成样本，计算得到样本均值为 2.8 小时。

要求　试问总体均值与学校规定的 3 小时之间有无显著差异。

解　为了兼顾同学的身体和学业，大学校方认为晚自习时间过长和过短都不利于新同学的成长，所以规定一年级新生晚自习时间长度为 3 小时，因此这是一个对时间长度过长和过短两个方面都要进行检验的双侧检验。

设该大学一年级新生晚自习时间长度的总体均值为 μ，建立原假设和备择假设为

$H_0: \mu = 3$（一年级新生晚自习时间总体均值与校方规定无显著差异）

$H_1: \mu \neq 3$（一年级新生晚自习时间总体均值与校方规定有显著差异）

根据选定的显著性水平 α，若不能拒绝原假设 H_0，则说明依 $1-\alpha$ 的概率，该校一年级新生晚自习时间的总体均值与校方规定无显著差异，符合校方一年级新生晚自习时间长度为 3 小时的要求；若拒绝原假设 H_0，说明依 $1-\alpha$ 的概率，该校一年级新生晚自习时间的总体均值与校方规定存在显著差异，不符合校方有关要求。

2. 单侧检验

单侧检验（one-side test）是指判断总体参数是否发生了特定方向变化的假设检验，其备择假设在数轴上具有特定的方向性，包含 "<" 或 ">" 运算符号，一般也称为单尾检验（one-tailed test）。

单侧检验的拒绝域通常在概率分布的单边，如图 7.3 和图 7.4 所示。在单侧检验中只需要在概率分布的单边确定拒绝域的临界值，进行显著性检验。单侧检验方向，即设置拒绝域临界值的位置，可以是在概率分布的右端，如图 7.3 所示；也可以是在概率分布的左端，如图 7.4 所示。这两种方式均依据显著性水平 α 的数值确定单侧拒绝域的临界值，使得样本落在拒绝域的概率为显著性水平 α，样本落在接受域的概率为 $1-\alpha$。

通常，可以从单侧检验的方向性角度将其分为两种：一种是被检验的数值越大越容易拒绝原假设，只需要对其数轴的右端进行检验，一般称为右侧检验，如图 7.3 所示；另一种是被检验的数值越小越容易拒绝原假设，只需要对其数轴的左端进行检验，一般称为左侧检验，如图 7.4 所示。

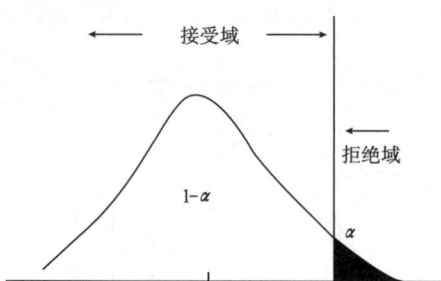

图 7.3　单侧检验示意图（1）　　　　　图 7.4　单侧检验示意图（2）

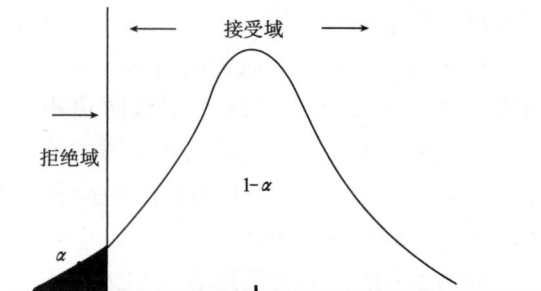

例 7.3　沿用例 7.1 的有关资料。该企业准备进行一次检测，核实 A 厂商关于 W 原料的平均纯度不低于 98％的技术指标是否属实。假定得到该厂 W 原料纯度的样本均值为 97％。

要求　试设置原假设和备择假设，以判断 A 厂商所宣称的 W 原料纯度的总体均值不低于 98％是否真实。

解　该企业对于 W 原料纯度的要求是越高越好，对于 W 原料纯度的上限不存在限定问题。因此，这里需要考虑的是一个单方面的检验和控制，而且是对数值是否偏低的单方面的检验和控制，即 A 厂商关于 W 原料平均纯度的真实数值水平是否低于 98％。

假设 A 厂商 W 原料平均纯度的总体均值为 μ，建立原假设和备择假设为

$H_0 : \mu \geqslant 98\%$（W 原料纯度的总体均值不低于 98％）

$H_1 : \mu < 98\%$（W 原料纯度的总体均值低于 98％）

根据选定的显著性水平 α，若不能拒绝原假设 H_0，说明虽然样本均值低于 98％，但是依 $1-\alpha$ 的概率，仍然处在单侧检验的接受域内；若根据选定的显著性水平 α，拒绝了原假设 H_0，表示在 $1-\alpha$ 的概率下，样本均值为 97％的数值水平处在单侧检验的拒绝域内，从而可以在具体的显著性水平 α 下，认为 A 厂商所宣称的 W 原料纯度的总体均值不低于 98％是不真实的。

7.1.5　p 值

p 值（p-value）是当原假设 H_0 为真时，由样本信息给出的犯第 I 类"弃真"错误概率的精确数值，所以也称为观察到的显著性水平（observed significance level）。

各种统计软件在计算各类检验统计量时，均会同时给出与具体检验统计值相对应的 p 值，因此 p 值又称为相应检验统计量的相伴概率（concomitant probability）。

在传统的假设检验中，采用了选定显著性水平 α 数值的方式，设定假设检验拒绝域的临界值，实施对具体假设的判断。在计算手段高度发达的今天，可以非常方便地获得由样本信息给出的犯第 I 类"弃真"错误的实际数值，即 p 值。因此，能够利用 p 值来精确地确定检验对象的显著性水平，并将其与先期设定的显著性水平 α 相比较，进行假设检验的判断。

利用 p 值进行假设检验，可以比较 p 值与设定显著性水平 α 数值的相对大小，从而进行统计判断，即当 p 值小于显著性水平 α 时就拒绝原假设 H_0，当 p 值大于显著性水平 α 时就接受原假设 H_0。同时，还可以知道当 p 值小于显著性水平 α，拒绝原假设 H_0 时，犯第 I 类"弃真"错误的确切概率数值。

7.2 单一总体参数的假设检验

单一总体参数的假设检验主要是对总体均值、总体方差和总体比例的假设检验，根据样本容量大小、检验参数不同等，分为以下几种情况。

7.2.1 总体均值的假设检验

由于样本容量不同，以及总体是否服从正态分布，总体方差是否已知等情况，总体均值的假设检验方法也随之不同。

1. 大样本

由抽样分布可知，在大样本场合样本均值趋于正态分布，并且有样本均值的标准差 $\sigma_{\bar{x}}$ 为总体标准差除以样本容量的平方根。将样本均值 $\bar{x}$ 与总体均值 μ 的差，除以样本均值的标准差 $\sigma_{\bar{x}}$，对样本均值 $\bar{x}$ 进行标准化处理，即可得到大样本场合下，总体均值假设检验的 Z 统计量。

$$Z = \frac{\bar{x} - \mu}{\sigma_{\bar{x}}} \tag{7.1}$$

当总体方差 σ^2 已知时，样本均值的方差为 $\sigma_{\bar{x}}^2 = \sigma^2/n$，式 (7.1) 可写为

$$Z = \frac{\bar{x} - \mu}{\sigma/\sqrt{n}} \tag{7.2}$$

当总体方差 σ^2 未知时，可以采用样本方差 s^2 来替代总体方差 σ^2，式 (7.1) 可写为

$$Z = \frac{\bar{x} - \mu}{s/\sqrt{n}} \tag{7.3}$$

例 7.4 沿用例 7.2 中相关数据，样本均值 $\bar{x}$ 为 2.8 小时，假设的总体均值 μ_0 为 3 小时，样本容量 n 为 100。已知总体标准差 σ 为 0.8 小时，显著性水平 α 为 0.05。

要求 试检验总体均值 μ 与学校规定的 3 小时之间有无显著差异。

解 晚自习时间过长和过短都不利于新同学的学习和成长，即总体均值 μ 大于或小于 3 小时均不符合要求，因此对其进行双侧检验。

① 提出原假设和备择假设，为
$$H_0: \mu = 3 \; ; H_1: \mu \neq 3$$

② 确定检验统计量。本例样本容量 n 为 100，属大样本，并且总体标准差 σ 已知，因此采用式 (7.2) 的 Z 检验统计量进行检验。

③ 确定显著性水平。选定的显著性水平为 $\alpha = 0.05$。在 Z 检验统计量的双侧检验场合，落入正态总体曲线左右两边拒绝域的概率均为 $\alpha/2$。

④ 计算 Z 检验统计量。根据式 (7.2) 计算得到
$$Z = \frac{\bar{x} - \mu}{\sigma/\sqrt{n}} = \frac{2.8 - 3}{0.8/10} = -2.5$$

⑤ 进行判断。

通过查阅正态分布表，或借助 Excel 的 NORMSINV 函数计算拒绝域的临界值，$Z_{0.025} = 1.96, Z_{0.975} = -Z_{0.025} = -1.96$。由于 $Z = -2.5$，小于左端临界值 -1.96，处在拒绝域中，因此拒绝原假设 $H_0: \mu = 3$，认为该校一年级新生晚自习时间长度的总体均值 μ 与学校规定的 3 小时（假设的总体均值 μ_0）之间存在显著差异。

例 7.5　若将例 7.4 中的样本容量由 100 减少到 36，其他条件都不变。

要求　试检验总体均值 μ 与学校规定的 3 小时之间有无显著差异。

解　由于本例与例 7.4 相比，仅仅是样本容量减少，其他条件都不变。仍采用 Z 检验统计量进行检验，所影响到的只是样本容量减少引起 Z 检验统计量数值的减小，以及由样本容量减少导致犯第 Ⅰ 类错误的概率 α 的减小，或者犯第 Ⅱ 类错误的概率 β 的增大。具体而言，采用式（7.2）计算 Z 检验统计量，有

$$Z = \frac{\bar{x} - \mu}{\sigma / \sqrt{n}} = \frac{2.8 - 3}{0.8 / \sqrt{36}} = -1.5$$

由于 $Z = -1.5$，大于左端临界值 -1.96，处在接受域中，因此接受原假设 $H_0: \mu = 3$，认为该校一年级新生晚自习时间长度的总体均值 μ 与学校规定的 3 小时（假设的总体均值 μ_0）之间没有显著差异。

同一个问题，为什么当样本容量减少时检验结论由拒绝原假设 H_0 转为接受原假设 H_0 了呢？这是因为显著性水平 α 没有变，在样本容量减少时，为了保证犯第 Ⅰ 类错误的概率 α 不变，即犯"弃真"错误的风险不变，只有通过扩大接受域来实现，就会导致犯第 Ⅱ 类错误的概率 β 相应增大，增加"取伪"的风险。因此，在显著性水平 α 一定的条件下，当样本容量 n 为 100 时，样本均值为 2.8 小时落在拒绝域内；而当样本容量 n 减少到 36 时，样本均值为 2.8 小时却在接受域之内。

在现实分析中，在单位样本调查成本不是过分高昂，调查时间能够满足需要时，还是应抽取尽可能多的样本，以降低假设检验中出现的两类错误，尤其是以隐含形式存在的第 Ⅱ 类"取伪"错误。

❖ **讨论题**　若例 7.5 中其他条件都不变，试计算总体均值与学校规定的 3 小时之间出现显著差异的样本均值的临界值。

2. 正态总体，小样本

在正态总体的小样本（一般为 $n < 30$）场合下，总体均值 μ 的假设检验分为总体方差 σ^2 已知和总体方差 σ^2 未知两种情形。

当总体方差 σ^2 已知时，样本均值 $\bar{x}$ 经过标准化后的随机变量服从标准正态分布，因此依然采用式（7.2）来计算检验统计量。

当总体方差 σ^2 未知时，样本均值 $\bar{x}$ 经过标准化后的随机变量服从自由度为 $n-1$ 的 t 分布，此时其检验统计量为

$$T = \frac{\bar{x} - \mu}{s / \sqrt{n}} \sim t(n-1) \tag{7.4}$$

例 7.6　现从某地抽取了样本容量 n 为 18 的样本，对在该地就业的本科生在毕业一年后的月工资情况进行调查，假定该总体服从正态分布，但总体方差 σ^2 未知，样本数据如表 7.2 所示。

表 7.2　18 名毕业一年本科生的月工资情况　　　　　　　　　　　　元

1 950	2 080	2 200	1 590	2 140	2 080	1 690	1 960	2 980
2 500	2 600	2 300	2 400	2 450	2 600	2 780	2 590	2 460

要求　若在相邻 S 市就业的毕业一年本科生的月工资均值为 2 400 元，试在显著性水平 α 为 0.05 的前提下，检验该地就业的本科生毕业一年后的月工资总体均值是否显著低于相邻 S 市的水平。

解　检验的问题是该地就业的本科生毕业一年后的月工资总体均值 μ 是否显著低于相邻 S 市的水平 μ_0 为 2 400 元，即检验总体均值 μ 是否显著低于 2 400 元，属于单侧检验。

① 提出原假设和备择假设，为
$$H_0 : \mu \geqslant 2\ 400 ; H_1 : \mu < 2\ 400$$

② 确定检验统计量。本例总体方差 σ^2 未知，样本容量 n 为 18，属小样本，因此采用式（7.4）的 T 检验统计量进行检验。

③ 确定显著性水平。选定的显著性水平为 $\alpha = 0.05$。在 T 检验统计量的左侧检验场合，落入 t 分布曲线左边拒绝域的概率为 α。

④ 计算 T 检验统计量。由表 7.2 中的样本数据计算得到样本均值 $\bar{x} = 2\ 297.22$ 元，样本标准差 $s = 367.95$ 元，根据式（7.4）计算得到
$$T = \frac{\bar{x} - \mu}{s / \sqrt{n}} = \frac{2\ 297.22 - 2\ 400}{367.95 / \sqrt{18}} = -1.185\ 1$$

⑤ 进行判断。

T 检验统计量的数值小于临界值 $-t_\alpha(n-1)$ 的区域构成拒绝域。在本例中，通过查阅 t 分布表，或借助 Excel 的 TINV 函数计算，在显著性水平 $\alpha = 0.05$，自由度为 17 时，$t_{0.05}(17) = 1.739\ 6$。由于 T 检验统计量的数值 $-1.185\ 1$ 大于临界值 $-t_{0.05}(17) = -1.739\ 6$，处在接受域中，因此不能拒绝原假设 $H_0 : \mu \geqslant 2\ 400$，认为该地毕业一年本科生的月工资总体均值 μ 不显著低于 S 市的水平 $\mu_0 = 2\ 400$ 元。

例 7.7　将例 7.6 中的检验问题由比较相邻 S 市的水平，改为与该市的预期控制目标 2 200 元比较。

要求　试检验该地本科生毕业一年后的月工资总体均值与该市的预期控制目标 2 200 元之间是否存在显著差异。

解　显然，本问题理想的情况是该地本科生毕业一年后的月工资总体均值 μ 与该市的预期控制目标 $\mu_0 = 2\ 200$ 元不存在显著差异，高于和低于控制目标 2 200 元都是不合适的，应对其进行双侧检验。

这时，将例 7.6 中提出的原假设和备择假设改为
$$H_0 : \mu = 2\ 200 ; H_1 : \mu \neq 2\ 200$$

同时，按照双侧检验的特点确定 t 分布曲线两边拒绝域的概率为 $\alpha/2 = 0.025$。

与例 7.6 一样，由表 7.2 中的样本数据计算得到样本均值 $\bar{x} = 2\ 297.22$ 元，样本标准差 $s = 367.95$ 元，根据式（7.4）计算得到
$$T = \frac{\bar{x} - \mu}{s / \sqrt{n}} = \frac{2\ 297.22 - 2\ 200}{367.95 / \sqrt{18}} = -1.121\ 0$$

再利用 t 分布表，或 Excel 的 TINV 函数得到 $t_{0.025}(17) = 2.109\ 8$。由于 T 检验统计量的绝对值 $|T| = 1.121$，小于临界值 $t_{0.025}(17) = 2.109\ 8$，处在接受域中，因此不能拒绝原假设 $H_0 : \mu = 2\ 200$，认为该地毕业一年本科生的月工资总体均值 μ 与该市的预期控制目标 μ_0 2 200 元不存在显著差异。

利用本例中双侧检验在显著性水平 α 下的 t 分布临界值 $t_{0.025}(17) = 2.109\ 8$，可以计算出该地本科生毕业一年后的月工资总体均值 μ 的接受域临界值的上限和下限，其中下限用 $\bar{x}_L$ 表示，为

$$\bar{x}_L = \bar{x} - t_{\alpha/2}(n-1)\frac{s}{\sqrt{n}} \tag{7.5}$$

在本例中，有

$$\bar{x}_L = \bar{x} - t_{0.025}(17)\frac{s}{\sqrt{n}} = 2\ 297.22 - 2.109\ 8 \times \frac{367.95}{\sqrt{18}} = 2\ 114.24$$

上限用 $\bar{x}_U$ 表示，为

$$\bar{x}_U = \bar{x} + t_{\alpha/2}(n-1)\frac{s}{\sqrt{n}} \tag{7.6}$$

在本例中，有

$$\bar{x}_U = \bar{x} + t_{0.025}(17)\frac{s}{\sqrt{n}} = 2\ 297.22 + 2.109\ 8 \times \frac{367.95}{\sqrt{18}} = 2\ 480.20$$

计算接受域临界值的上限 $\bar{x}_U$ 和下限 $\bar{x}_L$ 的式（7.5）和式（7.6）实际上等价于在正态总体、小样本和总体方差未知，给定置信水平为 $1 - \alpha$ 的情况下，计算总体均值 μ 的置信区间公式 $(\bar{x} - t_{\alpha/2}s/\sqrt{n}, \bar{x} + t_{\alpha/2}s/\sqrt{n})$。

区间估计和假设检验是根据样本信息来反映事物及其现象数量特征的推断统计的两个侧面。区间估计的置信区间等价于假设检验的接受域，当被检验的总体参数依一定的概率落在置信区间内时，则不能拒绝原假设；反之，则拒绝原假设。

将区间估计和假设检验联系起来，可以在数量上明确假设检验接受域临界值的上下限，计算假设检验统计量与接受域临界值上下限的差距大小，从而深化假设检验的分析和比较。此外，将区间估计和假设检验联系起来，还可以将两类错误分析的思想推广到区间估计过程之中，在设定显著性水平 α 数值时，不仅要考虑到"弃真"错误，还要顾及"取伪"风险。

❖ **讨论题**　为什么例 7.6 和例 7.7 属于单一总体假设检验，而不是两个总体均值的假设检验？

7.2.2　总体方差的假设检验

对于总体方差的假设检验需要采用 χ^2 分布，要求总体服从正态分布，有

$$\chi^2 = \frac{(n-1)s^2}{\sigma_0^2} \tag{7.7}$$

对于给定的显著性水平 α，χ^2 分布双侧检验的接受域和拒绝域情况如图 7.5 所示。

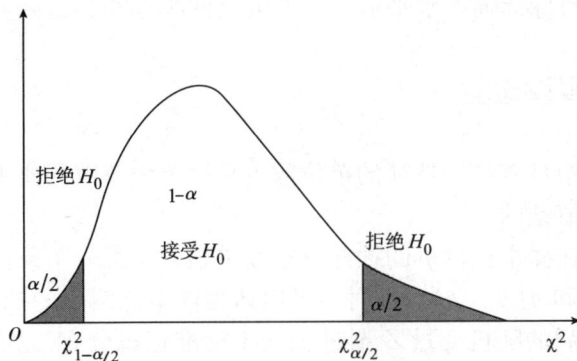

图 7.5　χ^2 分布的双侧检验示意图

χ^2 分布双侧检验中落入左右两边拒绝域的概率均为 $\alpha/2$。χ^2 分布的单侧检验依其是对左侧还是右侧进行检验，拒绝域将处在 χ^2 分布曲线的左侧或右侧。这时，被检验的总体参数落在接受域的概率仍然还是 $1-\alpha$，而落在单侧检验的左侧或右侧拒绝域中的概率不是 $\alpha/2$，而是 α。

例 7.8　利用第 6 章例 6.8 中 36 名同学月工资的有关数据，若月工资服从正态分布，并有该市对于月工资标准差的预期目标值为 400 元。

要求　试在显著性水平 α 为 0.05 的前提下，检验该地本科生毕业一年后的月工资总体标准差 σ 与该市的预期目标标准差水平 σ_0 为 400 元之间是否存在显著差异。

解　月工资总体标准差 σ 反映了该总体中工资水平的离散程度。离散程度过大说明劳动收入差异偏大，会影响到分配的公平和社会的安定；离散程度过小说明劳动收入差异偏低，有碍对个人贡献的鼓励和降低社会效率。因此，月工资总体标准差 σ 应处在一个相对合适的数值水平上，该市提出的月工资标准差预期目标值 σ_0 为 400 元就是这样的一个数值。因此，应对本例中的问题进行双侧检验。

① 提出原假设和备择假设，标准差是方差的平方根，而方差便于计算处理，所以将对标准差的检验转换为对方差的检验，有

$$H_0:\sigma^2 = 400^2 \ ; \ H_1:\sigma^2 \neq 400^2$$

② 确定检验统计量。本例为对总体方差进行的假设检验，因此采用式（7.7）的 χ^2 分布检验统计量。

③ 确定显著性水平。选定的显著性水平为 $\alpha = 0.05$。这里是双侧检验，落入左右两边拒绝域的概率均为 $\alpha/2 = 0.025$。

④ 计算 χ^2 检验统计量数值。由样本数据有样本标准差 $s = 403.357$ 元，根据式（7.7）计算得到

$$\chi^2 = \frac{(n-1)s^2}{\sigma_0^2} = \frac{35 \times 403.357^2}{400^2} = 35.59$$

⑤ 进行判断。

χ^2 分布的临界值可以通过查阅 χ^2 分布表，或者借助 Excel 的 CHIINV 函数计算得到。本例有 $\chi^2_{0.025}(35) = 53.203$，$\chi^2_{0.975}(35) = 20.569$。由于 χ^2 检验统计量的数值为 35.59，处在接受域之中，因此不能拒绝原假设 $H_0:\sigma^2 = 400^2$，认为该地本科生毕业一年后的月工资总体

标准差 σ 与该市的预期目标标准差水平 $\sigma_0 = 400$ 元之间不存在显著差异。

7.2.3 总体比例的假设检验

总体比例是指总体中具有某一特征的单位数占总体单位总数的比重。这一特征可以是数值型的，也可以是非数值型的。

这里，仍然仅讨论在样本比例 p 的抽样分布渐进趋于正态分布条件下的总体比例的假设检验问题。当 $np \geqslant 5$，和 $n(1-p) \geqslant 5$ 时，可以认为样本比例 p 的抽样分布趋于正态分布，样本比例 p 经过标准化后的随机变量 Z 渐进服从于标准正态分布。因此，可使用 Z 统计量进行检验，有

$$Z = \frac{p - \pi}{\sqrt{\dfrac{\pi(1-\pi)}{n}}} \tag{7.8}$$

例 7.9 某公司为了分析新产品的电视广告效果，随机访问了 100 名用户，了解到其中有 36 人是通过电视广告了解该新产品的。

要求 试在显著性水平 α 为 0.05 的前提下，检验此项调查结果是否支持全部用户中有一半以上的用户是通过电视广告了解该新产品的假定。

解 本问题是检验总体中通过电视广告了解该新产品用户的比例是否大于 50%，属于左侧检验问题。

① 提出原假设和备择假设，为

$$H_0: \pi \geqslant 50\%, \ H_1: \pi < 50\%$$

② 确定检验统计量。本例为对总体比例进行的假设检验，因此采用式（7.8）的 Z 统计量。

③ 确定显著性水平。选定的显著性水平为 $\alpha = 0.05$。这里是左侧检验，落入左边拒绝域的概率为 $\alpha = 0.05$。

④ 计算 Z 检验统计量数值。根据调查数据可计算得样本比例 $p = 36\%$，由式（7.8）有

$$Z = \frac{0.36 - 0.5}{\sqrt{\dfrac{0.5(1-0.5)}{100}}} = -2.8$$

⑤ 进行判断。

由于 Z 检验统计量的数值为 -2.8，小于标准正态分布在显著性水平 $\alpha = 0.05$ 的临界数值 $-Z_{0.05} = -1.644\,85$，因此拒绝原假设 $H_0: \pi \geqslant 50\%$，认为总体中通过电视广告了解该新产品用户的比例显著小于 50%。

7.3 两个总体参数的假设检验

7.3.1 两个总体均值之差的假设检验

一般可以将这类问题归结为——通过假设检验来判断两个独立抽取的样本是否来自具有

相同总体均值的总体。

1. 两个总体为正态总体、总体方差已知，或非正态总体、大样本

对于独立抽取的随机样本，若两个总体均为正态分布且总体方差已知，或两个总体不服从正态分布但两个样本均为大样本（$n_1 \geqslant 30$ 和 $n_2 \geqslant 30$），样本均值之差 $\bar{x}_1 - \bar{x}_2$ 经标准化后，服从标准正态分布，两个总体均值之差假设检验的 Z 统计量为

$$Z = \frac{(\bar{x}_1 - \bar{x}_2) - (\mu_1 - \mu_2)}{\sqrt{\dfrac{\sigma_1^2}{n_1} + \dfrac{\sigma_2^2}{n_2}}} \tag{7.9}$$

在两个样本均为大样本的情况下，当两个总体方差 σ_1^2 和 σ_2^2 未知时，可用两个样本方差 s_1^2 和 s_2^2 来代替，这时，两个总体均值之差假设检验的 Z 统计量为

$$Z = \frac{(\bar{x}_1 - \bar{x}_2) - (\mu_1 - \mu_2)}{\sqrt{\dfrac{s_1^2}{n_1} + \dfrac{s_2^2}{n_2}}} \tag{7.10}$$

例 7.10 某进出口公司在 A、B 两个备选的小型电机生产厂家进行了一次调查，在每家工厂各随机抽出 16 台电机进行实测，根据样本数据计算得到样本均值分别为 A 工厂 110 ℃，B 工厂 114 ℃。A、B 两厂电机工作时定子线圈最高温度服从正态分布，总体标准差已知，其中 A 工厂为 8 ℃，B 工厂为 6 ℃。

要求 试在显著性水平 α 为 0.05 的前提下，检验 A、B 两厂电机工作时定子线圈最高温度的总体均值之间是否存在显著差异。

解 设 A 工厂电机工作时定子线圈最高温度的总体均值为 μ_1，B 工厂为 μ_2，对两个总体均值之间差异的比较，采用二者之差 $\mu_1 - \mu_2$ 的形式来表述，即将检验内容由两个总体均值是否相等，转换为二者之差是否为 0。本例属于双侧检验。

① 提出原假设和备择假设，为

$$H_0 : \mu_1 - \mu_2 = 0 \; ; \; H_0 : \mu_1 - \mu_2 \neq 0$$

② 确定检验统计量。本例 A、B 两厂电机工作时定子线圈最高温度服从正态分布，总体标准差已知，运用式（7.9）的 Z 检验统计量来进行显著性检验。

③ 确定显著性水平。选定的显著性水平为 $\alpha = 0.05$。在 Z 检验统计量的双侧检验场合，落入左右两边拒绝域的概率均为 $\alpha/2 = 0.025$。

④ 计算 Z 检验统计量。根据式（7.9）计算得到

$$Z = \frac{(\bar{x}_1 - \bar{x}_2)}{\sqrt{\dfrac{\sigma_1^2}{n_1} + \dfrac{\sigma_2^2}{n_2}}} = \frac{110 - 114}{\sqrt{\dfrac{8^2}{16} + \dfrac{6^2}{16}}} = -1.6$$

⑤ 进行判断。

通过查阅正态分布表，或借助 Excel 的 NORMSINV 函数计算，在显著性水平 $\alpha = 0.05$ 时，有 $Z_{0.025} = 1.96$，$Z_{0.975} = -Z_{0.025} = -1.96$。由于 $Z = -1.6$，大于左端临界值 -1.96，处在接受域中，因此不能拒绝原假设 $H_0 : \mu_1 - \mu_2 = 0$，认为在给定显著性水平为 0.05 时，A、B 两厂电机工作时定子线圈最高温度的总体均值之间不存在显著差异。

例 7.11 将例 7.10 中的样本容量由 16 变为 49，A、B 两厂电机工作时定子线圈最高温度所服从的总体分布和总体标准差未知，样本标准差经过计算得知 A 工厂为 8 ℃，B 工厂为 6 ℃，其他条件不变。

要求 试在显著性水平 α 为 0.05 的前提下，检验 A、B 两厂电机工作时定子线圈最高温度的总体均值之间是否存在显著差异。

解 与例 7.10 类似，本例属于双侧检验。

① 提出原假设和备择假设，为

$$H_0 : \mu_1 - \mu_2 = 0 \; ; \; H_0 : \mu_1 - \mu_2 \neq 0$$

② 确定检验统计量。本例总体方差 σ_1^2 与 σ_2^2 为未知，并且样本容量 n_1 和 n_2 均为 49，属大样本，因此采用式（7.10）的 Z 检验统计量进行检验。

③ 确定显著性水平。选定的显著性水平为 $\alpha = 0.05$。在 Z 检验统计量的双侧检验场合，落入左右两边拒绝域的概率均为 $\alpha/2 = 0.025$。

④ 计算 Z 检验统计量。根据式（7.10）计算得到

$$Z = \frac{(\bar{x}_1 - \bar{x}_2)}{\sqrt{\dfrac{s_1^2}{n_1} + \dfrac{s_2^2}{n_2}}} = \frac{110 - 114}{\sqrt{\dfrac{8^2}{49} + \dfrac{6^2}{49}}} = -2.8$$

⑤ 进行判断。

通过查阅正态分布表，或借助 Excel 的 NORMSINV 函数计算，在显著性水平 $\alpha = 0.05$ 时，有 $Z_{0.025} = 1.96, Z_{0.975} = -Z_{0.025} = -1.96$。由于 $Z = -2.8$，小于左端临界值 -1.96，处在拒绝域中，因此拒绝原假设 $H_0 : \mu_1 - \mu_2 = 0$，认为在给定显著性水平为 0.05 时，A、B 两厂电机工作时定子线圈最高温度的总体均值之间存在着显著差异。

❖ **讨论题** 试在显著性水平 α 为 0.01 的前提下，检验 A、B 两厂电机工作时定子线圈最高温度的总体均值 μ_1 和 μ_2 之间是否存在显著差异。

2. 两个总体为正态总体、总体方差 σ^2 未知、小样本

在两个样本均为小样本的情况下，当两个总体方差 σ_1^2 和 σ_2^2 未知时，有以下两种情况。

① 当两个总体方差 σ_1^2 和 σ_2^2 相等时，即 $\sigma_1^2 = \sigma_2^2$，需要将两个样本的数据组合在一起，以给出总体方差的合并估计量 $s_{1,2}^2$，计算公式为

$$s_{1,2}^2 = \frac{(n_1 - 1)s_1^2 + (n_2 - 1)s_2^2}{n_1 + n_2 - 2} \tag{7.11}$$

这时，两个样本均值之差 $\bar{x}_1 - \bar{x}_2$ 标准化后服从自由度为 $n_1 + n_2 - 2$ 的 t 分布，因此采用 T 检验统计量来进行假设检验，即

$$T = \frac{(\bar{x}_1 - \bar{x}_2) - (\mu_1 - \mu_2)}{s_{1,2}\sqrt{\dfrac{1}{n_1} + \dfrac{1}{n_2}}} \sim t(n_1 + n_2 - 2) \tag{7.12}$$

② 当两个总体方差 σ_1^2 和 σ_2^2 不相等时，即 $\sigma_1^2 \neq \sigma_2^2$，两个样本均值之差 $\bar{x}_1 - \bar{x}_2$ 标准化后服从自由度为 v 的 t 分布，自由度 v 的计算公式为

$$v = \frac{\left(\dfrac{s_1^2}{n_1} + \dfrac{s_2^2}{n_2}\right)^2}{\dfrac{(s_1^2/n_1)^2}{n_1 - 1} + \dfrac{(s_2^2/n_2)^2}{n_2 - 1}} \tag{7.13}$$

这时，T 检验统计量的计算公式为

$$T = \frac{(\bar{x}_1 - \bar{x}_2) - (\mu_1 - \mu_2)}{\sqrt{\dfrac{s_1^2}{n_1} + \dfrac{s_2^2}{n_2}}} \sim t(v) \tag{7.14}$$

例 7.12　假如将例 7.10 中总体标准差的已知条件，改为总体方差未知且不相等 $\sigma_1^2 \neq \sigma_2^2$，样本标准差经过计算得知 A 工厂为 8℃，B 工厂为 6℃，其他条件不变。

要求　试在显著性水平 α 为 0.05 的前提下，检验 A、B 两厂电机工作时定子线圈最高温度的总体均值之间是否存在显著差异。

解　与例 7.10 相比，由于总体方差未知且为小样本，不能采用式（7.9）或式（7.10）计算的 Z 检验统计量进行检验，而需要采用式（7.13）计算 T 检验统计量的自由度 v，并运用式（7.14）计算的 T 检验统计量进行检验。其他诸如原假设 H_0 和备择假设 H_1、显著性水平 α 等与例 7.10 相同。

先采用式（7.13）计算 T 检验统计量的自由度 v，有

$$v = \frac{\left(\dfrac{s_1^2}{n_1} + \dfrac{s_2^2}{n_2}\right)^2}{\dfrac{(s_1^2/n_1)^2}{n_1-1} + \dfrac{(s_2^2/n_2)^2}{n_2-1}} = \frac{\left(\dfrac{8^2}{16} + \dfrac{6^2}{16}\right)^2}{\dfrac{(8^2/16)^2}{15} + \dfrac{(6^2/16)^2}{15}} \approx 28$$

将式（7.14）与式（7.9）相比，可以发现式（7.14）与式（7.9）的形式一致，只是式（7.14）采用了两个独立随机样本的样本方差 s_1^2 和 s_2^2 来代替未知的两个总体方差 σ_1^2 和 σ_2^2，所以本例采用同样数据按照式（7.14）计算得到的 T 检验统计量数值，与在例 7.10 按照式（7.9）计算的 Z 检验统计量数值是相同的。所不同的是一个服从标准正态分布，一个服从自由度为 v 的 t 分布，二者拒绝域的临界值是不同的。

根据 Excel 的 TINV 函数得到 $t_{0.025}(28) = 2.0484$。由于 T 检验统计量的绝对值 $|T| = 1.6$，小于临界值 $t_{0.025}(28) = 2.0484$，处在接受域中，因此不能拒绝原假设 $H_0: \mu_1 - \mu_2 = 0$，认为在给定显著性水平为 0.05 时，A、B 两厂电机工作时定子线圈最高温度的总体均值之间不存在显著差异。

7.3.2　两个总体方差之比的假设检验

方差是度量数据离散程度的重要测度，是评价均值等集中趋势测度反映的代表性依据，因此常常需要对方差的数值水平及其差异程度进行假设检验。在一些以等方差为前提的参数估计和假设检验中，更需要首先对两个方差是否存在显著差异进行判断，以便正确地选择恰当的检验统计量。前文在总体方差未知的情况下对两个总体均值之差进行假设检验时，就需要对这两个总体方差是否相等进行判断，以决定采用总体方差相等的方法，还是总体方差不等的方法。总体方差之间是否相等的假设检验一般也称为方差齐性检验。

为了比较两个未知的总体方差 σ_1^2 和 σ_2^2，可以用两个样本方差的比值 s_1^2/s_2^2 来判断，如果 s_1^2/s_2^2 接近 1，说明两个总体方差 σ_1^2 和 σ_2^2 很接近；如果比值远离 1，说明两个总体方差 σ_1^2 和 σ_2^2 之间存在较大差异。由第 6 章内容可知，在两个正态总体条件下，两个方差之比服从 F 分布，因此采用 F 检验统计量，即

$$F = \frac{s_1^2}{s_2^2} \cdot \frac{\sigma_2^2}{\sigma_1^2} = \frac{s_1^2/\sigma_1^2}{s_2^2/\sigma_2^2} \sim \mathrm{F}(n_1-1, n_2-1) \tag{7.15}$$

在单侧检验中，一般将较大的样本方差作为分子，将较小的样本方差作为分母，这样使拒绝域只会出现在 F 分布曲线的右侧，方便采用查表方式获得分位数数值。

例 7.13　某商学院对该院一年级和二年级的同学进行了一次参加课外体育活动情况调

查。在这两个年级里各自独立地抽取了 10 名同学在过去一周里参加课外体育活动的累积时间，具体数据如表 7.3 所示。

表 7.3　某商学院一、二年级同学一周内课外体育活动情况　　　　　　　　小时

二年级	4	2	1	6	4	4	2	8	5	6
三年级	2	3	4	6	5	3	2	8	6	3

要求　试以显著性水平 $\alpha = 0.05$，检验该商学院一、二年级同学一周内课外体育活动时间长度的方差是否存在显著差异。

解　这是对该商学院一、二年级同学一周内课外体育活动时间长度的方差是否相等的假设检验，属于双侧检验。

根据表 7.3 的数据可以计算得知，该商学院一年级同学一周内参加课外体育活动时间长度的样本方差为 $s_1^2 = 4.622\,2$，二年级同学一周内参加课外体育活动时间长度的样本方差为 $s_2^2 = 3.955\,6$。

① 提出原假设和备择假设，为
$$H_0 : \sigma_1^2/\sigma_2^2 = 1\,;\ H_1 : \sigma_1^2/\sigma_2^2 \neq 1$$

② 确定检验统计量。采用式（7.15）的 F 检验统计量。

③ 确定显著性水平。选定的显著性水平为 $\alpha = 0.05$。在 F 检验统计量的双侧检验场合，落入左右两边拒绝域的概率均为 $\alpha/2 = 0.025$。

④ 计算 F 检验统计量。由 $s_1^2 = 4.622\,2$ 和 $s_2^2 = 3.955\,6$，根据式（7.15）计算得到
$$F = \frac{s_1^2}{s_2^2} = \frac{4.622\,2}{3.955\,6} = 1.168\,5$$

⑤ 进行判断。

F 分布的分位数数值可以从 F 分布表，或者利用 Excel 的 FINV 函数计算得到。本例中有 $F_{0.975}(9,9) = 0.248\,4$，$F_{0.025}(9,9) = 4.026\,0$。由于 F 检验统计量的数值为 1.1 685，处在接受域内，因此不能拒绝原假设 $H_0 : \sigma_1^2/\sigma_2^2 = 1$，认为该商学院一年级和二年级学生课外体育活动时间长度的方差之间不存在显著差异。

7.3.3　两个总体比值之差的假设检验

在大样本场合下，从两个服从二项分布的总体中得到的两个样本比例 p_1 和 p_2 之差的抽样分布渐进趋于正态分布，其标准化后的随机变量 Z 渐进服从标准正态分布。因此，可以采用 Z 统计量进行检验，有

$$Z = \frac{(p_1 - p_2) - (\pi_1 - \pi_2)}{\sqrt{\dfrac{\pi_1(1-\pi_1)}{n_1} + \dfrac{\pi_2(1-\pi_2)}{n_2}}} \tag{7.16}$$

当两个总体比例 π_1 和 π_2 为未知时，可采用样本比例 p_1 和 p_2 替代总体比例 π_1 和 π_2，这时两个总体比例之差的 Z 检验统计量为

$$Z = \frac{(p_1 - p_2) - (\pi_1 - \pi_2)}{\sqrt{\dfrac{p_1(1-p_1)}{n_1} + \dfrac{p_2(1-p_2)}{n_2}}} \tag{7.17}$$

Excel 应用

分析工具库中 F-检验和 t-检验分析工具的使用

例 7.14 某化工企业为了提高主产品的收率,对生产工艺进行了改进,并从改进前后的实际生产过程中各自独立地抽取了 15 次收率数据构成了两个随机样本,见表 7.4。

表 7.4 某化工企业主产品生产工艺改进对收率的影响情况 %

改进前	76	92	79	90	81	79	93	83	82	92	89	92	91	75	91
改进后	86	83	92	84	92	90	91	87	86	84	93	90	89	83	92

要求 (1) 对改进前后收率的总体方差比值 σ_1^2/σ_2^2 进行假设检验,显著性水平 α 为 0.05。

(2) 在 (1) 的基础上,采用适当的方法,对改进前后收率的总体均值之差 $\mu_1 - \mu_2$ 进行假设检验,显著性水平 α 为 0.05。

解 运用 Excel 的分析工具库中的 F-检验分析工具和 t-检验分析工具来计算有关检验统计量。

(1) 对总体方差比值进行假设检验。

调出"分析工具库"中"F-检验 双样本方差"对话框,如图 7.6 所示。在对话框的"变量 1 的区域"和"变量 2 的区域"中输入需要分析的第一个数据区域和第二个数据区域所在的单元格,在本例中分别为"B2:P2"和"B3:P3",数据区域必须由单列或单行的数据组成。在"α"中填入显著性水平 α,本例为 0.05。在"输出选项"下,若需要结果输出在数据同一个工作页面上,则应先选中"输出区域"选项,然后填入希望结果输出的单元格,本例为"I5"。最后,单击该对话框的"确定"键。

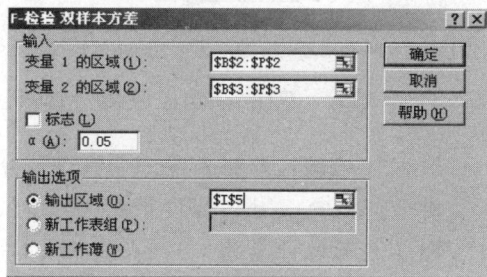

图 7.6 "F-检验 双样本方差"对话框

此时,"F-检验 双样本方差"输出结果如图 7.7 所示。其中,"观测值"即样本容量,本例均为 15;"df"表示自由度,本例均为 14;"F"表示 F 检验统计量,具体数值按照式(7.15)计算,本例为 3.297 9;"P(F<=f) 单尾"为 F 检验统计量数值的 F 分布概率取值,即 F 检验统计值的 p 值,反映了基于样本信息计算出来的 F 检验统计值所给出的犯第 I 类"弃真"错误概率的实际数值,也称之为相应检验统计量的相伴概率。在本例中对应于 F 检验统计值 3.297 87 的 p 值为 0.016 43,由于 p 值小于显著性水平 $\alpha=0.05$,所以有原

假设 $H_0: \sigma_1^2/\sigma_2^2 \leq 1$ 为假，应予以拒绝；"F 单尾临界"是指在选定的显著性水平 α 下的 F 分布分位数值，可以通过 Excel 的 FINV 函数得到。例如：本例选定的显著性水平 $\alpha = 0.05$，第一自由度为 14，第二自由度为 14，即 FINV（0.05，14，14），计算得到的 F 分布分位数值 2.483 72，也就是接受域的临界值。显然有 F 检验统计量 3.297 87 大于 F 单尾临界 2.483 72，因此拒绝原假设 $H_0: \sigma_1^2/\sigma_2^2 \leq 1$，即该企业进行工艺技术改进前后主产品收率的总体方差存在显著差异。

F-检验 双样本方差		
	变量 1	变量 2
平均	85.6667	88.1333
方差	42.8095	12.981
观测值	15	15
df	14	14
F	3.29787	
P(F<=f) 单尾	0.01643	
F 单尾临界	2.48372	

图 7.7　"F-检验　双样本方差"输出结果 1

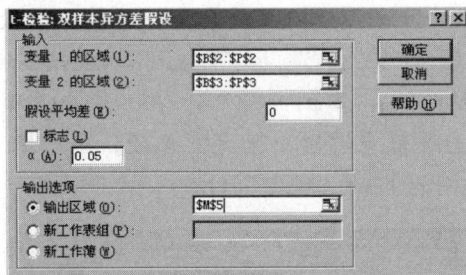

（2）对总体均值之差进行假设检验。

由于该企业改进前后收率的总体方差存在显著差异，就不能采用总体方差未知但相等的假设检验方法，而应该运用总体方差未知且不相等的假设检验方法，即采用式（7.14）的 T 检验统计量来进行总体均值之差 $\mu_1 - \mu_2$ 的检验，并且式（7.14）的 T 检验统计量近似地服从于自由度为 v 的 t 分布。

因此，调出"分析工具库"中"t-检验　双样本异方差假设"对话框，如图 7.8 所示。同样，在对话框的"变量 1 的区域"和"变量 2 的区域"中输入"B2：P2"和"B3：P3"。在"α"中填入显著性水平 α 为 0.05。在"输出选项"填入希望结果输出的单元格，本例为"M5"。要注意的是，"假设平均差"这一选项，它是指原假设 H_0 中对总体均值之差 $\mu_1 - \mu_2$ 的设定，一般有 $H_0: \mu_1 - \mu_2 = 0$，所以应在该选项中填入 0。最后，单击该对话框的"确定"按钮。

图 7.8　"t-检验　双样本异方差假设"对话框

t-检验：双样本异方差假设		
	变量 1	变量 2
平均	85.6667	88.1333
方差	42.8095	12.981
观测值	15	15
假设平均差	0	
df	22	
t Stat	-1.279	
P(T<=t) 单尾	0.10711	
t 单尾临界	1.71714	
P(T<=t) 双尾	0.21422	
t 双尾临界	2.07388	

图 7.9　"t-检验：双样本异方差假设"输出结果

"t-检验：双样本异方差假设"分析工具输出结果如图 7.9 所示。其中，"df"为按照式（7.13）计算的自由度 v；"t Stat"即 T 检验统计量为 -1.279；"P(T=<t) 双尾"即双侧检验 p 值为 0.214 22，大于显著性水平 $\alpha = 0.05$；同时，"t 双尾临界"即 t 分布双侧检验分位数值为 2.073 88，也大于 T 检验统计量的绝对值 1.279，因此，不能拒绝 $H_0: \mu_1 - \mu_2 = 0$ 的原假设，认为该企业进行工艺改进前后主产品收率的总体均值不存在显著差异。

例 7.15　问题同例 7.14，只是该化工企业从改进前后的实际生产过程中各自独立地抽取的 15 次收率数据构成的两个随机样本数据有所不同，详见表 7.5。

表 7.5 某化工企业主产品生产工艺改进对收率的影响情况 %

| 改进前 | 84 | 89 | 82 | 90 | 82 | 84 | 85 | 83 | 82 | 86 | 89 | 88 | 87 | 83 | 91 |
| 改进后 | 86 | 85 | 92 | 85 | 92 | 90 | 91 | 87 | 86 | 84 | 90 | 90 | 89 | 83 | 92 |

要求 （1）对改进前后收率的总体方差比值 σ_1^2/σ_2^2 进行假设检验，显著性水平 α 为 0.05。

（2）在（1）的基础上，采用适当的方法，对改进前后收率的总体均值之差 $\mu_1-\mu_2$ 进行假设检验，显著性水平 α 为 0.05。

解 同样，运用 Excel 的分析工具库中的 F-检验分析工具和 t-检验分析工具来计算有关假设检验统计量。

（1）对总体方差比值进行假设检验。

运用 Excel 的"分析工具库"中"F 检验 双样本方差"分析工具对总体方差比值进行假设检验，结果如图 7.10 所示。其中，"F"即 F 检验统计量为 0.997 1；"P（F<=f）单尾"即 F 检验统计量数值的 p 值，为 0.497 87。显然，由于 p 值大于显著性水平 $\alpha=0.05$，以及 F 检验统计量数值 0.997 1 处在由"F 单尾临界"数值 0.402 62 和 2.483 72 构成的接受域之中，所以不能拒绝原假设 H_0：$\sigma_1^2/\sigma_2^2 \leqslant 1$，认为该企业进行工艺技术改进前后主产品收率的总体方差不存在显著差异。

（2）对总体均值之差进行假设检验。

由于该企业改进前后收率的总体方差不存在显著差异，因此采用总体方差未知但相等的假设检验方法对总体均值之差进行假设检验。调用"分析工具库"中"t 检验双样本等方差假设"对数据进行处理，计算结果如图 7.11 所示。其中，"合并方差"为运用式（7.11）计算的总体联合方差的估计量 $s_{1,2}^2$；"t Stat"即 T 检验统计量，为 −2.155 3；"P（T=<t）双尾"即双侧检验 p 值，为 0.039 89，小于显著性水平 $\alpha=0.05$；同时，"t 双尾临界"即 t 分布双侧检验分位数值，为 2.048 41，也小于 T 检验统计量的绝对值 2.155 3。因此，拒绝原假设 H_0：$\mu_1-\mu_2=0$，认为该企业进行工艺改进前后主产品收率的总体均值存在着显著差异。

F-检验 双样本方差		
	变量 1	变量 2
平均	85.6667	88.1333
方差	9.80952	9.8381
观测值	15	15
df	14	14
F	0.9971	
P(F<=f) 单尾	0.49787	
F 单尾临界	0.40262	

t-检验：双样本等方差假设		
	变量 1	变量 2
平均	85.6667	88.1333
方差	9.80952	9.8381
观测值	15	15
合并方差	9.82381	
假设平均差	0	
df	28	
t Stat	-2.1553	
P(T<=t) 单尾	0.01994	
t 单尾临界	1.70113	
P(T<=t) 双尾	0.03989	
t 双尾临界	2.04841	

图 7.10 "F-检验 双样本方差"输出结果 2　　图 7.11 "t-检验：双样本等方差假设"输出结果

思考与练习

1. 假设检验依据的基本原理是什么？

2. 假设检验的两类错误是什么？

3. 假设检验的一般步骤有哪些内容和要求？

4. 什么是假设检验的双侧检验和单侧检验？

5. 什么是假设检验的 p 值？

6. 什么是假设检验的原假设和备择假设？

7. 显著性水平 α 在假设检验中的意义是什么？

8. 什么是假设检验的拒绝域和临界值？

9. 什么是大样本？大样本时应怎样计算总体均值检验统计量？

10. 某工厂生产一种电子元件，其使用寿命不得低于 15 000 小时，现从一批该产品中随机抽取 36 件，测得其寿命的样本均值为 14 000 小时。已知该产品使用寿命服从标准差 $\sigma = 2\,400$ 小时的正态分布，试在显著性水平 α 为 0.05 下确定这批产品是否合格。

11. 某食品每袋标准质量为不低于 500 g，在一次检查中随机抽取了 9 袋该食品，逐袋称重数据为 460 g，490 g，520 g，495 g，505 g，480 g，470 g，480 g，510 g，试在显著性水平 α 为 0.05 下，请确定这批食品的质量是否合格。

12. 甲乙两市进行了一次职工收入调查，甲市样本容量 n_1 为 100，样本均值 $\bar{x}_1$ 为 2 600 元，样本标准差 σ_1 为 400 元；乙市样本容量 n_2 为 150，样本均值 $\bar{x}_2$ 为 2 800 元，样本标准差 σ_2 为 450 元，在显著性水平 α 为 0.05 下，甲乙两市的总体均值 μ_1 和 μ_2 之间是否存在显著差异？

13. 在某市城市抽样调查队进行的一次专项调查中，上年该市每户居民用于旅游支出的样本均值为 1 100 元，样本标准差为 500 元，本年的样本均值为 1 200 元，样本标准差为 520 元，样本容量均为 31 户，在显著性水平 α 为 0.05 下：

(1) 该市居民在上年和本年用于旅游支出的总体方差是否相等？

(2) 该市居民在上年和本年用于旅游支出的总体均值是否存在显著差异？

14. 在一项电解电容器的耐压试验中，1 号电解电容器的样本容量为 21，击穿电压均值为 500 V，标准差为 52 V；2 号电解电容器的样本容量为 16，击穿电压均值为 550 V，标准差为 56 V。假定电解电容器击穿电压服从正态分布，样本是独立抽取的随机样本，在显著性水平 α 为 0.05 下：

(1) 这两种电解电容器的击穿电压的总体方差是否相等？

(2) 这两种电解电容器的击穿电压的总体均值是否存在显著差异？

15. 其他数据均与 14 题相同，只是电解电容器的标准差改为 1 号 40 V；2 号 68 V。假定电解电容器击穿电压服从正态分布，样本是独立抽取的随机样本，在显著性水平 α 为 0.05 下：

(1) 这两种电解电容器的击穿电压的总体方差是否相等？

(2) 这两种电解电容器的击穿电压的总体均值是否存在显著差异？

16. 有 A、B 两家服装加工厂，生产一线工人均实施计件工资制度，从这两家工厂的流水线生产工人上月实际工资独立地抽取的随机样本数据如表 7.6 所示。假定这两家工厂生产工人工资服从正态分布，试在显著性水平 α 为 0.05 条件下，判断其上月实际工资的总体均值是否存在显著差异。

表 7.6　A、B 两家服装加工厂流水线生产工人上月实际工资样本数据　　　　　元

| A工厂 | 820 | 900 | 1 200 | 700 | 980 | 940 | 780 | 1 010 | 1 040 | 790 | 1 090 |
| B工厂 | 890 | 950 | 780 | 990 | 980 | 920 | 790 | 980 | 910 | 910 | — |

17. 试分析例 7.11 和例 7.12 假设检验结论有什么不同？为什么不同？

自测题

自测题答案

人 物 小 传

卡尔·皮尔逊（Karl Pearson）

卡尔·皮尔逊（1857—1936），生卒于伦敦，是一位杰出的数学家、生物学家和统计学家。卡尔·皮尔逊 1879 年毕业于剑桥大学数学系，1884 年进入伦敦大学学院教授应用数学。

在 1895 年到 1898 年间，卡尔·皮尔逊发表了一系列和相关性（correlation）有关的统计学论文。1900 年，卡尔·皮尔逊提出了卡方检验（Chi-Square Test）理论。1901 年，卡尔·皮尔逊创立了《生物统计》期刊。

其后，卡尔·皮尔逊于 1914 出版了《统计学者和生物统计学者用表》一书，提出了一系列统计学的基本方法及重要概念。例如，频数分布、偏态系数和峰度系数、标准差、相关系数、多变元非线性相关和概差偏差数，以及各种抽样分布和主成分分析等。

由于卡尔·皮尔逊对于统计学的发展和完善所做出的突出贡献，他被尊称为现代统计科学的奠基者。

第 8 章

方 差 分 析

　　统计学将事物数量特征的变动及其影响因素分为两类：一类是随机因素引起的随机性变动，另一类是受控因素引起的系统性变动。方差分析就是通过对数据所反映的数量变动进行分解，并在一定的显著性水平下对其进行显著性检验，以判断数量变动属于随机因素引起的随机性变动，还是受控因素引起的系统性变动的方法和过程。

8.1　方差分析的一般问题

　　方差分析（analysis of variance，ANOVA）是指对数据变动的来源进行分解和检验的方法和过程。

8.1.1　方差分析的基本原理

　　方差分析是对数量差异显著性检验的引申，可以用来分析和判断多个样本的特征数值之间有无显著差异。以均值为例，当多个样本为来自某一受控因素不同水平的观察值时，若该多个样本的均值之间不存在显著差异，即表明这一受控因素的不同水平对变动的影响是不显著的，属于随机因素引起的随机性变动；反之，若该多个样本的均值之间存在着显著差异，即表明这一受控因素的不同水平对变动的影响是显著的，属于受控因素引起的系统性变动。

因素（factor）是指方差分析所要检验的对象，也称为因子。

水平（level）是指方差分析因素的具体表现，也称为处理（treatment）。

观察值（observational value）是指在具体因素水平下的样本数据。

因此，可以进一步将方差分析表述为：依据具体因素水平下的观察值，对因素进行显著性检验的方法和过程。

例 8.1 某企业为了分析成品车间的产品质量控制问题，对该车间五个班组的产品优等品率进行了一次抽查，在每个班组独立地抽取了五个优等品率数据构成了随机样本，具体数据如表 8.1 所示。

要求 试指出方差分析的因素、水平和观察值。

解 在表 8.1 中，该企业成品车间各个班组优等品率的状态及其差异是我们所要研究的内容，也就是方差分析所要检验的对象，所以"班组"构成了本例中方差分析的"因素"；因素的具体表现，即"班组"的区分，具体划分为不同的"1 组、2 组、3 组、4 组、5 组"，就是本次方差分析"班组"因素的"水平"；在每个班组独立地抽取的随机样本，即"五个优等品率数据"就是本次方差分析的"观察值"。

表 8.1　某企业成品车间五个班组优等品率抽查情况　　　　%

观察值	班组				
	1 组	2 组	3 组	4 组	5 组
优等品率	81	83	84	86	92
	82	80	87	82	89
	84	85	87	89	90
	86	84	88	87	89
	84	81	90	91	90

由表 8.1 可知，在该企业成品车间里各组优等品率观察值有所不同，也就是数据之间存在着差异，但是这种差异是否由本次观测的班组因素引起的？或者说班组因素引起的差异是随机性的还是系统性的？这些就是方差分析所研究的内容。

在方差分析中，各样本观察值之间的差异称为总误差，用总离差平方和来表示。总离差平方和是所有观察值与其总均值离差的平方和。根据因素的不同水平，方差分析将各样本观察值之间的误差分解为两部分：一部分是同一水平下观察值之间的差异，称为组内误差（sum of squares within groups），通常用误差项离差平方和来度量，如表 8.1 中每一班组五个观察值之间的差异，就是组内误差，采用每一班组五个观察值与该班组样本均值的离差平方和来度量；另一部分是不同水平观察值之间的差异，称为组间误差（sum of squares between groups），通常用水平项离差平方和来度量，如表 8.1 中五个班组观察值均值之间的差异，就是组间误差，采用每一班组观察值的样本均值与总均值之间的离差平方和来度量。

事物及其现象的变动所反映的数据误差可以分为随机误差和系统误差两类。在方差分析中，组内误差只包含随机误差，组间误差除了包含随机误差，还会包含系统误差。在例 8.1 中，如果不同班组对优等品率没有影响，那么在组间误差中只包含随机误差，而没有系统误差。这时，组间误差与组内误差经过平均后的数值（称为均方或方差）就应该很接近，它们的比值就会接近 1。反之，如果不同班组对优等品率有影响，则组间误差中除了包含随机误差，还会包含系统误差，这时，组间误差平均后的数值就会大于组内误差平均后的数值，它们之间的比值就会大于 1。当这个比值大到某种程度时，就认为班组的不同水平之间存在显著差异。因此，判断班组对优等品率是否有显著影响这一问题，实际上就是检验优等品率的差异主要是由什么原因引起的。如果这种差异主要是系统误差，就认为不同班组对优等品率有显著影响。

8.1.2　方差分析的基本假定

方差分析基本假定的一般性表述为，设因素 A 有 k 个水平 $A_1, A_2, \cdots, A_k$，在每个具体水平 A_j 下，总体分布为 $N(\mu_j, \sigma^2)$，$j = 1, 2, \cdots, k$，其中 μ_j 和 σ^2 均为未知。注意：这里 k 个总体方差 σ^2 均相等，并且在每个水平 A_j 下抽取一个样本 $x_{1j}, x_{2j}, \cdots, x_{n_j j}$，所取的 k 个样本相互独立。具体而言，方差分析中有三个基本假定：

① 每个总体均服从正态分布。对应于具体因素的每一个水平，其观测值均来自正态总体。

② 每个总体具有同等方差，即满足方差齐性要求。对应于具体因素的每一个水平，其观测值均来自具有同等方差的正态总体。

③ 观测值是相互独立的。每一观测值均来自具有同等方差正态总体的独立同分布样本。

8.2　单因素方差分析

单因素方差分析（one-way analysis of variance）是指所要检验的对象为单一因素情形下的方差分析。在例 8.1 中，检验的是不同班组之间的优等品率是否存在显著差异，所涉及的只是"班组"一个因素，因而例 8.1 所进行的方差分析就是一种单因素方差分析。

8.2.1　单因素方差分析的步骤

1. 提出假设

方差分析的第一步是建立假设。按照具体的水平，针对所检验的对象提出原假设和备择假设，当因素 A 有 k 个水平 $A_1, A_2, \cdots, A_k$ 时，需要提出如下假设：

$$H_0 : \mu_1 = \mu_2 = \cdots = \mu_k$$
$$H_1 : \mu_1, \mu_2, \cdots, \mu_k \text{ 不全相等}$$

原假设 $H_0 : \mu_1 = \mu_2 = \cdots = \mu_k$，表示 k 个水平（总体）的均值相等，即因素 A 的不同水平对总体均值没有显著影响，在例 8.1 中表明不同班组的优等品率相等，不同班组对其总体的优等品率均值不具有显著影响；备择假设 $H_1 : \mu_1, \mu_2, \cdots, \mu_k$ 不全相等，表示 k 个水平（总体）的均值不全相等，即因素 A 的不同水平对总体均值具有显著影响，在例 8.1 中表明不同班组之间的优等品率不全相等，不同班组对其总体的优等品率均值具有显著影响。

为了判断原假设 H_0 是否为真，需要构造相关的检验统计量。

2. 计算均值

（1）水平均值

水平均值（level mean）是指具体水平下观察值的均值。一般将第 j 个水平下的水平均值记为 $\bar{x}_j$，有计算公式

$$\bar{x}_j = \frac{1}{n_j} \sum_{i=1}^{n_j} x_{ij} \tag{8.1}$$

式（8.1）中 n_j 表示第 j 个水平的观察值个数；x_{ij} 表示第 j 个水平的第 i 个观察值。

按照式（8.1），由表 8.1 的数据可以计算出各班组下的水平均值，见表 8.2。

表 8.2　某企业成品车间五个班组优等品率水平均值　　　　　　　　　%

观察值	班组				
	1组	2组	3组	4组	5组
优等品率	81	83	84	86	92
	82	80	87	82	89
	84	85	87	89	90
	86	84	88	87	89
	84	81	90	91	90
水平均值	83.4	82.6	87.2	87.0	90.0

（2）总均值

总均值（total mean）是指全部观察值的均值，也为水平均值的均值。总均值一般记为 $\bar{x}$，有

$$\bar{x} = \frac{1}{\sum\limits_{j=1}^{k} n_j} \sum_{j=1}^{k} \sum_{i=1}^{n_j} x_{ij} = \frac{1}{\sum\limits_{j=1}^{k} n_j} \sum_{j=1}^{k} \bar{x}_j n_j \tag{8.2}$$

按照式（8.2），由表 8.2 的数据可以计算出该企业成品车间五个班组优等品率的总均值为 86.04%。

3. 计算离差平方和

（1）总离差平方和

总离差平方和（sum of squares for total，SST）是指全部观察值 x_{ij} 与总均值 $\bar{x}$ 的离差平方和，反映了全部观察值离散程度的大小，有

$$SST = \sum_{j=1}^{k} \sum_{i=1}^{n_j} (x_{ij} - \bar{x})^2 \tag{8.3}$$

按照式（8.3），由表 8.2 的数据可以计算出总离差平方和为 286.96。

（2）水平项离差平方和

水平项离差平方和（sum of squares for factor A，SSA）是指各项水平均值 $\bar{x}_j$ 与总均值 $\bar{x}$ 的离差平方和，反映了各项水平代表性数值——总均值之间离散程度的大小，有

$$\text{SSA} = \sum_{j=1}^{k} \sum_{i=1}^{n_j} (\bar{x}_j - \bar{x})^2 = \sum_{j=1}^{k} n_j (x_j - \bar{x})^2 \tag{8.4}$$

按照式（8.4），由表 8.2 的数据可以计算出水平项离差平方和为 183.76。

（3）误差项离差平方和

误差项离差平方和（sum of squares for error，SSE）是指各项水平的观察值 x_{ij} 与其水平均值 $\bar{x}_j$ 的离差平方和，反映了各项水平内部观察值离散程度的大小，有

$$\text{SSE} = \sum_{j=1}^{k} \sum_{i=1}^{n_j} (x_{ij} - \bar{x}_j)^2 \tag{8.5}$$

按照式（8.5），由表 8.2 的数据可以计算出误差项离差平方和 SSE 为 103.20。

（4）离差平方和之间的关系

从方差分析的角度，在三项离差平方和中，总离差平方和 SST 所度量的离散程度包括了全部观察值的所有变异；水平项离差平方和 SSA 反映的是各项水平之间的离散程度，即包括了随机误差，又包括了系统误差；误差项离差平方和 SSE 反映的是各个水平内部的离散程度，仅包括随机误差。

这三项离差平方和存在着水平项离差平方和 SSA 与误差项离差平方和 SSE 之和等于总离差平方和 SST 的数量对等关系，即

$$\text{SST} = \text{SSA} + \text{SSE} \tag{8.6}$$

由

$$\text{SST} = \sum_{j=1}^{k} \sum_{i=1}^{n_j} (x_{ij} - \bar{x})^2$$
$$= \sum_{j=1}^{k} n_j (\bar{x}_j - \bar{x})^2 + \sum_{j=1}^{k} \sum_{i=1}^{n_j} (x_{ij} - \bar{x}_j)^2 + 2\sum_{j=1}^{k} \sum_{i=1}^{n_j} (x_{ij} - \bar{x}_j)(\bar{x}_j - \bar{x})$$

其中

$$\sum_{j=1}^{k} \sum_{i=1}^{n_j} (x_{ij} - \bar{x}_j)(\bar{x}_j - \bar{x}) = \sum_{j=1}^{k} (\bar{x}_j - \bar{x}) \sum_{i=1}^{n_j} (x_{ij} - \bar{x}_j)$$
$$= \sum_{j=1}^{k} (\bar{x}_j - \bar{x})\left(\sum_{i=1}^{n_j} x_{ij} - n_j \bar{x}_j\right) = 0$$

所以

$$\text{SST} = \sum_{j=1}^{k} n_j (\bar{x}_j - \bar{x})^2 + \sum_{j=1}^{k} \sum_{i=1}^{n_j} (x_{ij} - \bar{x}_j)^2 = \text{SSA} + \text{SSE}$$

因此，可以将总离差平方和 SST 分解为水平项离差平方和 SSA 与误差项离差平方和 SSE 两个部分，并通过比较水平项离差平方和 SSA 与误差项离差平方和 SSE 的数值大小，对所设定因素的不同水平对总体均值没有显著影响的原假设 H_0 进行检验，最终作出是否拒绝原假设 H_0 的判断。根据离差平方和的均方比值服从 F 分布的特性，构造 F 检验统计量来实施水平项离差平方和 SSA 与误差项离差平方和 SSE 的比较。

4. 计算均方

均方（mean square）是指离差平方和除以其自由度的商。计算均方的关键是正确地确定各离差平方和的自由度。均方剔除了观测值个数不同产生的差异，是一个平均化了的离差平方和，为水平项离差平方和 SSA 与误差项离差平方和 SSE 的比较提供了必要前提。均方

是构造 F 检验统计量的基础。

（1）SSA 的均方 MSA

水平项离差平方和 SSA 的自由度为 $k-1$，则其均方 MSA 为

$$\text{MSA} = \frac{\text{SSA}}{k-1} \tag{8.7}$$

按照式（8.7），由水平项离差平方和 SSA 183.76 和自由度 4，可计算出 MSA 为 45.94。

（2）SSE 的均方 MSE

误差项离差平方和 SSE 的自由度为 $n-k$，则其均方 MSE 为

$$\text{MSE} = \frac{\text{SSE}}{n-k} \tag{8.8}$$

式（8.8）中的 n 为观察值总数，有

$$n = \sum_{j=1}^{k} n_j$$

按照式（8.8），由误差项离差平方和 SSE 103.20 和自由度 20，可计算出 MSE 为 5.16。

（3）SST 的均方 MST

总离差离差平方和 SST 的自由度为 $n-1$，则其均方 MST 为

$$\text{MST} = \frac{\text{SST}}{n-1} \tag{8.9}$$

总离差平方和 SST 是由 n 个观察值计算的离差平方和，并含有 1 个线性约束条件，所以总离差平方和 SST 的自由度为 $n-1$。显然，水平项离差平方和 SSA 与误差项离差平方和 SSE 二者的自由度之和，等于总离差平方和 SST 的自由度，即 $n-1 = (k-1) + (n-k)$。

5. 计算 F 检验统计量

误差项离差平方和 SSE 与总体方差之比服从自由度为 $n-k$ 的 χ^2 分布，即

$$\frac{\text{SSE}}{\sigma^2} \sim \chi^2(n-k) \tag{8.10}$$

水平项离差平方和 SSA 与总体方差之比服从自由度为 $k-1$ 的 χ^2 分布，即

$$\frac{\text{SSA}}{\sigma^2} \sim \chi^2(k-1) \tag{8.11}$$

因此，式（8.7）和式（8.8）的比值服从第一自由度为 $k-1$，第二自由度为 $n-k$ 的 F 分布，即

$$F = \frac{\dfrac{\text{SSA}}{\sigma^2(k-1)}}{\dfrac{\text{SSE}}{\sigma^2(n-k)}} = \frac{\text{MSA}}{\text{MSE}} \sim \text{F}(k-1, n-k) \tag{8.12}$$

显然，式（8.12）的 F 检验统计量为式（8.7）水平项均方 MSA 和式（8.8）误差项均方 MSE 的比值。由式（8.12），可计算出例 8.1 中 F 检验统计量的数值为 8.903 1。

6. 统计判断

在计算出 F 检验统计量的具体数值之后，将 F 检验统计值与给定显著性水平 α 的 F 分布临界值相比较，作出是否拒绝原假设 H_0 的统计判断：若 F 检验统计值落在由 F 分布临界

值界定的接受域内，则不能拒绝原假设 H_0；反之，则拒绝原假设 H_0。

由方差分析真正的原假设为水平项均方小于或等于误差项均方，即 $H_0：MSA/MSE \leqslant 1$ 可知，方差分析的原假设为单侧拒绝域设置，其假设检验为单侧 F 检验。

例 8.1 的 F 检验统计值为 8.903 1，在显著性水平 $\alpha = 0.05$ 时，有 $F_{0.05} = 2.866 1$。显然，F 检验统计值 8.903 1 大于 F 分布的临界值 $F_{0.05} = 2.866 1$，即 $F > F_{0.05}$。因此，作出拒绝原假设 H_0 的统计判断，认为不同班组是该企业成品车间产品质量的显著性影响因素。

8.2.2　方差分析表

方差分析表（analysis of variance table）是指为了便于进行数据分析和统计判断，按照方差分析的过程，将有关步骤的计算数据逐一列出的统计分析表。表 8.3 就是一种常用的方差分析表。

表 8.3　一种常用的方差分析表

差异来源	离差平方和 SS	自由度 df	均方 MS	F 值
组间	SSA	$k-1$	MSA	MSA/ MSE
组内	SSE	$n-k$	MSE	—
全部	SST	$n-1$	—	—

有关统计软件给出的方差分析表形式基本类似于表 8.3。表 8.4 就是在显著性水平 $\alpha = 0.05$ 下，运用 Excel "分析工具库" 中的 "方差分析：单因素方差分析" 工具，对例 8.1 进行方差分析，由 Excel 输出的 "单因素方差分析表"。

表 8.4　Excel 单因素方差分析表

差异源	SS	df	MS	F	P-value	F crit
组间	183.76	4	45.94	8.903 1	0.000 3	2.866 081
组内	103.20	20	5.16	—	—	—
总计	286.96	24	—	—	—	—

由表 8.4 可见，在 Excel 的 "单因素方差分析表" 中，分组间、组内和总计三栏列出了离差平方和 SS、自由度 df、均方 MS 和 F 检验统计值。同时，还给出了 F 检验统计值的 p 值 "P-value"，和显著性水平 α 下 F 分布的临界值 "F crit"。由 p 值 "P-value" 的数值为 0.000 3 可知，在例 8.1 中班组差异对优等品率的影响是显著的。该企业要改善其成品车间的生产管理水平，提高产品质量，就必须认真研究导致班组之间差异的原因，使落后班组尽快赶上先进班组，消除班组之间的显著差异。

8.2.3　方差分析中的多重比较

由方差分析的备择假设 "$H_1：\mu_1，\mu_2，\cdots，\mu_k$ 不全相等" 可知，方差分析在拒绝原假设 H_0

时，得出的结论是至少有一个总体均值与其他总体均值不等。因此，当方差分析得出拒绝原假设时，不能由此推断该因素各水平两两之间都存在显著差异。在实际应用中，人们往往需要了解究竟哪几个总体均值之间存在显著差异，这就要求进一步拓展方差分析。在方差分析中，将解决这类问题的方法称为方差分析中的多重比较。

多重比较方法（multiple comparison procedures）是指通过不同水平均值之间的两两配对比较，来检验各个总体均值之间是否存在显著差异的假设检验方法和过程。最小显著性差异法是一种使用比较普遍的多重比较方法。

最小显著性差异法（least significant difference，LSD）是指在方差分析中，采用 T 统计量对各水平是否存在显著差异进行逐一两两配对比较的假设检验方法。

在第 7 章中，讨论了在两个服从正态分布总体的方差 σ_1^2 和 σ_2^2 为未知且相等的场合，对总体均值之差 $\mu_1 - \mu_2$ 进行假设检验时，采用 T 统计量来进行假设检验，即

$$T = \frac{\bar{x}_1 - \bar{x}_2}{\sqrt{s_{1,2}^2\left(\frac{1}{n_1} + \frac{1}{n_2}\right)}} \tag{8.13}$$

式中，$s_{1,2}^2$ 为两个未知且相等的总体方差 σ_1^2 和 σ_2^2 的联合方差 $\sigma_{1,2}^2$ 的样本估计量；T 统计量的自由度为 $n_1 - n_2 - 2$。

式（8.13）是对两个总体均值的 T 统计量假设检验方法，可以在方差分析关于方差相等的前提下，引申出对多个总体均值的 T 统计量假设检验方法，有

$$T = \frac{\bar{x}_i - \bar{x}_j}{\sqrt{\text{MSE}\left(\frac{1}{n_i} + \frac{1}{n_j}\right)}} \tag{8.14}$$

式（8.14）用误差项离差平方和 SSE 的均方 MSE 替代式（8.13）的联合方差估计量。

当各水平的观测值个数相等时，即 $n_i = n_j$（$i \neq j$，$i, j = 1, 2, \cdots, k$），则式（8.14）可简写为

$$T = \frac{\bar{x}_i - \bar{x}_j}{\sqrt{\text{MSE}\frac{2}{n_i}}} \tag{8.15}$$

在给定的显著性水平 α 下，若有 $|T| > t_{\alpha/2}(n-k)$，则拒绝原假设 $H_0: \mu_i - \mu_j = 0$，认为总体均值 μ_i 与 μ_j 之间存在显著差异；若有 $|T| \leqslant t_{\alpha/2}(n-k)$，则不能拒绝原假设 $H_0: \mu_i - \mu_j = 0$，认为总体均值 μ_i 与 μ_j 之间不存在显著差异。

例 8.2 利用例 8.1 各组观测值表 8.1 和表 8.2（各组水平均值分别为 83.4、82.6、87.2、87.0、90.0），采用最小显著性差异法，检验各组总体均值之间的差异是否显著。

解 要求检验各组总体均值之间的差异是否显著，意味着需要进行五个水平的成对组合数 C_5^2 假设检验，即进行 10 项假设检验。可以将此假设检验依次分为四组，有

μ_1 与 μ_2、μ_3、μ_4、μ_5 之间是否存在显著差异；

μ_2 与 μ_3、μ_4、μ_5 之间是否存在显著差异；

μ_3 与 μ_4、μ_5 之间是否存在显著差异；

μ_4 与 μ_5 之间是否存在显著差异；

由于例 8.1 中各水平的观测值个数相等，因此可以按照式（8.15）计算出对于多个总体

均值进行假设检验的 10 项 T 检验统计量，具体计算结果如表 8.5 所示。

表 8.5　采用最小显著性差异法计算的例 8.1 T 检验统计量

班组	2 组	3 组	4 组	5 组
1 组	0.556 846	−2.645 02	−2.505 81	−4.593 98
2 组	—	−3.201 86	−3.062 65	−5.150 83
3 组	—	—	0.139 21	−1.948 96
4 组	—	—	—	−2.088 17

在给定的显著性水平 $\alpha = 0.05$ 下，有 $t_{0.025}(20) = 2.085\ 96$，凡是其 T 检验统计量的绝对值大于 $t_{0.025}(20)$ 者，即 $|T| > t_{0.025}(20)$，均属于存在显著性差异。在表 8.5 中只有 1 组和 2 组、3 组和 4 组、3 组和 5 组这三对 T 检验统计量的绝对值小于 $t_{0.025}(20)$，表明在显著性水平 $\alpha = 0.05$ 下，只有这三对总体均值之间不存在显著性差异。根据最小显著性差异法的检验结果，可以将 1 组和 2 组、3 组和 4 组、3 组和 5 组归为同一类型。此外，还可以从 T 检验统计量的正负取值（绝对值水平高低）识别每一对总体均值差异的方向（程度）。

8.3　双因素方差分析

双因素方差分析（two-way analysis of variance）是指所要检验的对象为双因素情形下的方差分析。根据因素之间的效应是否独立，可以将双因素方差分析分为两种类型：一种是假定因素 A 与因素 B 之间无交互作用的双因素方差分析；另一种是假定因素 A 与因素 B 之间有交互作用的双因素方差分析。

8.3.1　无交互作用的双因素方差分析

无交互作用的双因素方差分析也被称为无重复双因素方差分析。无交互作用强调的是因素 A 与因素 B 之间相互独立的特征；无重复强调的是由因素 A 与因素 B 交互构成的任一组合，仅包含一项观测值，不能进行重复观测的特征。在不能进行重复观测的场合，也就不能分析因素 A 与因素 B 之间的交互作用。

1. 数据结构

在无交互作用的双因素方差分析中，一般将一个因素安排在数据表"行（row）"的位置上，如表 8.6 中的因素 B，称之为行因素，并用序号 1 到 s 表示；将另一个因素安排在数据表"列（column）"的位置上，如表 8.6 中的因素 A，称之为列因素，并用序号 1 到 k 表示。行因素和列因素的每一个水平都可以构成一项观察值 x_{ij}，一共有 $k \times s$ 项观察值，通过观察值来反映这两个因素对的共同影响。双因素方差分析的数据结构如表 8.6 所示。

表 8.6 双因素方差分析的数据结构

因　素		列（column）　因素 A				均　值
		A_1	A_2	$\cdots$	A_k	
行（row）	B_1	x_{11}	x_{12}	$\cdots$	x_{1k}	$\bar{x}_{1.}$
	B_2	x_{21}	x_{22}	$\cdots$	x_{2k}	$\bar{x}_{2.}$
因素 B	$\vdots$	$\vdots$	$\vdots$	$\vdots$	$\vdots$	$\vdots$
	B_s	x_{s1}	x_{s2}	$\cdots$	x_{sk}	$\bar{x}_{s.}$
均　值		$\bar{x}_{.1}$	$\bar{x}_{.2}$	$\cdots$	$\bar{x}_{.k}$	$\bar{x}$

在表 8.6 中，$\bar{x}_{i.}$ 表示行因素 B 中第 i 项水平均值，或称为第 i 项行水平均值，有

$$\bar{x}_{i.} = \frac{1}{k} \sum_{j=1}^{k} x_{ij} \tag{8.16}$$

$\bar{x}_{.j}$ 表示列因素 A 中第 j 项水平均值，或称为第 j 项列水平均值，有

$$\bar{x}_{.j} = \frac{1}{s} \sum_{i=1}^{s} x_{ij} \tag{8.17}$$

$\bar{x}$ 表示全部 $k \times s$ 项观察值的总均值，有

$$\bar{x} = \frac{1}{ks} \sum_{j=1}^{k} \sum_{i=1}^{s} x_{ij} = \frac{1}{s} \sum_{i=1}^{s} \bar{x}_{i.} = \frac{1}{k} \sum_{j=1}^{k} \bar{x}_{.j} \tag{8.18}$$

2. 分析步骤

（1）提出假设

在双因素方差分析中，需要对两个因素分别提出假设。

对排列在行上的因素 B 提出假设，为

$$H_0: \mu_1 = \mu_2 = \cdots = \mu_s$$
$$H_1: \mu_1, \mu_2, \cdots, \mu_s \text{ 不全相等}$$

同时，对排列在列上的因素 A 提出假设，为

$$H_0: \mu_1 = \mu_2 = \cdots = \mu_k$$
$$H_1: \mu_1, \mu_2, \cdots, \mu_k \text{ 不全相等}$$

（2）构造检验统计量

仍然从总离差平方和 SST 出发，有

$$\text{SST} = \sum_{i=1}^{s} \sum_{j=1}^{k} \left[(\bar{x}_{.j} - \bar{x}) + (\bar{x}_{i.} - \bar{x}) + (x_{ij} - \bar{x}_{.j} - \bar{x}_{i.} + \bar{x}) \right]^2 \tag{8.19}$$

将式（8.19）展开，其中交叉乘积项为 0，则有

$$\text{SST} = s \sum_{j=1}^{k} (\bar{x}_{.j} - \bar{x})^2 + k \sum_{i=1}^{s} (\bar{x}_{i.} - \bar{x})^2 + \sum_{i=1}^{s} \sum_{j=1}^{k} (x_{ij} - \bar{x}_{.j} - \bar{x}_{i.} + \bar{x})^2 \tag{8.20}$$

式（8.20）中等号右边第一项为列因素（column factor）的水平均值与总均值的离差平方和，记为 SSC，有

$$\text{SSC} = s \sum_{j=1}^{k} (\bar{x}_{.j} - \bar{x})^2 \tag{8.21}$$

其自由度为 $k-1$。SSC 的均方为 MSC，有

$$\text{MSC} = \frac{\text{SSC}}{k-1} \tag{8.22}$$

第二项为行因素（row factor）的水平均值与总均值的离差平方和，记为 SSR，有

$$SSR = k \sum_{i=1}^{s} (\bar{x}_{i.} - \bar{x})^2 \tag{8.23}$$

其自由度为 $s-1$。SSR 的均方为 MSR，有

$$MSR = \frac{SSR}{s-1} \tag{8.24}$$

第三项是除掉列因素和行因素之外的剩余因素影响形成的离差平方和，记为 SSE，有

$$SSE = \sum_{i=1}^{s} \sum_{j=1}^{k} (x_{ij} - \bar{x}_{.j} - \bar{x}_{.i} + \bar{x})^2 \tag{8.25}$$

其自由度为 $(s-1)(k-1)$。SSE 的均方为 MSE，有

$$MSE = \frac{SSE}{(s-1)(k-1)} \tag{8.26}$$

由以上三项均方 MSC、MSR 和 MSE，可以构成两项检验统计量，其中，检验列因素是否具有显著影响的检验统计量为

$$F_C = \frac{MSC}{MSE} \sim F(k-1, (s-1)(k-1)) \tag{8.27}$$

检验行因素是否具有显著影响的检验统计量为

$$F_R = \frac{MSR}{MSE} \sim F(s-1, (s-1)(k-1)) \tag{8.28}$$

在无交互作用的双因素方差分析中，总离差平方和 SST 的自由度仍为 $n-1$。同时，水平项离差平方和 SSA、误差项离差平方和 SSE，与剩余因素影响离差平方和 SSE 三者的自由度之和，应等于总离差平方和 SST 的自由度，即 $n-1 = (k-1) + (s-1) + (s-1)(k-1)$，在这里有 $n = ks$。

（3）统计判断

将由式（8.27）和式（8.28）计算出来的两项 F 检验统计值，分别与给定显著性水平 α 的 F 分布临界值相比较，作出是否拒绝原假设 H_0 的统计判断：若 F 检验统计值落在由 F 分布临界值界定的接受域内，则不能拒绝原假设 H_0；反之，则拒绝原假设 H_0。

例 8.3 在一次职工收入水平调查中，采集了甲、乙、丙、丁四个城市的 A、B、C、D、E 五类职业的月收入数据，如表 8.7 所示。

表 8.7　四个城市五类职业的月收入数据　　　　　　　　　元

水平		城市			
		甲	乙	丙	丁
职业	A	2 530	2 590	2 310	2 650
	B	2 910	2 890	2 810	3 010
	C	2 450	2 410	2 210	2 530
	D	2 400	2 410	2 230	2 300
	E	2 250	2 130	2 310	2 010

要求　采用无交互作用的双因素方差分析方法，判断城市和职业类型这两个因素对职工收入是否有显著影响。

解 计算出各行各列的水平均值和全部观测值的总均值，并按照表8.6的方式，采用双因素方差分析数据结构表的形式，将全部观测值、各行各列的水平均值和总均值依次列出，如表8.8所示。

表 8.8 职业月收入情况双因素方差分析数据结构表　　　　　　　　　　　　元

水平		城 市				均值
		甲	乙	丙	丁	
职业	A	2 530	2 590	2 310	2 650	2 520
	B	2 910	2 890	2 810	3 010	2 905
	C	2 450	2 410	2 210	2 530	2 400
	D	2 400	2 410	2 230	2 300	2 335
	E	2 250	2 130	2 310	2 010	2 175
均值		2 508	2 486	2 374	2 500	2 467

（1）提出原假设

行因素（职业）$H_0: \mu_A = \mu_B = \mu_C = \mu_D = \mu_E$

列因素（城市）$H_0: \mu_甲 = \mu_乙 = \mu_丙 = \mu_丁$

备择假设可以不用列出。

（2）计算检验统计量

按照有关公式，逐一计算出各项离差平方和、自由度、均方、F检验值，并将这些数据依照计算的次序列在方差分析表中，见表8.9。

表 8.9 职业月收入情况双因素方差分析表

差异来源	离差平方和	自由度	均方	F检验值	F临界值
行	1 207 320	4	301 830.00	22.894 82	3.259 2
列	58 900	3	19 633.33	1.489 25	3.490 3
误差	158 200	12	13 183.33	—	—
总计	1 424 420	19			

表8.9中"F临界值"是在显著性水平 $\alpha = 0.05$ 下，根据相关F检验统计量的自由度确定的F分布的上α分位数值，即假设检验的临界值。

（3）统计判断

由表8.9可知，行因素（职业）的F检验值为22.894 82，大于显著性水平α为0.05时的F临界值$F_{0.05}(4,12) = 3.259\ 2$，因此，拒绝$H_0: \mu_A = \mu_B = \mu_C = \mu_D = \mu_E$，认为职业类型是引起职工收入差异的显著性因素；列因素（城市）的F检验值仅为1.489 25，小于F临界值$F_{0.05}(3,12) = 3.490\ 3$，因此不能拒绝$H_0: \mu_甲 = \mu_乙 = \mu_丙 = \mu_丁$，可以认为在此次调查中，城市不是引起职工收入产生显著差异的因素。

8.3.2 有交互作用的双因素方差分析

在双因素方差分析中，若A、B两个因素不相互独立，因素之间的组合还会产生一种新的效应时，就需要采用有交互作用的双因素方差分析方法，不仅分析 A、B 两个因素本身各自的独立效应，还要对双因素的组合所产生的交互作用进行显著性检验。

为了针对交互作用进行显著性检验，需要对 A、B 两个因素的任一组合进行多次观测，获得多项观测值。因此，有交互作用的双因素方差分析也被称为可重复双因素方差分析，它强调了由 A、B 两个因素构成的每一组合均包含多项观测值，即对其进行重复观测的这一特征。

在有交互作用的双因素方差分析中，令每一组合重复观测的次数为 m，可进行以下检验统计量的构造。

总离差平方，仍记为 SST，有

$$\text{SST} = \sum_{i=1}^{s} \sum_{j=1}^{k} \sum_{l=1}^{m} (x_{ijl} - \bar{x})^2 \tag{8.29}$$

列因素（column factor）的水平均值与总均值的离差平方和，仍记为 SSC，有

$$\text{SSC} = ms \sum_{j=1}^{k} (\bar{x}_{\cdot j \cdot} - \bar{x})^2 \tag{8.30}$$

其自由度仍为 $k-1$。SSC 的均方为

$$\text{MSC} = \frac{\text{SSC}}{k-1} \tag{8.31}$$

行因素（row factor）的水平均值与总均值的离差平方和，仍记为 SSR，有

$$\text{SSR} = mk \sum_{i=1}^{s} (\bar{x}_{i \cdot \cdot} - \bar{x})^2 \tag{8.32}$$

其自由度仍为 $s-1$。SSR 的均方为

$$\text{MSR} = \frac{\text{SSR}}{s-1} \tag{8.33}$$

列因素和行因素交互作用的离差平方和，记为 SSRC，有

$$\text{SSRC} = m \sum_{i=1}^{s} \sum_{j=1}^{k} (x_{ij \cdot} - \bar{x}_{\cdot j \cdot} - \bar{x}_{i \cdot \cdot} + \bar{x})^2 \tag{8.34}$$

其自由度为 $(s-1)(k-1)$。SSRC 的均方为

$$\text{MSRC} = \frac{\text{SSRC}}{(s-1)(k-1)} \tag{8.35}$$

将除掉列因素和行因素，以及列因素和行因素交互作用之外的剩余因素影响形成的离差平方和，记为 SSE，有

$$\text{SSE} = \text{SST} - \text{SSC} - \text{SSR} - \text{SSRC} \tag{8.36}$$

其自由度为 $ks(m-1)$。SSE 的均方为

$$\text{MSE} = \frac{\text{SSE}}{ks(m-1)} \tag{8.37}$$

由以上四项均方 MSC、MSR、MSRC 和 MSE 可以构成三项检验统计量。具体而言，检验列因素是否具有显著性影响的检验统计量为

$$F_C = \frac{\text{MSC}}{\text{MSE}} \sim F(k-1, ks(m-1)) \tag{8.38}$$

检验行因素是否具有显著性影响的检验统计量为

$$F_R = \frac{\text{MSR}}{\text{MSE}} \sim F(s-1, ks(m-1)) \tag{8.39}$$

检验列因素和行因素的交互作用是否具有显著性影响的检验统计量为

$$F_{RC} = \frac{\text{MSRC}}{\text{MSE}} \sim F[(k-1)(s-1), ks(m-1)] \tag{8.40}$$

例 8.4　某化工企业为了提高其产品收率，对生产工艺进行改造，在现有配方中投入了 A、B 两种新原料，并对 A、B 两种新原料都设定了高、中、低三个水平，对其水平的每一搭配都进行了三次测试，测试的数据如表 8.10 所示。

表 8.10　A、B 两种新原料对收率的影响情况　　　　　　　　　　　　%

水平		原料 A		
		高	中	低
原料 B	高	58.2	56.2	65.3
		52.6	41.2	60.8
		54.4	49.2	63.4
	中	40.1	51.1	54.1
		42.8	50.5	48.4
		41.5	50.8	53.1
	低	60.1	70.9	39.2
		58.3	73.2	40.7
		49.6	71.8	39.6

要求　试采用有交互作用的双因素方差分析方法，判断原料 A、原料 B，以及 A、B 两种原料的交互作用对该化工产品的收率是否有显著影响。

解　依照双因素方差分析方法的一般步骤如下。

（1）提出原假设

假设原料 A、原料 B，以及 A、B 两种原料的交互作用对该化工产品的收率均无显著影响，即

原料 A　　$H_0' : \mu_{A1} = \mu_{A2} = \mu_{A3}$

原料 B　　$H_0'' : \mu_{B1} = \mu_{B2} = \mu_{B3}$

原料 A 与原料 B 的交互作用　$H_0''' : \gamma_{A1B1} = \gamma_{A2B2} = \cdots = \gamma_{A3B3} = 0$

此处 γ_{ij} 表示第 i 项行水平与第 j 项列水平的交互作用。

（2）计算检验统计量

按照有关公式，逐一计算出各项离差平方和、自由度、均方、F 检验值，并将这些数据依照计算的次序列在方差分析表中。

表 8.11 中"F 临界值*"是在显著性水平 $\alpha = 0.05$ 下，根据相关 F 检验统计量的自由度确定假设检验的临界值；"F 临界值**"是在显著性水平 $\alpha = 0.01$ 下，根据相关 F 检验统计量的自由度确定假设检验的临界值。

表 8.11　职业月收入情况双因素方差分析表

差异来源	离差平方和	自由度	均方	F 检验值	F 临界值*	F 临界值**
行	362.689 6	2	181.344 8	14.283 7	3.554 6	6.012 9
列	217.125 2	2	108.562 6	8.551 0	3.554 6	6.012 9
交互	1 836.670 0	4	459.167 6	36.166 5	2.927 7	4.579 0
误差	228.526 7	18	12.695 93	—	—	—
总计	2 645.012 0	26	—	—	—	—

（3）统计判断

由表 8.11 可知，原料 A 的 F 检验值为 14.283 7，原料 B 的 F 检验值为 8.551 0，以及 A、B 两种原料的交互作用的 F 检验值为 36.166 5，均大于各自在显著性水平 $\alpha = 0.05$ 和显著性水平 $\alpha = 0.01$ 下的 F 检验值。因此，拒绝 H'_0，H''_0 和 H'''_0，认为原料 A、原料 B，以及 A、B 两种原料的交互作用对该化工产品的收率均具有显著影响。其中，A、B 两种原料的交互作用对该化工产品收率的影响特别显著，该企业在生产工艺改造时务必要注意这一交互作用对产品收率的影响。

Excel 应用

方差分析工具的应用

Excel 的"分析工具库"中提供了比较齐全的方差分析工具，其中："单因素方差分析"工具，通过简单的方差分析，可对两个以上样本均值进行相等性假设检验；"无重复双因素分析"工具，通过无交互作用的双因素方差分析，可对两个以上样本均值进行相等性假设检验；"可重复双因素方差分析"工具，可对在双因素每一对组合中包含不止一个观测值的场合进行方差分析。

1. 单因素方差分析

例 8.5　某市交通管理部门将一天分为三个时段，其中，4 时到 12 时为上午，12 时到 20 时为下午，20 时到次日 4 时为夜间，对某一路段的交通流量进行了观测，具体数据见表 8.12。

表 8.12　某市某一路段的交通流量情况　　　　　　　　　　车次

观测值	时　段		
	上　午	下　午	夜　间
交 通 流 量	8 620	8 930	3 500
	7 750	8 750	4 200
	7 820	8 430	3 240
	8 150	7 940	3 810
	8 130	7 980	2 890
	10 040	9 540	4 720
	9 900	10 800	4 870

要求　（1）试采用单因素方差分析方法，在显著性水平 $\alpha=0.05$ 下，判断上午、下午和夜间这三个时段里的交通流量是否存在显著性差异。

（2）试采用最小显著性差异法，在显著性水平 $\alpha=0.05$ 下，对上午、下午和夜间这三个水平之间的差异性进行多重比较。

解 （1）单因素方差分析

第一步，给出原假设。原假设为上午、下午和夜间这三个时段里交通流量的总体均值都不存在显著性差异。

第二步，调用"分析工具库"的"单因素方差分析"工具。在"工具"下拉菜单中选择"数据分析"，在"数据分析"选项框中选定"方差分析：单因素方差分析"，如图 8.1 所示。

第三步，进行单因素方差分析。在"方差分析：单因素方差分析"对话框的"输入区域"设置框中输入有关数据所在单元格，本例为 B4 到 D10；在"分组方式"选项框中选择数据按水平分组的排列方式，本例为按列分组，则选中"列"。该数据中不包含分组标志，因此"标志位于第一行"不予选中；在"α"设置框中输入所选定的显著性水平的数值，本例的显著性水平 α 为 0.05；最后，若希望在当前工作表中输出计算结果，可选择"输出区域"，并在其设置框中填入输出计算结果的起始单元格，如本例选择的 F2。

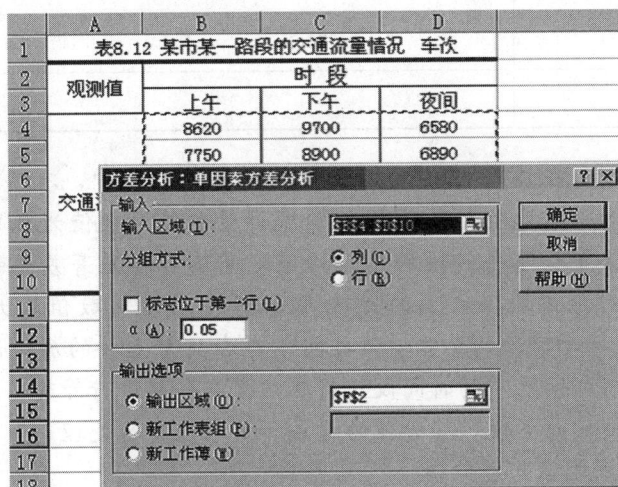

图 8.1 "单因素方差分析"工具对话框

第四步，统计判断。"单因素方差分析"工具计算结果见表 8.13 和表 8.14。

表 8.13 "单因素方差分析"工具计算结果（1）

组	计 数	求 和	平 均	方 差
列 1	7	60 410	8 630	918 666
列 2	7	62 370	8 910	1 005 200
列 3	7	27 230	3 890	554 400

表 8.14 "单因素方差分析"工具计算结果（2）

差异源	SS	df	MS	F	P-value	F crit
组 间	111 408 267	2	55 704 133	67.431 16	4.35E−09	3.554 561
组 内	14 869 600	18	826 089	—	—	—
总 计	126 277 867	20	—	—	—	—

由于 F 检验统计量为 67.431 16，大于在显著性水平 $\alpha=0.05$ 下的 F 临界值 3.554 561，所以拒绝原假设，认为该市此路段在上午、下午和夜间这三个时段里交通流量的总体均值存在显著性差异。

（2）最小显著性差异法

本例中各水平的观测值个数相等，均为 7，所以采用最小显著性差异法的式（8.15）对上午、下午和夜间这三个水平的交通流量的总体均值进行两两组合，实施显著性检验。

第一步，给出原假设。原假设为上午和下午、上午和夜间、下午和夜间这三对水平的交通流量的总体均值不存在显著性差异。

第二步，计算 T 检验量。利用表 8.13 中各项水平的均值（平均）和表 8.14 中组内离差平方和的均方 MS，运用 Excel 可以方便地计算出三对水平的 T 检验统计量数值，如表 8.15 所示。

表 8.15　采用最小显著性差异法计算的 T 检验统计量

时　段	下　午	夜　间
上　午	−0.576 34	9.756 61
下　午	—	10.332 95

第三步，统计判断。在显著性水平 $\alpha=0.05$ 下的双侧检验中，有 $t_{0.025}(18)=2.100\ 9$。显然，上午和下午这对总体均值之差的 T 检验统计量的绝对数值为 0.576 34，小于 t 分布的临界值，所以接受上午和下午时段的总体均值之间不存在显著差异的原假设；上午和夜间、下午和夜间这两对总体均值之差的 T 检验统计量的绝对数值均大于 t 分布的临界值 2.100 9，所以拒绝这两个时段的总体均值之间不存在显著差异的原假设。因此，可以将上午和下午时段看为具有相同性质的时间段，将其归并在一起进行管理；而夜间时段属于与上午和下午时段显著不同的时间段，其管理的方式和要求应另行处理。

2. 无交互作用的双因素方差分析

例 8.6　基本数据同表 8.12。在本例中，即除了将一天中的不同时段作为一个研究的因素，即将一天划分为上午、下午和夜间三个时段水平进行观测，还将一周七天作为另一个研究的因素，即将一周七天划分为七个日期水平进行观测，如表 8.16 所示。

表 8.16　某市某一路段一周 7 天的交通流量情况　　　　车次

水　平		时　段		
		上　午	下　午	夜　间
日　期	周一	8 620	8 930	3 500
	周二	7 750	8 750	4 200
	周三	7 820	8 430	3 240
	周四	8 150	7 940	3 810
	周五	8 130	7 980	2 890
	周六	10 040	9 540	4 720
	周日	9 900	10 800	4 870

要求　试采用无交互作用的双因素方差分析方法，在显著性水平 $\alpha=0.05$ 下，判断在一天三个时段和一周七天不同日期对交通流量是否存在显著影响。

解　第一步，给出原假设。原假设为不同时段和不同日期的交通流量的总体均值均不存在显著影响。

第二步，调用"分析工具库"的"无重复双因素分析"工具。在"工具"下拉菜单中选择"数据分析"，在"数据分析"选项框中选定"方差分析：无重复双因素分析"。

第三步，进行无交互作用的双因素方差分析。如图 8.2 所示，在"方差分析：无重复双因素分析"对话框的"输入区域"设置框中输入有关数据所在单元格，在本例中为 C4 到 E10；在"α"设置框中输入所选定的显著性水平的数值，本例的显著性水平 α 为 0.05；最后，确定"输出选项"。

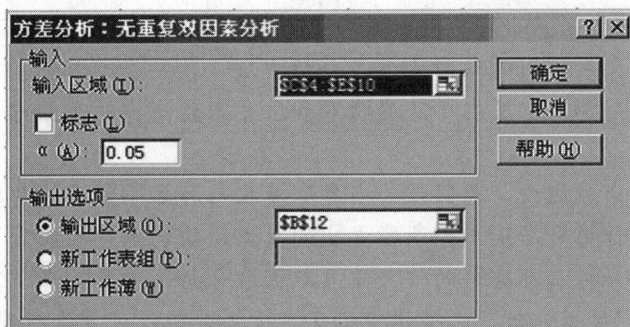

图 8.2　"方差分析：无重复双因素分析"工具对话框

第四步，统计判断。"无重复双因素分析"工具计算结果如表 8.17 所示。

表 8.17　"无重复双因素分析"工具计算结果

差异源	SS	df	MS	F	P-value	F crit
行	12 687 733	6	2 114 622	11.63	0.000 2	2.996 1
列	111 408 267	2	55 704 133	306.37	5E−11	3.885 3
误　差	2 181 866	12	181 822	—	—	—
总　计	126 277 867	20	—	—	—	—

在表 8.17 中，行因素（日期）F 检验统计值为 11.63，大于在显著性水平 $\alpha=0.05$ 下的 F 临界值 2.996 1；列因素（时段）F 检验统计值为 306.37，大于在显著性水平 $\alpha=0.05$ 下的 F 临界值 3.885 3。所以，拒绝原假设，认为在不同时段和不同日期对该市此路段交通流量的总体均值均存在显著影响。

3. 有交互作用的双因素方差分析

例 8.7　某地对居民日常消费情况进行了一次调查。在采集居民月消费支出数据时，同时搜集了居民当年家庭收入和上年家庭消费两项资料（见表 8.18），试图分析当年家庭收入和上年家庭消费对居民本期消费支出的影响，以及当年家庭收入和上年家庭消费是否存在对居民本期消费支出具有交互作用。

表 8.18 某地居民月消费支出情况 元

水平		当年家庭收入		
		高	中	低
上年家庭消费	高	5 900	3 800	2 600
		4 800	3 100	3 100
		4 200	3 500	2 800
	中	4 800	2 180	2 200
		4 500	2 760	2 450
		3 900	3 140	2 100
	低	3 050	2 900	1 500
		3 800	2 500	1 900
		4 100	2 100	1 700

要求 试采用有交互作用的双因素方差分析方法，在显著性水平 $\alpha=0.05$ 下，判断当年家庭收入和上年家庭消费，以及当年家庭收入和上年家庭消费的交互作用是否对居民本期消费支出存在显著影响。

解 第一步，给出原假设。原假设为当年家庭收入和上年家庭消费以及当年家庭收入和上年家庭消费的交互作用对居民本期消费支出的总体均值均不存在显著影响。

第二步，调用"分析工具库"的"可重复双因素分析"工具。在"工具"下拉菜单中选择"数据分析"，在"数据分析"选项框中选定"方差分析：可重复双因素分析"。

第三步，进行无交互作用的双因素方差分析。在"方差分析：可重复双因素分析"对话框的"输入区域"设置框中输入有关数据所在单元格，如图 8.3 所示。

必须注意，在"方差分析：可重复双因素分析"的"输入区域"里，隐含了输入行标志和列标志的条件，因此在输入数据所在单元格时，必须在数据所在行上移一行，在数据所在列左移一列。例如在本例中相关数据所在单元格为 B3 到 D11，应在"输入区域"里填入 A2 到 D11；"每一样本的行数"指的是两个因素每一组合的观测值的个数。由于在"方差分析：可重复双因素分析"工具中将每一组合的观测值按列排列，观测值的个数就表现为每一组合的行数。这一"每一样本的行数"要求全部相等。在本例中每一组合的观测值的个数为 3；在"α"设置框中输入所选定的显著性水平的数值，本例的显著性水平 α 为 0.05；最后，确定"输出选项"。

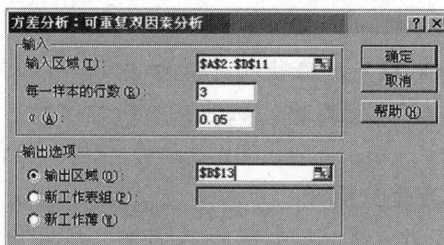

图 8.3 "可重复双因素分析"工具对话框

第四步，统计判断。"可重复双因素分析"工具计算结果如表 8.19 所示。

表 8.19　"无重复双因素分析"工具计算结果

差 异 源	SS	df	MS	F	P-value	F crit
样　本	5 867 622	2	2 933 811	13.906 3	0.000 223	3.554 6
列	20 452 289	2	10 226 144	48.472 0	5.66E-08	3.554 6
交　互	246 688	4	61 672	0.292 3	0.879 111	2.927 7
内　部	3 797 467	18	210 970	—	—	—
总　计	30 364 067	26	—	—	—	—

在表 8.19 中,"样本"的 SS 表示行因素的离差平方和 SSR。"内部"的 SS 表示剩余因素的离差平方和 SSE。

由表 8.19 可知,行因素(上年家庭消费) F 检验统计值为 13.906 3,大于在显著性水平 $\alpha=0.05$ 下的 F 临界值 3.554 6;列因素(当年家庭收入) F 检验统计值为 48.472 0,大于在显著性水平 $\alpha=0.05$ 下的 F 临界值 3.554 6;而行因素(上年家庭消费)和列因素(当年家庭收入)的交互作用 F 检验统计值仅为 0.292 3,小于在显著性水平 $\alpha=0.05$ 下的 F 临界值 2.927 7。因此,拒绝当年家庭收入和上年家庭消费对居民本期消费支出不存在显著影响的原假设,其中当年家庭收入对居民本期消费支出的影响尤为显著,是居民本期消费支出形成的主要原因。同时,接受行因素(上年家庭消费)和列因素(当年家庭收入)的交互作用的原假设,认为该交互作用对居民本期消费支出不存在显著影响。

思考与练习

1. 方差分析的基本原理是什么?

2. 什么是方差分析的三项基本假定?

3. 方差分析有哪些类型?

4. 试解释方差分析中离差平方和的分解及其自由度的计算。

5. 说明方差分析中的 SST、SSA 和 SSE 的意义和计算方法。

6. 叙述单因素方差分析的一般程序。

7. 方差分析表有什么内容?

8. 什么是水平项离差平方和?什么是误差项离差平方和?

9. 无交互作用双因素方差分析和有交互作用双因素方差分析的区别是什么?

10. 从 A、B、C 三种品牌的五号电池中,各随机抽取了五个样品进行使用寿命测试,测得放电时间长度数据如表 8.20 所示。

表 8.20　A、B、C 三种品牌的五号电池放电时间长度　　　　　　　　小时

水平	电池品牌		
	A	B	C
观测值	40	26	39
	48	34	40
	38	30	43
	42	28	50
	45	32	50

要求　（1）试采用单因素方差分析方法，在显著性水平 $\alpha = 0.05$ 下，判断 A、B、C 三种品牌的五号电池放电时间长度的总体均值是否存在显著差异。

（2）试采用最小显著性差异法，在显著性水平 $\alpha = 0.05$ 下，对 A、B、C 三种品牌的总体均值之间的差异性进行多重比较。

11. 某电子产品研究所研制出了 A、B、C、D 四种温度传感器样品，并对四种样品温度测量精度进行了测试，其误差数据见表 8.21。

表 8.21　A、B、C、D 四种温度传感器样品测量温度的误差　　　　　　　　℃

水平	温度传感器样品			
	A	B	C	D
观测值	0.9	0.2	0.8	0.4
	1.1	0.9	0.7	0.1
	0.8	1.0	0.7	0.3
	0.9	0.6	0.4	0.2
	0.4	0.3	0.0	0.0

要求　（1）试采用单因素方差分析方法，在显著性水平 $\alpha = 0.05$ 下，判断 A、B、C、D 四种温度传感器样品温度测量误差的总体均值是否存在显著差异。

（2）试采用最小显著性差异法，在显著性水平 $\alpha = 0.05$ 下，对 A、B、C、D 四种温度传感器样品温度测量误差的总体均值之间的差异性进行多重比较。

12. 在某产品的试制过程中，技术人员考虑该产品的产出可能与所投入的催化剂的温度和浓度，以及温度和浓度的交互作用有关，因此进行了有关测试，见表 8.22。

表 8.22　某产品在不同温度和浓度的催化剂下的产出情况　　　　　　kg

水平		温度　/℃			
		55	60	65	70
浓度/%	10	14	11	12	10
		10	11	9	12
	12	9	10	7	6
		7	8	11	10
	14	5	13	12	14
		11	14	13	10

要求　试采用有交互作用的双因素方差分析方法，在显著性水平 $\alpha = 0.05$ 下，判断催化剂的温度、浓度，以及不同的催化剂温度、浓度的交互作用是否对该产品的产出存在显著影响。

13. 某企业机修车间有四个维修小组，负责该企业 8 种型号的主要生产设备的常规保养工作，为了了解这四个维修小组的工作状态，对各维修小组保养设备的时间进行了一次调查，其结果见表 8.23。

表 8.23 某企业机修车间维修小组保养设备时间长度   小时

水平		维修小组			
		1 组	2 组	3 组	4 组
设备型号	1	255	231	304	291
	2	201	245	205	254
	3	254	212	207	261
	4	198	209	249	204
	5	188	198	257	245
	6	154	185	254	289
	7	229	198	281	244
	8	201	178	227	252

要求　（1）试采用单因素方差分析方法，在显著性水平 $\alpha = 0.05$ 下，判断四个维修小组保养设备时间长度的总体均值是否存在显著差异。

（2）试采用最小显著性差异法，在显著性水平 $\alpha = 0.05$ 下，对四个维修小组保养设备时间长度总体均值之间的差异性进行多重比较。

（3）试采用无交互作用的双因素方差分析方法，在显著性水平 $\alpha = 0.05$ 下，判断维修小组和设备型号是否对保养设备时间长度的总体均值具有显著影响。

14. 某地为了解有关医疗改革情况，对该地甲、乙两家医院医疗改革前后每天门诊接待病人人数情况进行了一次调查，有关数据见表 8.24。

表 8.24 甲、乙两家医院改革前后门诊病人人数   人

水平		医　院	
		甲	乙
改革	前	654	1 230
		583	1 189
		789	1 098
		598	1 156
	后	789	987
		854	1 081
		981	1 089
		898	1 045

要求　试采用有交互作用的双因素方差分析方法，在显著性水平 $\alpha = 0.05$ 下，判断医院和医疗改革，以及医院和医疗改革的交互作用对每天门诊病人人数的总体均值是否存在显著影响。

15. 某产品在某市平面媒体持续发布广告，为了了解广告效果，在该市五家大型超市对

于当天购买该产品的人次，以及对该产品广告的认知程度进行了调查，有关数据见表8.25。

表 8.25　某产品广告效果调查　　　　　　　　　　　　　　　人次

水平		是否知道广告	
		不知道	知道
超市	A	152	215
	B	178	230
	C	198	240
	D	175	351
	E	154	298

要求　试采用无交互作用的双因素方差分析方法，在显著性水平 $\alpha = 0.05$ 下，判断广告和超市对购买该产品人次的总体均值是否存在显著影响。

自测题

自测题答案

人物小传

里昂惕夫（Wassily W. Leortief）

1906 年 7 月的盛夏，里昂惕夫出生于俄罗斯的彼得堡。1921 年，考入彼得堡大学学习，1925 年取得硕士学位，并于 1927 年进入柏林大学深造。1928 年获得柏林大学博士学位。

20 世纪 30 至 40 年代，里昂惕夫的工作重点为编制美国国民经济投入产出表，他在此期间创建了投入产出分析法的理论架构。随后，里昂惕夫进一步完善和发展投入产出理论，于 1966 年出版了他的经典著作《投入产出经济学》。20 世纪 70 年代以后，里昂惕夫的投入产出学说有更大的发展，投入产出表作为《国民经济账户核算体系（1968）》（新 SNA）中的一个重要的组成部分，成了国民经济核算和社会经济管理的有力工具。据 1979 年联合国统计，当时世界上已有 89 个国家和地区采用了这一方法。

1974 年，联合国委托里昂惕夫建立全球性投入模型，以研究世界经济可能发生的变化与国际社会能够采取的方案。《世界经济的未来》一书便是里昂惕夫进行此项研究的一个成果。

由于里昂惕夫创立了投入产出分析方法，并在经济领域产生了重大作用，1973 年他被授予诺贝尔经济学奖。

第 9 章

相关与回归分析

思政目标

相关与回归分析可以帮助我们理解新形势下我国社会经济现象之间的联系，如收入是消费的来源和基础，引导我们树立合理消费观念，避免不良消费习惯。回归分析理论与软件操作的应用，需要我们以精研求真的学术态度对待统计学知识。模型的建立和分析，可帮助我们树立社会责任意识和增强服务国家的使命感。

学习目标

通过本章的学习，重点掌握相关关系和回归分析的基本概念，线性回归模型的建立，线性回归模型的最小二乘估计，线性回归模型的拟合优度度量，线性回归模型及其回归系数的显著性检验，以及利用线性回归模型进行预测和置信区间的计算；理解相关分析与回归分析的联系和区别，回归模型、回归方程和估计的回归方程的联系和区别，非线性回归模型的线性化，多元线性回归模型的构造、估计、显著性检验和预测；了解为什么要计算修正的多重判定系数，在普通最小二乘法下线性回归模型的基本假定。

相关与回归分析是研究变量之间数量关系的统计分析方法。第 8 章中介绍的方差分析也是研究变量之间数量关系的统计分析方法，方差分析所反映的是数值型数据的因变量在按照某一自变量分类以后所形成的变量相互之间的数量关系，其自变量可以是数值型数据，也可以是分类数据和顺序数据，自变量在方差分析中的作用只是对因变量进行分类。在相关与回归分析中所研究的因变量与自变量的数量关系，一般意义上是数值型数据的因变量与数值型数据的自变量之间的数量关系。

9.1 相 关 关 系

9.1.1 相关关系的概念

1. 变量的函数关系和相关关系

变量之间的数量关系可区分为确定性与不确定性两类。

数值型数据的确定性数量关系称为函数关系。函数关系遵循严格的因果律——因为有

A，必然有 B。函数关系是一种完全确定的变量关系，即一个变量 Y 的数值完全由另一个（或一组）变量 X 的数值所决定，其一般性数学表达式为

$$Y = f(X) \tag{9.1}$$

例如：关系式 $S = \pi \cdot r^2$ 表示圆的面积是随着半径的大小而确定的函数关系；在国民经济核算中"国内生产总值＝消费＋积累＋进出口净额"，或者"国内生产总值＝固定资产折旧＋劳动者报酬＋企业盈利＋生产税净额"，反映的是国民经济核算中的数量衡等关系。这些都是变量之间确定性的数量关系，即函数关系。

数值型数据之间不确定性的数量关系称为相关关系（correlation）。相关关系也是一种客观存在的变量之间的数量关系，反映了变量之间的一种不严格的数量依存关系。例如：人的身高与体重、农作物的单位产量与单位面积施肥量，居民的当期收入、上期收入、上期消费与本期消费，社会再生产过程中的劳动和资本、技术投入与产出等，都属于变量之间不能用函数关系精确表达的、不确定的而又相互关联的相关关系。

2. 相关分析与回归分析

相关关系是统计学研究的主要对象之一。在现代统计学中围绕相关关系已经形成了两个重要的统计方法——相关分析和回归分析。虽然相关分析和回归分析都是以相关关系为研究对象，但是由于其研究相关关系内容的侧重和所反映相关关系特征的角度不同，二者存在以下区别。

（1）描述的方式不同

相关分析主要采用相关系数 r 来度量变量之间的相关关系。通过相关系数 r 的数值大小来度量相关关系的强弱。

回归分析通过回归模型来反映相关关系的具体形式。回归模型的一般形式为

$$y = f(x) + \varepsilon \tag{9.2}$$

式中，ε 是回归模型的随机误差项。

（2）变量的地位不同

相关分析中变量之间的地位是对等的，可以相互置换的，变量 x 与变量 y 的相关系数 r，等价于变量 y 与变量 x 的相关系数 r。

回归分析中变量之间的地位是不对等的，不能相互置换的，在回归模型方程式（9.2）中变量 x 是解释变量 y 取值的因素，因此称为自变量；变量 y 是被自变量 x 所解释的因素，所以称为因变量。

自变量（independent variable）是指在回归分析中解释因变量的一个或一组变量，因此也被称为解释变量，一般用 x 表示。

因变量（dependent variable）是指在回归分析中被解释的变量，因此也被称为被解释变量，一般用 y 表示。

（3）描述的内容不同

相关分析通过相关系数 r，所描述的是变量之间相关关系的方向和大小程度。

回归分析借助回归模型不仅描述了变量之间相关关系的方向和大小程度，还刻画了变量之间相关关系的具体形式，回归模型可以用于预测和控制。

（4）变量的性质不同

相关分析中的变量都是随机变量。

在回归分析中，因变量 y 是随机变量；自变量 x 可以是随机变量，也可以是非随机的确

定性变量。

9.1.2　相关关系的度量

1. 散点图

散点图（scatter diagram）是指由变量数值在直角坐标系中的分布点构成的二维数据分布图。散点图的绘制是采用直角坐标的水平轴和纵轴分别代表两个变量 x 和 y，将两个变量任一数据 (x_i, y_i) 描绘为直角坐标上的一个点，两个变量 x 和 y 的 n 项数据则在直角坐标中形成 n 个数值点，由直角坐标和这 n 个数值点就构成了一个散点图。

例 9.1　假定某证券市场价格指数与该市场 A 证券价格如表 9.1 所示。

表 9.1　某证券市场价格指数与该市场 A 证券价格

月份	证券市场价格指数/%	A 证券价格/元
1	1 849	12.45
2	1 854	14.48
3	1 870	13.56
4	1 855	11.42
5	1 830	9.86
6	1 820	8.52
7	1 805	7.55
8	1 801	8.05
9	1 798	8.68
10	1 830	10.08
11	1 845	9.45
12	1 865	12.48

要求　绘制证券市场价格指数与该市场 A 证券价格的散点图。

解　根据表 9.1 中该证券市场价格指数与该市场 A 证券价格的数据，可得到如图 9.1 所示的散点图。

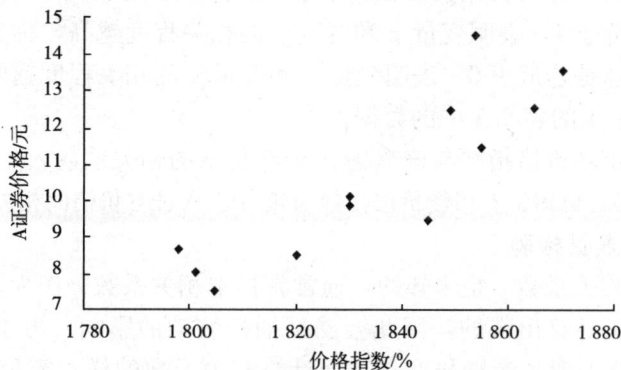

图 9.1　某证券市场价格指数与该市场 A 证券价格散点图

由图 9.1 可以看出，A 证券价格与证券市场价格指数之间呈现出大致的线性相关关系。

散点图的作用就是通过两个数值型变量之间在二维平面的直角坐标中的分布图形，粗略地把握变量之间相关关系的基本态势。变量之间的线性特征越显著，说明其相关关系越强；反之则越弱。两个变量之间的数值呈同方向变化为正相关，否则为负相关。借助散点图还可以概略地区分和识别变量之间非线性相关的具体类型，为回归分析确定回归方程的具体形式提供依据，这也是散点图的重要功能。例如：通过散点图展示的图形特征，可初步地分辨出相关关系是直线，还是二次曲线、三次曲线、指数曲线、对数曲线、S 曲线等。因此，散点图不仅是相关分析，也是回归分析中经常使用的最简便的基本分析工具。

2. 相关系数

相关系数（correlation coefficient）是根据样本数据计算的度量两个变量之间线性相关的方向和强度的测度。散点图只是粗略地刻画两个变量之间线性相关关系的方向、强度和形式，不能确切地度量变量之间相关关系的密切程度。相关系数可以具体度量变量之间相关关系的密切程度，并且用一个相对数数值表述出来，使之具有直接的可比性。一般使用样本统计量 r 来估计相关系数的数值水平，有

$$r = \frac{L_{xy}}{\sqrt{L_{xx}L_{yy}}} \tag{9.3}$$

计算相关系数的式（9.3），由三项离差平方和的比值构成。具体而言，L_{yy} 为变量 y 的离差平方和，有

$$L_{yy} = \sum_{i=1}^{n}(y_i - \bar{y})^2 = \sum_{i=1}^{n}y_i^2 - \frac{1}{n}\left(\sum_{i=1}^{n}y_i\right)^2 \tag{9.4}$$

L_{xx} 为变量 x 的离差平方和，有

$$L_{xx} = \sum_{i=1}^{n}(x_i - \bar{x})^2 = \sum_{i=1}^{n}x_i^2 - \frac{1}{n}\left(\sum_{i=1}^{n}x_i\right)^2 \tag{9.5}$$

L_{xy} 为变量 x 和变量 y 的离差乘积和，有

$$L_{xy} = \sum_{i=1}^{n}(x_i - \bar{x})(y_i - \bar{y}) = \sum_{i=1}^{n}x_iy_i - \frac{1}{n}\sum_{i=1}^{n}x_i\sum_{i=1}^{n}y_i \tag{9.6}$$

相关系数 r 的取值范围为 $-1 \leqslant r \leqslant 1$。当相关系数 r 的取值为正时，说明变量 x 和变量 y 的数值变化是同方向的，即为正相关；若相关系数 r 的取值为负，则说明变量 x 和变量 y 的数值变化是反方向的，即为负相关。相关系数 r 的正负取值取决于 L_{xy} 的正负。当相关系数 r 的绝对值越是趋近于 1，表明变量 x 和变量 y 的相关程度越高，称为强相关；反之，当相关系数 r 的绝对值越是趋近于 0，表明变量 x 和变量 y 的相关程度越低，称为弱相关。

例 9.2 沿用例 9.1 的表 9.1 中的数据。

要求 计算证券市场价格指数与该市场 A 证券价格的相关系数 r。

解 采用式（9.3），可得证券市场价格指数与该市场 A 证券价格的相关系数 $r = 0.877\,49$。

3. 相关系数的显著性检验

一般而言，总体相关系数 ρ 是未知的，通常将样本相关系数 r 作为 ρ 的近似估计值。但由于 r 是根据样本数据计算出来的，因此会受到抽样波动的影响。由于抽取的样本不同，r 的取值也就不同，因此 r 是一个随机变量。当计算相关系数的样本容量 n 较小时，r 的数值变异增大。如何根据样本相关系数推测总体的相关程度？这就需要考察样本相关系数的可靠

性，即进行显著性检验。

相关系数 r 的抽样分布是自由度为 $n-2$ 的 t 分布，并在样本容量 n 充分大时，趋于正态分布。因此。一般采用 T 检验统计量对相关系数 r 进行显著性检验，有

$$T = |r| \cdot \sqrt{\frac{n-2}{1-r^2}} \sim t(n-2) \tag{9.7}$$

例 9.3　沿用例 9.1 的数据及例 9.2 计算得到的证券市场价格指数与该市场 A 证券价格的相关系数 $r = 0.877\,49$。

要求　在显著性水平 $\alpha = 0.05$ 下，对该相关系数 r 进行显著性检验。

解　给定显著性水平 $\alpha = 0.05$，采用式（9.7）对相关系数 r 进行显著性检验。

（1）提出假设

$$H_0 : \rho = 0 \,;\, H_1 : \rho \neq 0$$

（2）计算 T 检验统计值

$$T = |0.877\,49| \cdot \sqrt{\frac{12-2}{1-0.877\,49^2}} = 5.785\,9$$

（3）进行统计判断

根据显著性水平 $\alpha = 0.05$，$n-2 = 10$，可知 $t_{0.05}(10) = 1.812\,5$，由于 T 检验统计值大于 $t_{0.05}(10)$，所以拒绝原假设 $H_0 : \rho = 0$，认为证券市场价格指数与该市场 A 证券价格之间存在显著的相关关系。

9.2　一元线性回归

一元线性回归是描述两个变量之间线性相关关系的回归模型。仅有两个变量的回归模型是仅包含一个自变量的回归模型，是回归分析中最简单的回归模型。一元线性回归所描述的线性相关关系是相关关系中最基本的形式。因此，一元线性回归是回归分析里最简单和最基本的方法，是其他回归分析方法的基础和起点。

9.2.1　一元线性回归模型

1. 理论模型

从回归模型的一般形式即式（9.2）出发，一元线性回归模型可以表述为

$$y = \beta_0 + \beta_1 x + \varepsilon \tag{9.8}$$

回归模型（regression model）是指因变量 y 依赖自变量 x 和随机误差项 ε 取值的方程。

在一元线性回归模型中，因变量 y 的取值由两个部分构成。一部分是 $\beta_0 + \beta_1 x$，反映了自变量 x 的变动引起的线性变化；另一部分是剩余变动 ε，反映了不能为自变量 x 和因变量 y 之间的线性关系所解释的其他剩余变异。回归系数（regression coefficient）是回归模型中描述由自变量 x 的变动引起的线性变化的参数。回归系数是回归模型中的未知参数，需要通过样本数据来计算得到其估计值。式（9.8）为一元线性回归理论模型。

关于随机误差 ε，线性回归理论模型具有以下三项假定。

①ε是一个数学期望为 0 的随机变量，即 $E(\varepsilon)=0$。这意味着，对于一个特定的 x 值，y 的期望值为 $E(y)=\beta_0+\beta_1x$。

② 对于所有的自变量 x，随机误差 ε 的方差 σ^2 均相同。这意味着，对于一个特定的 x 值，y 的方差都等于 σ^2。

③ε是一个服从正态分布的随机变量且独立，即 $\varepsilon \sim N(0,\sigma^2)$。独立性意味着各项随机误差 ε 之间，以及各项随机误差 ε 与对应的自变量 x 之间均不相关，即有 $E(\varepsilon_i\varepsilon_j)=0$，$i,j=1,2,\cdots,n$，$i \neq j$；$E(\varepsilon_ix_i)=0$，$i=1,2,\cdots,n$。

2. 回归方程

回归方程（regression equation）是指因变量 y 的数学期望依赖自变量 x 取值的方程。根据回归理论模型中对随机误差 ε 的三项假定，一元线性回归方程的形式为

$$E(y)=\beta_0+\beta_1x \tag{9.9}$$

一元线性回归方程在直角坐标系中为一条直线，所以也称为直线回归方程。β_0 是这一直线回归方程的截距，即自变量 x 为 0 时，因变量 y 的取值；β_1 是这一直线回归方程的斜率，反映了因变量 y 依自变量 x 变动的相对速度。

3. 估计的回归方程

由一元线性回归方程可知，当 β_0、β_1 确定之后，可以利用式（9.9）计算出因变量 y 在给定自变量 x 数值时的数学期望。事实上，回归方程中的 β_0、β_1 和随机误差 ε 的方差 σ^2 均为未知，需要利用样本数据对其进行估计。当根据样本推断出回归方程中 β_0、β_1 的估计量 $\hat{\beta}_0$、$\hat{\beta}_1$ 时，就得到了由样本推断出来的估计的回归方程。

估计的回归方程（estimated regression equation）是指根据样本数据的估计量构成的回归方程。估计的一元线性回归方程为

$$\hat{y}=\hat{\beta}_0+\hat{\beta}_1x \tag{9.10}$$

当式（9.10）中的自变量 x 给定某一具体数值 x_0 时，因变量 $\hat{y}$ 的对应取值 $\hat{y}_0$ 也就随之确定下来，即有 $\hat{y}_0=\hat{\beta}_0+\hat{\beta}_1x_0$。

9.2.2　一元线性回归方程的最小二乘估计

最小二乘估计（least squares estimation）是指估计量 $\hat{\beta}_k(k=0,1)$ 使因变量观察值 y_i 与其估计值 $\hat{y}_i$ 的离差平方和最小的方法。这里介绍的是普通最小二乘（ordinary least square，OLS）估计。

根据回归方程和最小二乘估计的定义，在一元线性回归中式（9.11）取最小值。

$$\sum_{i=1}^{n}(y_i-\hat{y}_i)^2=\sum_{i=1}^{n}(y_i-\hat{\beta}_0-\hat{\beta}_1x_i)^2=\sum_{i=1}^{n}e_i^2 \tag{9.11}$$

若令 $\sum_{i=1}^{n}(y_i-\hat{y}_i)^2=Q$，由于 Q 为关于估计量 $\hat{\beta}_0$、$\hat{\beta}_1$ 的非负二次函数，必然存在最小值，并有估计量 $\hat{\beta}_0$、$\hat{\beta}_1$ 满足

$$\begin{cases} \dfrac{\partial Q}{\partial \hat{\beta}_0} = -2\sum_{i=1}^{n}(y_i - \hat{\beta}_0 - \hat{\beta}_1 x_i) = 0 \\[3mm] \dfrac{\partial Q}{\partial \hat{\beta}_1} = -2\sum_{i=1}^{n}(y_i - \hat{\beta}_0 - \hat{\beta}_1 x_i)x_i = 0 \end{cases} \tag{9.12}$$

式（9.12）经整理，得出求解估计量 $\hat{\beta}_0$、$\hat{\beta}_1$ 的正规方程组，即

$$\begin{cases} n\hat{\beta}_0 + \hat{\beta}_1\sum_{i=1}^{n}x_i = \sum_{i=1}^{n}y_i \\[3mm] \hat{\beta}_0\sum_{i=1}^{n}x_i + \hat{\beta}_1\sum_{i=1}^{n}x_i^2 = \sum_{i=1}^{n}x_i y_i \end{cases}$$

解出估计量 $\hat{\beta}_0$、$\hat{\beta}_1$，并利用离差平方和的形式，可写为

$$\begin{cases} \hat{\beta}_1 = \dfrac{L_{xy}}{L_{xx}} \\[3mm] \hat{\beta}_0 = \bar{y} - \hat{\beta}_1\bar{x} \end{cases} \tag{9.13}$$

由式（9.13）计算的估计量 $\hat{\beta}_0$、$\hat{\beta}_1$ 即为回归方程的参数 β_0 和 β_1 的普通最小二乘估计量。

例 9.4　沿用例 9.1 中证券市场价格指数与该市场 A 证券价格数据。

要求　以 A 证券价格为因变量 y，证券市场价格指数为自变量 x，构造一元线性回归模型，并采用普通最小二乘估计方法进行估计。

根据例 9.1 数据，计算可得 $\bar{x}=1\,835.166\,7$，$\bar{y}=10.548\,3$，将其分别代入式（9.5）和式（9.6），计算可得 $L_{xx}=6\,881.666\,7$，$L_{xy}=551.363\,3$。

解　运用式（9.13）计算出估计量 $\hat{\beta}_0$、$\hat{\beta}_1$，完成回归方程的最小二乘估计，得到估计量 $\hat{\beta}_0=-136.486\,3$，$\hat{\beta}_1=0.080\,12$，即有估计的回归方程为 $\hat{y}=-136.486\,3+0.080\,12x$。

图 9.2 为本例中证券市场价格指数与该市场 A 证券价格的一元线性回归方程直线与实际观察值的拟合示意图。

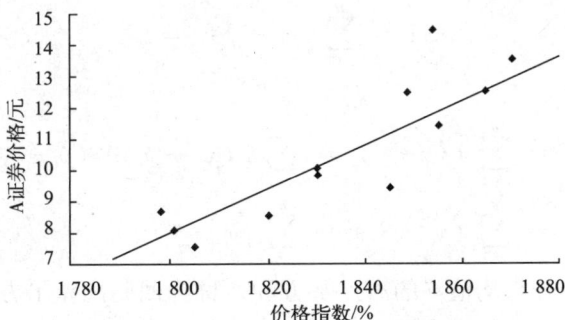

图 9.2　一元线性回归方程直线与实际观察值的拟合示意图

9.2.3　一元线性回归方程的拟合优度

图 9.2 描述了一元线性回归方程直线与观察值 y_i 的拟合状态。当观察值 y_i 全都落在回

归直线上时，估计的回归方程是对样本数据的完全拟合，这时利用自变量 x 来估计因变量 y 是不存在误差的。观察值 y_i 与回归直线的距离越近，拟合精度越高，估计误差越小。因此，将回归直线与观察值 y_i 的距离作为评价回归方程拟合精度的测度，称为拟合优度（goodness of fit）。

1. 判定系数

在回归分析中，将观察值 y_i 之间的变异称为因变量 y 的总离差，反映了观察值 y_i 与其均值的离差 $y_i - \bar{y}$；将总离差分解为自变量 x 能够解释的回归部分 $\hat{\beta}_0 + \hat{\beta}_1 x - \bar{y} = \hat{y}_i - \bar{y}$，和自变量 x 不能解释的残差部分 $e_i = y_i - \hat{y}_i$，见图 9.3。

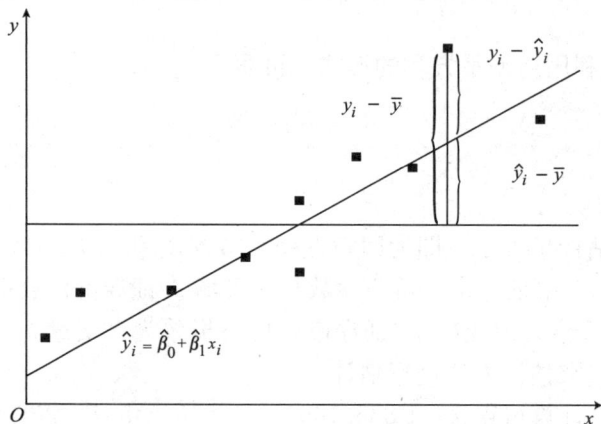

图 9.3　离差分解示意图

为了避免离差的正负相抵，采用离差平方和的形式，来度量因变量 y 的总离差，并对其进行分解。将因变量 y 的 n 个观察值 y_i 与其均值 $\bar{y}$ 的离差平方和称为因变量 y 的总离差平方和（sum of squares for total），记为 SST，实际上这一总离差平方和就是变量 y 的离差平方和 L_{yy}，有

$$SST = \sum_{i=1}^{n}(y_i - \bar{y})^2 = L_{yy} \tag{9.14}$$

可将 SST 分解为

$$
\begin{aligned}
SST &= \sum_{i=1}^{n}(y_i - \bar{y})^2 = \sum_{i=1}^{n}\left[(y_i - \hat{y}_i) + (\hat{y}_i - \bar{y})\right]^2 \\
&= \sum_{i=1}^{n}(y_i - \hat{y}_i)^2 + \sum_{i=1}^{n}(\hat{y}_i - \bar{y})^2
\end{aligned}
\tag{9.15}
$$

其中，等号右边估计值 $\hat{y}_i$ 与均值 $\bar{y}$ 的离差平方和，称为回归离差平方和（sum of squares for regression），记为 SSR。SSR 反映了在观察值的总变异中，估计的回归方程所解释的这一部分变异的总和，有

$$SSR = \sum_{i=1}^{n}(\hat{y}_i - \bar{y})^2 \tag{9.16}$$

等号右边观察值 y_i 与其估计值 $\hat{y}_i$ 的离差平方和，称为剩余离差平方和或残差离差平方和（sum of squares for residual），记为 SSE。SSE 反映了在观察值的总变异中，估计的回归方

程所未能解释的那一部分变异的总和，有

$$SSE = \sum_{i=1}^{n} (y_i - \hat{y}_i)^2 \qquad (9.17)$$

从而，可将式（9.15）记为

$$SST = SSR + SSE \qquad (9.18)$$

对照图 9.3 可以看出，回归直线的拟合程度取决于 SSR 和 SSE 的相对大小，SSR 的数值越大，说明各观察值 y_i 与回归直线越接近，回归直线对因变量 y 的解释能力就越强。同时，SSR 与 SSE 也是对总离差平方和 SST 的一个完备分割，二者存在互为消长的数量关系，因此以 SSR 与 SST 之比 SSR/SST 作为回归方程拟合优度的测度，称为判定系数（coefficient of determination）。判定系数是指回归离差平方和占总离差平方和的比重，记为 R^2，有

$$R^2 = \frac{SSR}{SST} \qquad (9.19)$$

由于 $SSR = \sum_{i=1}^{n} (\hat{y}_i - \bar{y})^2 = \hat{\beta}_1^2 L_{xx} = \dfrac{L_{xy}^2}{L_{xy}}$，所以

$$R^2 = \frac{SSR}{SST} = \frac{L_{xy}^2}{L_{xx}L_{yy}} \qquad (9.20)$$

由式（9.20）可知，判定系数即相关系数的平方。判定系数 R^2 的取值在 0 到 1 之间。当判定系数 R^2 的取值趋近 1 时，表示 SSR 占 SST 的绝大比重，回归直线的拟合程度很好；当判定系数 R^2 的取值趋近 0 时，则表示 SSR 仅占 SST 的极小比重，回归直线的拟合程度很差。判定系数 R^2 是度量回归直线拟合优度的重要测度。由式（9.20），有

$$SSR = R^2 SST = R^2 L_{yy} \qquad (9.21)$$
$$SSE = (1 - R^2) SST = (1 - R^2) L_{yy} \qquad (9.22)$$

式（9.21）和式（9.22）直观地表明，判定系数 R^2 是一个重要的数量界限，它将因变量 y 的离差平方和，分成了能够为自变量 x 所解释的部分 SSR 和不能为自变量 x 所解释的部分 SSE。判定系数 R^2 就是在因变量 y 的总离差平方和 SST 中自变量 x 所解释的部分 SSR 所占的份额。

例 9.5　沿用例 9.1 中证券市场价格指数与该市场 A 证券价格数据。

要求　计算证券市场价格指数与该市场 A 证券价格的判定系数 R^2。

解　运用式（9.20），计算可得证券市场价格指数与该市场 A 证券价格的判定系数 $R^2 = 0.769\,99$，说明在例 9.4 估计的回归方程 $\hat{y} = -136.486\,3 + 0.080\,12x$ 中，自变量 x 对因变量 y 变异的解释能力约为 77%；或者说，A 证券价格的变动中约有 77% 的部分可以由其与证券市场价格指数的线性关系来解释。

2. 估计量 $\hat{y}_i$ 的标准差

剩余离差平方和 SSE 为观察值 y_i 与估计值 $\hat{y}_i$ 的离差平方和，其自由度为 $n-2$，SSE 除以自由度 $n-2$ 为剩余均方 MSE，剩余均方 MSE 的平方根即为估计量 $\hat{y}_i$ 的标准差，一般用 s_e 表示，有

$$s_{e} = \sqrt{\frac{\sum\limits_{i=1}^{n}(y_{i}-\hat{y}_{i})^{2}}{n-2}} = \sqrt{\frac{\text{SSE}}{n-2}} = \sqrt{\text{MSE}} \tag{9.23}$$

以估计量 $\hat{y}_{i}$ 的标准差 s_{e} 作为回归方程拟合优度的测度，从回归直线与观察值 y_{i} 的离差平方和 SSE 及与样本容量相联系的自由度两个角度，来综合反映回归方程的解释能力。

例 9.6　利用例 9.1 中证券市场价格指数与该市场 A 证券价格数据。

要求　计算估计量 $\hat{y}_{i}$ 的标准差 s_{e}，分析例 9.4 估计的回归方程的解释能力。

解　运用式（9.23），计算可得回归方程 $\hat{y} = -136.486\,3 + 0.080\,12x$，对应估计量 $\hat{y}_{i}$ 的标准差为 $s_{e} = 1.148\,74$。

9.2.4　一元线性回归方程的显著性检验

采用普通最小二乘方法估计得到的回归方程，是依据样本数据的一条拟合直线，具有因变量的观察值 y_{i} 与其估计值 $\hat{y}_{i}$ 的离差平方和最小的性质。然而，样本容量的大小，以及因变量 y 和自变量 x 的抽样分布，均会对回归方程中估计量与总体参数真值之间的误差产生影响，仅凭回归方程拟合优度的有关测度，不能认定因变量 y 与自变量 x 之间是否真的存在这种线性关系，还需要对估计的回归方程进行假设检验。

一元线性回归方程显著性检验的原假设为参数 β_1 的真值为 0，即

$$H_{0}:\beta_{1}=0 \tag{9.24}$$

若原假设 $H_{0}:\beta_{1}=0$ 成立，即 $y=\beta_{0}+\varepsilon$，将因变量 y 的变异归结于剩余因素 ε，表明自变量 x 和因变量 y 之间不具有显著的线性关系，一元线性回归方程对因变量 y 没有显著的解释能力，估计的回归方程不具备任何实际意义，不能用于预测和控制。若原假设 $H_{0}:\beta_{1}=0$ 不成立，即有 $\beta_{1}\neq 0$，说明因变量 y 的变异显著地来源于自变量 x，这时估计的回归方程才具有实际意义。因此，需要构造一个用于检验一元线性回归方程参数 β_1 的真值是否为 0 的检验统计量。

在一元线性回归分析中，因变量 y 的总离差平方和 SST 的自由度为 $n-1$，回归离差平方和 SSR 的自由度为 1，剩余离差平方和 SSE 的自由度为 $n-2$。由离差平方和与对应的自由度可以得出相应均方，并有回归均方与剩余均方分别服从自由度为 1 和 $n-2$ 的 χ^2 分布，由回归均方与剩余均方的比值构造的检验统计量服从第一自由度为 1 和第二自由度为 $n-2$ 的 F 分布，即

$$F = \frac{\text{SSR}/1}{\text{SSE}/(n-2)} = \frac{\text{MSR}}{\text{MSE}} \sim \text{F}(1, n-2) \tag{9.25}$$

利用判定系数 R^2 与 SST（即 L_{yy}）、SSR 和 SSE 的数量关系，可将式（9.25）写为便于计算的形式，即

$$F = \frac{\text{SSR}/1}{\text{SSE}/(n-2)} = \frac{L_{yy}R^{2}(n-2)}{L_{yy}(1-R^{2})} = \frac{R^{2}}{1-R^{2}}(n-2) \tag{9.26}$$

同样，可以采用方差分析表（见表 9.2）来反映在一元线性回归分析的显著性检验中，对变量的离差平方和分解的分析过程及有关数据。

表 9.2　一元线性回归的方差分析表构成

差异源	平方和	自由度	均方	F 检验统计量
回归	SSR	1	MSR	$F = \dfrac{\text{SSR}/1}{\text{SSE}/(n-2)}$
剩余	SSE	$n-2$	MSE	$= \dfrac{\text{MSR}}{\text{MSE}}$
总和	SST	$n-1$	MST	

例 9.7　沿用例 9.1 中证券市场价格指数与该市场 A 证券价格数据。

要求　在显著性水平 α 为 0.05 下,对例 9.4 估计的回归方程 $\hat{y} = -136.486\ 3 + 0.080\ 12x$ 进行显著性检验。

解　运用式 (9.26),采用 F 检验统计量进行显著性检验。

(1) 确定原假设

$H_0 : \beta_1 = 0$(假设证券市场价格指数与该市场 A 证券价格的变动不具有显著的线性关系)

(2) 计算 F 检验统计值

由例 9.5 计算得到的 $R^2 = 0.769\ 99$,有

$$F = \frac{R^2}{1-R^2}(n-2) = \frac{0.769\ 99 \times 10}{1-0.769\ 99} = 33.476\ 48$$

(3) 统计判断

在显著性水平 α 为 0.05 时,第一自由度为 1 和第二自由度为 $n-2 = 10$ 的 F 检验临界值为 $F_{0.05}(1,10) = 4.964\ 6$。F 检验统计值 33.476 5 明显大于 F 检验临界值 4.964 6,因此拒绝 $H_0 : \beta_1 = 0$,认为证券市场价格指数与该市场 A 证券价格的变动具有显著的线性关系,例 9.4 估计的回归方程 $\hat{y} = -136.486\ 3 + 0.080\ 12x$ 具有显著的解释能力。

也可以利用 Excel "分析工具库" 中的 "回归" 工具,对一元线性回归进行显著性检验。表 9.3 即为本例利用 "回归" 工具进行显著性检验的方差分析表。

表 9.3　Excel "回归" 工具一元线性回归方差分析表

差异源	df	SS	MS	F	Significance F
回归分析	1	44.175 6	44.175 6	33.476 48	0.000 176
残差	10	13.196 0	1.319 6	—	
总计	11	57.371 6	—		

表 9.3 中的 "Significance F" 是由 Excel "回归" 工具给出的一个类似于 p 值的测度,表示对应于某个具体 F 检验统计值的 F 分布的实际显著性水平。例如:在本例中 "Significance F" 为 0.000 176,其意义为在 F 检验统计为 33.476 4 时,第一自由度为 1 和第二自由度为 10 的 F 分布的实际显著性水平为 0.000 176,即 $F_{0.000176}(1,10) = 33.476\ 48$。

9.2.5　运用回归方程进行估计

拟合回归方程的目的就是要利用回归方程对因变量 y 进行科学的估计,进而取得估计数值对事物及其现象数量特征发展的趋势并进行预测或控制。估计的回归方程在通过显著性检验之后,就可以运用它对因变量 y 进行估计,以实现预期目的。

1. 点估计

回归方程的点估计是利用估计的回归方程，针对自变量 x 某一给定的数值 x_0，计算出因变量 y 在这一给定点上 $E(y_0)$ 的估计值，记为 $\hat{y}_0$，即

$$\hat{y}_0 = \hat{\beta}_0 + \hat{\beta}_1 x_0 \tag{9.27}$$

2. 区间估计

运用 $\hat{y}_0$ 估计因变量 y_0 时的残差为

$$e_0 = y_0 - \hat{y}_0 \tag{9.28}$$

有

$$E(e_0) = E(y_0 - \hat{y}_0) = E(y_0) - E(\hat{y}_0) = 0 \tag{9.29}$$

在 $\hat{y}_0$ 与 y_0 均服从正态分布且相互独立时，有

$$D(e_0) = D(y_0 - \hat{y}_0) = D(y_0) + D(\hat{y}_0)$$

$$= \sigma_{y_0}^2 + \sigma_{y_0}^2 \left[\frac{1}{n} + \frac{(x_0 - \bar{x})^2}{\sum\limits_{i=1}^{n}(x_i - \bar{x})^2} \right] = \sigma_{y_0}^2 \left[1 + \frac{1}{n} + \frac{(x_0 - \bar{x})^2}{\sum\limits_{i=1}^{n}(x_i - \bar{x})^2} \right] \tag{9.30}$$

在实际运用时，一般采用样本数据计算的估计量 $\hat{y}_0$ 的标准差 s_e 替代式（9.30）中 y_0 的标准差 σ_{y_0} 进行计算。因此，由式（9.30），有

$$s_0^2 = s_e^2 \left[1 + \frac{1}{n} + \frac{(x_0 - \bar{x})^2}{\sum\limits_{i=1}^{n}(x_i - \bar{x})^2} \right] = \text{MSE}\left[1 + \frac{1}{n} + \frac{(x_0 - \bar{x})^2}{L_{xx}} \right] \tag{9.31}$$

式（9.31）中的 s_0^2 为 e_0 方差的估计量，服从自由度为 $n-2$ 的 t 分布。由此，可以得出 y_0 的置信区间为

$$\hat{y}_0 \mp s_0 t_{\alpha/2}(n-2) \tag{9.32}$$

即表明运用估计的回归方程 $\hat{y}_0 = \hat{\beta}_0 + \hat{\beta}_1 x_0$ 推断所得到的因变量个别点 y_0 的取值，依 $1-\alpha$ 的概率落在由 $\hat{y}_0 \mp s_0 t_{\alpha/2}(n-2)$ 确定的置信区间内。

在式（9.30）中，$D(\hat{y}_0)$ 为 $\hat{y}_0$ 的方差，它反映的是运用回归方程的统计量 $\hat{y}_0$ 估计因变量的均值 $E(y_0)$ 的平均离差，其样本估计量记为 $s_{\hat{y}_0}^2$，有

$$s_{\hat{y}_0}^2 = s_e^2 \left[\frac{1}{n} + \frac{(x_0 - \bar{x})^2}{\sum\limits_{i=1}^{n}(x_i - \bar{x})^2} \right] = \text{MSE}\left[\frac{1}{n} + \frac{(x_0 - \bar{x})^2}{L_{xx}} \right] \tag{9.33}$$

$s_{\hat{y}_0}^2$ 也服从自由度为 $n-2$ 的 t 分布。因此，当进行区间估计的对象是对应于数值 x_0 的因变量总体均值 $E(y_0)$ 时，置信区间为

$$\hat{y}_0 \mp s_{\hat{y}_0} t_{\alpha/2}(n-2) \tag{9.34}$$

即运用估计的回归方程 $\hat{y}_0 = \hat{\beta}_0 + \hat{\beta}_1 x_0$ 推断得到的因变量的总体均值 $E(y_0)$，依 $1-\alpha$ 的概率落在由 $\hat{y}_0 \mp s_{\hat{y}_0} t_{\alpha/2}(n-2)$ 确定的置信区间内。

回归方程区间估计有以下两个特点。

① 回归方程的区间估计在 $x_0 = \bar{x}$ 点上取最小值，越是远离 $x_0 = \bar{x}$ 点，置信区间越大。因此回归方程不能过度外推。

② 运用回归方程的统计量 $\hat{y}_0$ 估计因变量的个别点 y_0 的置信区间，要比估计其均值 $E(y_0)$ 的置信区间大。

图 9.4 描述了回归方程区间估计的这两个特点。

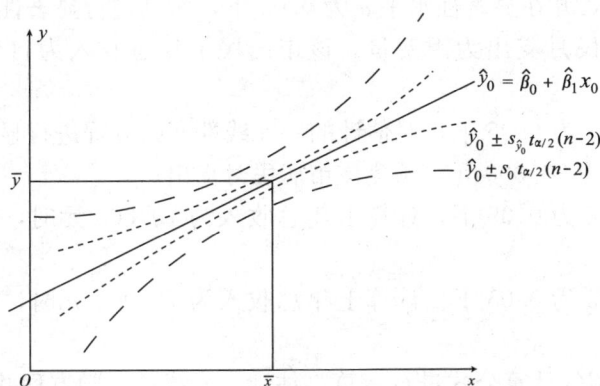

图 9.4　回归方程区间估计的置信区间示意图

例 9.8　沿用例 9.1 中证券市场价格指数与该市场 A 证券价格数据。

要求　在显著性水平 α 为 0.05 下，证券市场价格指数为 1 840% 时，对估计的回归方程 $\hat{y} = -136.486\ 3 + 0.080\ 12x$ 进行点估计，并计算该市场 A 证券价格的置信区间。

解　① A 证券价格的点估计。

$$\hat{y} = -136.486\ 3 + 0.080\ 12 \times 1\ 840 = 10.935\ 6（元）$$

② 计算 A 证券价格的置信区间。

根据例 9.4 的计算结果，可知 $\bar{x} = 1\ 835.166\ 7$，$L_{xx} = 6\ 881.666\ 7$，同时根据例 9.6 的计算结果，可知 $s_e^2 = 1.319\ 6$

$$s_0^2 = 1.319\ 6 \times \left[1 + \frac{1}{12} + \frac{(1\ 840 - 1\ 835.166\ 67)^2}{6\ 881.666\ 7} \right] = 1.434$$

由 $t_{0.025}(10) = 2.228\ 14$，可计算出该市场 A 证券价格在显著性水平 α 为 0.05 下的置信区间为 8.27 元到 13.60 元。

例 9.9　在一次对某市居民生活状态调查中，采集了居民在调查当年的上一个月支出和上年总收入数据，如表 9.4 所示。

表 9.4　某市居民当年上月支出和上年总收入　　　　　　　　　　　元

家庭编号	当年上月支出	上年总收入
1	3 050	68 750
2	3 840	53 125
3	4 100	69 502
4	4 800	81 066
5	4 500	76 582
6	3 900	60 621
7	5 900	94 164
8	4 800	69 266
9	4 200	67 024
10	2 200	48 380
11	2 450	53 100
12	2 100	44 840
平　　均	3 820	65 535

要求　根据表 9.4 中的数据进行一元线性回归分析。

① 计算相关系数，并在显著性水平 α 为 0.05 下，对其进行显著性检验；

② 估计以该市居民月支出为因变量，该市居民上年总收入为自变量的一元线性回归方程；

③ 在显著性水平 α 为 0.05 下，对估计的一元线性回归方程进行显著性检验；

④ 若上年总收入为 70 000 元，预测该市居民月支出；

⑤ 在显著性水平 α 为 0.05 下，计算上年总收入为 70 000 元时，该市居民月支出的置信区间；

⑥ 在显著性水平 α 为 0.05 下，计算上年总收入为 70 000 元时，该市居民月支出均值的置信区间。

解　根据以上介绍的计算公式进行运算，估计一元线性回归方程并进行检验和分析。

① 计算相关系数，并对其进行显著性检验。

根据表 9.4 中的数据计算出三项离差平方和，作为相关和回归分析的基础数据，有 $L_{xx}=2\ 280\ 440\ 378$，$L_{yy}=14\ 991\ 800$ 和 $L_{xy}=164\ 919\ 200$。由式（9.3）计算得出相关系数 $r=0.891\ 94$。

根据式（9.7）计算 T 检验统计量对相关系数进行显著性检验，有 $T=43.238$。在显著性水平 α 为 0.05 时，有 $t_{0.05}(10)=1.812\ 5$。T 检验统计量明显大于 t 分布的临界值，可以认为该市居民月支出与上年总收入之间存在显著的相关关系。

② 估计一元线性回归方程。

根据 3 项离差平方和数据，由式（9.13）计算得到 $\hat{\beta}_1=0.072\ 32$，$\hat{\beta}_0=-919.43$，估计的一元线性回归方程为 $\hat{y}=-919.43+0.072\ 32x$。

③ 在显著性水平 α 为 0.05 下，对估计的一元线性回归方程进行显著性检验。

由式（9.26），利用已经计算出来的相关系数 $r=0.891\ 94$，计算得到 $F=38.912\ 8$。当显著性水平 α 为 0.05 时，有 $F_{0.05}(1,10)=4.964\ 6$。F 检验统计量明显大于 F 分布的临界值，拒绝 $H_0:\beta_1=0$，认为该市居民月支出与该市居民上年总收入的变动具有显著的线性关系，估计的回归方程 $\hat{y}=-919.43+0.072\ 32x$ 具有显著的解释能力。

④ 预测该市居民月支出。

设上年总收入为 70 000 元，即 $x_0=70\ 000$ 元，代入估计的一元线性回归方程，有

$$\hat{y}_0=-919.43+0.072\ 32\times 70\ 000=4\ 142.904（元）$$

⑤ 计算上年总收入为 70 000 元时，该市居民月支出的置信区间。

先由式（9.31）计算得到

$$s_0^2=\mathrm{MSE}\left[1+\frac{1}{n}+\frac{(x_0-\bar{x})^2}{L_{xx}}\right]=334\ 721.83$$

在显著性水平 α 为 0.05 下，有 $t_{0.025}(10)=2.228\ 14$，由式（9.32）可计算该市居民月支出的置信区间为 2 853.81 元到 5 431.99 元。

⑥ 计算上年总收入为 70 000 元时，该市居民月支出均值的置信区间。

由式（9.33）计算得到

$$s_{\hat{y}_0}^2=\mathrm{MSE}\left[\frac{1}{n}+\frac{(x_0-\bar{x})^2}{L_{xx}}\right]=28\ 221.23$$

在显著性水平 α 为 0.05 下，由式（9.34）可计算该市居民月支出的置信区间为 3 768.60 元到 4 517.21 元。

9.3　多元线性回归

多元线性回归是指自变量为两个以上情形的回归分析。

9.3.1　多元线性回归模型

多元线性回归模型（multiple regression model）是描述因变量 y 依 p 个自变量 $x_1, x_2, \cdots, x_p$ 和误差项 ε 取值的方程。不难将一元线性回归模型的有关概念和方法推广到一般的线性回归模型之中。

1. 线性回归模型的一般形式

设线性回归模型的一般形式为

$$y = \beta_0 + \beta_1 x_1 + \beta_2 x_2 + \cdots + \beta_p x_p + \varepsilon \tag{9.35}$$

由式（9.35）可知，多元线性回归模型有 $p+1$ 个回归系数 $\beta_0, \beta_1, \beta_2, \cdots, \beta_p$，$y$ 依然是因变量，自变量 $x_1, x_2, \cdots, x_p$ 为 p 个。当自变量个数 $p = 1$ 时，为一元线性回归模型；当自变量个数 $p \geqslant 2$ 时，为多元线性回归模型。ε 为随机误差项，并有 $\varepsilon \sim \mathrm{N}(0, \sigma^2)$。

若有 n 组由因变量 y 和 p 个自变量 $x_1, x_2, \cdots, x_p$ 数据构成的样本，依式（9.35）可组成如下采用矩阵表示的线性回归模型

$$\boldsymbol{Y} = \boldsymbol{X\beta} + \boldsymbol{\varepsilon} \tag{9.36}$$

其中

$$\boldsymbol{Y} = \begin{bmatrix} y_1 \\ y_2 \\ \vdots \\ y_n \end{bmatrix} \quad \boldsymbol{X} = \begin{bmatrix} 1 & x_{11} & x_{12} & \cdots & x_{1p} \\ 1 & x_{21} & x_{22} & \cdots & x_{2p} \\ \vdots & \vdots & \vdots & & \vdots \\ 1 & x_{n2} & x_{n3} & \cdots & x_{np} \end{bmatrix} \quad \boldsymbol{\beta} = \begin{bmatrix} \beta_1 \\ \beta_2 \\ \vdots \\ \beta_p \end{bmatrix} \quad \boldsymbol{\varepsilon} = \begin{bmatrix} \varepsilon_1 \\ \varepsilon_2 \\ \vdots \\ \varepsilon_n \end{bmatrix}$$

2. 多元线性回归模型的基本假定

① 误差项 ε 的数学期望为 0，即 $E(\varepsilon) = 0$，表明估计的回归方程中不存在系统性误差（systematic error）；

② 各误差项 ε_i 的方差相等，即 $\mathrm{Var}(\varepsilon_i) = E(\varepsilon_i^2) = \sigma^2$，异方差问题多出现在截面数据中；

③ 各误差项 ε_i 之间的协方差为 0，即 $\mathrm{Cov}(\varepsilon_i, \varepsilon_j) = 0$，要求各误差项 ε_i 之间相互独立，不存在序列相关。序列相关多出现在时间序列数据中。

以上三项基本假定一般又称为 Gauss—Markov 条件。

④ 自变量 $x_1, x_2, \cdots, x_p$ 与误差项 ε 之间的协方差为 0，即 $\mathrm{Cov}(x_j, \varepsilon_j) = 0$，要求自变量 $x_1, x_2, \cdots, x_p$ 与误差项 ε 相互独立，不存在多重共线性。在自变量 $x_1, x_2, \cdots, x_p$ 为确定性变量，并且自变量之间互不相关，即自变量矩阵 X 为一满秩矩阵时，有 $E(x_i \varepsilon_i) = x_i E(\varepsilon_i) = 0$，方可满足这一要求；

⑤ 自变量 $x_1, x_2, \cdots, x_p$ 的样本容量 n 必须大于自变量个数 p 加 1，即 $n > p+1$。

9.3.2　多元线性回归的最小二乘估计

由式（9.36）回归模型 $Y = X\beta + \varepsilon$，若有关回归系数 β 的估计量 $\hat{\beta}$ 已得，则有

$$\hat{Y} = X\hat{\beta} \tag{9.37}$$

根据最小二乘估计的基本定义，令估计值 $\hat{y}$ 与观测值 y 在所有点上的残差 $e_i = y_i - \hat{y}_i$ 的平方和 Q 最小，即式（9.38）取最小值。

$$Q = \sum_{i=1}^{n} e_i^2 = e^{\mathrm{T}}e = (Y - X\hat{\beta})^{\mathrm{T}}(Y - X\hat{\beta}) = \text{Min} \tag{9.38}$$

由式（9.38），有

$$Q = (Y - X\hat{\beta})^{\mathrm{T}}(Y - X\hat{\beta})$$
$$= Y^{\mathrm{T}}Y - \hat{\beta}^{\mathrm{T}}X^{\mathrm{T}}Y - Y^{\mathrm{T}}X\hat{\beta} + \hat{\beta}^{\mathrm{T}}X^{\mathrm{T}}X\hat{\beta}$$
$$= Y^{\mathrm{T}}Y - 2\hat{\beta}^{\mathrm{T}}X^{\mathrm{T}}Y + \hat{\beta}^{\mathrm{T}}X^{\mathrm{T}}X\hat{\beta} \tag{9.39}$$

对式（9.39）的 $\hat{\beta}$ 求偏导，并令其为 0，有

$$\frac{\partial Q}{\partial \hat{\beta}} = -2X^{\mathrm{T}}Y + 2X^{\mathrm{T}}X\hat{\beta} = 0 \tag{9.40}$$

解得

$$\hat{\beta} = (X^{\mathrm{T}}X)^{-1}(X^{\mathrm{T}}Y) \tag{9.41}$$

式（9.41）即求解估计量 $\hat{\beta}$ 的正规方程。

例 9.10　若例 9.1 中某市场 A 证券为 A 股份有限公司的普通股股票，A 证券价格不仅与该证券市场价格指数相关，而且与 A 股份有限公司的主要原料价格相联系，有关数据见表 9.5。

表 9.5　A 证券价格与证券市场价格指数和主要原料价格

月份	证券市场价格指数/%	主要原料单价/元	A 证券价格/元
1	1 849	430	12.45
2	1 854	415	14.48
3	1 870	430	13.56
4	1 855	445	11.42
5	1 830	485	9.86
6	1 820	515	8.52
7	1 805	540	7.55
8	1 801	515	8.05
9	1 798	505	8.68
10	1 830	535	10.08
11	1 845	495	9.45
12	1 865	470	12.48

要求 试采用最小二乘估计方法估计其二元线性回归方程。

解 采用式（9.41）估计二元线性回归方程的未知参数。

① 计算矩阵 X^TX，得

$$X^TX = \begin{bmatrix} 12 & 22\,022 & 5\,780 \\ 22\,022 & 40\,420\,922 & 10\,597\,985 \\ 5\,780 & 10\,597\,985 & 2\,804\,500 \end{bmatrix}$$

② 对矩阵 X^TX 求逆。得矩阵 $(X^TX)^{-1}$

$$(X^TX)^{-1} = \begin{bmatrix} 1\,587.595\,8 & -0.767\,547 & -0.371\,493 \\ -0.767\,547 & 0.000\,373\,8 & 0.000\,169\,4 \\ -0.371\,493 & 0.000\,169\,4 & 0.000\,125\,7 \end{bmatrix}$$

③ 计算矩阵 X^TY，得

$$X^TY = \begin{bmatrix} 126.58 \\ 232\,846.76 \\ 59\,987.60 \end{bmatrix}$$

④ 计算 $\hat{\pmb{\beta}} = (X^TX)^{-1}(X^TY)$，解出估计量 $\hat{\pmb{\beta}}$

$$\hat{\pmb{\beta}} = (X^TX)^{-1} = \begin{bmatrix} -47.929\,5 \\ 0.039\,728 \\ -0.029\,96 \end{bmatrix}$$

即得到估计的二元线性回归方程为

$$\hat{y} = -47.929\,5 + 0.039\,728x_1 - 0.029\,96x_2$$

9.3.3 多元线性回归方程的拟合优度

1. 多重判定系数

多重判定系数（multiple coefficient of determination）是指在多元线性回归分析中，回归离差平方和占总离差平方和的比重，公式的形式与式（9.19）相同，一般也称为复判定系数或简称为判定系数，并且也记为 R^2，有

$$R^2 = \frac{\text{SSR}}{\text{SST}} \tag{9.42}$$

多重判定系数的算术平方根为多重相关系数（multiple correlation coefficient），一般也称为复相关系数。

对于多元线性回归来说，自变量的个数有多有少，自变量的增加有助于减小剩余离差平方和 SSE，相应地增大回归离差平方和 SSR，从而提高多重判定系数 R^2 的数值水平。甚至，当增加一个在统计上并不显著的自变量，也会引起判定系数 R^2 数值水平提高。为了避免自变量的增加导致判定系数 R^2 数值上升，导致对于多元线性回归方程拟合优度的高估，提出了运用样本容量 n 和自变量个数 p 对判定系数 R^2 数值进行修正的拟合优度测度，即修正的判定系数。

2. 修正的多重判定系数

修正的多重判定系数（adjusted multiple coefficient of determination）是指运用自变量

个数 p 和样本容量 n 进行修正了的多重判定系数，一般也简称为修正的判定系数，用 R_a^2 表示，有

$$R_a^2 = 1 - (1 - R^2)\frac{n-1}{n-p-1} \tag{9.43}$$

修正的多重判定系数 R_a^2 的数值小于修正以前的多重判定系数 R^2。由于修正的多重判定系数 R_a^2 考虑了自变量个数 p 和样本容量 n，在多元线性回归分析中，一般以修正的多重判定系数 R_a^2 来评价所估计的多元线性回归方程的拟合优度。

3. 估计量 $\hat{y}_i$ 的标准差

与一元线性回归分析一样，多元线性回归也以估计量 $\hat{y}_i$ 的标准差 s_e 作为估计的多元线性回归方程拟合优度的重要测度。在多元线性回归分析中，估计量 $\hat{y}_i$ 的标准差 s_e 也是剩余均方 MSE 的平方根，自由度为 $n-p-1$，计算公式为

$$s_e = \sqrt{\frac{\sum_{i=1}^{n}(y_i - \hat{y}_i)^2}{n-p-1}} = \sqrt{\frac{\text{SSE}}{n-p-1}} = \sqrt{\text{MSE}} \tag{9.44}$$

例 9.11 沿用例 9.10 中某市场 A 证券价格、该证券市场价格指数和主要原料价格数据。

要求 计算判定系数 R^2、修正的判定系数 R_a^2，和估计量 $\hat{y}_i$ 的标准差 s_e。

解 分别采用式 (9.42)、式 (9.43) 和式 (9.44) 计算。

① 计算判定系数 R^2，有

$$R^2 = \frac{\text{SSR}}{\text{SST}} = \frac{51.317\ 15}{57.371\ 57} = 0.894\ 47$$

② 计算修正的判定系数 R_a^2，有

$$R_a^2 = 1 - (1 - R^2)\frac{n-1}{n-p-1} = 1 - (1 - 0.894\ 47) \times \frac{11}{9} = 0.871\ 019$$

③ 计算估计量 $\hat{y}_i$ 的标准差，有

$$s_e = \sqrt{\frac{\text{SSE}}{n-p-1}} = \sqrt{\frac{6.054\ 415}{9}} = 0.820\ 19$$

9.3.4 多元线性回归的显著性检验

在多元线性回归分析中，回归方程显著并不意味每个自变量对因变量都显著，因而还需要对每个自变量进行显著性检验，剔除其中不显著的自变量，使估计的多元线性回归方程更加简洁和合理。因此，多元线性回归的显著性检验包括对回归方程和每个自变量两个方面。

1. 多元线性回归方程的显著性检验

对多元线性回归方程的显著性检验是从整个方程的角度，检验作为一个整体的全部 p 个自变量 $x_1, x_2, \cdots, x_p$ 是否对因变量 y 存在显著性影响。为此，原假设为所有 p 个回归系数 β_k 的真值为 0，即

$$H_0: \beta_1 = \beta_2 = \cdots = \beta_p = 0 \tag{9.45}$$

当原假设 $H_0: \beta_1 = \beta_2 = \cdots = \beta_p = 0$ 成立，即表明 p 个自变量 $x_1, x_2, \cdots, x_p$ 与因变量 y 之间

不存在显著的线性关系，不宜采用多元线性回归方程来反映自变量 $x_1, x_2, \cdots, x_p$ 与因变量 y 之间的相关关系。由原假设 $H_0: \beta_1 = \beta_2 = \cdots = \beta_p = 0$ 也可以看出，当 p 个回归系数 β_k 不全为零时，即可得出原假设不成立的判断，p 个自变量 $x_1, x_2, \cdots, x_p$ 与因变量 y 之间存在着显著的线性关系。

在多元线性回归分析中，因变量 y 的总离差平方和 SST 的自由度仍为 $n-1$，回归离差平方和的均方 MSR 服从自由度为 p 的 χ^2 分布，剩余离差平方和的均方 MSE 服从自由度为 $n-p-1$ 的 χ^2 分布。由回归均方与剩余均方的比值构造的检验统计量服从第一自由度为 p 和第二自由度为 $n-p-1$ 的 F 分布，即

$$F = \frac{\text{SSR}/p}{\text{SSE}/(n-p-1)} = \frac{\text{MSR}}{\text{MSE}} \sim F(p, n-p-1) \tag{9.46}$$

同样，也可以采用方差分析表（见表 9.6）来反映多元线性回归分析过程中对变量离差平方和的分解及其检验统计量的计算。线性回归的方差分析表构成见表 9.6。

表 9.6　线性回归的方差分析表构成

差异来源	平方和	自由度	均方	F 检验统计量
回归	SSR	p	MSR	$F = \dfrac{\text{SSR}/p}{\text{SSE}/(n-p-1)}$
剩余	SSE	$n-p-1$	MSE	
总和	SST	$n-1$	MST	$= \dfrac{\text{MSR}}{\text{MSE}}$

当 $p=1$ 时，表 9.6 所表述的一般线性回归的方差分析表就退化为在一元线性回归分析情况下的特例，如表 9.2 一元线性回归的方差分析表所示。

例 9.12　沿用例 9.10 中某市场 A 证券价格、市场价格指数和原料价格数据。

要求　在显著性水平 α 为 0.05 下，对估计的多元线性回归方程 $\hat{y} = -47.9295 + 0.039728x_1 - 0.02996x_2$ 进行显著性检验。

解　运用式（9.46），采用 F 检验统计量进行显著性检验。

① 确定原假设。

$H_0: \beta_1 = \beta_2 = 0$（假设该证券市场价格指数和原料价格与 A 证券价格变动之间不存在显著的线性关系。）

② 计算 F 检验统计值。

$$F = \frac{\text{SSR}/p}{\text{SSE}/(n-p-1)} = \frac{51.31715/2}{6.054415/9} = \frac{25.65858}{0.67271} = 38.14195$$

③ 统计判断。

在显著性水平 α 为 0.05 下，第一自由度为 2 和第二自由度为 $n-3$ 的 F 检验临界值为 $F_{0.05}(2, 9) = 4.2565$。由于 F 检验统计值 38.14195 明显大于 F 检验临界值，因此拒绝 $H_0: \beta_1 = \beta_2 = 0$，认为该证券市场价格指数和原料价格与 A 证券价格变动之间存在显著的线性关系，估计的多元线性回归方程具有显著的解释能力。

本例的显著性检验方差分析表见表 9.7。

表 9.7　Excel"回归"工具多元线性回归方差分析表

	df	SS	MS	F	Significance F
回归分析	2	51. 317 15	25. 658 575 7	38. 141 95	4. 028 93E－05
残差	9	6. 054 42	0. 672 712 8	—	—
总计	11	57. 371 57	—	—	—

2. 自变量 x_k 的显著性检验

当多元线性回归方程中某一个自变量 x_k 对因变量 y 没有显著影响时，就意味该自变量 x_k 的回归系数真值 β_k 为 0。因此，检验自变量 x_k 是否显著，即为检验其回归系数真值 β_k 为 0 的原假设是否为真，有

$$H_0: \beta_k = 0 \qquad k = 1, 2, \cdots, p \tag{9.47}$$

其检验统计量为

$$T = \frac{\hat{\beta}_k / \sqrt{c_{k+1,k+1}}}{\sqrt{\mathrm{SSE}/(n-p-1)}} = \frac{\hat{\beta}_k / \sqrt{c_{k+1,k+1}}}{\sqrt{\mathrm{MSE}}} \sim t(n-p-1) \tag{9.48}$$

式（9.48）中的 $c_{k+1,k+1}$ 为矩阵 $(\boldsymbol{X}^{\mathrm{T}}\boldsymbol{X})^{-1}$ 中主对角线上的第 $k+1$ 个元素。

例 9.13　沿用例 9.10 中某市场 A 证券价格、该市场证券价格指数和原料价格数据，以及矩阵 $(\boldsymbol{X}^{\mathrm{T}}\boldsymbol{X})^{-1}$ 数据。

要求　在显著性水平 α 为 0.05 下，对估计的多元线性回归方程 $\hat{y} = -47.929\ 5 + 0.039\ 728x_1 - 0.029\ 96x_2$ 的 β_1 和 β_2，进行显著性检验。

解　运用式（9.48），采用 T 检验统计量进行显著性检验。

① 对 β_1 进行显著性检验。

原假设为 $H_0: \beta_1 = 0$

已知 $\hat{\beta}_1$ 为 0.039 728，c_{22} 为 0.000 373 8，则有 T 检验统计值为

$$T = \frac{\hat{\beta}_1 / \sqrt{c_{22}}}{\sqrt{\mathrm{MSE}}} = 2.505\ 4$$

由于 $t_{0.025}(9) = 2.262\ 2$，本例中的 T 检验统计值大于相应的临界值，因此拒绝原假设 $H_0: \beta_1 = 0$，认为自变量 x_1 与因变量 y 之间存在显著的线性相关关系，可以采用线性回归模型，利用该市场证券价格指数来解释 A 证券价格的变动。

② 对 β_2 进行显著性检验。

原假设为 $H_0: \beta_2 = 0$

已知 $\hat{\beta}_2$ 为 $-0.029\ 96$，c_{33} 为 0.000 125 7，则

$$T = \frac{\hat{\beta}_2 / \sqrt{c_{33}}}{\sqrt{\mathrm{MSE}}} = 3.258\ 2$$

显然，T 检验统计值大于相应的临界值，因此拒绝原假设 $H_0: \beta_2 = 0$，认为自变量 x_2 与因变量 y 之间存在显著的线性相关关系。

9.3.5　运用多元线性回归方程进行估计

在完成了对多元线性回归方程和每个自变量 x_k 的显著性检验之后，可以应用该估计的

多元线性回归方程进行预测。由式（9.37）$\hat{Y}=X\hat{\beta}$，可计算得到 Y_0 在自变量 X_0 处的估计值 $\hat{Y}_0$。

① 个别点 y_0 与均值 $E(y_0)$ 的点估计均为

$$\hat{y}_0 = \hat{\beta}_0 + \hat{\beta}_1 x_{01} + \hat{\beta}_2 x_{02} + \cdots + \hat{\beta}_p x_{0p} \tag{9.49}$$

可记为矩阵的形式，有

$$\hat{Y}_0 = X_0 \hat{\beta} \tag{9.50}$$

式（9.50）中的 X_0 是自变量 $x_1, x_2, \cdots, x_p$ 具体取值为 $x_{01}, x_{02}, \cdots, x_{0p}$ 的自变量 X 矩阵。

② 个别点 y_0 的置信区间为

$$\hat{y}_0 \mp s_0 t_{\alpha/2}(n-p-1) \tag{9.51}$$

式（9.51）中的 s_0 为运用回归方程的统计量 $\hat{y}_0$ 估计因变量 y_0 时 e_0 标准差的估计量，服从自由度为 $n-p-1$ 的 t 分布，有

$$s_0^2 = s_e^2\left[1 + \frac{1}{n} + (X_0 - \overline{X})^{\mathrm{T}}(X^{\mathrm{T}}X)^{-1}(X_0 - \overline{X})\right] \tag{9.52}$$

式（9.52）中的矩阵 $X_0 - \overline{X}$ 是 X_0 与自变量均值矩阵 $\overline{X}$ 的差。

③ 均值 $E(y_0)$ 的置信区间为

$$\hat{y}_0 \mp s_{\hat{y}_0} t_{\alpha/2}(n-p-1) \tag{9.53}$$

式（9.53）中的 $s_{\hat{y}_0}$ 为运用回归方程的统计量 $\hat{y}_0$ 估计均值 $E(y_0)$ 时标准差的估计量，也服从自由度为 $n-p-1$ 的 t 分布，有

$$s_{\hat{y}_0}^2 = s_e^2\left[\frac{1}{n} + (X_0 - \overline{X})^{\mathrm{T}}(X^{\mathrm{T}}X)^{-1}(X_0 - \overline{X})\right] \tag{9.54}$$

例 9.14　沿用例 9.10 中某市场 A 证券价格、该证券市场价格指数和原料价格数据。

要求　在显著性水平 α 为 0.05 下，当该证券市场价格指数为 1 840%，原料价格为 510 元时，对估计的回归方程 $\hat{y}=-47.929\,5+0.039\,728x_1-0.029\,96x_2$ 进行点估计，并计算 A 证券价格的置信区间。

解　① A 证券价格的点估计

$\hat{y}_0 = -47.929\,5 + 0.039\,728 \times 1\,840 - 0.029\,96 \times 510 = 9.89$（元）

② 计算 A 证券价格的置信区间

由 $s_0^2 = 0.672\,712\,8$，和 $(X_0 - \overline{X})^{\mathrm{T}}(X^{\mathrm{T}}X)^{-1}(X_0 - \overline{X}) = 0.156\,030\,42$，有

$$s_0^2 = 0.672\,712\,8 \times \left[1 + \frac{1}{12} + 0.156\,030\,24\right] = 0.833\,736$$

已知 $t_{0.025}(9) = 2.685$，可计算出 A 证券价格在显著性水平 α 为 0.05 下的置信区间为 9.89 ∓ 2.45 元。

例 9.15　假定在例 9.9 中对某市居民生活状态调查时，不仅采集了居民在调查当年的月支出和上年总收入数据，还调查了该市居民上年的总支出情况，具体数据如表 9.8 所示。

表 9.8　某市居民当年上月支出和上年总收入　　　　　　　　　　　　　　　元

家庭编号	当年月支出	上年总收入	上年总支出
1	3 050	68 750	35 200
2	3 840	53 125	46 120
3	4 100	69 502	45 280
4	4 800	81 066	57 210
5	4 500	76 582	39 840
6	3 900	60 621	45 890
7	5 900	94 164	63 530
8	4 800	69 266	54 320
9	4 200	67 024	48 860
10	2 200	48 380	23 850
11	2 450	53 100	26 150
12	2 100	44 840	23 510
平均	3 820	65 535	42 480

要求　假设居民当年月支出与上年总收入和上年总支出情况存在线性相关关系，试根据表 9.8 中的数据进行多元线性回归分析。

① 估计以该市居民当年月支出为因变量，该市居民上年总收入和上年总支出为自变量的多元线性回归方程；

② 在显著性水平 α 为 0.05 下，对估计的多元线性回归方程及其回归系数进行显著性检验；

③ 若上年总收入为 70 000 元，上年总支出为 48 000 元，预测该市居民月支出；

④ 在显著性水平 α 为 0.05 下，计算上年总收入为 70 000 元，上年总支出为 48 000 元时，该市居民当年月支出的置信区间；

⑤ 在显著性水平 α 为 0.05 下，计算上年总收入为 70 000 元，上年总支出为 48 000 元时，该市居民当年月支出均值的置信区间。

解　根据以上介绍的计算公式进行运算，估计多元线性回归方程并进行检验和分析。

① 估计多元线性回归方程。

由式（9.41）计算得到 $\hat{\beta}_0 = -532.717$，$\hat{\beta}_1 = 0.026\ 544$，$\hat{\beta}_2 = 0.061\ 514$，即得到该市居民月支出的多元线性回归方程为 $\hat{y} = -532.717 + 0.026\ 544x_1 + 0.061\ 514x_2$。

② 在显著性水平 α 为 0.05 下，对估计的多元线性回归方程进行显著性检验。

由式（9.46），计算得到 $F = 38.912\ 8$。当显著性水平 α 为 0.05 时，有 $F_{0.05}(2,9) = 4.256\ 5$。F 检验统计值大于临界值，拒绝 $H_0: \beta_1 = \beta_2 = 0$，认为该市居民上年总收入和上年总支出与居民当年月支出之间存在显著的线性关系，估计的多元线性回归方程具有显著的解释能力。

③ 预测该市居民当年月支出。

设上年总收入为 70 000 元，上年总支出为 48 000 元，代入估计的多元线性回归方程，可以计算得到该市居民当年月支出为

$$\hat{y} = -532.717 + 0.026\ 544 \times 70\ 000 + 0.061\ 514 \times 48\ 000 = 4\ 278.08（元）$$

④ 计算上年总收入为 70 000 元，上年总支出为 48 000 元时，该市居民当年月支出的置信区间。

由式（9.52）计算得到

$$s_0^2 = s_e^2 \Big[1 + \frac{1}{n} + (\boldsymbol{X}_0 - \overline{\boldsymbol{X}})^{\mathrm{T}} (\boldsymbol{X}^{\mathrm{T}} \boldsymbol{X})^{-1} (\boldsymbol{X}_0 - \overline{\boldsymbol{X}}) \Big] = 76\ 498.746\ 5$$

在显著性水平 α 为 0.05 下，有 $t_{0.025}(5) = 2.262\ 2$，由式（9.51）可计算该市居民当年月支出的置信区间为 3 652.40 元到 4 903.76 元。

⑤ 计算上年总收入为 70 000 元时，该市居民当年月支出均值的置信区间。

由式（9.54）计算得

$$s_{\hat{y}_0}^2 = s_e^2 \Big[\frac{1}{n} + (\boldsymbol{X}_0 - \overline{\boldsymbol{X}})^{\mathrm{T}} (\boldsymbol{X}^{\mathrm{T}} \boldsymbol{X})^{-1} (\boldsymbol{X}_0 - \overline{\boldsymbol{X}}) \Big] = 6\ 927.098\ 1$$

在显著性水平 α 为 0.05 下，由式（9.53）可计算该市居民当年月支出均值的置信区间为 4 098.80 元到 4 466.36 元。

9.4　非线性回归的线性化

在实际的经济管理问题中，许多因变量 y 与自变量 x 之间为非线性回归关系，可以通过对变量进行替代变换，将非线性回归关系线性化，再应用最小二乘法估计出相关的回归方程。

以下为几种常用的非线性回归模型的线性化方法。

（1）二次曲线回归模型的线性化

若有二次曲线回归模型

$$y = \beta_0 + \beta_1 x_1 + \beta_2 x_2^2 \tag{9.55}$$

令式（9.55）的二次项 $x_2' = x_2^2$，则可得到线性化后的二次曲线回归模型

$$y' = \beta_0 + \beta_1 x_1 + \beta_2 x_2' \tag{9.56}$$

显然，可以将这种线性化方法简单地推广到高次曲线回归模型的线性化。

（2）指数回归模型的线性化

若有指数回归模型

$$y = \alpha e^{\beta x} \tag{9.57}$$

对式（9.57）等式两边同时取自然对数，有 $\ln y = \ln \alpha + \beta x$，令 $y' = \ln y$，$a' = \ln a$，则可得到线性化后的指数回归模型

$$y' = a' + \beta x \tag{9.58}$$

（3）对数回归模型的线性化

若有对数回归模型

$$y = \alpha + \beta \ln x \tag{9.59}$$

令 $x' = \ln x$，则可得到线性化后的对数回归模型

$$y' = \alpha + \beta x' \tag{9.60}$$

（4）幂回归模型的线性化

若有幂回归模型

$$y = \alpha x^{\beta} \tag{9.61}$$

对式（9.61）等式两边同时取自然对数，有 $\ln y = \ln \alpha + \beta \ln x$，令 $y' = \ln y$，$a' = \ln \alpha$，$x' = \ln x$，则可得到线性化后的幂回归模型

$$y' = \alpha' + \beta x' \tag{9.62}$$

（5）双曲线回归模型的线性化

若有双曲线回归模型

$$y = \frac{x}{\alpha x + \beta} \tag{9.63}$$

令 $y' = 1/y$，$x' = 1/x$，则可得到线性化后的双曲线回归模型

$$y' = \alpha + \beta x' \tag{9.64}$$

（6）S 曲线回归模型的线性化

若有 S 曲线回归模型

$$y = \frac{1}{\alpha + \beta e^{-x}} \tag{9.65}$$

令 $y' = 1/y$，$x' = e^{-x}$，则可得到线性化后的 S 曲线回归模型

$$y' = \alpha + \beta x' \tag{9.66}$$

（7）C−D 生产函数回归模型的线性化

若有 C−D 生产函数回归模型

$$y = AK^{\alpha}L^{\beta} \tag{9.67}$$

式（9.67）中 y 为产出，K 和 L 为资本和劳动两项投入要素，α 和 β 分别为资本和劳动的产出弹性。对式（9.67）等式两边同时取自然对数，有 $\ln y = \ln A + \alpha \ln K + \beta \ln L$，令 $y' = \ln y$，$A' = \ln A$，$K' = \ln K$，$L' = \ln L$，则可得到线性化后的 C−D 生产函数回归模型

$$y' = A' + \alpha K' + \beta L' \tag{9.68}$$

Excel 应用

相关与回归分析

通过对 C−D 生产函数回归方程的线性化处理，相关分析、多元线性回归方程的拟合、检验和预测，综合介绍 Excel 在相关与回归分析中的应用。

例 9.16　某省对所辖各市第三产业进行了一次调查，搜集到该省所辖 9 个市第三产业的从业人员数、年末固定资产净值和 GDP 数据，如表 9.9 所示。

表 9.9　某省第三产业调查数据

城　　　市	从业人员数（L）/万人	年末固定资产净值（K）/亿元	GDP/亿元
1	39	3 150	9 890
2	28	2 550	8 840
3	41	3 800	11 450
4	19	2 200	6 980
5	34	2 708	9 305
6	31	2 810	9 100
7	26	2 650	8 500
8	30	2 695	8 950
9	32	2 956	9 150
合　　计	280	25 519	82 165

要求　试以最小二乘法拟合该省第三产业的 C-D 生产函数回归方程。具体过程包括：

（1）对 C-D 生产函数回归方程进行线性化处理；

（2）对线性化处理后数据进行相关分析；

（3）拟合 C-D 生产函数回归方程；

（4）对估计的 C-D 生产函数回归方程进行拟合优度分析；

（5）在显著性水平 α 为 0.05 下，对 C-D 生产函数回归方程进行显著性检验；

（6）在显著性水平 α 为 0.05 下，对 C-D 生产函数回归系数进行显著性检验；

（7）若从业人员数为 30 万人、年末固定资产净值 3 000 亿元，运用通过显著性检验后的 C-D 生产函数回归方程，在显著性水平 α 为 0.10 下，预测该省第三产业 GDP，并计算其置信区间。

解　（1）对 C-D 生产函数回归方程进行线性化处理。

C-D 生产函数回归方程为

$$GDP = AK^\alpha L^\beta$$

式中，GDP 为该省第三产业国内生产总值，是生产函数的产出；A 为 C-D 生产函数回归模型的常数项，为线性化后的 C-D 生产函数回归模型的截距；K 为该省第三产业年末固定资产净值，是生产函数的资本投入；L 为该省第三产业年末从业人员数，是生产函数的劳动投入，令 $GDP' = \ln GDP$，$A' = \ln A$，$K' = \ln K$，$L' = \ln L$，则得线性化后的 C-D 生产函数回归方程

$$GDP' = A' + \alpha K' + \beta L'$$

显然，所谓线性化处理，实质上就是对样本数据的线性化处理。运用 Excel 的 LN 函数，可以快捷地计算出该省所辖 9 个市第三产业的从业人员数、年末固定资产净值和 GDP 数据的自然对数值，如表 9.10 所示。

表 9.10　某省第三产业调查数据的自然对数值

城　市	$L' = \ln L$	$K' = \ln K$	$GDP' = \ln GDP$
1	3.663 561 646	8.055 157 732	9.199 279 425
2	3.332 204 51	7.843 848 638	9.087 042 156
3	3.713 572 067	8.242 756 346	9.345 745 009
4	2.944 438 979	7.696 212 639	8.850 804 196
5	3.526 360 525	7.903 965 634	9.138 307 169
6	3.433 987 204	7.940 939 762	9.116 029 693
7	3.258 096 538	7.882 314 919	9.047 821 442
8	3.401 197 382	7.899 153 483	9.099 408 811
9	3.465 735 903	7.991 592 282	9.121 509 158

（2）对线性化处理后数据进行相关分析。

分析线性化处理后数据的线性相关程度，是有效地进行线性回归分析的重要依据。只有当因变量和自变量之间具备显著的线性相关关系时，才能在这样的因变量和自变量基础上构造线性回归方程，用自变量来描述因变量的变动和发展。所以，对于非线性回归模型而言，需要计算相关系数，对线性化处理后数据进行相关分析。

根据表 9.10 中线性化处理后得到的自然对数值，运用 Excel "分析工具库" 中的 "相关系数" 工具，计算相关系数。

调出 "相关系数" 工具的对话框，在 "输入区域" 设置框中输入有关数据所在单元格，在本例表 9.10 中的数据处在 B24 到 D33；在 "分组方式" 选项框中选择数据的排列方式，本例为按列排列，则选中 "逐列"；选中 "标志位于第一行"，所输出的相关系数表中会自动给出相关的标志，所以应选中该选项。在选中 "标志位于第一行" 选项时，"输入区域" 中填入的有关数据所在单元格，应包括标志行所在单元格，并且标志行必须位于 "输入区域" 的第一行；最后选定 "输出选项"，本例仍选择 "输出区域"，具体单元格为 "B35"，见图 9.5。

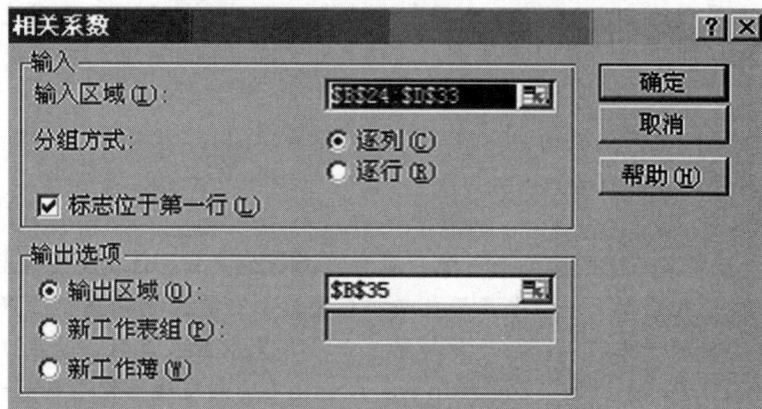

图 9.5 "相关系数" 工具的对话框

Excel "分析工具库" 中的 "相关系数" 工具的计算结果见表 9.11。

表 9.11 "相关系数" 工具计算结果

	L'	K'	GDP$'$
L'	1	—	—
K'	0.903 3	1	—
GDP$'$	0.963 3	0.955 5	1

由表 9.11 可知，线性化处理后的第三产业的从业人员数、年末固定资产净值和 GDP 之间均呈现出很强的线性相关特征，尤其是线性化处理后的两个自变量与因变量的相关程度显著，第三产业的从业人员数和 GDP 的相关系数为 0.963 3；第三产业的年末固定资产净值和 GDP 的相关系数为 0.955 5。从相关系数的角度来看，可以构造以第三产业的从业人员数和年末固定资产净值为自变量，第三产业 GDP 为因变量的线性回归方程。

（3）拟合 C−D 生产函数回归方程。

在经过线性化处理后的数据基础上，运用 Excel "分析工具库" 中的 "回归" 工具，拟合回归方程。

调出 "回归" 工具的对话框（见图 9.6），在 "Y 值输入区域" 设置框中输入因变量数据所在单元格，在本例中为表 9.10 中第三产业 GDP 的自然对数值，处在 D25 到 D34；在 "X 值输入区域" 设置框中输入自变量数据所在单元格，在本例中为表 9.10 中第三产业的从业人员数和年末固定资产净值的自然对数值，处在 B25 到 C34；选中 "标志" 备选项；在

"置信度"设置框中输入置信水平为 95%；在"输出选项"中，仍选择"输出区域"，具体单元格为"G20"。

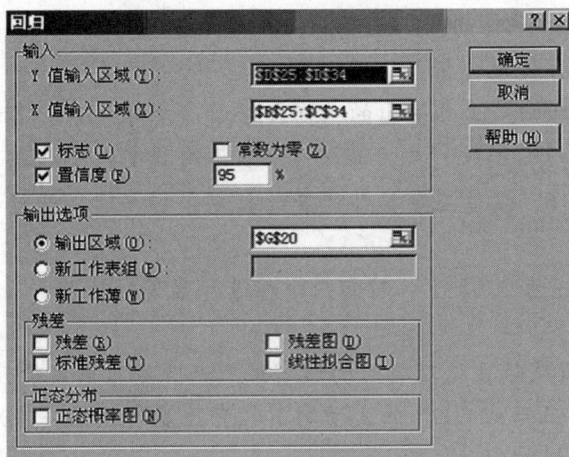

图 9.6　"回归"工具的对话框

Excel "回归"工具输出表 9.12、表 9.13 和表 9.14。

表 9.12　回归统计分析表

Multiple R	0.983 62
R Square	0.967 51
Adjusted R Square	0.956 68
标准误差	0.027 16
观 测 值	9

表 9.12 中，"Multiple R"为多重相关系数；"R Square"为多重判定系数；"Adjusted R Square"为修正的多重判定系数。

表 9.13　方差分析表

差异来源	df	SS	MS	F	Significance F
回归分析	2	0.131 752	0.065 876	89.333 8	3.429 9E－05
残　　差	6	0.004 424	0.000 737	—	—
总　　计	8	0.136 176			

表 9.14　参数估计表

	Coefficients	标准误差	t Stat	P-value
Intercept	4.871 089 88	0.886 412	5.495 289	0.001 522
L'	0.310 087 13	0.097 754	3.172 124	0.019 267
K'	0.400 726 96	0.148 159	2.704 717	0.035 353

由表 9.14 可得估计的 C-D 生产函数回归方程为

$$\ln \hat{GDP} = 4.871\,09 + 0.310\,087 \ln L + 0.400\,727 \ln K$$

由此，可通过反对数运算，写回原来的非线性的 C - D 生产函数回归方程，为

$$\hat{GDP} = 130.46 K^{0.400\,727} L^{0.310\,087}$$

(4) 回归方程的拟合优度分析。

由表 9.12 Excel "回归" 工具给出的 "回归统计分析表"，可得回归方程的拟合优度的有关数据。其中有多重判定系数 $r^2 = 0.967\,51$；修正的多重判定系数 $r_a^2 = 0.956\,68$；估计量 $\hat{y}_i$ 的标准差 $s_y = 0.027\,16$。从这三项拟合优度的数据分析，这一估计的 C - D 生产函数回归方程线性拟合良好。

(5) 在显著性水平 α 为 0.05 下，对回归方程进行显著性检验。

首先，给定原假设。

$H_0 : \alpha = \beta = 0$（假设线性化处理之后的该省第三产业年末固定资产净值 K'，第三产业从业人员数 L'，与该省第三产业 GDP' 的变动均不具有显著的线性关系）

其次，计算 F 检验统计值。

由表 9.13 Excel "回归" 工具给出的 "方差分析表"，有 $F = 98.333\,8$。

最后，进行统计判断。

显著性水平 α 为 0.05，第一自由度为 2 和第二自由度为 6 的 F 检验临界值为 $F_{0.05}(2, 6) = 5.143\,25$。由于 F 检验统计值 98.333 8 明显大于 F 检验临界值 $F_{0.05}(2, 6) = 5.143\,25$，所以拒绝 $H_0 : \alpha = \beta = 0$，认为线性化处理之后的该省第三产业年末固定资产净值 K'，第三产业从业人员数 L'，与该省第三产业 GDP' 的变动具有显著的线性关系，估计的 C - D 生产函数回归方程具有显著的解释能力。

表 9.13 中 "Significance F" 为 0.000 034 3，表明在 F 检验统计值为 98.333 8 时，第一自由度为 2 和第二自由度为 6 的 F 分布的显著性水平 α 的临界值为 0.000 034 3。

(6) 在显著性水平 α 为 0.05 下，对回归系数进行显著性检验。

首先，给定原假设。

$H_0 : \alpha = 0$（假设线性化处理之后的该省第三产业年末固定资产净值 K' 与该省第三产业 GDP' 的变动均不具有显著的线性关系）

$H_0 : \beta = 0$（假设线性化处理之后的该省第三产业从业人员数 L'，与该省第三产业 GDP' 的变动均不具有显著的线性关系）

其次，计算 T 检验统计值。

由表 9.14 Excel "回归" 工具计算的 "参数估计表" 中，给出了线性化处理之后的该省第三产业年末固定资产净值 K' 的 T 检验统计值为 2.704 717，以及线性化处理之后的该省第三产业从业人员数 L' 的 T 检验统计值为 3.172 124。

最后，进行统计判断。

由于 T 检验统计值 2.704 717 和 3.172 124，均大于显著性水平 α 为 0.05，自由度为 6 的 T 检验临界值为 $t_{0.025}(6) = 2.446\,9$，所以拒绝 $H_0 : \alpha = 0$ 和 $H_0 : \beta = 0$，认为线性化处理之后的该省第三产业年末固定资产净值 K'、第三产业从业人员数 L'，与该省第三产业 GDP' 的变动具有显著的线性关系。

表 9.14 "参数估计表" 中还给出了回归系数 T 检验统计量的 p 值。线性化处理之后的

该省第三产业年末固定资产净值 K' 的 p 值为 0.035 353，线性化处理之后的该省第三产业从业人员数 L' 的 p 值为 0.019 267，均小于 $\alpha/2=0.025$，直观地表明了这两个回归系数都是显著的。

（7）若从业人员数为 30 万人、年末固定资产净值 3 000 亿元，运用通过显著性检验后的 C-D 生产函数回归方程，在显著性水平 α 为 0.05 下，预测该省第三产业 GDP，并计算其置信区间。

首先，进行点估计，有

$$\ln \hat{GDP}=4.871\,09+0.310\,087\times30+0.400\,727\times3\,000=9.134\,125$$

对计算结果取反自然对数，可利用 Excel 的 EXP 函数计算，得该省第三产业 GDP 的预测数值为 9 266.16 亿元。

也可以将估计的线性回归方程转换回原来的非线性回归方程的形式，再进行点估计，同样有

$$\hat{GDP}=130.463\times3\,000^{0.400\,727}\times30^{0.310\,087}=9\,266.16（亿元）$$

其次，计算该省第三产业 GDP 的置信区间。

由于 Excel "回归" 工具未给出矩阵 $(X_0-\bar{X})$ 和 $(X^TX)^{-1}$，在计算置信区间时需要分别计算这两个矩阵。由自变量矩阵 X 出发，运用 Excel 的转置矩阵函数 TRANSPOSE，求出自变量矩阵 X 的转置矩阵 X^T。

计算矩阵 $(X_0-\bar{X})$ 和 $(X^TX)^{-1}$ 仍然要在线性化之后的自然对数值的基础上进行，即利用表 9.10 的数据进行计算。

计算转置矩阵，需要先在 Excel 工作表上选定好转置矩阵这一数组的单元格位置，准备放置计算出来的转置矩阵的数据。在本例中转置矩阵 X^T 的数组为 3 行 9 列的一个单元格区域；然后在 TRANSPOSE 函数（见图 9.7）的 "Array" 设置框中填入被转置矩阵所在的单元格，本例自变量矩阵 X 所在的单元格为 A44 到 C52；最后按下 "Shift+Ctrl" 键和 "Enter" 键，完成 TRANSPOSE 函数的运算得到转置矩阵 X^T。有

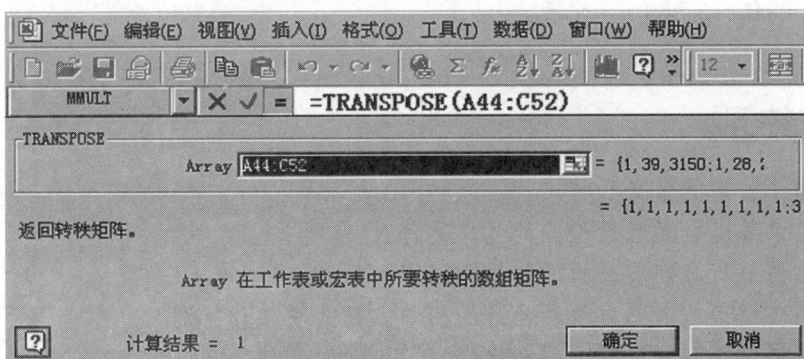

图 9.7　"转置矩阵函数 TRANSPOSE" 对话框

$$X^TX=\begin{bmatrix}1 & 1 & 1 & 1 & 1 & 1 & 1 & 1 & 1 \\ 3.663\,6 & 3.332\,2 & 3.713\,6 & 2.944\,4 & 3.526\,4 & 3.434 & 3.258\,1 & 3.401\,2 & 3.465\,7 \\ 8.055\,2 & 7.843\,8 & 8.242\,8 & 7.696\,2 & 7.904 & 7.940\,9 & 7.882\,3 & 7.899\,2 & 7.991\,6\end{bmatrix}$$

接着，运用 Excel 的矩阵乘法函数 MMULT，计算矩阵 $X^T X$。类似于转置矩阵的计算，矩阵乘法的运算也需要先在 Excel 工作表上选定好乘积矩阵数组的单元格位置。在本例中乘积矩阵 $X^T X$ 的数组为 3 行 3 列的一个单元格区域；然后在 MMULT 函数的"Array1"设置框中填入左乘矩阵所在的单元格，本例为 X^T 所在的单元格；在"Array2"设置框中填入右乘矩阵所在的单元格，本例为 X 所在的单元格；最后按下"Shift＋Ctrl"键和"Enter"键，进行 MMULT 函数的运算，得到乘积矩阵 $X^T X$。有

$$X^T X = \begin{bmatrix} 9 & 30.739\,15 & 71.455\,94 \\ 30.739\,15 & 105.407\,8 & 244.305 \\ 71.455\,94 & 244.305 & 567.510\,5 \end{bmatrix}$$

再运用 Excel 的矩阵求逆函数 MINVERSE，对矩阵 $X^T X$ 求逆，计算逆矩阵 $(X^T X)^{-1}$。同样，先在 Excel 工作表上选定好逆矩阵数组的单元格位置；然后在 MINVERSE 在函数的"Array"设置框中填入被求逆的矩阵所在单元格；最后按下"Shift＋Ctrl"键和"Enter"键，进行 MINVERSET 函数的运算，得到逆矩阵 $(X^T X)^{-1}$。有

$$(X^T X)^{-1} = \begin{bmatrix} 1\,065.517 & 96.599\,84 & -175.745 \\ 96.599\,84 & 12.958\,55 & -17.741\,5 \\ -175.745 & -17.741\,5 & 29.767\,52 \end{bmatrix}$$

最终计算出 $(X_0 - \overline{X})^T (X^T X)^{-1} (X_0 - \overline{X}) = 0.169\,36$。

由 $s_e^2 = 0.000\,737\,413$，则

$$s_0^2 = 0.000\,737\,413 \times \left[1 + \frac{1}{9} + 0.169\,36 \right] = 0.000\,944\,235$$

$$s_0 = 0.030\,728\,4$$

由 $t_{0.025}(6) = 2.446\,9$，可得 $s_0 t_{a/2}(6) = 0.075\,19$，由式 (9.51) $\hat{y}_0 \mp s_0 t_{a/2}(n-p-1)$ 可得置信区间为 (9.058\,935, 9.209\,314)。对该置信区间取反对数，即得到在从业人员数为 30 万人、年末固定资产净值为 3 000 亿元，显著性水平 $\alpha = 0.05$ 下，该省第三产业国内生产总值置信区间为 8 594.99 亿～9 989.75 亿元。

思考与练习

1. 简述相关关系的含义和特点。
2. 对相关系数进行显著性检验的意义是什么？
3. 简述相关分析与回归分析的联系和区别。
4. 简述回归模型、回归方程和估计的回归方程的联系和区别。
5. 如何分析线性回归模型的拟合优度？
6. 简述线性回归模型的基本假定。
7. 为什么回归模型的自变量为确定性变量？
8. 当自变量之间相互不独立时，对线性回归模型会产生什么影响？
9. 为什么要计算修正的多重判定系数？
10. 某高校商学院抽取了 10 名在校学生统计学、高等数学和概率论的考试成绩（见表 9.15）。

表 9.15　某高校商学院学生统计学、高等数学和概率论考试成绩　　　　　分

	学生序号									
	1	2	3	4	5	6	7	8	9	10
统计学（y）	78	69	79	83	87	90	78	84	86	74
高等数学（x_1）	74	67	78	88	89	89	80	86	84	69
概率论（x_2）	76	67	80	81	86	88	76	85	89	79

要求　（1）计算统计学、高等数学和概率论考试成绩的相关系数。

（2）试以统计学考试成绩为因变量，高等数学和概率论考试成绩为自变量，估计线性回归方程，并对其进行显著性检验（显著性水平 $\alpha = 0.05$）。

（3）假定高等数学和概率论考试成绩均为 85 分，应用估计的线性回归方程估计统计学考试成绩，及其在显著性水平 $\alpha = 0.05$ 下的置信区间。

11. 对 10 个城市的人均年收入和人均 GDP 调查数据如表 9.16 所示。

表 9.16　10 个城市的人均年收入和人均 GDP 情况　　　　　元

人均 GDP（x）	62 890	59 670	29 880	14 867	18 950	29 750	36 740	20 480	35 790	49 860
人均年收入（y）	26 950	24 510	18 050	11 280	14 850	19 750	17 800	8 860	16 800	23 040

要求　（1）计算人均年收入和人均 GDP 的相关系数，并对相关系数进行显著性检验（显著性水平 $\alpha = 0.05$）；

（2）以人均年收入为因变量，人均 GDP 为自变量，估计线性回归方程，并对其进行显著性检验（显著性水平 $\alpha = 0.05$）；

（3）预测当人均 GDP 达到 80 000 元时的人均年收入的水平，及其在显著性水平 $\alpha = 0.05$ 下的置信区间。

12. 某车间技术人员怀疑每天废品出现的件数与 A、B 两种原料的含水率有关，经过 10 次观测得到数据如表 9.17 所示。

表 9.17　某车间废品件数与 A、B 两种原料的含水率情况

每天废品（y）/件	14	10	5	3	3	5	6	4	6	9
原料 A 含水率/%	50	60	70	80	70	70	70	80	70	60
原料 B 含水率/%	80	90	60	60	70	90	50	60	80	90

要求　采用相关分析和回归分析方法，构造合理的线性回归方程。

13. 某化工企业对其主产品 A 产品的收率与原料纯度和添加剂 W 成分含量进行了一次观测，取得的有关数据如表 9.18 所示。

表 9.18　某化工企业 A 产品收率与原料纯度和 W 含量数据　　　　　%

A 产品收率（y）	87	88	86	84	80	81	79	77	74	70
原料纯度（x_1）	98	98	97	96	94	95	94	93	92	90
添加剂 W 含量（x_2）	1.58	1.72	1.95	2.25	2.68	2.89	3.04	3.45	3.85	4.35

要求　假定添加剂 W 成分含量与 A 产品收率呈二次函数关系，采用线性化处理方法，估计 A 产品收率与原料纯度和添加剂 W 含量的二元二次回归方程 $\hat{y} = \beta_0 + \beta_1 x_1 + \beta_2 x_2^2$，并对回归方程和回归系数进行显著性检验。

14. 有 10 名高三学生高考前模拟考试的平均总分与高考成绩总分如表 9.19 所示。

表 9.19　某校高三学生模拟考试平均分数与高考成绩　　　　　　　　　　　分

	学生序号									
	1	2	3	4	5	6	7	8	9	10
模拟考试平均总分	539	469	512	490	487	499	521	549	498	524
高考总分	589	521	558	549	542	559	581	591	560	571

要求　构造一元线性回归方程，计算若本一录取线为 580 分，高考前模拟考试平均总分为 540 分的考生高考总分上本一录取线的把握程度。

自测题

自测题答案

人物小传

约翰·理查德·尼古拉斯·斯通（John Richard Nicolas Stone）

斯通于 1913 年 8 月 30 日出生于伦敦，于 1935 年、1948 年和 1957 年先后获剑桥大学学士、硕士和博士学位。1947 年，斯通首次完成了一份联合国在日内瓦公布的《国民收入的测量和社会账户的编制》课题。1950 年斯通被联合国召往纽约，担任国民经济核算体系专家委员会主席，领导编制了《国民经济核算体系及辅助表（1953）》（SNA）和《国民经济核算体系（1968）》（新 SNA）。此后，斯通长期致力于研究改进社会和人口的统计分析方法，为联合国制定了《社会和人口体系》（SSDS），试图将国民经济核算与社会和人口统计体系结合起来。1976 年他任剑桥大学冈维尔—开佑斯学院名誉研究员。

1978 年，由英国女王授予爵士称号，随后当选为英国皇家经济学会主席。1984 年获诺贝尔经济学奖，1980 年退休，1991 年去世。

斯通的杰出贡献在于洞察了国民经济运行的内在联系，建立结构严谨的国民经济账户核算体系，并在全世界的范围内积极推广了这一体系，促进了统计学的发展。斯通主要的统计学论著除了著名的《国民收入与支出》，还有《国民经济核算中的物量和价格指数》（1956）、《投入产出和国民经济核算》（1961）和《1960 年社会统计矩阵》（1962）等。

第10章

时间序列分析

思政目标

时间序列分析帮助我们了解我国宏观经济运行的动态变化和发展规律，对理解我国经济社会的可持续发展至关重要。分析主要经济指标的时间序列数据使我们体会到我国不同历史阶段的经济成就，增强制度自信和爱国情怀，其真实准确性要求我们培养严谨的工作态度和实事求是的工作作风。

学习目标

通过本章的学习，重点掌握时间序列分析的基本方法，包括传统的描述性时间序列分析中的发展水平和平均发展水平、增长量与平均增长量、发展速度和增长速度、平均发展速度与平均增长速度等概念和方法，以及时间序列因素分析中的长期趋势、季节变动和循环变动的分析，并通过拟合或移动平均估计长期趋势；深刻理解移动平均法的思想和特点，时间序列趋势模型与回归模型的异同，以及计算季节指数的特点和步骤等。

10.1 描述性分析

10.1.1 时间序列的种类

时间序列（time series）是指按照时间先后依次排列的观测值所构成的数列，因而也称为时间数列或动态数列。

按照时间序列中依次排列的观测值的属性不同，可以将时间序列分为绝对数时间序列、相对数时间序列和平均数时间序列三种。观测值为绝对数的时间序列就是绝对数时间序列，如由各年度的国内生产总值、人口数等数据，按照年份排列而成的时间序列；观测值为相对数的时间序列就是相对数时间序列，如将各年度的人均国内生产总值、每百人拥有计算机台数等依次排列的时间序列；观测值为平均数的时间序列就是平均数时间序列，如由各月的平均职工人数、各季的职工平均工资、各学年的学生平均身高组成的时间序列。

其中，绝对数时间序列又分为时期序列和时点序列两种。

时期序列是由时期绝对数数据所构成的时间序列，其中的每个数值反映现象在一段时间内发展过程的总量。时点序列是由时点绝对数数据所构成的时间序列，其中的每个数值反映现象在某一时点上所达到的水平。

时期序列与时点序列的区别，如下所述。

其一，时期序列中的各个数数值可以相加，各个数数值的和表示在所对应的时期之内事物及其现象的发展总量，而时点序列中各个数数值相加通常没有明确的意义。

其二，时期序列中的各个数数值的大小与所包括的时期长短有直接关系，时点序列中各数数值与其时点间隔长短没有直接关系。

例如：对于投资总额、新增人口数、固定资产折旧额等数据，其数值规模大小与时间间隔长短直接相关，某一季度三个月的数值相加就等于该季度的绝对数值，各年四个季度的数值累积就是该年份的总计数值，因此为时期序列；对于职工人数、固定资产净值、在校学生人数等数据，其数值规模大小与时间间隔长短不存在对应关系，不能将此类数据相加或累积，如将一年四个季度的职工人数、固定资产净值、在校学生人数等数据相加，并不等于所对应的全年的绝对数值，可以据此将其区别为时点序列。

10.1.2　发展水平和平均发展水平

1. 发展水平

发展水平（development level）是指时间序列中数据的具体数值，用来反映事物及其现象的数量特征在各个时期或时点上所达到的规模和水平。

在时间序列分析中，用 t 表示时间，可以是年、季、月、周、日，也可以是任何一个时间间隔。用 Y 表示发展水平，通常把时间序列中的第一个数的数值叫最初水平，用 Y_0 表示；最后一个数的数值叫最末水平，用 Y_N 表示；其余各项发展水平 Y_1，Y_2，$\cdots$，Y_{N-1} 均称为中间水平。

在进行两项发展水平的比较时，一般把所研究的那个时间的发展水平叫报告期水平或计算期水平，用 Y_1 表示，把用来作为比较基础的发展水平叫基期水平，用 Y_0 表示。

2. 平均发展水平

平均发展水平（average development level）是指时间序列中的发展水平的平均数，一般又称为序时平均数，用 $\overline{Y}$ 表示。

按照时间序列是时期序列还是时点序列，序列中各项数据的时期长度是否一致，有以下四种平均发展水平的计算公式。

① 时期序列，各项时期数据的时期长度一致，其计算公式为

$$\overline{Y} = \frac{Y_0 + Y_1 + \cdots + Y_N}{N+1} = \frac{1}{N+1}\sum_{t=0}^{N} Y_t \tag{10.1}$$

在时点序列情况下，如果采用逐日登记方式采集数据，称之为连续性的时点序列，一般也采用式（10.1）计算其平均发展水平。

② 时期序列，各项时期数据的时期长度（用 F_t 表示）不一致，其计算公式为

$$\overline{Y} = \frac{Y_0 F_0 + Y_1 F_1 + \cdots + Y_N F_N}{F_0 + F_2 + \cdots + F_N} = \frac{\sum_{t=0}^{N} Y_t F_t}{\sum_{t=0}^{N} F_t} \tag{10.2}$$

③ 时点序列，各项时点数据的间隔时间长度一致，其计算公式为

$$\overline{Y} = \frac{Y_1 + Y_2 + \cdots + Y_{N-1} + \dfrac{Y_0 + Y_N}{2}}{N} = \frac{1}{N}\sum_{t=0}^{N-1} \frac{Y_t + Y_{t+1}}{2} \tag{10.3}$$

式（10.3）的意义是先计算前后相继的两个时点上数值的简单均值，作为由这两个时点构成的时间间隔中该时点数据的代表水平，然后计算这 N 项简单均值的算术平均数。它等价于将式（10.3）首、末两项水平折半后与中间各项水平相加，再除以发展水平数据的总项数减 1。

④ 时点序列，各项时点数据的间隔时间长度不一致，其计算公式为

$$\overline{Y} = \frac{\dfrac{Y_0 + Y_1}{2}F_0 + \dfrac{Y_1 + Y_2}{2}F_1 + \cdots + \dfrac{Y_{N-1} + Y_N}{2}F_{N-1}}{F_0 + F_1 + \cdots + F_{N-1}} = \frac{\displaystyle\sum_{t=0}^{N-1}\frac{Y_t + Y_{t+1}}{2}F_t}{\displaystyle\sum_{t=0}^{N-1}F_t} \tag{10.4}$$

式（10.4）是将相邻两项时点数值相加除以 2，用各自的间隔长度 F_t 加权求和，再除以总的间隔长度。

采用式（10.3）和式（10.4），由时点序列计算平均发展水平的基本思想是假定数据在相邻两个时点之间的变动是均匀的、直线发展的，时间间隔越大，这一假定性就越大，准确程度也就越差。为此，时点序列数据之间的时间间隔不宜过长。

3. 由相对数时间序列或平均数时间序列计算平均发展水平

相对数时间序列和平均数时间序列，不能直接采用以上计算绝对数时间序列的序时平均数公式来计算平均发展水平，而需先分别计算出分子、分母两个绝对数时间序列的序时平均数，再进行分子和分母的对比，进而求出相对数时间序列和平均数时间序列的平均发展水平。由相对数时间序列或平均数时间序列计算平均发展水平的基本公式为

$$\overline{c} = \frac{\overline{a}}{\overline{b}} \tag{10.5}$$

式（10.5）中，$\overline{a}$ 表示作为相对数时间序列或平均数时间序列的分子的时间序列的平均发展水平，称为相对数时间序列或平均数时间序列的子项；$\overline{b}$ 表示作为相对数时间序列或平均数时间序列的分母的时间序列的平均发展水平，称为相对数时间序列或平均数时间序列的母项；$\overline{c}$ 表示相对数时间序列或平均数时间序列的平均发展水平。

例 10.1　某工厂第三季度各月计划完成情况如表 10.1 所示。

表 10.1　某工厂第三季度各月计划完成情况

数据	7 月	8 月	9 月	合计
计划数 b/件	500	600	800	1 900
实际数 a/件	500	612	832	1 944
计划完成情况 c/%	100	102	104	102.3

要求　试计算该工厂第三季度计划完成程度。

解　（1）在各月的计划数 b 和实际数 a 的数据都具备时，直接采用式（10.5）计算。同时，由于计划数 b 和实际数 a 都是时期长度一致的时期序列，则采用式（10.1）分别计算其子项和母项。该工厂第三季度计划完成程度为

$$\bar{c} = \frac{\bar{a}}{\bar{b}} = \frac{\sum a}{\sum b} = \frac{1\ 944}{1\ 900} = 102.3\%$$

（2）在拥有各月的实际数 a 和计划完成情况 c 数据、缺少母项 b 数据时，可间接地获得各月的计划数 b 数据，再计算出该工厂第三季度计划完成程度为

$$\bar{c} = \frac{\bar{a}}{\bar{b}} = \frac{\sum a}{\sum \dfrac{a}{c}} = \frac{1\ 944}{\dfrac{500}{100\%} + \dfrac{612}{102\%} + \dfrac{832}{104\%}} = \frac{1\ 944}{1\ 900} = 102.3\%$$

（3）在拥有各月的计划数 b 和计划完成情况 c 数据、缺少子项实际数 a 数据时，仍然可间接地获得各月的实际数 a 数据，再计算出该工厂第三季度计划完成程度为

$$\bar{c} = \frac{\bar{a}}{\bar{b}} = \frac{\sum bc}{\sum b} = \frac{500 \times 100\% + 600 \times 102\% + 800 \times 104\%}{500 + 600 + 800} = \frac{1\ 944}{1\ 900} = 102.3\%$$

例 10.2　某商店 4—7 月商品流转次数及有关资料如表 10.2 所示。

表 10.2　某商店 4—7 月商品流转情况

月份	4 月	5 月	6 月	7 月
零售总额/万元	10.6	12.5	13.2	14.2
月初库存额/万元	6.5	6.7	6.9	7.1
商品流转次数/次	1.61	1.84	1.89	1.94

要求　试计算该商店第二季度月平均商品流转次数。

解　仍然由式（10.5）出发，先分别计算出该商店第二季度月平均零售总额和月平均库存额，再计算出该商店第二季度月平均商品流转次数。

（1）计算子项——该商店第二季度月平均零售总额。采用式（10.1）计算，有

$$\bar{a} = \frac{10.6 + 12.5 + 13.2}{3} = 12.1（万元）$$

（2）计算母项——该商店第二季度月平均库存额。本例中的月初库存额是间隔时间长度一致的时点序列，因此采用式（10.3）计算。有

$$\bar{b} = \frac{6.7 + 6.9 + \dfrac{6.5 + 7.1}{2}}{4 - 1} = 6.8（万元）$$

（3）比较子项和母项，计算出该商店第二季度月平均商品流转次数为

$$\bar{c} = \frac{\bar{a}}{\bar{b}} = \frac{12.1}{6.8} = 1.78（次）$$

10.1.3　增长量与平均增长量

增长量与平均增长量为时间序列的绝对比较。

1. 增长量

增长量（growth amount）是时间序列中报告期水平与基期水平之差，用来说明事物及

其现象的某一数量特征在一定时期内增减变动的水平。

由于采用的基期不同，增长量分为逐期增长量和累积增长量两种。

累积增长量是报告期水平同某一固定时期水平（通常为最初水平）之差，说明报告期比某一固定时期增加或减少的总量，也可以说，是现象的某一数量特征在某一段较长时期内总的增长量。一般用 $\Delta Y_{t,k}$ 表示，为 t 时刻的发展水平 Y_t 与 k 时刻的发展水平 Y_k 之差，即

$$\Delta Y_{t,k} = Y_t - Y_k \tag{10.6}$$

逐期增长量是 t 时刻的报告期水平同前一时期 $t-1$ 时刻水平之差，说明报告期比前一期增加或减少的总量，用 ΔY_t 表示，即

$$\Delta Y_t = Y_t - Y_{t-1} \tag{10.7}$$

逐期增长量与累积增长量之间的关系是：逐期增长量之和等于对应的累积增长量，即

$$\Delta Y_{t,k} = Y_t - Y_k = (Y_t - Y_{t-1}) + (Y_{t-1} - Y_{t-2}) + \cdots + (Y_{k+1} - Y_k)$$
$$= \Delta Y_t + \Delta Y_{t-1} + \cdots + \Delta Y_{k+1} \tag{10.8}$$

2. 平均增长量

平均增长量（average growth amount）是逐期增长量的算术平均数，反映事物及其现象的某一数量特征在一定时期内平均每期增加或减少的绝对数量，用 $\Delta \overline{Y}$ 表示。其计算公式为

$$\Delta \overline{Y} = \frac{\Delta Y_1 + \Delta Y_2 + \cdots + \Delta Y_N}{N} \tag{10.9}$$

由于逐期增长量之和等于累积增长量，所以式（10.9）又可写成

$$\Delta \overline{Y} = \frac{\Delta Y_{N,0}}{N} \tag{10.10}$$

10.1.4 发展速度和增长速度

发展速度和增长速度为时间序列的相对比较。

1. 发展速度

发展速度（development rate）是时间序列中报告期水平与基期水平之比，用来说明事物及其现象的某一数量特征在一定时期内的相对程度的高低变化。

由于对比所采用的基期不同，发展速度可分为定基发展速度和环比发展速度。

定基发展速度是报告期水平与某一固定时期水平（通常为最初水平）之比，表明事物及其现象的数量特征在一个较长时期内总的变动情况。一般用 $S_{t,k}$ 表示，为 t 时刻的发展水平 Y_t 与 k 时刻的发展水平 Y_k 之比，即

$$S_{t,k} = \frac{Y_t}{Y_k} \tag{10.11}$$

环比发展速度是 t 时刻的报告期水平同前一期水平之比，反映事物及其现象的数量特征的逐期发展变动情况，用 S_t 表示，即

$$S_t = \frac{Y_t}{Y_{t-1}} \tag{10.12}$$

定基发展速度与环比发展速度之间存在一定的数量关系，即环比发展速度的连乘积等于

对应的定基发展速度。

$$S_{t,k}=\frac{Y_t}{Y_k}=\frac{Y_t}{Y_{t-1}}\cdot\frac{Y_{t-1}}{Y_{t-2}}\cdot\dots\cdot\frac{Y_{k+1}}{Y_k}=S_t\cdot S_{t-1}\cdot\dots\cdot S_{k+1} \tag{10.13}$$

2. 增长速度

增长速度（growth rate）是增长量与基期水平之比，说明事物及其现象的某一数量特征在一定时期内增长的相对程度，也称为增长率。

由于增长量是报告期水平与基期水平之差，所以增长速度等于发展速度减去1，当发展速度大于1时，增长速度为正值，表明事物及其现象某一数量特征的增长程度；当发展速度小于1时，增长速度为负值，表明某一数量特征递增速度下降的程度。

由于所采用的基期不同，增长速度也分为定基增长速度和环比增长速度。

定基增长速度是累积增长量与固定基期水平之比，反映某一数量特征在一段较长时期内总的增长程度，用 $\Delta S_{t,k}$ 表示，有

$$\Delta S_{t,k}=\frac{\Delta Y_{t,k}}{Y_k}=S_{t,k}-1 \tag{10.14}$$

环比增长速度是逐期增长量与前期水平之比，反映某一数量特征的逐期增长程度，用 ΔS_t 表示，有

$$\Delta S_t=\frac{\Delta Y_t}{Y_{t-1}}=S_t-1 \tag{10.15}$$

此外，为了剔除季节变动影响，满足经济管理需要，在政府统计工作中经常使用年距增长量、年距发展速度和年距增长速度等具有年距特征的统计指标。

年距增长量＝本期发展水平－上年同期发展水平

年距发展速度(%)＝(本期发展水平/上年同期发展水平)×100%

年距增长速度(%)＝年距发展速度(%)－100%

10.1.5 平均发展速度与平均增长速度

平均发展速度是时间序列中的环比发展速度的动态平均数，记为 $\bar{S}$；平均增长速度是时间序列中的环比增长速度的动态平均数，记为 $\Delta\bar{S}$。但是，平均增长速度不能通过环比增长速度直接计算，而必须在平均发展速度的基础上间接计算。平均发展速度与平均增长速度之间的关系是"平均增长速度＝平均发展速度－1"，即

$$\Delta\bar{S}=\bar{S}-1 \tag{10.16}$$

根据环比发展速度计算的平均发展速度，也是一种序时平均数，可以采用水平法或累积法这两种方法来计算。

1. 水平法

水平法又叫几何平均法。由于现象在一段时期内环比发展的总速度不等于各期环比发展速度之和，而是等于各期环比发展速度的连乘积，所以计算平均发展速度不能应用算术平均法，可以使用几何平均法。即

$$\bar{S}=\sqrt[N]{S_{N,0}}=\sqrt[N]{\frac{Y_N}{Y_0}} \tag{10.17}$$

水平法的思想是从最初水平 Y_0 出发，每一期都按照平均发展速度 $\overline{S}$ 匀速递增，到最末一期正好达到实际的最末水平 Y_N。因此，水平法的着眼点是最初水平 Y_0 和最末水平 Y_N，符合经济管理中许多情况下人们对平均发展速度的理解和要求。例如在研究社会生产能力和发展水平，计算一定时间内国内生产总值达到的水平时，就要使用水平法来计算这一段时间内国内生产总值的平均发展速度。但是水平法忽略了对中间水平 Y_1，Y_2，$\cdots$，Y_{N-1} 的考察，需要计算分段的平均发展速度加以补充。

2. 累积法

累积法又称为方程式法。这种方法的基本思想是从最初水平 Y_0 出发，每期按照方程式法计算出来的平均发展速度 $\overline{S}$ 固定发展，将各期推算的递增的水平加总，恰好等于各期实际水平的总和。按照累积法的这一思想，有 $Y_0\overline{S}+Y_0\overline{S}^2+\cdots+Y_0\overline{S}^N=Y_1+Y_2+\cdots+Y_N$，即 $Y_0(\overline{S}+\overline{S}^2+\cdots+\overline{S}^N)=\sum_{t=1}^{N}Y_t$，因此有

$$\overline{S}+\overline{S}^2+\cdots+\overline{S}^N-\frac{\sum Y_t}{Y_0}=0 \tag{10.18}$$

式（10.18）中高次方程的解，就是累积法的平均发展速度。

累积法不仅考虑了最初水平 Y_0 和最末水平 Y_N，而且还考虑了中间水平 Y_1，Y_2，$\cdots$，Y_{N-1} 的数值水平。累积法的着眼点是从最初水平 Y_0 出发，每期按固定的平均发展速度的各期水平累积，等于各期实际水平的总和。当分析以各期累积数值为目标的实际问题时，应采用累积法。例如：在研究一定时期内固定资产投资总额的平均发展速度时，就需要应用累积法。当然，运用累积法得到的平均发展速度，计算的最末水平 Y_N 一般不等于实际的最末水平数值。

例 10.3　某钢铁企业近五年产品产量数据如表 10.3 所示。

表 10.3　某钢铁企业近五年产品产量情况　　　　　　万吨

年份	2020	2021	2022	2023	2024
产量	2 000	2 400	3 600	5 400	7 560

要求　试计算该钢铁企业近五年产品产量的逐期增长量、累积增长量、环比发展速度、定基发展速度、环比增长速度、定基增长速度、平均增长量及运用水平法计算平均发展速度和平均增长速度。

解　根据相关公式计算得

（1）该钢铁企业近五年产品产量的增长量、发展速度、增长速度见表 10.4。

表 10.4　某钢铁企业近五年产品产量情况分析

年份		2020	2021	2022	2023	2024
产量/万吨		2 000	2 400	3 600	5 400	7 560
增长量/	逐期	—	400	1 200	1 800	2 160
万吨	累积	—	400	1 600	3 400	5 560
发展速度/	环比/	—	120	150	150	140
%	定基	—	120	180	270	378
增长速度/	环比	—	20	50	50	40
%	定基	—	20	80	170	278

（2）该钢铁企业近五年产品产量的平均增长量、平均发展速度和平均增长速度为

平均增长量

$$\Delta \overline{Y} = \frac{\Delta Y_{N,0}}{N} = \frac{5\ 560}{4} = 1\ 390(万吨)$$

平均发展速度（水平法）$\overline{S} = \sqrt[N]{S_{N,0}} = \sqrt[4]{3.78} = 139.44\%$

平均增长速度 $\quad \Delta \overline{S} = \overline{S} - 1 = 1.394\ 4 - 1 = 39.44\%$

10.2　长期趋势分析

10.2.1　长期趋势的因素分析

1. 时间序列变动的影响因素

时间序列所反映的某一数量特征的发展变化是由多种复杂因素共同作用的结果，可将时间序列中的影响因素大致归纳为四类，即长期趋势（T）、季节变动（S）、循环变动（C）和不规则变动（I）。

长期趋势（trend）是指时间序列在一个相当长时期内，持续向上或向下发展变化的趋势，反映了长期发挥作用的基本因素引起的变动。时间序列的长期趋势是在某种固定的基本因素主导作用下形成的事物及其现象发展的基本态势。长期趋势依其变动的具体形式可以概括地划分为线性趋势（linear trend）和非线性趋势（non-linear trend）两类。在经济管理中，长期趋势往往反映了经济总量或经营规模的增长过程及其基本特征，因而长期趋势模型又称为增长模型。

季节变动（seasonal fluctuation）是指时间序列以一年为周期的有规律的波动。在经济管理中，季节变动是一种常见的周期性的变动，它是受到气候变化、气象环境、节假日、风俗习惯等因素影响，在一年中出现的有规则的波动。季节变动比较显著的行业有农业、交通运输业、旅游业、商业、建筑业等。

循环变动（cyclical fluctuation）是指时间序列中围绕长期趋势的一种高低往复、周而复始的规则性变动。循环变动不以一年为周期，通常是由经济环境、经济因素的变动及其相互作用而引发的波动。

不规则变动（irregular variations）即剩余变动，是指时间序列中除长期趋势（T）、季节变动（S）和循环变动（C）之外的，受随机的、偶然的因素引起的一种非趋势性、非周期性的变动。

2. 时间序列变动因素的测定模型

将长期趋势（T）、季节变动（S）、循环变动（C）和不规则变动（I）从时间序列中分离出来，然后将这些变动因素按照一定的方式组合起来，构成反映事物及其现象某一数量特征发展变化的某种模型，就是时间序列变动因素的测定模型。

根据对时间序列中变动因素之间相互关系的不同假设，可以组成两类常用的时间序列变动因素的测定模型——加法模型和乘法模型。

当时间序列中的长期趋势（T）、季节变动（S）、循环变动（C）和不规则变动（I）这

四类变动因素按照总和的方式组合起来，即将时间序列的总变动（Y）表现为各种因素变动的总和，这时有

$$Y = T + S + C + I \qquad (10.19)$$

称之为加法模型。在加法模型中，Y，T，S，C 和 I 均为绝对数。

当时间序列中的四类变动因素按照连乘的方式组合起来，即将时间序列的总变动（Y）表现为各种因素变动的积，这时有

$$Y = T \cdot S \cdot C \cdot I \qquad (10.20)$$

称之为乘法模型。在乘法模型中，Y，T 为绝对数，S，C 和 I 为相对数，一般用百分数表示。由于相对数具有直接的可比性，因此乘法模型得到了广泛的使用。

此外，还有将加法模型和乘法模型综合运用的混合模型等用于测定时间序列变动因素的其他模型形式。

10.2.2　移动平均法

测定长期趋势的方法有很多，如移动平均法、最小平方法等，其中移动平均法是一种普遍应用的长期趋势测定方法。

移动平均法（moving average method）是指逐期移动计算时间序列的序时平均数的方法和过程，也称为移动平滑法。在趋势分析中，将移动平均数作为趋势值或预测值，移动平均数一般记为 AM_t。

1. 简单移动平均

简单移动平均（simple moving average）是指以 t 时刻之前 K 期发展水平的简单序时平均数作为第 $t+1$ 时刻发展水平的预测值的方法和过程。在移动平均中，K 称为移动间隔，移动间隔为 K 的移动平均称为 K 项移动平均。

简单序时平均数 $\overline{Y}_{t-\frac{K-1}{2}}$ 为对应于所平均的 K 项时间序列中第 $t-K+1$ 项发展水平到第 t 项发展水平的中间项 $t - \frac{K-1}{2}$ 的移动平均数。测定长期趋势的移动平均法就是以此第 $t - \frac{K-1}{2}$ 项的简单序时平均数 $\overline{Y}_{t-\frac{K-1}{2}}$ 作为第 $t+1$ 时刻的移动平均预测值，并记为 F_{t+1}。

由于事物发展运动的数量特征总是围绕着基本趋势上下波动，采用移动平均数作为预测数值，就是试图通过移动平均消除原时间序列数据中的波动干扰，将事物及其现象某一数量特征的长期趋势呈现出来。移动平均数所具有的滞后性、稳健性的平滑数值特征，恰好满足了一些时间序列长期趋势分析的要求，在针对某些波动频繁、反应敏感的时间序列分析场合，如对股票价格、汇率走势的观测和研究中，移动平均方法得到了广泛和有效的运用。

第 $t+1$ 时刻的移动平均预测值 F_{t+1} 为

$$F_{t+1} = \overline{Y}_{t-\frac{K-1}{2}} = \frac{1}{K}(Y_{t-K+1} + Y_{t-K+2} + \cdots + Y_t) = \frac{1}{K}\sum_{i=1}^{K} Y_{t-K+i} \qquad (10.21)$$

由式（10.21）可见，简单移动平均就是以逐期移动的方式，采用式（10.1）计算出各期的序时平均数作为预测值。由此，可得出简单移动平均预测值的递推公式为

$$F_{t+1} = F_t + \frac{Y_t - Y_{t-K}}{K} \tag{10.22}$$

利用式（10.22）的简单移动平均递推公式，可以更加便利地计算出第 $t+1$ 时刻的移动平均预测值 F_{t+1}。

例 10.4 某城市近 16 年以来人口自然增长率数据如表 10.5 所示。

表 10.5 某城市近 16 年人口自然增长率情况 ‰

年份序号	1	2	3	4	5	6	7	8
自然增长率	15.3	14.8	14.2	14.3	14.1	13.9	13.2	13.8
年份序号	9	10	11	12	13	14	15	16
自然增长率	13.4	13.4	13.1	12.4	12.8	12.6	12.5	12.2

要求 试在移动间隔 K 为 3，5，7 时，对该市近 16 年以来人口自然增长率进行简单移动平均分析。

解 根据式（10.21）计算，得表 10.6。

表 10.6 某城市近 16 年人口自然增长率移动平均分析 ‰

年份序号	实际数据	简单移动序时平均值			简单移动平均预测值		
		$K=3$	$K=5$	$K=7$	$K=3$	$K=5$	$K=7$
1	15.3	—	—	—	—	—	—
2	14.8	14.77	—	—	—	—	—
3	14.2	14.43	14.54	—	—	—	—
4	14.3	14.20	14.26	14.26	14.77	—	—
5	14.1	14.10	13.94	14.04	14.43	—	—
6	13.9	13.73	13.86	13.84	14.20	14.54	—
7	13.2	13.63	13.68	13.73	14.10	14.26	—
8	13.8	13.47	13.54	13.56	13.73	13.94	14.26
9	13.4	13.53	13.38	13.31	13.63	13.86	14.04
10	13.4	13.30	13.22	13.16	13.47	13.68	13.84
11	13.1	12.97	13.02	13.07	13.53	13.54	13.73
12	12.4	12.77	12.86	12.89	13.30	13.38	13.56
13	12.8	12.60	12.68	12.71	12.97	13.22	13.31
14	12.6	12.63	12.50	—	12.77	13.02	13.16
15	12.5	12.43	—	—	12.60	12.86	13.07
16	12.2	—	—	—	12.63	12.68	12.89
17	—	—	—	—	12.43	12.50	12.71

根据表 10.6 中数据，绘制折线图（见图 10.1）。

图 10.1 用 4 条折线描述了该城市近 16 年人口自然增长率的实际数据（系列 1），以及移动间隔 K 分别为 3，5，7 时的简单移动平均数值（系列 2、系列 3、系列 4），分别称为 3

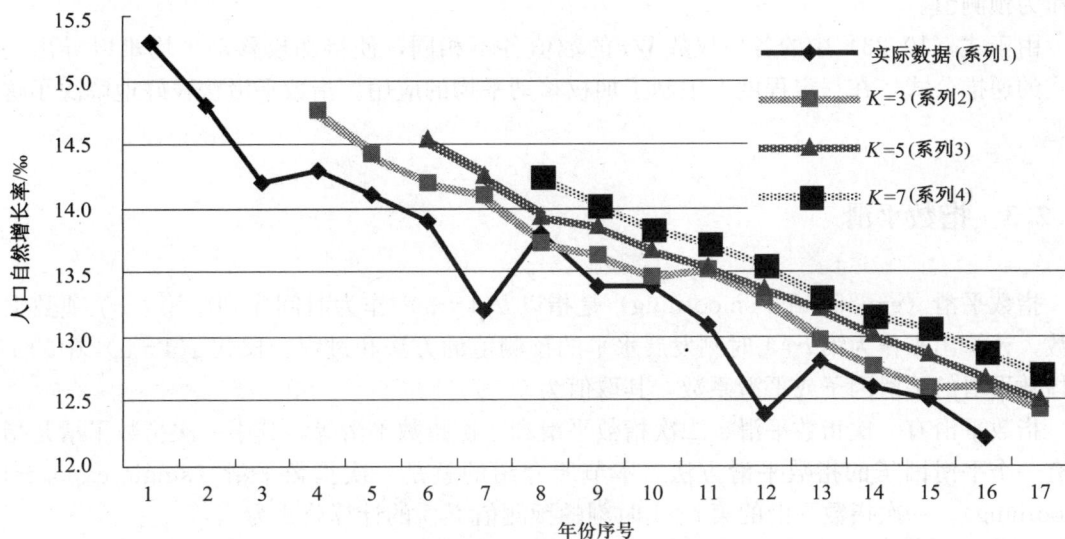

图 10.1　某城市近 16 年人口自然增长率移动平均分析图

项简单移动平均数、5 项简单移动平均数和 7 项简单移动平均数。在图 10.1 中，实际数据（系列 1）的波动幅度最大，简单移动平均数则呈现出明显的修匀态势，并且移动间隔 K 的取值越大，折线修匀的程度越显著，当移动间隔 K 为 5 和 7（系列 3 和系列 4）时，折线已经大致趋于直线了。从另一个角度来看，移动间隔 K 的取值越大，简单移动平均数的数值越稳健，越不灵敏。当时间序列呈现明显下降趋势时（如本例），移动间隔 K 的取值大的折线处在实际数据和移动间隔 K 的取值较小的折线的上方；当时间序列呈现上升趋势时，移动间隔 K 的取值大的折线则处在下方，明显地表现出相对滞后的特点。

由式（10.21）和式（10.22），简单移动平均对于每一数据赋予同样的权重，均为 $1/K$。这样就意味着，不论数据是远离所预测的时刻，还是贴近所预测的时刻，简单移动平均都是一视同仁，不加区别。事实上，贴近所预测时刻的数据对预测数值的影响应该较大一些，远离预测时刻的数据对预测数值的影响显著减弱，为此提出了加权移动平均。

2. 加权移动平均

加权移动平均（weighted moving average）是指以 t 时刻之前 K 期发展水平的加权算术平均值作为第 $t+1$ 时刻发展水平的预测值的方法和过程。若以 W_i 作为时间序列中第 i 项数据的权数，则第 $t+1$ 时刻的移动平均预测值 F_{t+1} 为

$$F_{t+1} = \frac{1}{\sum\limits_{i=1}^{K} W_{t-K+i}} (Y_{t-K+1} W_{t-K+1} + Y_{t-K+2} W_{t-K+2} + \cdots + Y_t W_t)$$

$$= \frac{1}{\sum\limits_{i=1}^{K} W_{t-K+i}} \sum_{i=1}^{K} Y_{t-K+i} W_{t-K+i} \tag{10.23}$$

在式（10.23）中的权数 W_i 可以采用多种方式给予确定，一般来说 t 时刻的权数数值最大，然后逐项减小，以反映离预测时刻越近的数值对预测值影响力越大的客观要求。所以，

加权移动平均是以逐期移动的方式，采用类似式（10.2）的加权方式计算出各期的序时平均数作为预测值。

由于式（10.23）中的各项权数 W_i 的数值各不相同，使得加权移动平均难以导出一般形式的递推公式，在一定程度上限制了加权移动平均的应用。指数平滑法较好地解决了这一问题。

10.2.3 指数平滑

指数平滑（exponential smoothing）是指以 $\alpha(1-\alpha)^j$ 作为时间序列中第 $t-j$ 项数据的权数，计算出来作为第 $t+1$ 时刻发展水平的预测值的方法和过程。权数 $\alpha(1-\alpha)^j$ 中的 α 称为指数平滑的平滑因子或平滑系数，其取值为 $0<\alpha<1$。

指数平滑有一次指数平滑、二次指数平滑和三次指数平滑等，其中一次指数平滑是指仅具有一个平滑因子的指数平滑方法。本节所介绍的就是一次指数平滑（single exponential smoothing）。一次指数平滑的第 $t+1$ 时刻的预测值 F_{t+1} 的计算公式为

$$F_{t+1} = \alpha Y_t + \alpha(1-\alpha)Y_{t-1} + \alpha(1-\alpha)^2 Y_{t-2} + \cdots + \alpha(1-\alpha)^{t-1}Y_1$$
$$= \sum_{j=0}^{t-1} \alpha(1-\alpha)^j Y_{t-j} \tag{10.24}$$

由式（10.24）可以看出一次指数平滑的预测值 F_{t+1} 为 $t+1$ 时刻之前所有发展水平的加权算术平均值。权数 $\alpha(1-\alpha)^j$ 的数值依其平滑因子 α 的取值呈指数衰减，靠近 $t+1$ 时刻的权数数值最大，其他则逐项减小。并且权数 $\alpha(1-\alpha)^j$ 的数值呈指数衰减的速度取决于平滑因子 α 的取值。平滑因子 α 的取值越大，越趋于 1，$(1-\alpha)$ 越小，权数 $\alpha(1-\alpha)^j$ 的数值呈指数衰减的速度越快，靠近 $t+1$ 时刻的数据对一次指数平滑的预测值 F_{t+1} 的影响越大，预测值 F_{t+1} 表现得越为敏感；反之，平滑因子 α 的取值越小，权数 $\alpha(1-\alpha)^j$ 的数值呈指数衰减的速度越慢，远离 $t+1$ 时刻的数据对一次指数平滑的预测值 F_{t+1} 的影响越大，这时预测值 F_{t+1} 平滑的程度越大。

由式（10.24）可导出一次指数平滑的递推公式，由

$$F_{t+1} = \alpha Y_t + \alpha(1-\alpha)Y_{t-1} + \alpha(1-\alpha)^2 Y_{t-2} + \cdots + \alpha(1-\alpha)^{t-1}Y_1$$
$$= \alpha Y_t + (1-\alpha)[\alpha Y_{t-1} + \alpha(1-\alpha)Y_{t-2} + \alpha(1-\alpha)^2 Y_{t-3} + \cdots + \alpha(1-\alpha)^{t-2}Y_1]$$

一次指数平滑的递推公式为

$$F_{t+1} = \alpha Y_t + (1-\alpha)F_t \tag{10.25}$$

利用递推公式，只要根据 t 时刻的预测值 F_t 和 t 时刻的实际发展水平数据 Y_t，以及平滑因子 α 就可以简单而快捷地计算出 $t+1$ 时刻的一次指数平滑预测值 F_{t+1}。

例 10.5 沿用例 10.4 的某城市近 16 年以来人口自然增长率事例，有关数据如表 10.5 所示。

要求 试在平滑因子 α 分别为 0.5,0.25,0.1 时，对该市近 16 年以来人口自然增长率进行一次指数平滑分析。

解 根据式（10.25）计算各年的人口自然增长率的指数平滑数值，得表 10.7。

表 10.7　某城市近 16 年人口自然增长率的指数平滑分析　　　　　　‰

年份序号	实际数据	一次指数平滑		
		$\alpha=0.5$	$\alpha=0.25$	$\alpha=0.1$
1	15.3	15.05	15.05	15.05
2	14.8	15.18	15.11	15.08
3	14.2	14.99	15.03	15.05
4	14.3	14.59	14.83	14.96
5	14.1	14.45	14.69	14.90
6	13.9	14.27	14.55	14.82
7	13.2	14.09	14.38	14.73
8	13.8	13.64	14.09	14.57
9	13.4	13.72	14.02	14.50
10	13.4	13.56	13.86	14.39
11	13.1	13.48	13.75	14.29
12	12.4	13.29	13.58	14.17
13	12.8	12.85	13.29	13.99
14	12.6	12.82	13.17	13.87
15	12.5	12.71	13.02	13.75
16	12.2	12.61	12.89	13.62
17	—	12.40	12.73	13.48

表 10.7 中第一年的一次指数平滑值 F_1 不存在，一般以第一年和第二年发展水平 Y_1 和 Y_2 的简单算术平均数 $(Y_1+Y_2)/2$ 作为指数平滑的起始值 $\bar{Y}_1$，这是确定指数平滑起始值的一种通用的经验方法。

根据表 10.7 中数据，绘制折线图（见图 10.2）。

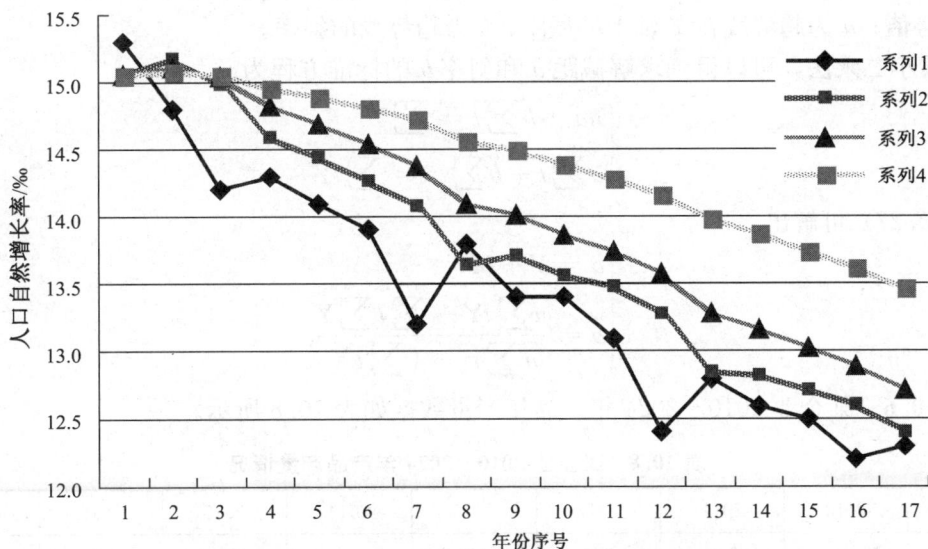

图 10.2　某城市近 16 年人口自然增长率指数平滑分析图

图 10.2 中的 4 条折线分别为该城市近 16 年人口自然增长率的实际数据（系列 1），以及在平滑因子 α 为 0.5,0.25,0.1 时，该市人口自然增长率的一次指数平滑数值（系列 2、

系列 3、系列 4）。其中，实际数据（系列 1）的波动幅度最大，平滑因子 α 为 0.1 的指数平滑数值（系列 4）最小，折线修匀的程度最显著。同时，在时间序列呈现明显下降趋势时（如本例），平滑因子 α 取值小的折线处在折线的最上方；当时间序列呈现上升趋势时，平滑因子 α 取值小的折线则处在下方，表现出平滑因子 α 取值小的指数平滑数值中包含了更多的远离 t 时刻的信息，以及其相对稳健和相对滞后的特点。

10.2.4　模型拟合法

使用移动平均数值作为预测值是将一个平均数值，人为地前移之后，作为 $t+1$ 时刻的预测数值，存在一个固有的、不可克服的滞后问题。所以，在许多场合需要采用模型拟合法对长期趋势进行预测和分析。对于长期趋势的模型拟合是采用数学方程的形式，来模拟客观存在的事物及其现象的某一数量特征的基本的、稳定的、长期的增长规律性，因此又称为趋势模型或增长模型。

趋势模型与在第 9 章中介绍的回归模型的共同特点是均可采用回归的方法来估计模型的参数，但是趋势模型并不揭示事物及其现象之间的因果联系，只是反映事物及其现象的某一数量特征依时间推移所呈现出来的某种变动的规律性，因而趋势模型也被称为非因果关系的定量模型。

1. 线性模型拟合

当事物及其现象的某一数量特征依时间推移呈现出稳定的增长或上升的直线变动趋势时，可以采用线性模型来描述其变动规律性，进行相关的预测和分析。线性方程为

$$\hat{Y}_t = a + bt \tag{10.26}$$

式（10.26）就是线性趋势方程，或称直线趋势方程。式中，$\hat{Y}$ 为时间序列第 t 项发展水平 Y_t 的趋势值；a 为趋势线在 Y 轴上的截距；b 为趋势线的斜率。

由最小二乘法，可以得到求解截距 a 和斜率 b 的标准方程为

$$\begin{cases} na + b\sum t = \sum Y \\ a\sum t + b\sum t^2 = \sum tY \end{cases} \tag{10.27}$$

由式（10.27）可解出

$$\begin{cases} a = \bar{Y} - b\bar{t} \\ b = \dfrac{n\sum tY - \sum t\sum Y}{n\sum t^2 - (\sum t)^2} \end{cases} \tag{10.28}$$

例 10.6　某企业 2010—2024 年产品年产量数据如表 10.8 所示。

表 10.8　某企业 2010—2024 年产品产量情况　　　　万吨

年份	2010	2011	2012	2013	2014	2015	2016	2017
产量	540	580	620	660	705	780	840	880

年份	2018	2019	2020	2021	2022	2023	2024	—
产量	920	950	985	1 025	1 040	1 060	1 095	—

要求　试采用线性模型拟合方法，估计该企业 2010—2024 年年产量的线性趋势方程，并预计该企业 2025 年的产量。

解　首先分析该企业 2010—2024 年以来年产量的发展水平是否存在显著的线性趋势，然后采用式（10.28）来估计该企业 2010—2024 年以来年产量的线性趋势方程，并对该企业 2025 年的产量进行预测。

（1）绘制散点图或折线图，对该企业 2010—2024 年以来年产量的发展水平是否存在显著的线性趋势进行初步判断。

根据表 10.8 绘制的折线图如图 10.3 所示，该折线图概略地描绘出该企业 2010—2024 年以来年产量的发展水平存在线性趋势。

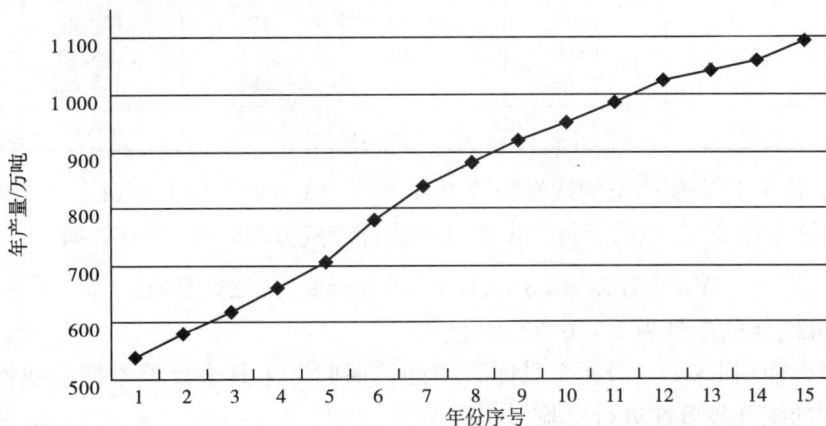

图 10.3　某企业 2010—2024 年以来年产量折线图

（2）计算该企业 2010—2024 年以来年产量的发展水平与时间 t 的相关系数，对两者之间的线性相关关系进行定量分析。

计算出年产量与时间 t 的相关系数 $r=0.990\,5$，并对其进行显著性检验，有 T 检验统计值为

$$T=0.990\,5\times\sqrt{\frac{13}{1-0.990\,5^2}}=25.963\,3$$

该 T 检验统计量的自由度为 $n-2=13$，在 $\alpha/2=0.025$ 下，有 $t_{0.025}(13)=2.160\,4$，由于 T 检验统计值大于 $t_{0.025}(13)$，拒绝 $H_0:\rho=0$ 的原假设，认为该企业 2010—2024 年以来年产量的发展水平与时间 t 之间存在显著的线性相关关系。

（3）运用式（10.28）估计出该企业 2010—2024 年以来年产量的线性趋势方程，如表 10.9 所示。

表 10.9　某企业 2010—2024 年年产量线性趋势方程计算表　　　　　　　万吨

年份	t	Y_t	tY_t	t^2	$\hat{Y}_t$	$(Y_t-\hat{Y}_t)^2$
2010	1	540	540	1	555.71	246.75
2011	2	580	1 160	4	597.08	291.84
2012	3	620	1 860	9	638.46	340.71

年份	t	Y_t	tY_t	t^2	$\hat{Y}_t$	$(Y_t-\hat{Y}_t)^2$
2013	4	660	2 640	16	679.83	393.36
2014	5	705	3 525	25	721.21	262.71
2015	6	780	4 680	36	762.58	303.34
2016	7	840	5 880	49	803.96	1 299.00
2017	8	880	7 040	64	845.33	1 201.78
2018	9	920	8 280	81	886.71	1 108.34
2019	10	950	9 500	100	928.08	480.34
2020	11	985	10 835	121	969.46	241.54
2021	12	1 025	12 300	144	1 010.83	200.69
2022	13	1 040	13 520	169	1 052.21	149.04
2023	14	1 060	14 840	196	1 093.58	1 127.84
2024	15	1 095	16 425	225	1 134.96	1 596.67
合计	120	12 680	113 025	1 240	12 680.00	9 243.96

得到该企业近 15 年以来年产量的线性趋势方程 $\hat{Y}_t=514.333\ 3+41.375t$。

（4）预测该企业 2025 年的产量。由拟合的线性趋势方程，令 $t=16$，有

$$\hat{Y}_{16}=514.333\ 3+41.375\times16=1\ 176.33\text{（万吨）}$$

预计该企业 2025 年的产量为 1 176.33 万吨。

当然，可以使用 Excel"分析工具库"中的"回归"工具来计算本例的线性趋势方程，并对拟合方程的统计显著性进行检验。

（5）统计显著性检验。

由 Excel"回归"工具给出的表 10.10"方差分析表"和表 10.11"参数估计表"有关数据，知方程的 F 检验统计值为 674.092 4，"Significance F"值为 0，斜率 b 的 T 检验统计值为 25.963 8，其 p 值为 0，均可以作出判断，所拟合的线性趋势方程 $\hat{Y}_t=514.333\ 3+41.375t$ 是显著的。

表 10.10　方差分析表

差异来源	df	SS	MS	F	Significance F
回归分析	1	479 329.38	479 329.38	674.092 4	0
残差	13	9 243.96	711.07	—	—
总计	14	488 573.34	—	—	—

表 10.11　参数估计表

待估参数	Coefficients	标准误差	t Stat	P - value
a	514.333 3	14.489 2	35.497 8	0
b	41.375	1.593 6	25.963 8	0

2. 二次曲线模型拟合

当事物及其现象的某一数量特征依时间推移呈现出抛物线的形态时，可以考虑拟合二次曲线方程来描述其变动规律性，进行相关的预测和分析。二次曲线方程为

$$\hat{Y}_t = a + bt + ct^2 \tag{10.29}$$

由最小二乘法，可以得到求解待估参数 a，b 和 c 的标准方程为

$$\begin{cases} na + b\sum t + c\sum t^2 = \sum Y \\ a\sum t + b\sum t^2 + c\sum t^3 = \sum tY \\ a\sum t^2 + b\sum t^3 + c\sum t^4 = \sum t^2 Y \end{cases} \tag{10.30}$$

例 10.7　假定例 10.6 中某企业 2010—2024 年产品产量的数据，依时间推移呈现出二次曲线的特征。

要求　试采用二次曲线模型拟合方法，估计该企业 2010—2024 年年产量的二次曲线趋势方程，并预计该企业 2025 年的产品产量。

解　对该企业近 15 年以来年产量的发展水平是否存在显著的二次曲线趋势进行检验，当确认存在二次曲线趋势后，再采用式（10.30）估计出该企业近 15 年以来年产量的二次曲线趋势方程，并对该企业 2025 年的产品产量进行预测。

（1）绘制散点图或折线图，对是否存在二次曲线趋势进行初步判断。由图 10.3 可知，该企业近 15 年以来年产品产量的折线图粗略地呈现出向上凸起的二次曲线特征，从而认为该企业产品产量发展的长期趋势可能具有抛物线的性质。

（2）计算该企业年产量的发展水平 Y 与时间 t 的平方 t^2 的相关系数，对两者之间的线性相关关系进行定量分析（见表 10.12）。

表 10.12　相关关系表

相关关系	t	t^2	Y
t	1	0.972 4	0.990 5
t^2	0.972 4	1	0.936 2
Y	0.990 5	0.936 2	1

表 10.12 中 Y 与 t^2 的相关系数为 0.936 2，对其进行显著性检验，可计算 T 检验统计值

$$T = 0.936\ 2 \times \sqrt{\frac{13}{1 - 0.936\ 2^2}} = 9.604\ 6$$

在显著性水平 $\alpha/2 = 0.025$ 下，有 $t_{0.025}(13) = 2.160\ 4$，由于 T 检验统计值大于 $t_{0.025}(13)$，拒绝 H_0：$\rho = 0$ 的原假设，认为 Y 与 t^2 之间存在显著的线性相关关系，即该企业近 15 年以来年产量的发展水平 Y 与时间 t 之间存在显著的二次曲线关系。

（3）运用式（10.30）估计出该企业近 15 年以来年产量的二次曲线趋势方程。

可以使用 Excel "分析工具库" 中的 "回归" 工具来计算本例的二次曲线趋势方程，并且对拟合方程的统计显著性进行检验。二次曲线趋势方程为

$$\hat{Y}_t = 457.318\ 7 + 61.497\ 8t - 1.257\ 7t^2$$

（4）预测该企业 2025 年的产量。由拟合的二次曲线趋势方程，令 $t = 16$，有

$$\hat{Y}_{16} = 457.318\ 7 + 61.497\ 8 \times 16 - 1.257\ 7 \times 16^2 = 1\ 119.32（万吨）$$

该企业 2025 年的产量预计为 1 119.32 万吨。

（5）统计显著性检验。

由 Excel"回归"工具给出的表 10.13"方差分析表"和表 10.14"参数估计表"，提供了对拟合的二次曲线趋势方程进行统计显著性检验的有关数据。

对方程进行统计显著性检验的 F 检验统计值为 1 072.244 6，大于线性趋势方程的 F 检验统计值 674.092 4，F 检验统计值的 Significance F 为 0，小于线性趋势方程的 0，均表明二次曲线趋势方程的解释能力优于线性趋势方程；系数 c 的 T 检验统计值为 -5.366 7，其 P-value 为 0.000 168 96，说明该企业近 15 年以来年产量的发展水平 Y 与时间 t 之间存在显著的二次曲线关系；二次曲线趋势方程的残差平方和为 2 718.72 和均方残差为 226.56，均明显小于原线性趋势方程的残差平方和 9 243.96 和均方残差 711.07，反映二次曲线趋势方程的估计误差显著小于线性趋势方程。由于在拟合趋势方程中增加了一个显著相关的 t^2 因素，有效地提高了估计精度。

表 10.13　方差分析表

差异来源	df	SS	MS	F	Significance F
回归分析	2	485 854.62	242 927.31	1 072.244 6	0
残差	12	2 718.72	226.56	—	—
总计	14	488 573.33	—	—	—

表 10.14　参数估计表

待估参数	Coefficients	标准误差	t Stat	P-value
a	457.318 7	13.407 2	34.109 8	0
b	61.497 8	3.856 0	15.948 8	0
c	-1.257 7	0.234 3	-5.366 7	0.000 168 96

3. 指数曲线模型拟合

指数曲线模型（exponential curve model）是指呈几何级数变动特征的数学模型。

当事物及其现象的某一数量特征依时间推移呈现出几何级数增长或下降的变动趋势时，可以采用指数曲线模型来描述其变动规律性，进行相关的预测和分析。在经济管理中，指数曲线模型也是应用比较普遍的一类长期趋势模型。当某一数量特征表现为按照相对固定的增长速度递增时，就表明其具有指数曲线趋势，应采用指数曲线模型拟合。

指数曲线方程为

$$\hat{Y}_t = ab^t \tag{10.31}$$

式（10.31）中的 a 和 b 为未知的待估参数。与式（10.17）对照分析，并将式（10.17）变形为式（10.31）的形式，有 $Y_N = Y_0 \bar{S}^N$，可以看出在指数曲线模型里，待估参数 a 的经济意义类似于最初水平 Y_0；而待估参数 b 相当于平均发展速度 $\bar{S}$，表示某一数量特征依时间推移按照 b 的数值水平呈几何级数变动。若 $a>0$，$b>1$，则按照 $b-1$ 的速度增长；若 $a>0$，$b<1$，则按照 $b-1$ 的速度递减。

对式（10.31）等号的左右端同时取自然对数，即将指数曲线方程"线性化"，得到对数线性方程

$$\ln \hat{Y}_t = \ln a + t \cdot \ln b \tag{10.32}$$

由最小二乘法，可以得到求解 $\ln a$ 和 $\ln b$ 的标准方程为

$$\begin{cases} n\ln a + \ln b \sum t = \sum \ln Y \\ \ln a \sum t + \ln b \sum t^2 = \sum t\ln Y \end{cases} \tag{10.33}$$

解得 $\ln a$ 和 $\ln b$ 之后，再通过反对数运算，即可得到指数曲线方程待估参数 a 和 b 的数值。

例 10.8　某企业 2009—2024 年产品年销售总额数据如表 10.15 所示。

表 10.15　某企业 2009—2024 年销售总额情况　　　　万元

年份	2009	2010	2011	2012	2013	2014	2015	2016
销售总额	200	240	250	260	280	260	360	390
年份	2017	2018	2019	2020	2021	2022	2023	2024
销售总额	410	480	490	580	650	780	760	850

要求　试采用指数曲线模型拟合方法，估计该企业在 2009—2024 年销售总额的指数曲线趋势方程，并预计该企业 2025 年的销售总额。

解　首先对表 10.15 中的销售总额数据取自然对数，接着对"线性化"处理之后的销售总额数据与时间 t 是否存在显著的线性趋势进行分析和检验，然后采用式（10.33）来估计该企业 2009—2024 年销售总额的指数曲线趋势方程，最后利用估计的指数曲线趋势方程对企业 2025 年的销售总额进行预测。

（1）"线性化"处理。对各年的销售总额数据取自然对数。在 Excel 中采用自然对数函数，即可获得相应的自然对数数值，如表 10.16 中 $\ln Y_t$ 一栏所示。

（2）计算 $\ln Y_t$ 与时间 t 的相关系数及其显著性检验。由 $\ln Y_t$ 和 t 的数据可以计算其相关系数 $r=0.988\,4$。对其进行显著性检验，有 T 检验统计值

$$T = 0.988\,4 \times \sqrt{\frac{14}{1 - 0.988\,4^2}} = 24.363$$

在显著性水平 $\alpha/2=0.025$ 下，自由度为 $n-2=14$ 时，有 $t_{0.025}(14)=2.144\,8$。由于 T 检验统计值大于 $t_{0.025}(14)$，因此认为该企业"线性化"处理之后的各年度销售总额 $\ln Y_t$ 与时间 t 存在显著的线性相关关系。

（3）运用式（10.33）估计出该企业 2009—2024 年销售总额的指数曲线趋势方程。

可以使用 Excel "分析工具库"中的"回归"工具，根据表 10.16 中"线性化"处理之后的数据，计算出本例的指数曲线趋势方程。首先直接得出式（10.32）形式的对数线性方程，有 $\hat{Y}_t = 5.177\,8 + 0.097\,798\,64t$。将 $\ln a$ 和 $\ln b$ 进行反对数运算，即可得到指数曲线趋势方程 $\hat{Y}_t = 177.293\,1 \times 1.102\,948^t$。计算过程见表 10.16。

表 10.16　某企业 2009—2024 年销售总额指数曲线趋势方程计算表

年　　份	t	Y_t	$\ln Y_t$	$(Y_t - \hat{Y}_t)^2$
2009	1	200	5.298 3	195.55
2010	2	240	5.480 6	215.68
2011	3	250	5.521 5	237.88
2012	4	260	5.560 7	262.37
2013	5	280	5.634 8	289.38
2014	6	260	5.560 7	319.17
2015	7	360	5.886 1	352.03
2016	8	390	5.966 1	388.27
2017	9	410	6.016 2	428.24
2018	10	480	6.173 8	472.33
2019	11	490	6.194 4	520.95
2020	12	580	6.363 0	574.58
2021	13	650	6.477 0	633.73
2022	14	780	6.659 3	698.97
2023	15	760	6.633 3	770.93
2024	16	850	6.745 2	850.30
合　　计	136	7 240	96.171 0	7 210.35

（4）预测该企业 2025 年的销售总额。由拟合的指数曲线趋势方程，令 $t=17$，有

$$\hat{Y}_{17} = 177.293\ 1 \times 1.102\ 948^{17} = 937.83（万元）$$

该企业 2025 年的销售总额预计为 937.83 万元。

（5）统计显著性检验。

由 Excel "回归" 工具给出的有关数据可以便捷地完成有关的显著性检验。所给出的数据都是建立在 "线性化" 处理之后的数据基础上的线性方程的相关数值，所反映的是式（10.32）形式的对数线性方程的方差分析和参数估计情况。表 10.17 给出了方程的 F 检验统计值为 593.555 5，"Significance F" 值为 0；表 10.18 给出了斜率 b 的 T 检验统计值为 24.363 0，其 p 值为 0，在此基础上，可以作出拟合的对数线性方程 $\hat{Y}_t = 5.177\ 8 + 0.097\ 986\ 4t$ 是显著的判断。

表 10.17　方差分析表

差异来源	df	SS	MS	F	Significance F
回归分析	1	3.264 453	3.264 452 9	593.555 5	0
残差	14	0.076 998	0.005 499 8	—	—
总计	15	3.341 450	—	—	—

表 10.18　参数估计表

待估参数	Coefficients	标准误差	t Stat	P - value
a	5.177 804 4	0.038 89	133.138 8	0
b	0.097 986 4	0.004 02	24.363 0	0

4. 修正指数曲线模型拟合

修正指数曲线模型（modified exponential curve model）是在指数曲线模型基础上增加了一个常数项 K，将指数曲线沿 y 轴平移了 K 个单位的趋势模型。当事物及其现象的某一数量特征在初期快速增长，随后增长逐渐减缓，增长速度依时间推移呈现出几何级数下降的变动趋势时，可以采用修正指数曲线模型来描述其变动规律性，进行相关的预测和分析。

修正指数曲线方程为

$$\hat{Y}_t = K + ab^t \tag{10.34}$$

式（10.34）中的 K，a 和 b 为未知的待估参数。显然，当 $a>0$，$b>1$ 时，$t \to -\infty$，则 $\hat{Y}_t \to K$；若 $a>0$ 和 $0<b<1$ 时，$t \to \infty$，有 $\hat{Y}_t \to K$；若 $a>0$，$b>1$ 时，$t \to \infty$，则有 $\hat{Y}_t \to \infty$。一般来说，在经济管理研究中，修正指数曲线模型适宜在 $a>0$ 和 $0<b<1$ 的条件下使用。

由于修正指数曲线模型中增加了一个常数项的待估参数，不能够通过简单的变化来实现对模型的线性化处理，使得采用线性模型的参数估计方法相当困难。除了可以利用拥有非线性最小二乘法或非线性极大似然法的统计软件直接计算，一般可以采用三和法求解修正指数曲线方程中的待估参数 K，a 和 b。

三和法主要用于时间序列中待估参数为三项的趋势方程的求解。三和法将时间序列中的发展水平等分为三个部分，每个部分的项数为 m 项，构成了三项等式，在此基础上解出三个待估参数。

设时间序列三个部分的发展水平之和分别为 $S_1 = \sum_{t=1}^{m} Y_t$，$S_2 = \sum_{t=m+1}^{2m} Y_t$ 和 $S_3 = \sum_{t=2m+1}^{3m} Y_t$，令

$$\left. \begin{aligned} S_1 &= mK + ab + ab^2 + \cdots + ab^m \\ S_2 &= mK + ab^{m+1} + ab^{m+2} + \cdots + ab^{2m} \\ S_3 &= mK + ab^{2m+1} + ab^{2m+2} + \cdots + ab^{3m} \end{aligned} \right\} \tag{10.35}$$

由几何级数的前 n 项和公式，有

$$S_1 = mK + ab + ab^2 + \cdots + ab^m$$

$$= mK + ab(1 + b + b^2 + \cdots + b^{m-1}) = mK + ab\left(\frac{b^m - 1}{b - 1}\right) \tag{10.36}$$

则

$$\left. \begin{aligned} S_1 &= mK + ab(b^m - 1)/(b-1) \\ S_2 &= mK + ab^{m+1}(b^m - 1)/(b-1) \\ S_3 &= mK + ab^{2m+1}(b^m - 1)/(b-1) \end{aligned} \right\} \tag{10.37}$$

由式（10.37）可以解得修正指数曲线方程中 3 个待估参数 K，a 和 b 的公式为

$$\left. \begin{aligned} b &= \left(\frac{S_3 - S_2}{S_2 - S_1}\right)^{\frac{1}{m}} \\ a &= (S_2 - S_1)\frac{b-1}{b(b^m - 1)^2} \\ K &= \frac{1}{m}\left(S_1 - \frac{ab(b^m - 1)}{b-1}\right) \end{aligned} \right\} \tag{10.38}$$

例 10.9　某公司 2007—2024 年 A 产品销售总额数据如表 10.19 所示。

表 10.19　某公司 2007—2024 年 A 产品年销售总额数据　　　　　　　　万元

年份	2007	2008	2009	2010	2011	2012	2013	2014	2015
销售总额	1 050	1 280	1 890	3 010	2 890	4 100	4 020	4 190	4 670
年份	2016	2017	2018	2019	2020	2021	2022	2023	2024
销售总额	5 520	5 420	6 520	6 400	6 210	6 810	7 310	7 350	7 410

要求　试采用修正指数曲线模型拟合方法，估计该公司 2007—2024 年 A 产品年销售总额的修正指数曲线趋势方程，并预计该企业 2025 年的销售总额。

解　首先计算出该公司 2007—2024 年 A 产品年销售总额的 $S_1 = \sum_{t=1}^{m} Y_t$，$S_2 = \sum_{t=m+1}^{2m} Y_t$ 和 $S_3 = \sum_{t=2m+1}^{3m} Y_t$。然后，再根据式（10.38）估计修正指数曲线趋势方程。

（1）分别计算 S_1，S_2 和 S_3。该时间序列数据共 18 项，有 $m=6$，计算过程和结果见表 10.20。

表 10.20　某公司 A 产品年销售总额修正指数曲线计算表　　　　　　　　万元

年份	t	销售总额	年份	t	销售总额	年份	t	销售总额
2007	1	1 050	2013	7	4 020	2019	13	6 400
2008	2	1 280	2014	8	4 190	2020	14	6 210
2009	3	1 890	2015	9	4 670	2021	15	6 810
2010	4	3 010	2016	10	5 520	2022	16	7 310
2011	5	2 890	2017	11	5 420	2023	17	7 350
2012	6	4 100	2018	12	6 520	2024	18	7 410
合计（S_1）		14 220	合计（S_2）		30 340	合计（S_3）		41 490

（2）计算三个待估参数 K，a 和 b。根据式（10.38）计算，有

$$b = \left(\frac{41\,490 - 30\,340}{30\,340 - 14\,220} \right)^{\frac{1}{6}} = 0.940\,4$$

$$a = (30\,340 - 14\,220) \times \frac{0.940\,4 - 1}{0.940\,4 \times (0.940\,4^6 - 1)^2} = -10\,745.35$$

$$K = \frac{1}{6} \times \left(14\,220 - \frac{-10\,745.35 \times 0.940\,4 \times (0.940\,4^6 - 1)}{0.940\,4 - 1} \right) = 11\,084.097\,9$$

得到该公司 2007—2024 年 A 产品年销售总额的修正指数曲线趋势方程为

$$\hat{Y}_t = 11\,084.097\,9 - 10\,745.35 \times 0.940\,4^t$$

该修正指数曲线趋势方程与原时间序列数据拟合情况见图 10.4，系列 1 表示实际情况，系列 2 表示拟合趋势曲线。

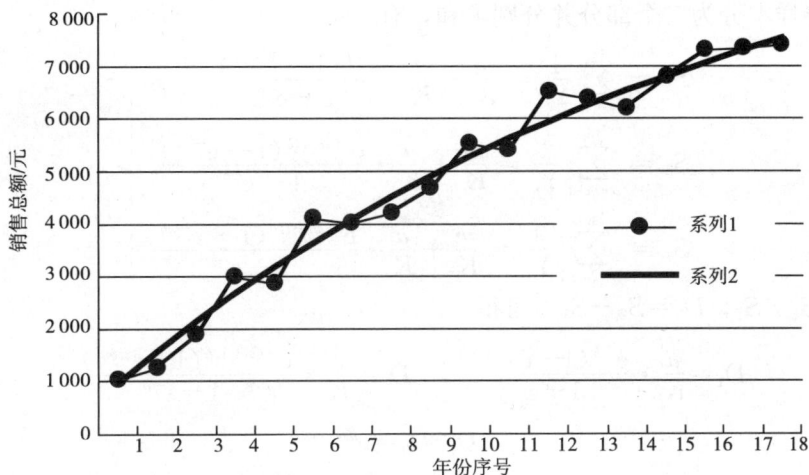

图 10.4　某公司近 18 年来 A 产品销售总额折线图

（3）预计该企业 2025 年的销售总额。令 $t=19$，由估计的 A 产品年销售总额的修正指数曲线趋势方程，有

$$\hat{Y}_{19}=11\,084.097\,9-10\,745.35\times0.940\,4^{19}=7\,740.08（万元）$$

该企业 2025 年的销售总额预计为 7 740.08 万元。

5. 逻辑曲线模型拟合

逻辑曲线模型（logistic curve model）是由比利时数学家 Verhulst 提出的一类趋势模型，最初主要用于模拟人口数量的增长，通常根据其图形的基本特征称之为"S"曲线。逻辑曲线方程的一般形式为

$$\hat{Y}_t=\frac{K}{1+e^{\varphi(t)}} \tag{10.39}$$

式（10.39）中的 $\varphi(t)=\alpha_0+\alpha_1t+\alpha_2t^2+\cdots+\alpha_Kt^K$。一般情况下，经常采用的是逻辑曲线方程的简化形式，即

$$\hat{Y}_t=\frac{K}{1+\alpha e^{-bt}} \tag{10.40}$$

式（10.40）也称为狭义的逻辑曲线方程。

由式（10.40）可知，$\hat{Y}_t$ 随着 t 的增大逐渐趋于 K，当 $t\to\infty$，有 $\hat{Y}_t\to K$，K 是 $\hat{Y}_t$ 的极限值；而当 $t\to-\infty$ 时，则有 $\hat{Y}_t\to0$。这表示逻辑曲线具有两条渐近线，一条是 K，另一条为 0。此外，逻辑曲线还具有一个拐点，在拐点之前 $\hat{Y}_t$ 的增长速度逐步加快，经过拐点之后，$\hat{Y}_t$ 的增长速度逐步减慢，并渐次趋于 0。

式（10.40）中的 K，a 和 b 为未知的待估参数，也可以采用三和法求解。

首先将式（10.40）写为

$$\frac{1}{\hat{Y}_t}=\frac{1}{K}+\frac{\alpha}{K}e^{-bt} \tag{10.41}$$

然后，将样本分为三个部分并分别求和，有

$$\left.\begin{aligned}
S_1 &= \sum_{t=1}^{m}\frac{1}{Y_t}=\frac{m}{K}+\frac{a}{K}\cdot\frac{e^{-b}(1-e^{-bm})}{1-e^{-b}} \\
S_2 &= \sum_{t=m+1}^{2m}\frac{1}{Y_t}=\frac{m}{K}+\frac{a}{K}\cdot\frac{e^{-(m+1)b}(1-e^{-bm})}{1-e^{-b}} \\
S_3 &= \sum_{t=2m+1}^{3m}\frac{1}{Y_t}=\frac{m}{K}+\frac{a}{K}\cdot\frac{e^{-(2m+1)b}(1-e^{-bm})}{1-e^{-b}}
\end{aligned}\right\} \tag{10.42}$$

令 $D_1=S_1-S_2$，$D_2=S_2-S_3$，可得

$$D_1=\frac{a}{K}\cdot\frac{e^{-b}(1-e^{-bm})^2}{1-e^{-b}}, \quad D_2=\frac{a}{K}\cdot\frac{e^{-(m+1)b}(1-e^{-bm})^2}{1-e^{-b}}$$

则

$$D_1/D_2=e^{mb}$$

$$D_1-D_2=\frac{a}{K}\cdot\frac{e^{-b}(1-e^{-bm})^3}{1-e^{-b}}$$

$$D_1^2=\frac{a^2}{K^2}\cdot\frac{e^{-2b}(1-e^{-bm})^4}{(1-e^{-b})^2}$$

$$\frac{D_1^2}{D_1-D_2}=\frac{a}{K}\cdot\frac{e^{-b}(1-e^{-bm})}{1-e^{-b}}=S_1-\frac{m}{K}$$

所以有

$$\left.\begin{aligned}
b &= \frac{\ln D_1-\ln D_2}{m} \\
K &= \frac{m}{S_1-D_1^2/(D_1-D_2)} \\
a &= K\cdot\frac{D_1^2}{D_1-D_2}\cdot\frac{e^b-1}{1-e^{-bm}}
\end{aligned}\right\} \tag{10.43}$$

例 10.10　某医药企业 2007 年试制生产的 B 药品，2007—2024 年的年销售总量数据如表 10.21 所示。

表 10.21　某医药企业 B 药品年销售总量情况　　　　　　　　　　　　　　　kg

年份	2007	2008	2009	2010	2011	2012	2013	2014	2015
销售总额	78	81	95	120	250	650	1 790	5 120	10 260

年份	2016	2017	2018	2019	2020	2021	2022	2023	2024
销售总额	19 500	32 890	52 410	78 500	89 400	102 100	109 000	116 200	120 520

该医药企业 B 药品年销售总量修正指数曲线见图 10.5。

由图 10.5 可知，该某医药企业 B 药品年销售总量的时间序列数据呈现出明显的"S"状图形，若采用修正指数曲线方程来进行拟合，可得 $\hat{Y}_t=-6\,295.89+2\,643.82\times1.264\,646^t$，其拟合的趋势曲线为图 10.5 中的系列 2，显然，与系列 1 所描述的实际情况差

异过大。应考虑运用逻辑曲线趋势方程进行拟合。

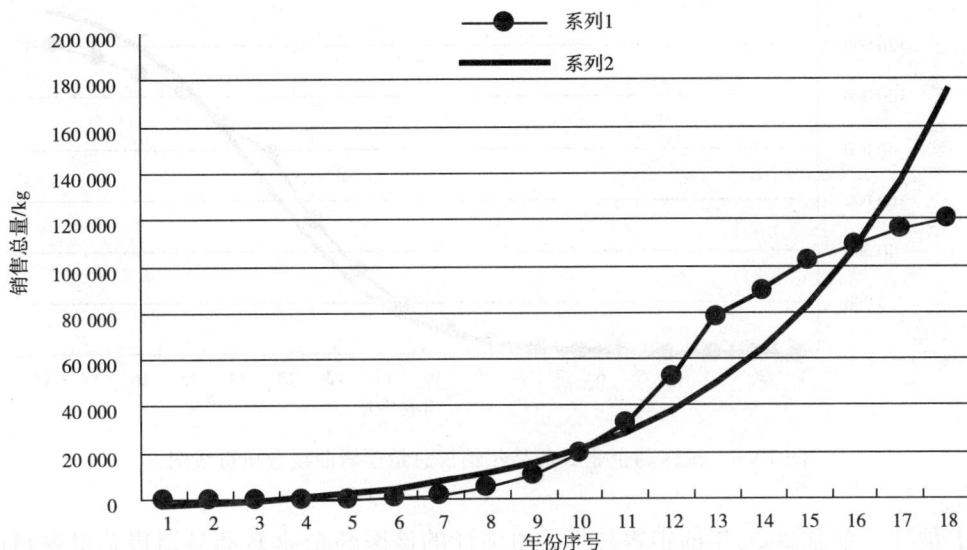

图 10.5　某医药企业 B 药品年销售总量修正指数曲线分析折线图

要求　试采用逻辑曲线模型拟合方法，估计该医药企业 B 药品销售总量 2007—2024 年的逻辑曲线趋势方程，并预计该企业 2025 年的销售总量。

解　首先，计算出该医药企业 B 药品销售总量倒数的三项和，$S_1 = \sum\limits_{t=1}^{m}(1/Y)_t$，$S_2 = \sum\limits_{t=m+1}^{2m}(1/Y_t)$ 和 $S_3 = \sum\limits_{t=2m+1}^{3m}(1/Y_t)$；然后，根据式（10.43）估计逻辑曲线趋势方程。

（1）计算三项和 S_1，S_2 和 S_3。

求出原数据的倒数，再计算出该倒数数列的三项和 S_1，S_2 和 S_3，以及 D_1 和 D_2。有 $S_1 = 0.049\,564\,3$，$S_2 = 0.000\,952\,2$ 和 $S_3 = 0.000\,059\,78$，并在此基础上计算出 $D_1 = 0.048\,612$ 和 $D_2 = 0.000\,892\,4$。

（2）计算三个待估参数 K，a 和 b。根据式（10.43）计算，有

$$b = \frac{\ln 0.048\,612 - \ln 0.000\,892\,4}{6} = 0.666\,3$$

$$K = \frac{6}{0.049\,564\,3 - 0.048\,612^2/(0.048\,612 - 0.000\,892\,4)} = 139\,187.118\,1$$

$$a = 139\,187.118\,1 \times \frac{0.048\,612^2}{0.048\,612 - 0.000\,892\,4} \times \frac{e^{0.666\,3} - 1}{1 - e^{-0.666\,3 \times 6}} = 6\,649.390\,3$$

得到该医药企业 B 药品销售总量 1999—2016 年的逻辑曲线趋势方程为

$$\hat{Y}_t = \frac{139\,187.118\,1}{1 + 6\,649.390\,3e^{-0.666\,3t}}$$

其销售总量逻辑曲线见图 10.6。

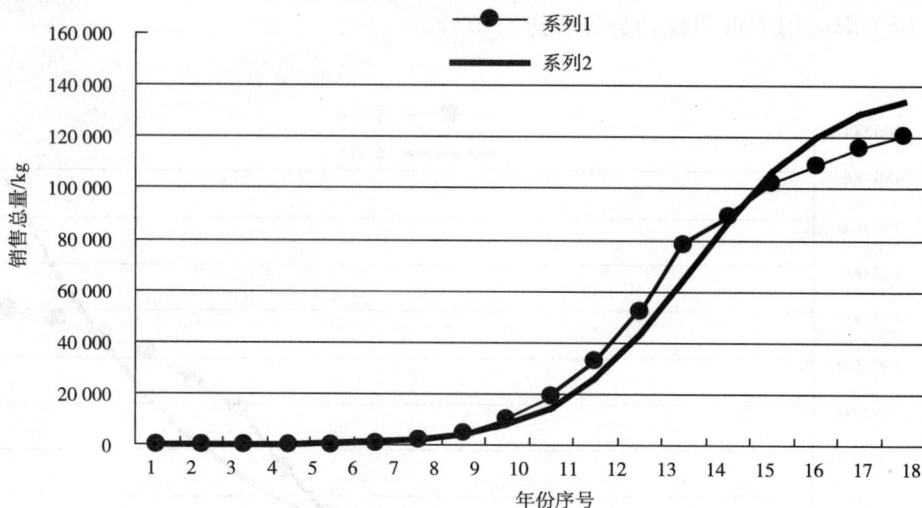

图 10.6　某医药企业 B 药品年销售总量逻辑曲线分析折线图

（3）预计该企业 2025 年的销售总量。由估计的该医药企业 B 药品销售总量逻辑曲线趋势方程，令 $t=19$，有

$$\hat{Y}_{19}=\frac{139\ 187.118\ 1}{1+6\ 649.390\ 3e^{-0.666\ 319}}=136\ 307.11(\text{kg})$$

该企业 2025 年的销售总量预计为 136 307.11kg。

6. 龚铂茨曲线模型拟合

龚铂茨曲线模型（Gompertz curve model）由英国统计学家 B. Gompertz 于 1825 年提出，并因此而得名。龚铂茨曲线方程的一般形式为

$$\hat{Y}_t=Ka^{b^t} \tag{10.44}$$

式中的 K，a 和 b 为未知的待估参数。与逻辑曲线方程相似，龚铂茨曲线方程也有 K 和 0 两条渐近线，K 为 $\hat{Y}_t$ 的上限渐近线，0 为 $\hat{Y}_t$ 的下限渐近线。龚铂茨曲线也具有一个拐点，只是拐点的位置与逻辑曲线不同。

同样，可以采用三和法求解龚铂茨曲线的待估参数 K，a 和 b。

首先，对式（10.44）两端取对数，有

$$\ln \hat{Y}_t=\ln K+b^t\ln a \tag{10.45}$$

设时间序列三个部分的发展水平之和分别为 $S_1=\sum_{t=1}^{m}\ln Y_t$，$S_2=\sum_{t=m+1}^{2m}\ln Y_t$ 和 $S_3=\sum_{t=2m+1}^{3m}\ln Y_t$，则求解龚铂茨曲线方程中三个待估参数 K，a 和 b 的公式为

$$\left.\begin{array}{l}b=\left(\dfrac{S_3-S_2}{S_2-S_1}\right)^{\frac{1}{m}}\\[3mm]\ln a=(S_2-S_1)\dfrac{b-1}{b(b^m-1)^2}\\[3mm]\ln K=\dfrac{1}{m}\left(S_1-\dfrac{ab(b^m-1)}{b-1}\right)\end{array}\right\} \tag{10.46}$$

将式（10.46）解得的 $\ln a$ 和 $\ln K$ 取其反对数，即可解得待估参数 a 和 K。

在进行长期趋势分析时，对于同一时间系列数据的不同长期趋势模型的优劣比较，可以采用长期趋势方程的拟合值 $\hat{Y}_t$ 与原时间序列观测值 Y_t 的离差平方和，即误差平方和 SSE＝$\sum_{t=1}^{n}(Y_t-\hat{Y}_t)^2$ 作为评价测度。一般来说，误差平方和较小的趋势模型，拟合的效果较好。

10.3　季节变动分析

季节变动是指某些现象由于受到自然条件和社会条件的影响，在一个年度内出现的有明显规律性的变动。在商品销售、交通运输、旅游业、建筑业和农业生产以及以农产品为原料的工业生产等行业中，都存在明显的季节变动特征。季节变动分析一般在剔除了长期趋势变动之后的时间序列数据基础上，通过计算季节指数来度量时间序列中季节变动的特征和幅度。

10.3.1　长期趋势的剔除

季节变动分析一般采用乘法模型。由式（10.20）可知，在时间序列的乘法模型中剔除长期趋势，可以用长期趋势数值去除时间序列样本的原有数据，有

$$\frac{Y}{T}=\frac{T\cdot S\cdot C\cdot I}{T}=S\cdot C\cdot I \tag{10.47}$$

当时间序列中含有显著的长期趋势，而又没有剔除长期趋势变动影响时，长期趋势就会参杂在季节变动之中，使计算出来的反映季节因素变动的季节指数中含有显著的系统性偏误。假如：时间序列中含有显著的呈上升态势的线性长期趋势，那么排列在时间顺序的前端的1月、2月，或第一季度数值就会偏低，而排列在时间顺序的后面的11月、12月，或第四季度的数值就会偏高。所以在实施季节分析之前，必须对时间序列进行分析，当时间序列存在显著的长期趋势时，就必须首先对该时间序列进行长期趋势的剔除，为正确地计算季节指数奠定基础。

在剔除了长期趋势之后的时间序列中，余下的部分包括了季节变动（S）、循环变动（C）和不规则变动（I）。在乘法模型中，S，C 和 I 为相对数，一般用百分数表示。

例 10.11　某地区的水文部门记录了过去三年（共 12 个季度）的季度降雨量数据，如表 10.22 所示。由表 10.22 中该地区各年的季度降雨合计数据可见，每年降雨量上升的势头明显，说明该时间序列存在着逐年递增的长期趋势。

表 10.22　某地区近三年各季降雨量　　　　　　　　　　　　mm

年份序号	季　节				全年合计
	1	2	3	4	
1	100	400	500	150	1 150
2	120	420	530	160	1 230
3	110	430	540	140	1 220

要求　采用线性趋势模型来反映该地区近三年季度降雨量的长期趋势，并利用线性趋势方程估计数值来剔除原时间序列中的长期趋势。

解　首先，根据拟合线性趋势方程的式（10.29），计算出该地区近三年季度降雨量的线性趋势方程 $\hat{Y}_t = 208.64 + 10.21t$。

然后，用估计的线性趋势方程计算出来的拟合数值 $\hat{Y}_t$，去除原时间序列中对应的数值 Y_t，得到剔除了长期趋势之后的时间序列数据 $Y_t/\hat{Y}_t$。计算过程和结果见表 10.23。

表 10.23　某地区近三年季度降雨量长期趋势的剔除

季节序号	Y_t /mm	$\hat{Y}_t$ /mm	$Y_t/\hat{Y}_t$（$\times 10^2$）
1	100	218.85	45.69
2	400	229.06	174.63
3	500	239.27	208.97
4	150	249.48	60.13
5	120	259.69	46.21
6	420	269.9	155.61
7	530	280.11	189.21
8	160	290.32	55.11
9	110	300.53	36.60
10	430	310.74	138.38
11	540	320.95	168.25
12	140	331.16	42.28

由图 10.7 可以看出，运用估计的线性趋势方程（$\hat{Y}_t = 208.64 + 10.21t$）可得到该地区近三年季度降雨量中长期趋势的剔除过程及其效果，以及剔除了长期趋势之后的数据状态。

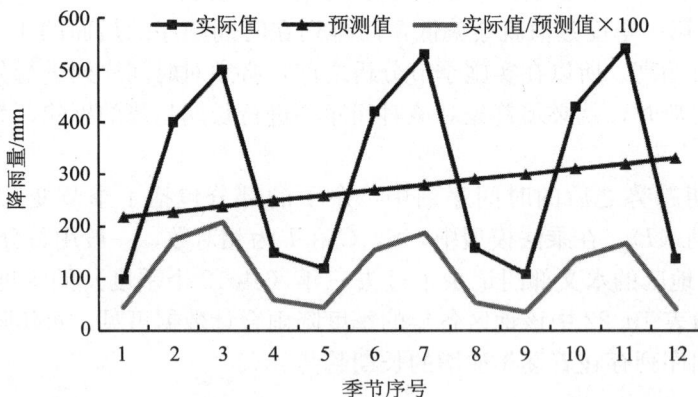

图 10.7　某地区近三年季度降雨量及其长期趋势

10.3.2　季节指数的计算

在剔除了长期趋势之后的时间序列中，除了季节变动（S），还包括循环变动（C）和不规则变动（I）。为了将季节变动（S）从中分离出来，需要进一步剔除循环变动（C）和不规则变动（I）因素对时间序列的影响。一般采用平均的方法，通过计算每年各月（季）的平均数，使每年各季（月）中的循环变动（C）和不规则变动（I）的变动相互抵消，让季节变动（S）呈现出来。然后，将每年各月（季）的平均数与总的月（季）平均数的比值，作为度量季节变动的测度，称为季节指数。

季节指数（seasonal index，S. I.）是指剔除了长期趋势之后的时间序列的月（季）的平均数与总的月（季）平均数的比值，一般用百分数表示。计算季节指数的具体步骤如下。

（1）分别将每年各月（季）的数值加总，计算各年月（季）的总数。

（2）根据各年同月（季）的总数，计算各年月（季）的平均数。

通过这两步的计算，将几年的月（季）数据加总并平均，消除循环变动（C）和不规则变动（I）的扰动影响，以反映季节变动（S）。

（3）将各个月（季）的平均数加总，计算各年总的月（季）平均数。

（4）将若干年内同月（季）的平均数与总的月（季）平均数相比，即求得用百分数表示的各月（季）的季节比率，又称季节指数（S. I.）。

$$季节指数（S. I.）= \frac{各月（季）的平均数}{全期月（季）的总平均数} \tag{10.48}$$

当按月计算季节指数时，其各月季节指数数值之和应该为 1 200%；当按季计算季节指数时，其各季季节指数数值之和应该为 400%。若实际数据出现过大差异，需要计算出校正系数，有

$$校正系数 = \frac{1\ 200\%（或 400\%）}{12 个月（或个季度）季节指数数值之和} \tag{10.49}$$

然后，将此校正系数乘以原季节指数的每个数值，对原季节指数进行调整，使各月（季）的季节指数数值之和为 1 200%（400%）。

例 10.12　仍以例 10.11 中某地区近三年季度降雨量情况为例。原时间序列数据见表 10.22；剔除了长期趋势的该地区近三年季度降雨量数据采自表 10.23 中 $Y_t/\hat{Y}_t$ 栏数据。

要求　根据原时间序列数据和剔除了长期趋势的时间序列数据，分别计算季节指数。

解　按照式（10.48）和式（10.49）计算季节指数。

（1）由未剔除长期趋势的原时间序列数据计算的季节指数，如表 10.24 所示。

表 10.24　某地区近三年季度降雨量季节指数计算表（1）　　　　　mm

年份序号	季　节				全年合计
	1	2	3	4	
1	100	400	500	150	1 150
2	120	420	530	160	1 230
3	110	430	540	140	1 220
分季合计	330	1 250	1 570	450	3 600
季平均数	110.00	416.67	523.33	150.00	300.00
季节指数（S. I.）/%	36.67	138.89	174.44	50.00	400.00

在运用未剔除长期趋势数据计算季节指数（S. I.）时，原时间序列发展水平大多为有量

纲的数据，计算出各季和全年的"季平均数"之后，需要按照式（10.48）采用全年的"季平均数"去除各季的"季平均数"得出各季的"季节指数（S. I.）"。例如：本例中第一季度的季节指数（S. I.）为 36.67％，等于第一季度的季平均数 110 mm 除以全年的季平均数 300 mm。由于计算出来的各季季节指数（S. I.）恰好等于 400％，不需要再使用式（10.49）对季节指数（S. I.）进行修正。表 10.24 中所存在的问题是原时间序列内明显的逐年递增的长期趋势，对所计算的季节指数（S. I.）产生的系统性影响，使得第一季度数值偏小，而第四季度数值偏大。

（2）由剔除了长期趋势的时间序列数据计算的季节指数。

将表 10.23 中 $Y_t/\hat{Y}_t$ 栏中剔除了长期趋势的该地区近三年季度降雨量数据按照年份和季度填入到季节指数计算表（2）里，进行季节指数（S. I.）的计算。计算过程与结果如表 10.25 所示。

表 10.25　某地区近三年季度降雨量季节指数计算表（2）　　　　　％

年份序号	季　节				全年合计
	1	2	3	4	
1	45.69	174.63	208.97	60.13	489.42
2	46.21	155.61	189.21	55.11	446.14
3	36.60	138.38	168.25	42.28	385.51
分季合计	128.50	468.62	566.43	157.52	1 321.07
季平均数（季节指数 S. I）	42.83	156.21	188.81	52.51	440.36
（校正后的）季节指数 S. I.	38.91	141.89	171.51	47.69	400.00

在剔除原时间序列的长期趋势时，使用了趋势方程拟合数值 $\hat{Y}_t$ 去除原时间序列中对应的数值 Y_t，而且有 $\sum_{t=1}^{n}\hat{Y}_t = \sum_{t=1}^{n}Y_t$，所以计算出来的季平均数本身就具有季节指数（S. I.）的特征。由于表 10.24 中季平均数的全年合计为 440.36％，大于 400％，则按照式（10.49）对其进行校正。有：校正系数 $= \dfrac{400}{440.36} = 0.908\,3$，用此校正系数 0.908 3 乘以原季节指数（S. I.），即表 10.24 中的各季的季平均数，可得到校正后的季节指数（S. I.），其各季合计数值为 400％。

在表 10.24 中由剔除了长期趋势的时间序列数据计算的季节指数，消除了原时间序列中逐年递增的长期趋势的系统性影响，纠正了第一季度数值偏小，而第四季度数值偏大的问题。

10.4　循环变动分析

循环变动也是时间序列中一种规则性的变动，与季节变动不同的是，循环变动不以一年为周期，通常是由于经济环境的变动，经济因素的相互作用而引发的一种高低往复、周而复始的规则性变动。循环变动的周期长度不等，多数为以一年以上为周期的一种围绕长期趋势的规则变动。

通常采用基于乘法公式的剩余法来测定和度量循环变动。剩余法是指从原时间序列中依次剔除长期趋势（T）和季节变动（S）因素之后，所剩余的部分为循环变动（C）和不规则变动（I），再通过移动平均的方法来剔除不规则变动（I），最后剩余的则为循环变动（C）。即用长期趋势（T）和季节变动（S）去除原时间序列，可得

$$\frac{Y}{T \cdot S} = \frac{T \cdot C \cdot I}{T \cdot S} = C \cdot I \tag{10.50}$$

再对含有循环变动（C）和不规则变动（I）的时间序列求其移动平均数 $\mathrm{MA}(C \cdot I)$，消除不规则变动（I）因素影响，采用剩余法计算的循环变动（C）为

$$C = \mathrm{MA}(C \cdot I)$$

例 10.13 沿用例 10.11 中某地区近三年季度降雨量情况。

要求 试进行循环变动分析。

解 利用长期趋势和季节指数，在剔除了原时间序列数据中的长期趋势和季节变动的基础，计算循环变动数值。

计算的过程和结果见表 10.26。表 10.26 中最后一栏的移动平均数 $\mathrm{MA}\left(\dfrac{Y_t/\hat{Y}_t}{\mathrm{S.I.}}\right)$ 就是反映该地区近三年季度降雨量循环变动的数值。

表 10.26 某地区近三年季度降雨量循环变动计算表

季节序号	Y_t / mm	$\hat{Y}_t$ / mm	$Y_t/\hat{Y}_t$ / %	S.I. / %	$\dfrac{Y_t/\hat{Y}_t}{\mathrm{S.I.}}$ / %	$\mathrm{MA}\left(\dfrac{Y_t/\hat{Y}_t}{\mathrm{S.I.}}\right)$ / %
1	100	218.47	45.77	38.91	117.63	—
2	300	231.06	129.84	141.89	91.51	109.60
3	500	243.65	205.21	171.51	119.65	124.94
4	200	256.24	78.05	47.69	163.66	132.68
5	120	268.83	44.64	38.91	114.73	119.51
6	320	281.42	113.71	141.89	80.14	99.33
7	520	294.01	176.86	171.51	103.12	111.24
8	220	306.6	71.75	47.69	150.45	122.10
9	140	319.19	43.86	38.91	112.72	111.80
10	340	331.78	102.48	141.89	72.22	92.13
11	540	344.37	156.81	171.51	91.43	101.54
12	240	356.96	67.23	47.69	140.97	—

图 10.8 是根据表 10.26 中该地区近三年季度降雨量循环变动数值 $\mathrm{MA}\left(\dfrac{Y_t/\hat{Y}_t}{\mathrm{S.I.}}\right)$ 绘制的折线图，由图 10.8 可以粗略地看出该地区近三年季度降雨量的循环变动约呈五个季度为一个周期。

必须指出，例 10.13 是一个大大简化了的仅仅用于帮助理解和掌握有关方法的案例。一

一般来说，需要有两个以上的周期数据，才能比较可靠地识别出循环变动的规律性。因此，在实际进行时间序列分析时，需要拥有更多的数据，才可以将事物及其现象某一数量特征依时间推移呈现的规律性揭示出来，并分解为长期趋势（T）、季节变动（S）、循环变动（C）和不规则变动（I），用具体的数值和图形将其刻画出来。

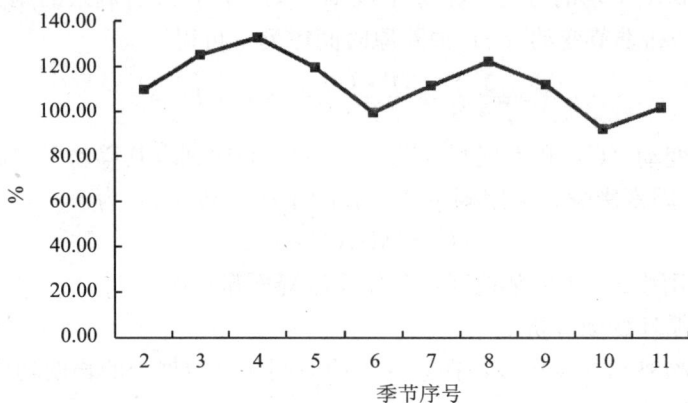

图 10.8　某地区近 3 年季度降雨量循环变动示意图

Excel 应用

时间序列变动因素分析

例 10.14　某市近 6 年以来公路客运业务发展较快，各年公路客运的人次分季数据如表 10.27 所示。

表 10.27　某市近 6 年公路客运人次分季数据　　　　　　　　千人

季节序号	1	2	3	4	5	6	7	8	9	10	11	12
乘车人次	298	245	418	796	954	850	987	1 332	1 665	1 043	1 132	1 640
季节序号	13	14	15	16	17	18	19	20	21	22	23	24
乘车人次	1 891	1 068	1 316	1 839	2 438	1 400	1 672	2 179	2 947	1 578	1 718	2 034

要求　试进行时间序列变动因素分析。

解　依次进行长期趋势、季节指数和循环变动分析。

（1）辨析时间序列的长期趋势形态，采用合适的方法拟合长期趋势模型。

利用 Excel 的"图表向导"快捷键，绘制该市近 6 年公路客运人次分季数据时间序列的散点图或折线图，分析该时间序列长期趋势的具体形态。

由 Excel 给出的折线图（图 10.9 所示）可知，由于公路客运人次受到季节和假日的影响，该时间序列呈现出明显的季节变动特征。从时间序列的长期趋势角度分析，该市近 6 年公路客运人次在期初增长较快，近期增长速度开始趋缓，表现出粗略的修正指数曲线模型特征。

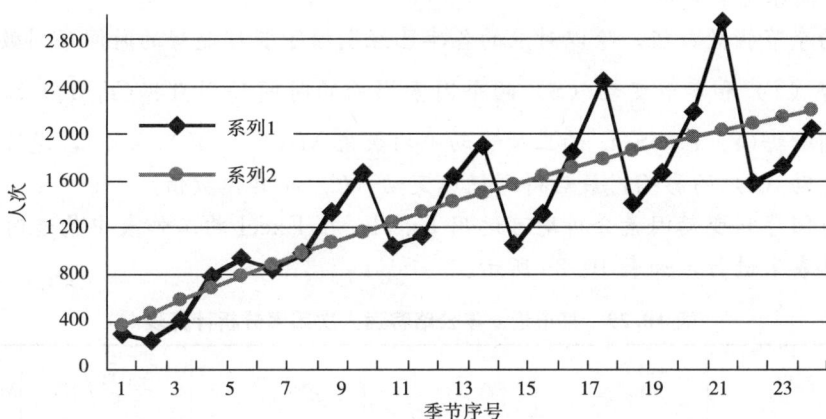

图 10.9 某市近 6 年公路客运人次分季数据长期趋势分析图

经过运用 Excel 试算，线性趋势方程的误差平方和 SSE 为 3 409 002，修正指数曲线方程的误差平方和 SSE 为 3 143 823，修正指数曲线模型的拟合效果优于线性趋势模型，因此采用修正指数曲线模型来拟合该时间序列的长期趋势。

计算出该市公路客运人次修正指数曲线趋势方程为 $\hat{Y}=3\ 776.15-3\ 525\times0.96\ 709^t$。该修正指数曲线趋势方程与时间序列数据的拟合状况见图 10.9。

（2）计算季节指数。

运用修正指数曲线趋势方程计算出来的拟合数值 $\hat{Y}_t$，剔除原时间序列中的长期趋势影响，计算出消除了长期趋势因素影响的时间序列数据 $Y_t/\hat{Y}_t$。然后，将 $Y_t/\hat{Y}_t$ 数据列入类似表 10.28 的季节指数计算表中，利用 Excel 的有关函数和数据处理功能，完成季节指数的计算。

由于最初计算出来的四个季节的季节指数之和不等于 400%，因此需要采用式（10.49）对其进行校正，使其和为 400%。从而得出季节指数第一季为 127.01%，第二季为 75.79，第三季为 85.01%，第四季为 112.18%，见表 10.28。

表 10.28 某市近 6 年公路客运人次季节指数计算表

年份序号	季节				全年合计
	1	2	3	4	
1	81.163 8	51.111 5	71.108 1	114.902 6	318.286 0
2	120.116 2	95.252 8	99.973 3	123.442 8	438.785 1
3	142.575 7	83.197 9	84.689 3	115.743 1	426.206 0
4	126.524 7	68.040 5	80.133 2	107.387 5	382.085 8
5	136.935 3	75.836 4	87.557 8	110.551 8	410.881 3
6	145.142 0	75.579 2	80.151 7	92.573 8	393.446 8
分季合计	752.457 7	449.018 3	503.613 4	664.601 6	2 369.691 0
季平均数（季节指数 S.I.）	125.409 6	74.836 4	83.935 6	110.766 9	394.948 5
（校正后的）季节指数 S.I.	127.013 6	75.793 6	85.009 1	112.183 7	400.000 0

（3）进行循环变动分析。

用各季的季节指数数值，除以对应的各季已经剔除了长期趋势的时间序列数据，得出消除了长期趋势（T）和季节变动（S）两个因素影响的时间序列数据$(Y_t/\hat{Y}_t)/S.I.$，最后计算出时间序列数据$(Y_t/\hat{Y}_t)/S.I.$的三项移动平均数值$MA((Y_t/\hat{Y}_t)/S.I.)$，通过移动平均来消除不规则变动（I）的影响，最后得到循环变动（C）的具体数值。

整个的时间序列变动因素分析均可运用 Excel，在 Excel 的工作表中构造时间序列变动因素分析计算表来进行，如表 10.29 所示。

表 10.29　某市近 6 年公路客运人次因素分析计算表

季节序号	Y_t/人	$\hat{Y}_t$/人	$(Y_t/\hat{Y}_t)$ /%	S. I. /%	$\dfrac{Y_t/\hat{Y}_t}{S.I.}\Big/\%$	$MA\left(\dfrac{Y_t/\hat{Y}_t}{S.I.}\right)\Big/\%$
1	298	367.16	81.16	127.01	63.90	—
2	245	479.34	51.11	75.79	67.44	71.66
3	418	587.84	71.11	85.01	83.65	84.50
4	796	692.76	114.90	112.18	102.42	93.55
5	954	794.23	120.12	127.01	94.57	107.56
6	850	892.36	95.25	75.79	125.68	112.62
7	987	987.26	99.97	85.01	117.60	117.77
8	1 332	1 079.04	123.44	112.18	110.04	113.30
9	1 665	1 167.80	142.58	127.01	112.25	110.69
10	1 043	1 253.64	83.20	75.79	109.77	107.22
11	1 132	1 336.65	84.69	85.01	99.62	104.19
12	1 640	1 416.93	115.74	112.18	103.17	100.81
13	1 891	1 494.57	126.52	127.01	99.62	97.52
14	1 068	1 569.65	68.04	75.79	89.77	94.55
15	1 316	1 642.27	80.13	85.01	94.26	93.26
16	1 839	1 712.49	107.39	112.18	95.72	99.27
17	2 438	1 780.40	136.94	127.01	107.81	101.20
18	1 400	1 846.08	75.84	75.79	100.06	103.62
19	1 672	1 909.60	87.56	85.01	103.00	100.54
20	2 179	1 971.02	110.55	112.18	98.55	105.27
21	2 947	2 030.43	145.14	127.01	114.27	104.18
22	1 578	2 087.88	75.58	75.79	99.72	102.76
23	1 718	2 143.43	80.15	85.01	94.29	92.18
24	2 034	2 197.56	92.57	112.18	82.52	—

图 10.10 描述了对该市近 6 年公路客运人次时间序列数据中长期趋势的剔除。其中，系列 3 为剔除了长期趋势之后的公路客运人次时间序列数据，该数据形成的折线为一个平稳的

起伏的波动过程，并且呈现出较为典型的季节变动特征，为进行季节变动分析和循环变动分析提供了数据基础。原有的实际时间序列数据表现出系列 2 的长期趋势和系列 3 剔除了长期趋势之后的时间序列数据的叠加的效应。

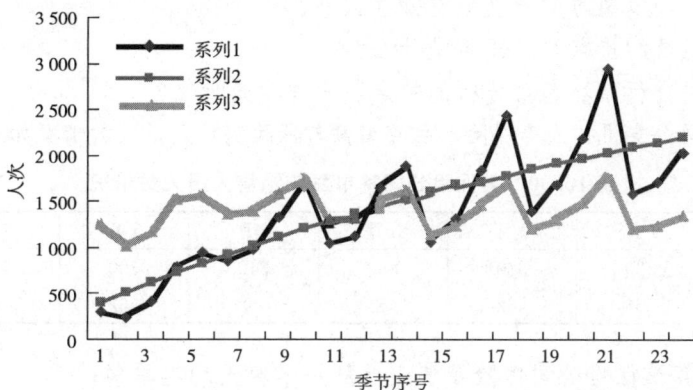

图 10.10　某市近 6 年公路客运人次时间序列数据长期趋势剔除分析图

图 10.11 表现了该市近 6 年公路客运人次季节变动和循环变动情况。其中：系列 1 描述的是消除了长期趋势因素影响的时间序列数据 $Y_t/\hat{Y}_t$，呈现出非常鲜明的季节波动特征；系列 2 为季节指数（S.I.）的走势图形，为规则的季节波动序列；系列 3 为用移动平均数值 $MA((Y_t/\hat{Y}_t)/SI)$ 表示的循环变动（C），基本上表现为两年左右的一个波动图形。系列 1 表现为系列 2 和系列 3 变动叠加的情形。

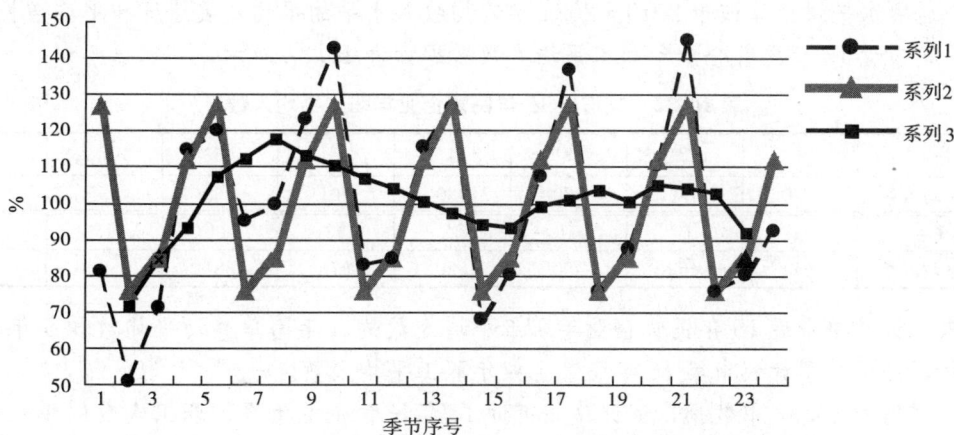

图 10.11　某市近 6 年公路客运人次季节变动和循环变动分析图

思考与练习

1. 什么是时间序列？
2. 时间序列有哪几种类型？
3. 计算序时平均数的公式有几种？应用条件是什么？

4. 有哪两种计算平均发展速度的方法？

5. 时间序列的因素有哪些？

6. 移动平均法的思想和特点各是什么？

7. 时间序列趋势模型与回归模型有哪些区别？

8. 计算季节指数的特点和步骤各是什么？

9. 采用剩余法进行循环变动分析的特点和步骤各是什么？

10. 某保险公司分支机构人寿保险产品签单额与保险销售人员人数情况如表 10.30 所示。

表 10.30　某保险公司签单额与销售人员人数情况

月份	1月	2月	3月	4月	5月	6月	7月
签单额/万元	320	380	350	340	390	440	420
月初销售人员数/人	56	62	55	58	62	64	62

要求　（1）计算该保险公司保险销售人员第一季度人均签单额；

（2）计算该保险公司保险销售人员上半年人均签单额。

11. 某市 2019—2024 年人均收入水平增长情况如表 10.31 所示。

表 10.31　某市 2019—2024 年人均收入水平增长情况　　　　　　　　　元

年份	2019	2020	2021	2022	2023	2024
人均年收入	18 970	19 890	21 050	22 340	23 850	25 390

要求　（1）计算该市 2019—2024 年人均收入水平的逐期增长量、累积增长量、环比发展速度、定基发展速度；

（2）运用水平法计算该市 2019—2024 年人均收入水平的平均发展速度和平均增长速度。

12. 某市近 15 年民营企业年职工平均人数数据如表 10.32 所示。

表 10.32　某市近 15 年民营企业年职工平均人数　　　　　　　　　人

年份序号	1	2	3	4	5	6	7	8
年职工平均人数	10	67	120	180	201	269	337	390
年份序号	9	10	11	12	13	14	15	—
年职工平均人数	450	462	490	520	570	581	592	—

要求　计算该市近 15 年民营企业年职工平均人数的 3 年简单移动平均数和 5 年简单移动平均数，并用其预计该市第 16 年民营企业年职工平均人数。

13. 根据表 10.32 中数据，试计算该市近 15 年民营企业年平均职工人数的线性趋势方程，并用其预计该市第 16 年民营企业年平均职工人数。

14. 根据表 10.32 中数据，试计算该市近 15 年民营企业年平均职工人数的二次曲线趋势方程，并用其预计该市第 16 年民营企业年平均职工人数。

15. 根据表 10.32 中数据，试计算该市近 15 年民营企业年平均职工人数的修正指数曲线趋势方程，并用其预计该市第 16 年民营企业年平均职工人数。

16. 根据习题 13、14、15 拟合的线性趋势方程、二次曲线趋势方程、修正指数曲线趋势方程，计算各自的误差平方和 SSE，并指出拟合效果最佳的长期趋势方程。

17. 某服装企业以夏季服装为主产品，该企业近 6 年分季销售额见表 10.33。

表 10.33 某服装企业近 6 年分季销售额 万元

季节序号	1	2	3	4	5	6	7	8
销售额	1 588	4 879	8 842	3 987	4 240	12 961	23 338	10 441
季节序号	9	10	11	12	13	14	15	16
销售额	10 991	33 179	58 815	25 808	26 535	77 860	133 433	56 287
季节序号	17	18	19	20	21	22	23	24
销售额	55 316	154 302	250 220	99 527	92 042	238 500	355 198	128 148

要求 （1）计算该企业销售额逻辑趋势曲线方程；

（2）用逻辑趋势曲线方程计算的拟合数值剔除时间序列的长期趋势，计算该企业销售额的季节指数；

（3）计算该企业销售额的循环变动数值。

自测题

自测题答案

人 物 小 传

恩格尔（Robert F. Engle）

恩格尔 1942 年出生于美国纽约州的中部城市锡拉丘兹，1964 年从威廉姆斯学院（Williams College）毕业，获学士学位，1966 年和 1969 年在康奈尔大学获硕士学位和博士学位。恩格尔提出了自回归条件异方差模型、协整理论等创新性的统计方法。

1982 年，恩格尔在《计量经济学》杂志上发表的论文《自回归条件异方差性及英国通货膨胀方差的估计》中首次提出了自回归条件异方差模型（auto‐regressive conditional heteroskedasticity，简称 ARCH 模型），此后 ARCH 模型成为统计方法和金融理论研究的新兴前沿，并使恩格尔赢得了 2003 年诺贝尔经济学奖。

瑞典皇家科学院在为恩格尔颁发诺贝尔奖的贺词中，称赞 ARCH 模型为研究者和市场分析师们在资产定价和投资组合风险评估方面提供了不可或缺的工具。这一开拓性的工作结束了金融变量波动性研究的史前时代。

第 11 章

高级统计学习方法

思政目标

在大数据时代背景下，高级统计学习方法于社会经济领域具有重大意义。例如：聚类分析可精准识别不同消费群体特征，助力企业制定精准营销策略，推动经济发展。理解高级统计学习方法的特点和适用场景，有助于培养我们的辩证思维，从多维度剖析问题，以科学严谨的态度运用所学为国家数字经济发展贡献智慧。

学习目标

通过本章的学习，了解并重点掌握主成分分析、关联规则分析、聚类分析、决策树和支持向量机这五种高级统计学习方法的概念、特点及其应用领域，包括它们的原理和算法步骤；深入理解数据降维与特征提取的重要性，以及分类与预测在数据分析中的核心作用；明确这些方法在简化数据结构、提高计算效率、发现数据关联、识别潜在群体结构、解决分类与回归问题等方面的具体应用。

在当今大数据盛行的时代，统计学作为数据处理与分析的重要工具，其方法论体系正不断扩展与深化。传统统计方法固然经典且基础，但面对海量、复杂的数据集时，高级统计学习方法显得尤为重要。这些方法不仅能够从数据中挖掘出更深层次的信息，还能为决策提供强有力的支持。本章节旨在简要介绍五种常见的高级统计学习方法：主成分分析、关联规则分析、聚类、决策树和支持向量机。这些方法各有千秋，既有侧重于数据降维与特征提取的，也有专注于分类与预测的。通过合理的分类与阐述，希望读者能够对这些方法有一个全面的了解，并能在实际数据分析中灵活运用。① 数据降维与特征提取：主成分分析是一种用于数据降维的统计方法，它通过构建新的变量（主成分）来概括原始数据中的主要信息，从而达到简化数据结构、提高计算效率的目的。② 数据挖掘与模式识别：关联规则分析旨在发现数据集中不同项之间的有趣关联，为市场篮分析等应用提供有力支持；聚类分析则将相似的对象归为一类，帮助人们从数据中识别出潜在的群体结构。③ 决策与预测：决策树通过一系列问题将数据集分割成不同的子集，为分类和回归问题提供直观的解决方案；支持向量机则是一种强大的分类工具，它通过找到最优超平面来最大化不同类别之间的间隔，实现高效的分类效果。

11.1　主成分分析

主成分分析（principal component analysis，PCA）是一种常用的数据降维技术，属于无监督学习范畴，它在处理数据时并不依赖数据的标签信息。PCA 能够在保留数据集中最大方差的方向上，巧妙地将原始高维空间的数据转换到低维空间，同时尽力维护数据的关键特性和结构。这项技术广泛应用于数据预处理、特征提取及数据可视化等多个领域。

主成分分析由统计学家 Karl Pearson（卡尔·皮尔逊）在 1901 年提出，旨在深入分析数据和构建数理模型。其核心思想是利用线性变换，将原始数据映射到一个全新的坐标系中。在这个新坐标系里，各个坐标轴（即主成分）代表了原始数据各个维度的线性组合，且这些坐标轴根据方差大小从高到低依次排列。具体而言，第一个主成分方向是数据方差最大的方向，第二个主成分方向与第一个方向正交且方差次之，以此类推。

1. 主成分分析的主要应用场景

主成分分析的主要应用场景广泛而多样，具体包括以下三个方面。

① 数据降维：PCA 技术能够有效地降低数据的维度，使得数据更简洁，易于处理和分析。在这一过程中，它尽可能地保留了原始数据中的关键信息和特征，使得降维后的数据仍具有较高的可用性。

② 特征提取：在机器学习领域，特别是面对高维数据时，PCA 能够提取出数据中的核心特征，去除冗余和噪声，从而提高模型的训练效率和预测准确性。

③ 数据可视化：PCA 还能够将高维数据巧妙地映射到二维或三维空间中，使得数据的分布和关系得以直观展现，便于数据的可视化分析。

总的来说，主成分分析法从冗余特征中提取主要成分，在保持模型质量的同时，显著提升了模型的训练速度，为数据分析和机器学习领域带来了诸多便利。

如图 11.1 所示，将样本到直线的距离称作投影误差（projection error）。以二维投影到一维为例，PCA 就是要找寻一条直线，使得各个特征的投影误差足够小，这样才能尽可能地保留原特征具有的信息。由于 PCA 仅保留了数据的主要成分特征，因此它是一种具有损失的数据压缩方法。

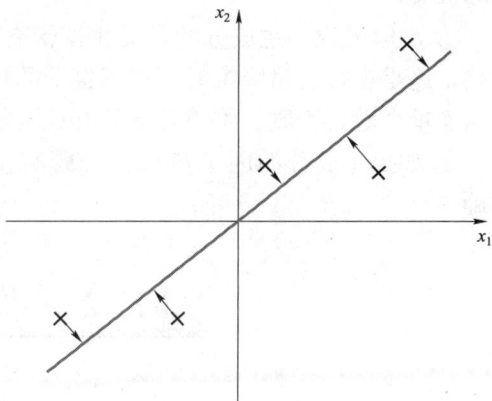

图 11.1　PCA 简单示意图

2. 主成分分析的一般步骤

① 数据标准化：鉴于 PCA 对数据尺度的高度敏感性，首先需要对原始数据进行标准化处理。这一步骤旨在将各个特征缩放到相同的尺度上，确保每个特征的均值为 0，方差为 1。消除不同特征之间因量纲差异而可能产生的影响。

② 计算协方差矩阵：计算数据集的协方差矩阵。协方差矩阵的每个元素代表不同特征维度之间的协方差，而对角线上的元素则反映了各维度自身的方差。

③ 求解特征值和对应特征向量：特征值的大小反映了对应特征向量方向上的方差大小，而特征向量则是这些方向上的单位向量。

④ 选择主成分：根据特征值的大小，通常会选择前 k 个最大的特征值所对应的特征向量作为数据的主成分方向。选择的标准通常是确保这 k 个主成分能够解释数据集中的大部分方差（如达到 95％ 的方差解释率）。

⑤ 数据转换：将原始数据投影到这 k 个选定的主成分方向上，从而得到降维后的数据。

通过以上步骤，PCA 分析能够有效地实现数据的降维和特征提取，为后续的数据分析和机器学习任务提供有力的支持。

3. 主成分分析法的优缺点

（1）优点

① 主成分分析法具有消除评估指标间相关影响的能力。它通过对原始数据指标变量进行变换，形成彼此相互独立的主成分。实践经验表明，当指标间的相关程度较高时，主成分分析法的应用效果尤为显著。

② 相较于其他评估方法，主成分分析法在指标选择方面能够显著降低工作量。由于其他方法难以有效消除评估指标间的相关影响，在选择指标时需要耗费大量精力；而主成分分析法可以消除这种相关影响，使指标选择变得更加容易和直观。

③ 在主成分分析中，各个主成分是按照方差大小进行排序的。这使在分析问题时可以较灵活地选择主成分。具体来说，可以舍弃一部分方差较小的主成分，仅保留前面方差较大的几个主成分来代表原始变量。这样做不仅减少了计算工作量，而且根据累积贡献率≥85％ 的选择原则，能够确保不会遗漏关键指标，从而保障评估结果的准确性和可靠性。

（2）缺点

① 在进行主成分分析时，首先要确保所提取的前几个主成分的累积贡献率达到较高水平，即变量降维后的信息量必须保持在一定的高度。其次，对于这些被提取出来的主成分，必须能够给出符合实际背景和意义的合理解释；否则，这些主成分虽然信息量大，但却缺乏实际含义。

② 一般来说，主成分的含义往往带有一定的模糊性，并不像原始变量的含义那样清晰明确，这是进行变量降维时不得不接受的代价。因此，通常应该提取的主成分个数明显少于原始变量个数；否则，维数降低的好处可能会被主成分含义不清晰这一弊端所抵消。

③ 如果主成分的因子负荷符号既有正又有负，那么综合评价函数的意义就会变得不明确。

11.2　关联规则分析

关联规则分析（association analysis）是数据挖掘中最活跃的研究方法之一，其目的是在一个数据集中找出各项之间的关联关系，而这种关系并没有在数据中直接表示出来。具体来说，关联规则分析通过寻找频繁出现的项集，进而揭示这些项之间的关联模式。例如：在超市的销售数据中，可能会发现购买面包的顾客往往也会购买牛奶，这就是一种关联规则。

1. 关联规则分析的关键指标

进行关联规则分析时，如下三个关键指标通常用于评估生成规则的有效性和实用性。

（1）支持度（support）

支持度是衡量数据集中某项集（可以是一个或多个项目的组合）出现频繁程度的一个指标。它具体表现为包含项集 A 和 B 的事务数量占总事务数量的比例。通过支持度，可以评估规则的普遍性或重要性。高支持度的规则表示该规则频繁出现，是用户购物习惯的强体现。规则 $X{\to}Y$ 的支持度记为 support $(X{\to}Y)$ ＝support $(X\cup Y)$ ＝$|T_{XY}|/n$，其中 T_{XY} 是同时包含 X 和 Y 的总记录条数。

（2）置信度（confidence）

置信度用来衡量如果一个项集 A 出现时，项集 B 跟随出现的概率。它定义为规则 $A{\to}B$ 的支持度除以项集 A 的支持度。置信度描述了前提事件（A）发生时，结论事件（B）发生的概率，反映了规则的确定性或强度。规则 $X{\to}Y$ 的置信度（confidence）表示为

$$confidence(X \to Y) = \frac{support(X \to Y)}{support(X)} \times 100\%。$$

（3）提升度（lift）

提升度是评估关联规则实际价值和效用的一项关键指标，它用于判断规则的关联程度是否超出了随机情况下的预期。计算方式是规则的置信度除以事件 B 单独出现的概率。提升度等于 1 时，表示 A 和 B 的关联没有超出偶然；大于 1 表示 A 的出现确实增加了 B 出现的概率；小于 1 则意味着 A 和 B 的关联可能是负向的或者是随机事件的结果。

这些指标在诸多实际应用场景中发挥着至关重要的作用，特别是在零售业的购物篮分析中，它们能够揭示出哪些商品经常被顾客一同购买（即具有高支持度），在购买了某一商品后，顾客有多大可能性会继续购买另一商品（即具有高置信度），以及商品组合销售相较于单独销售是否能带来更高的利润（即具有高提升度）。此外，为了进行更为精细的关联分析，还可以借助一些更高级的指标，如 Levenshtein 相似度和 Jaccard 系数等。

常用的关联规则分析算法包括 Apriori 算法、FP-Growth 算法、Eclat 算法、COFI 算法等。下面以 Apriori 算法为例，重点介绍其算法思想及流程。

2. Apriori 算法

Apriori 算法由 Rakesh Agrawal 和 Ramakrishnan Srikant 于 1994 年提出，是最早也是最经典的关联规则挖掘算法之一。它通过迭代地产生候选项集和筛选项集来挖掘频繁项集，并进一步生成关联规则。Apriori 算法基于两个基本假设。

（1）频繁项集的子集也是频繁的（向下封闭性）：如果一个项集满足预定义的最小支持度阈值，被称作频繁项集，那么它的所有非空子集也必须是频繁的。

（2）如果一个项集是非频繁的，它的任何超集也必定是非频繁的。通过迭代地产生候选项集和筛选项集来挖掘频繁项集，并进一步生成关联规则。

Apriori 算法的主要流程如下。

（1）初始化：扫描数据库一次，计算每个单项的支持度，并根据设定的最小支持度阈值筛选出频繁项集。

（2）迭代生成候选：从 $k=2$ 开始，使用前 $k-1$ 项的频繁集生成长度为 k 的候选集。生成候选集时，利用 Apriori 定律避免生成那些必然包含非频繁子集的候选。

（3）计数和支持度检查：扫描数据库，计算每个候选集的支持度，保留支持度大于或等于最小支持度的候选集作为新的频繁项集。

（4）重复：直到无法生成新的频繁项集或达到预设的最大项集大小为止。

图 11.2 给出了一个包含五种商品共四条记录的商品交易数据示例。

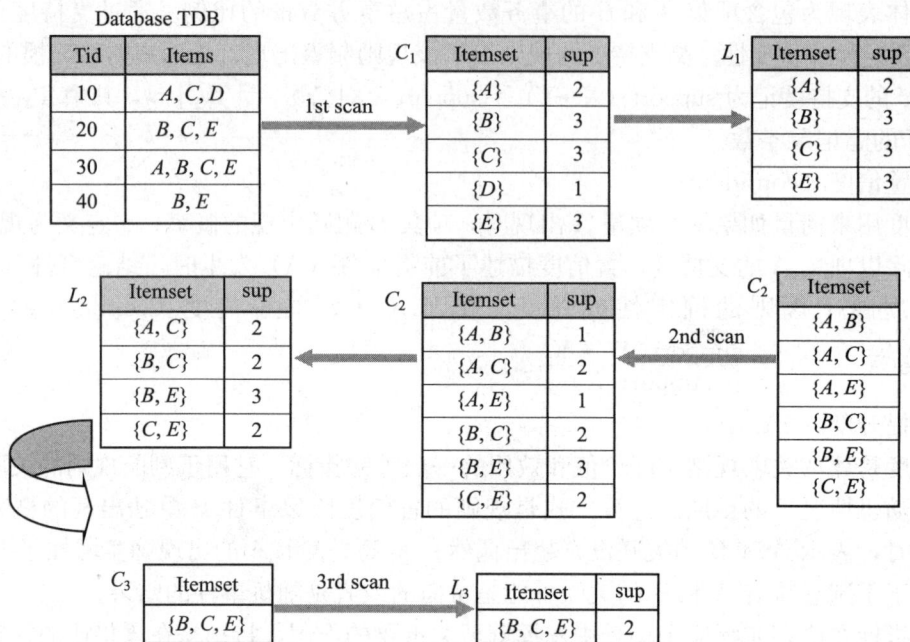

图 11.2　Apriori 算法示意图

Apriori 算法具有如下优点：直观易懂，易于实现。利用向下封闭性有效减少搜索空间。然而，Apriori 算法需要对数据库的多次扫描，造成效率低下，尤其是对于大数据集；Apriori 算法生成了大量候选集，内存消耗大，不适用于稀疏数据集或具有高维度的项集。尽管存在这些不足之处，Apriori 算法在关联规则挖掘领域中依然占据着基础地位，并且启发了众多后续的优化算法与改进版本，如 FP-Growth 和 Eclat 等，这些算法在不同的应用场景下展现出了更加出色的性能。

11.3　聚　　类

11.3.1　聚类的基础知识

1. 聚类的定义

聚类（clustering）是一种按照特定标准（如距离）来组织数据集的方法，它将数据分割成多个不同的类或簇。目标是确保同一个簇内的数据对象彼此高度相似，而不同簇中的数据对象则差异显著。换句话说，聚类之后，同一类的数据会被紧密地聚集在一起，而不同类的数据则会尽可能地分开。

2. 聚类和分类的区别

① 聚类（clustering）：这是指将相似的数据归并到一起的过程，在进行这种划分时，并不预先设定或关心这些数据的具体类别标签。聚类的目标纯粹是基于数据的相似性，将它们聚合在一起。因此，聚类是一种无监督学习（unsupervised learning）方法。

② 分类（classification）：根据已有的数据特征，将不同的数据区分开来。这个过程通常涉及使用一个训练数据集来训练一个分类器，训练完成后，这个分类器就可以用来预测未知数据的类别。因此，分类是一种监督学习（supervised learning）方法。

3. 聚类的一般过程

① 数据准备：特征标准化和降维。

② 特征选择：从最初的特征中选择最有效的特征，并将其存储在向量中。

③ 特征提取：通过对选择的特征进行转换形成新的突出特征。

④ 进行聚类：基于某种距离函数进行相似度度量，获取簇。

⑤ 聚类结果评估：分析聚类结果，如 SSE 等。

4. 数据对象间的相似度度量

对于数值型数据，可以使用表 11.1 中的相似度度量方法。

表 11.1　部分相似度度量方法

相似度度量准则	相似度度量函数
Euclidean 距离	$d(x,y) = \sqrt{\sum_{i=1}^{n} (x_i - y_i)^2}$
Manhattan 距离	$d(x,y) = \sum_{i=1}^{n} \| x_i - y_i \|$
Chebyshev 距离	$d(x,y) = \max \| x_i - y_i \|, i = 1,2,\cdots,n$
Minkowski 距离	$d(x,y) = \left\| \sum_{i=1}^{n} (x_i - y_i)^p \right\|^{\frac{1}{p}}$

Minkowski 距离就是 LP 范数（$p \geqslant 1$），而 Manhattan 距离、Euclidean 距离、Chebyshev 距离分别对应 $p = 1$，$p = 2$ 和 $p \rightarrow \infty$ 时的情形。

5. cluster 之间的相似度度量

除了需要衡量对象之间的距离，有些聚类算法（如层次聚类）还需要衡量簇之间的距离，假设 C_i 和 C_j 为两个 cluster，则前四种方法定义的 C_i 和 C_j 之间的距离如表 11.2 所示。

表 11.2　部分相似度度量方法

相似度度量准则	相似度度量函数
Single-link	$D(C_i,C_j) = \min_{x \subseteq C_i, y \subseteq C_j} d(x,y)$
Complete-link	$D(C_i,C_j) = \min_{x \subseteq C_i, y \subseteq C_j} d(x,y)$
UPGMA	$D(C_i,C_j) = \frac{1}{\| C_i \| \| C_j \|} \sum_{x \subseteq C_i, y \subseteq C_j} d(x,y)$

① Single-link 定义两个簇之间的距离为这两个簇之间最近的两个点之间的距离，这种方法会在聚类的过程中产生链式效应，导致形成异常庞大的簇。

② Complete-link 定义两个簇之间的距离为这两个簇之间最远的两个点之间的距离，这种方法可以避免链式效应，但对异常样本点（不符合数据集的整体分布的噪声点）却非常敏感，容易产生不合理的聚类。

③ UPGMA 正好是 Single-link 和 Complete-link 方法的折中，定义为两个簇之间的距离为两个簇之间所有点距离的平均值。

④ 最后一种 WPGMA 方法，通过计算两个簇中两个对象之间距离的加权平均值来确定这两个簇之间的距离。这种加权处理的目的是确保在计算距离时，两个簇对结果的影响处于同一层次，避免受到簇大小的不当影响。具体的计算公式及采用的权重方案会根据实际情况而有所差异。

11.3.2　数据聚类方法

数据聚类方法主要可以分为划分式聚类方法（partition-based methods）、基于密度的聚类方法（density-based methods）、层次化聚类方法（hierarchical methods）等。

1. 划分式聚类方法

划分式聚类方法需要事先指定簇类的数目或者聚类中心，通过反复迭代，直至达到"簇内的点足够近，簇间的点足够远"的目标。经典的划分式聚类方法有 k-means 及其变体 k-means＋＋、bi-kmeans、kernel k-means 等。

（1）k-means 算法

经典的 k-means 算法的流程如下。

① 创建 k 个点作为初始质心，这些质心通常是随机选择的。

② 当任意一个点的簇分配结果发生改变时，对数据集中的每个数据点进行以下操作，计算每个质心与数据点之间的距离，将该数据点分配到距其最近的质心所在的簇中。

③ 对每个簇，计算簇中所有点的均值并将均值作为新的质心。

例 11.1　图 11.3（a）是原始数据集，通过观察发现大致可以分为四类，所以取 $k=4$，测试数据效果如图 11.3（b）所示。

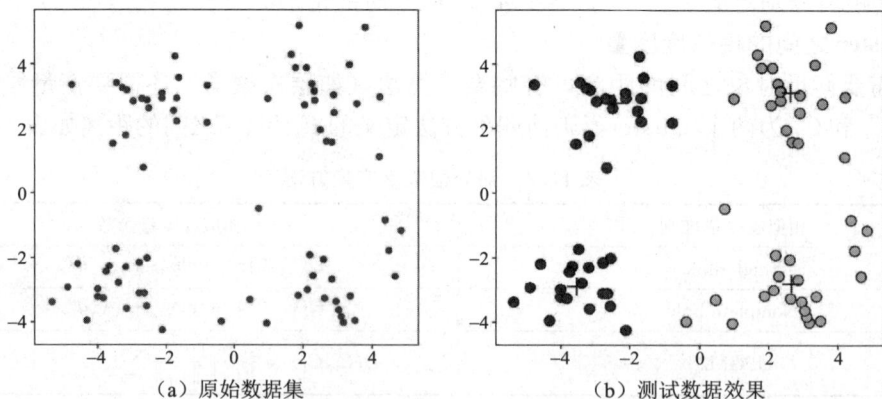

（a）原始数据集　　　　（b）测试数据效果

图 11.3　k-means 分类示意图

假设 $x_i(i=1,2,\cdots,n)$ 是数据点，$\mu_j(j=1,2,\cdots,k)$ 是初始化的数据中心，那么目标函数可以写成

$$\min\sum_{i=1}^{n}\min_{j=1,2,\cdots,k}\|x_i-\mu_j\|^2$$

这个函数是非凸优化函数，会收敛于局部最优解。

值得注意的是，当初始质心点取值不同时，最终的聚类效果也不一样，接下来看一个具体的实例（见图 11.4）。

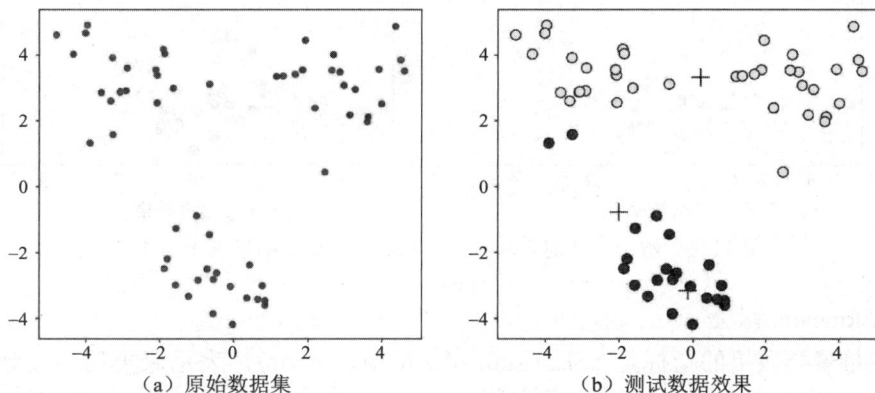

（a）原始数据集　　　　　　（b）测试数据效果

图 11.4　给定质心时 k-means 算法的聚类结果（$k=3$）

在这个例子中，下方的数据应该归为一类，而上方的数据应该归为两类，这是由初始质心点选取的不合理造成的误分。而 k 值的选取对结果的影响也非常大，同样取图 11.4 中数据集，取 $k=2,3,4$，可以得到如图 11.5 的聚类结果。

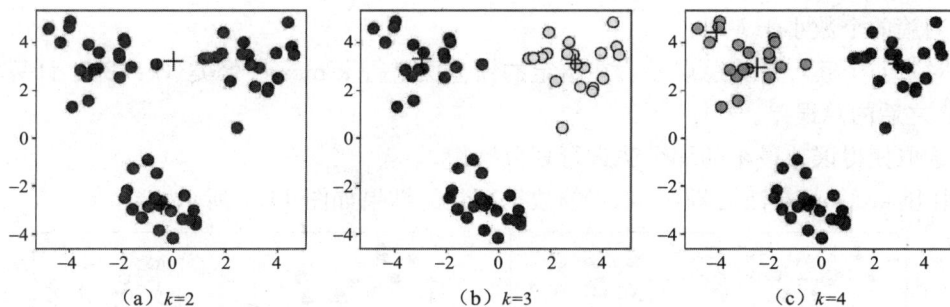

（a）$k=2$　　　　　　（b）$k=3$　　　　　　（c）$k=4$

图 11.5　k-means 算法的聚类结果（$k=2,3,4$）

一般来说，经典 k-means 算法有以下几个特点：① 需要提前确定 k 值；② 对初始质心点敏感；③ 对异常数据敏感。

（2）k-means＋＋算法

k-means＋＋是针对 k-means 中初始质心点选取的优化算法。该算法的流程和 k-means 类似，唯一的不同是初始质心的选取。该算法流程如下。

① 随机选取一个数据点作为初始的聚类中心。

② 当聚类中心数量小于 k，计算每个数据点与当前已有聚类中心的最短距离，用 $D(z)$

表示，这个值越大，表示被选取为下一个聚类中心的概率越大，最后使用轮盘法选取下一个聚类中心。

使用 k-means＋＋对上述数据做聚类处理，得到的结果如图 11.6 所示。

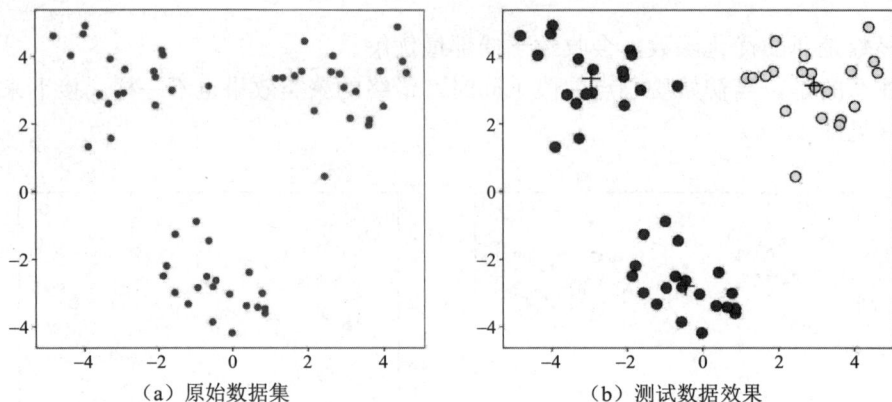

（a）原始数据集　　　　　　　　　　（b）测试数据效果

图 11.6　给定质心时 k-means＋＋算法的聚类结果（$k = 3$）

（3）bi-kmeans 算法

一种度量聚类效果的指标是 SSE（sum of squared error），表示聚类后各个数据点到其所属簇的质心的距离的平方和。SSE 的值越小，说明聚类效果越理想，即数据点与其聚类中心的距离越近，聚类越紧密。bi-kmeans 是针对 kmeans 算法会陷入局部最优的缺陷进行的改进算法。该算法基于 SSE 最小化的原理，首先将所有的数据点视为一个簇，然后将该簇一分为二，之后选择其中一个簇继续进行划分，选择哪一个簇进行划分取决于对其划分是否能最大限度地降低 SSE 的值。该算法的流程如下。

① 将所有点视为一个簇。

② 当簇的个数小于 k 时：

• 对每一个簇：计算总误差，在给定的簇上面进行 k-means 聚类（$k＝2$），计算将该簇一分为二之后的总误差。

• 选取使得误差最小的那个簇进行划分操作。

利用 bi-kmeans 算法处理例 11.1 的数据得到的结果如图 11.7 所示。

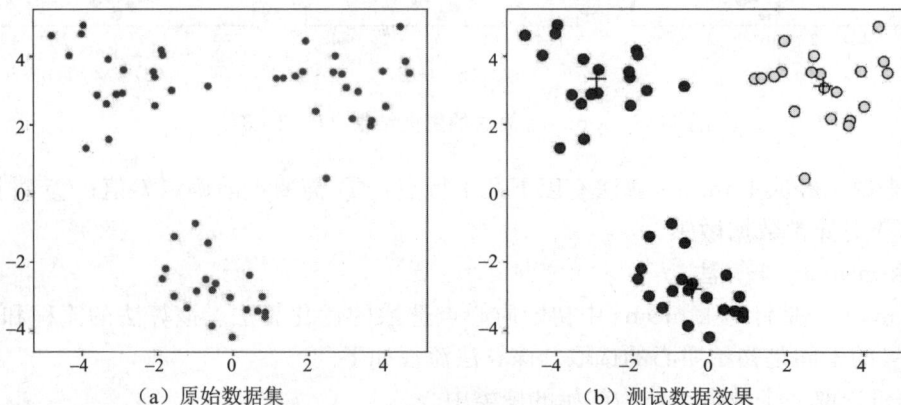

（a）原始数据集　　　　　　　　　　（b）测试数据效果

图 11.7　给定质心时 bi-kmeans 算法的聚类结果（$k = 3$）

这是一个追求全局最优的算法，因此每次计算得出的 SSE 值通常都相对稳定（尽管仍可能因随机因素导致个别数据点分配错误）。通常来说，k-means 每次计算出来的 SSE 都较大且不太稳定，k-means＋＋计算出来的 SSE 较稳定且数值较小，而 bi-kmeans 每次计算出来的 SSE 几乎一样且更小，说明聚类的效果也最好。

2. 基于密度的聚类方法

k-means 算法在处理具有凸性特征的数据时表现出色，它能够根据数据点之间的距离将它们划分成球状的簇。然而，面对非凸形状的数据点，k-means 算法就显得力不从心。当 k-means 算法在环形数据的聚类时，看看会发生什么情况。

从图 11.8 可以看到，kmeans 聚类产生了错误的结果，这个时候就需要用到基于密度的聚类方法。基于密度的聚类方法需要定义两个参数 ε 和 M，分别表示密度的邻域半径和邻域密度阈值。DBSCAN 就是其中的典型，感兴趣的读者可以自行了解。

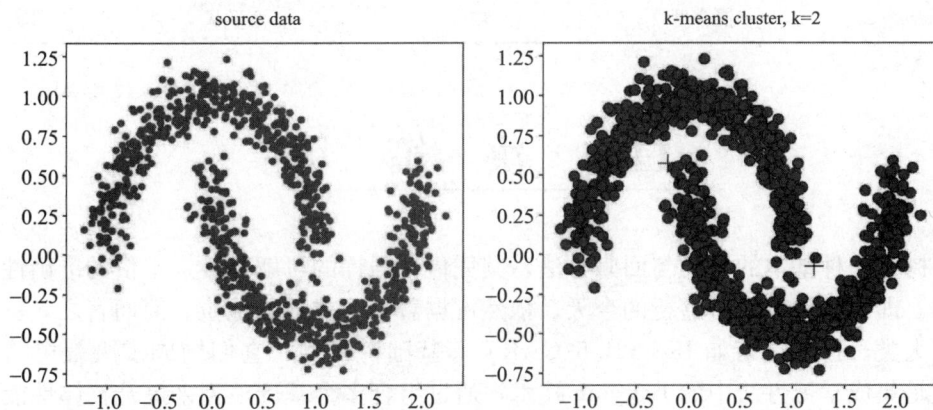

图 11.8　k-means 算法对环形数据的聚类结果

3. 层次化聚类方法

前面提到的几种聚类算法，如 k-means 和 k-means＋＋，虽然在处理某些数据集时能以较低的复杂度取得不错的聚类效果，但它们都存在一个潜在的问题，即链式效应。这种现象表现为：如果数据点 A 与 B 相似，同时 B 与 C 也相似，那么在聚类过程中，算法很可能会将 A、B、C 都聚合到同一个簇中。然而，如果 A 与 C 之间并不相似，这种聚合就会导致聚类误差的产生。更为严重的是，这种误差可能会像链条一样传递下去，影响整个聚类结果的质量。为了缓解或降低链式效应带来的问题，层次聚类算法应运而生。

层次聚类算法（hierarchical clustering）将数据集划分为一层一层的 clusters，后面一层生成的 clusters 基于前面一层的结果。层次聚类算法一般分为两类。

① Agglomerative 层次聚类：又称自底向上（bottom-up）的层次聚类，每一个对象最开始都是一个 cluster，每次按一定的准则将最相近的两个 cluster 合并生成一个新的 cluster，如此往复，直至最终所有的对象都属于一个 cluster。这里主要关注此类算法。

② Divisive 层次聚类：又称自顶向下（top-down）的层次聚类，最开始所有的对象均属于一个 cluster，每次按一定的准则将某个 cluster 划分为多个 cluster，如此往复，直至每个对象均是一个 cluster。

另外，需指出的是，层次聚类算法是一种贪心算法（greedy algorithm），因其每一次合并或划分都是基于某种局部最优的选择。

4. 聚类方法比较

各种聚类方法的比较见表 11.3。

表 11.3　各种聚类方法的比较

算法类型	适用的数据类型	抗噪点性能	聚类形状	算法效率
Kmeans	混合性	较差	球形	很高
k-means++	混合型	一般	球形	较高
bi-kmeans	混合型	一般	球形	较高
DBSCAN	数值型	较好	任意形状	一般
OPTICS	数值型	较好	任意形状	一般
Agglomerative	混合型	较好	任意形状	较差

11.4　决　策　树

决策树是一种基本的分类与回归方法，其凭借着强悍的可解释性、不俗的准确性及训练的便捷性，即便在深度学习盛行的今天，依然占据着不可或缺的地位。简而言之，决策树可以分为三大类。首先是诸如 ID3/C4.5/CART 等基础树模型，它们构成了决策树的基本框架；其次是集成学习方法中的 Bagging 技术，通过组合多个基础模型来提升整体性能；最后是 Boosting 技术，同样属于集成学习范畴，但侧重于逐步强化模型的预测能力。实际上，在当今的 Kaggle 竞赛、天池竞赛及工业界中，广泛应用的决策树模型大多属于 Boosting 家族的成员。在这一家族中，XGBoost 和 LightGBM 无疑是两大佼佼者。

决策树算法的原理相当直观且基础，其核心在于构建一个由 If-Then 规则构成的树状结构。从结构上来看，决策树由根结点（root node）和有向边（directed edge）相互连接而成。树中的结点可明确区分为两大类：一类是内部结点（又称决策结点，decision node or internal node），它们负责根据特定条件进行分支判断；另一类则是叶结点（leaf node），这些结点标志着决策路径的终点，并给出最终的预测结果或分类标签。

决策树生成的过程比较容易理解，总的来说，决策树的学习有如下三大要义：① 特征选择；② 决策树的生成；③ 决策树的剪枝。

11.4.1　特征选择

特征的选择，顾名思义，是指决策树每次结点划分时应该用哪个特征。对于传统的三大基础树 ID3/C4.5/CART 树来说，主要的方法有信息增益、信息增益比、平方误差最小化、Gini 指数。

11.4.2　决策树的生成

决策树学习的本质上是从训练数据中归纳出一组分类或者回归的规则,但实际上要从所有可能的决策树中选择最优的决策树是一个 NP 完全问题(世界七大数学难题之一)。所以,在实际计算中通常会采用启发式的方法近似地去求解,因此理论上所有的决策树模型都是次优的(sub-optimal)。

决策树的生成是一个逐步递归的过程,它会基于诸如信息增益最大、信息增益比最大或 Gini 指数最小等原则,来选择当前局部最优的特征,并根据这个特征对训练数据进行最优的局部分割。这一过程实质上就是决策树的构建和逐步成形的阶段。

11.4.3　决策树的剪枝

通过上述方法训练得到的决策树,虽然在训练数据上可能表现出很好的分类能力,但面对未知数据时,其分类效果可能会大打折扣。这正是人们常说的决策树容易出现过拟合问题。因而,决策树在生成完还要进行剪枝操作,从而使模型具备良好的泛化能力。

具体来说,决策树的剪枝就是通过一些方法,减掉一些过于细的结点(如一些只出现在少部分的训练数据中的结点),从而回退到其父结点或者更高的结点之上,使决策树整体上得到简化。

接下来,对 ID3/C4.5/CART 三种经典的决策树算法进行分析,看看它们是怎么基于这三大要义训练决策树的。

1. ID3 算法

ID3 算法是 Quinlan 在 1986 年提出的,距今已有近 40 年,ID3 算法在选择特征时,遵循的是信息增益最大化的原则。

在对信息增益的计算方式展开讲解之前,有两个知识点有必要提及,它们是熵(entropy)和条件熵(conditional entropy)。

熵的概念最早起源于物理学,用于度量一个热力学系统的无序程度。在信息论和概率统计里面,熵是对不确定性的测量,熵越大,不确定性越高,这里提及的熵是后者的概念。

于是,假设 X 是一个有限的离散随机变量,那么其概率分别为

$$P(x = x_i) = p_i, i = 1, 2, \cdots, n$$

则随机变量 X 的熵可定义为

$$H(X) = -\sum_{i=1}^{n} p_i \log p_i$$

随机变量 X 在随机变量 Y 的条件熵则定义为

$$H(Y \mid X) = -\sum_{i=1}^{n} p_i H(Y \mid X = x_i)$$

其中,$p_i = p(X = x_i), i = 1, 2 \cdots, n$

从而引出了信息增益的计算方式,即特征 A 的信息使类 Y 的信息不确定性较少的程度为

$$g(D, A) = H(D) - H(D \mid A)$$

最后，以决策树的视角来看信息增益的计算方法。

(1) ID3 的特征选择

① 假设有训练集 D，$|D|$ 表示其样本容量，即样本个数。

② 同时，设 D 有 K 个类记为 $C_k,k=1,2,3,\cdots,K$，同样的 $|C_k|$ 表示类别 K 的样本个数，此时有 $\sum_{k=1}^{K}|C_k|=|D|$。

③ 假设训练集 D 中有特征 A，其可将 D 划分为 n 个子集 $D_1,D_2,D_3,\cdots,D_n$，此时有 $\sum_{i=1}^{n}|D_i|=|D|$。

④ 可记子集 D_i 中属于类 C_k 的样本集合为 D_{ik}；同样，有 $|D_{ik}|$ 为 D_{ik} 的样本个数。

于是有特征 A 信息增益计算的方法。

步骤 1：计算数据集 D 的经验熵 $H(D)$。

$$H(D)=-\sum_{k=1}^{K}\frac{|C_k|}{|D|}\log_2\frac{|C_k|}{|D|}$$

步骤 2：计算特征 A 对于数据集 D 的经验条件熵 $H(D\mid A)$。

$$H(D\mid A)=\sum_{i=1}^{n}\frac{|D_i|}{|D|}H(D_i)=-\sum_{i=1}^{n}\frac{|D_i|}{|D|}\sum_{k=1}^{K}\frac{|D_{ik}|}{|D_i|}\log_2\frac{|D_{ik}|}{|D_i|}$$

步骤 3：计算特征 A 的信息增益。

$$g(D,A)=H(D)-H(D\mid A)$$

至此，已经描述清楚了 ID3 算法学习三要义的最核心一步特征选择。

(2) ID3 的决策树生成

总的来说，利用 ID3 算法生成决策树的过程可分如下五个步骤。

步骤 1：判断 D 中所有实例是否属于同一类 C_k。

若是，则置 T 为单结点树，并将类 C_k 作为该结点的类标记，并返回 T。

步骤 2：判读特征集 A 是否为空。

若是，则置 D 中实例数最大的类 C_k 作为该结点的类，并返回 T。

步骤 3：计算 A 中各特征对 D 的信息增益。

选择其中信息增益最大的特征值 A_g 用于下一步计算。

步骤 4：判断 A_g 与特征集 A 的阈值 ε 的关系。

若 $A_g<\varepsilon$，则停止向下划分，置 T 为单结点树，同样将 D 中实例数最大的类 C_k 作为该结点的类，并返回 T。

若 $A_g\geqslant\varepsilon$，则对 A_g 中的每一种可能值 a_i，并按 a_i 对 D 进行划分，然后将 D_i 中实例树最大的结点 C_{ik} 作为标记，构建子结点，并由其结点与子结点构建树 T 后返回。

步骤 5：对于基于特征 a_i 划分的第 i 个子结点，以 D_i 为训练集，以 $A-A_g$ 作为特征集，然后递归的调用步骤 1~4，从而得到子树 T_i。

ID3 算法在构建决策树时，仅考虑局部最优解，这种启发式方法虽然能够快速生成模型，但缺乏全局考量。遗憾的是，ID3 算法本身并不包含剪枝机制，这可能导致模型在训练数据上过度拟合，从而影响其在新数据上的泛化能力。此外，ID3 在结点划分时倾向于选择那些具有较多实例的特征，这可能会进一步降低模型的泛化性能。

为了解决 ID3 算法的这些局限性，Ross Quinlan 教授在 1993 年提出了 C4.5 算法，这是对 ID3 算法的一次重要改进。C4.5 算法通过引入剪枝操作，有效减少了过拟合的风险，同时在特征选择上进行了优化，以提高模型的泛化能力。这些改进使得 C4.5 算法在处理复杂数据集时，能够生成更加健壮和准确的决策树模型。

2. C4.5 算法

C4.5 算法相较于 ID3 算法，在特征选择机制上做出了显著改进。C4.5 算法引入了信息增益比作为特征选择的依据，这一创新有效地解决了 ID3 算法在节点划分时倾向于选择那些具有较多实例的特征的问题。通过计算信息增益比，C4.5 算法能够更加客观地评估每个特征对模型的贡献，从而做出更加合理的特征选择。这种改进不仅提高了决策树的分类准确性，也增强了模型的泛化能力。

信息增益比的计算完全基于信息增益之上的，计算方式为

$$g_R(D,A) = \frac{g(D,A)}{H_A(D)}$$

式中，$g(D,A)$ 就是特征 A 的信息增益；$H_A(D) = -\sum_{i=1}^{n} \frac{|D_i|}{|D|} \log_2 \frac{|D_i|}{|D|}$，$n$ 是特征 A 的取值个数。

C4.5 算法在生成决策树的过程中，沿用了 ID3 的基本流程，但在特征选择上采用了信息增益比作为评判标准。这意味着，在每个节点上，C4.5 算法会计算所有可能特征的信息增益比，并选择信息增益比最大的特征来分裂节点。这种方法有助于避免选择那些具有大量取值但分类能力不强的特征，从而提高了决策树的泛化能力和分类准确性。

决策树的剪枝技术主要分为两种策略：预剪枝（pre-pruning）和后剪枝（post-pruning）。C4.5 算法采用的是后剪枝方法中的悲观剪枝（pessimistic error pruning，PEP）策略。这种方法首先让决策树完全生长，然后从树的底部开始，递归地向上评估每个节点是否需要剪枝。如果决定剪枝，就会移除子树，并用一个叶子节点来替代，该叶子节点的类别通过多数类投票原则来确定。此外，后剪枝的决策也可以基于测试集上的准确率，如果剪枝后测试集的准确率没有降低，那么剪枝操作就会被执行。

与后剪枝不同，预剪枝的核心思想是在扩展树的节点之前，先评估当前的划分是否能够提升模型的泛化能力。如果评估结果表明当前的划分不会带来泛化能力的提升，那么就会停止进一步生长子树。在这种情况下，节点中可能包含多个类别的样本，节点的类别通过多数类投票原则来确定。预剪枝通过在树生长过程中提前停止来避免过拟合，但这种方法需要在树的生长过程中做出判断，这通常需要一定的经验和技巧。

而预剪枝的核心思想是在树中结点进行扩展之前，先计算当前的划分是否能带来模型泛化能力的提升，如果不能，则不再继续生长子树。此时可能存在不同类别的样本同时存于结点中，按照多数投票的原则判断该结点所属类别。

预剪枝技术在决策树的构建过程中，通过几种策略来决定何时停止树的生长，以避免过拟合。这些策略包括：① 当树的深度达到预设的阈值时，停止进一步扩展；② 当某个节点的样本数量低于设定的最小值时，停止该节点的分裂；③ 评估每次分裂对测试集准确度的提升，如果提升幅度低于某个阈值，则停止分裂。

预剪枝的优点在于其直观的思想、简单的算法和高效的计算，特别适合处理大规模数据集。然而，准确设定停止生长的条件（如树的深度或样本数量的阈值）对于不同的问题而言

差异很大，通常需要依赖经验来判断。此外，预剪枝可能存在欠拟合的风险，因为即使当前的分裂导致测试集准确度下降，后续的分裂仍有可能显著提高准确度。

与预剪枝相比，后剪枝方法虽然计算成本更高，但通常能够产生泛化能力更强的决策树。后剪枝在树完全生长后进行剪枝，通过评估剪枝对模型性能的影响，来决定是否剪枝，从而在模型复杂度和泛化能力之间取得更好的平衡。尽管后剪枝的时间开销较大，但它能够更准确地控制过拟合，提高模型在未知数据上的表现。

3. CART

CART，即分类与回归树（classification and regression tree），是一种广泛应用于决策树算法的模型。这一算法由美国科学院院士 Leo Breiman 等人在 1984 年提出。与 ID3 和 C4.5 等仅适用于分类任务的算法不同，CART 能够同时处理分类和回归问题。

CART 算法的核心过程包括三个主要步骤：特征选择、决策树的构建及树的剪枝。通过这些步骤，CART 能够从数据中学习并构建出有效的决策树模型，以进行准确的预测和分类。

（1）回归树与分类树

CART 算法在构建回归树时，主要依据最小化平方误差的原则来选择特征和划分节点。具体来说，CART 通过递归地将训练集中的数据空间分割成两个子空间，并为每个子空间确定一个输出值，从而逐步构建出一个二叉树结构。在这一过程中，CART 不断寻找最优的特征和切分点，以确保每次划分都能最大程度地减少预测误差，最终形成一棵高效的回归树。这种方法使得 CART 能够以一种直观且易于理解的方式，对数据进行回归预测。

CART 算法在构建分类树时，采用 Gini 指数最小化的原则来选择最优的特征和确定该特征的最优二值切分点。Gini 指数是衡量数据集不纯度的一个指标，其计算方法如下：假设分类问题中有 K 个类，样本点属于第 k 类的概率为 p_k，则概率分布的 Gini 指数定义为

$$\text{Gini}(p) = \sum_{k=1}^{K} p_k(1-p_k) = 1 - \sum_{k=1}^{K} p_k^2$$

特别地，对于二分类问题，其 Gini 指数为

$$\text{Gini}(p) = 2p(1-p)$$

则对于样本集合 D，其 Gini 指数为

$$\text{Gini}(D) = 1 - \sum_{k=1}^{K} \left(\frac{C_k}{D}\right)^2$$

这里，C_k 的定义与 ID3 中谈到的一样，是值 D 中属于第 k 类的样本子集。如果样本集合 D 根据特征 A 是否取某一可能值 a，被分割为 D_1 和 D_2 两个部分，即

$$D_1 = (x,y) \in D \mid A(x) = a, D_2 = D - D_1$$

那么在特征 A 的条件下，集合 D 的 Gini 指数为

$$\text{Gini}(D,A) = \frac{|D_1|}{|D|}\text{Gini}(D_1) + \frac{|D_2|}{|D|}\text{Gini}(D_2)$$

最后，对于二分类而言，熵、分类误差和 Gini 指数之间存在的关系如图 11.9 所示。

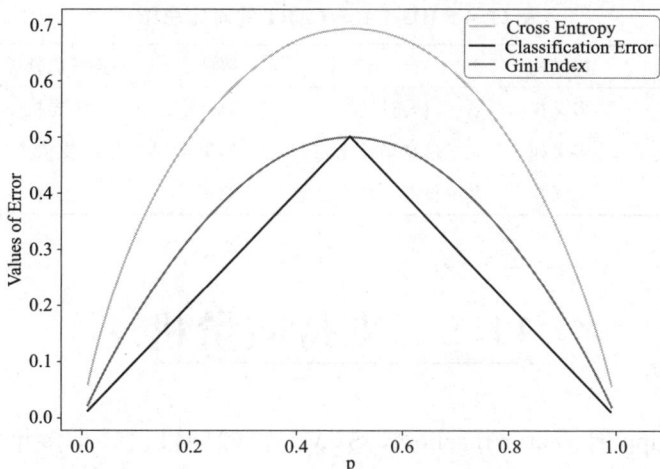

图 11.9　熵、分类误差和 Gini 指数的关系

（2）CART 的剪枝

CART 算法采用一种称为代价复杂度剪枝（cost complexity pruning，CCP）的方法来对决策树进行剪枝，以避免过拟合。CCP 剪枝的过程主要分为两个步骤。

步骤 1：生成子树序列：从一棵完全生长的决策树 T_0 开始，生成一个子树序列 $\{T_0, T_1, \cdots, T_n\}$，其中的 T_{i+1} 树由 T_i 生成，其中每一棵子树都共享同一个根节点 T_n。

步骤 2：选择最佳决策树：在生成了一系列子树之后，需要在这些子树中选择一棵最佳的决策树。这一选择是基于这些子树在真实数据集上的表现，即它们的误差。

关于子树序列 $\{T_0, T_1, \cdots, T_n\}$ 是如何生成的，CCP 的做法是，通过剪除那些对训练数据集误差增加最小的分支来生成新的子树。具体来说，CCP 会评估剪除某些分支后对模型性能的影响，然后选择那些剪枝后误差增加最小的点进行剪枝，从而得到一系列不同复杂度的子树。

比如对应树 T 在结点 t 处剪枝时，它的误差用 $C(t) - C(T_i)$ 表示，其中，$C(t)$ 表示进行剪枝之后该结点的误差，$C(T_i)$ 表示未进行剪枝时子树 T_t 的误差。

在进行代价复杂度剪枝（CCP）时，不仅关注模型的误差，还要考虑树的复杂性。为了控制树的复杂度，CCP 引入了树的深度作为约束条件。具体来说，结点 t 处的树深度用 $|T_i|$ 表示。因此，当在结点 t 处进行剪枝时，树的误差增加率可以表示为

$$\alpha = \frac{C(t) - C(T_i)}{|T_i| - 1}$$

在得到这个误差增加率之后，CCP 会选择那些使得 α 值（误差增加率与树深度的乘积）最小的结点进行剪枝。这样做的目的是，在保证模型性能的同时，尽可能地减少树的复杂度。

通过引入树深度作为约束条件，CCP 能够在剪枝过程中平衡模型的误差和复杂度。这种方法有助于避免过拟合，提高模型在未知数据上的泛化能力。简而言之，CCP 通过综合考虑误差和树深度，精心选择剪枝的位置，以达到在保持模型性能的同时减少模型复杂度的目的。

本节深入探讨了决策树学习的三个核心要素，并详尽阐述了三种基础但极其重要的决策树算法：ID3、C4.5 和 CART 的构建过程。掌握这些基础知识对进一步学习更高级的决策树模型至关重要，尤其是 CART 算法中的回归树，因为它构成了广泛使用的 GBDT（梯度提升决策树）家族的基础。最后，对 ID3/C4.5/CART 做总结和回顾，如表 11.4 所列。

表 11.4　ID3/C4.5/CART 的对比总结

算法	任务类型	树结构	特征选择	剪枝	连续值处理	缺失值处理
ID3	仅分类	多叉树	信息增益	不支持	不支持	不支持
C4.5	仅分类	多叉树	信息增益比	PEP	支持	支持
CART	分类｜回归	二叉树	基尼指数｜均方误差	CCP	支持	支持

11.5　支持向量机

支持向量机（support vector machine，SVM）虽然问世仅二十多年，但自诞生之初就以其卓越的分类性能在机器学习领域引起了轰动，并在很长一段时间内超越了神经网络。如果不涉及集成学习方法和特定训练数据集，SVM 在分类算法中的卓越表现无疑是首屈一指的。

SVM 最初是一个用于二元分类的算法，它能够处理线性和非线性的分类问题。随着技术的发展，SVM 已经演进到能够支持多类分类问题。此外，通过适当的扩展，SVM 也被应用于回归问题，进一步拓宽了其应用范围。

简而言之，SVM 以其强大的分类能力、灵活性和广泛的适用性，在机器学习领域占据了重要地位，成为解决各种分类和回归问题的首选算法之一。

11.5.1　感知机模型

感知机模型的核心任务是在二元数据集中寻找一条直线，将不同类别的数据点有效地分隔开来。当这一概念扩展到三维空间或更高维度的空间时，感知机的目标则转变为寻找一个超平面，用以区分不同的二元类别。具体来说，定义这个分隔超平面为 $\boldsymbol{\omega}^{\mathrm{T}}\boldsymbol{x} + b = 0$，如图 11.10 所示。在这个超平面上方的点被标记为正类（$y = 1$），而在超平面下方的点则被标记为负类（$y = -1$）。

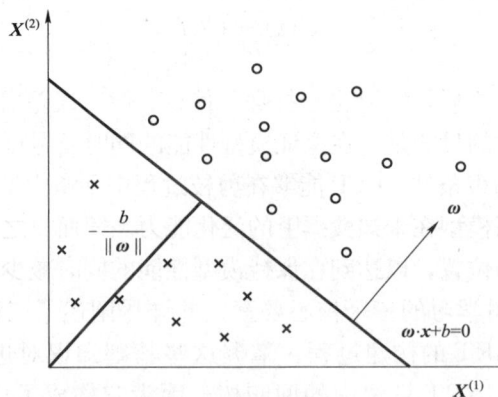

图 11.10　感知机模型

感知机模型的损失函数优化，旨在最小化所有误分类点到分隔超平面的距离之和。这个距离可以用公式表示为

$$\sum_{x_i \in M} - y_i(\boldsymbol{\omega}^\mathrm{T} \boldsymbol{x}_i + b) / \parallel \boldsymbol{\omega} \parallel_2$$

在感知机模型中，考虑了参数 $\boldsymbol{\omega}$ 和 b 的变化对损失函数的影响。当 $\boldsymbol{\omega}$ 和 b 成比例地增加，如它们都扩大了 N 倍，那么分母中的 L2 范数也会相应地扩大 N 倍。这表明分子和分母之间存在一个恒定的比例关系。

鉴于这种比例关系，可以通过固定分子或分母中的一个为 1，然后最小化另一个来简化损失函数。在感知机模型中，选择保留分子并固定分母 $\parallel \boldsymbol{\omega} \parallel_2 = 1$，那么感知机模型的损失函数可以改写为

$$\sum_{x_i \in M} - y_i(\boldsymbol{\omega}^\mathrm{T} \boldsymbol{x}_i + b)$$

这种选择简化了损失函数，使其更容易优化。那么，如果不固定分母，而是选择固定分子，作为分类模型会有改进吗？

实际上，固定分子意味着要最小化分母，即最大化 L2 范数。这种方法可能会导致模型对噪声数据过于敏感，从而影响其泛化能力。因此，在感知机模型中，通常选择固定分母中的样本数量，以确保模型在处理误分类点时的鲁棒性。这种方法有助于模型在新数据上保持较好的预测性能，避免过拟合。

11.5.2　函数间隔与几何间隔

在深入探讨支持向量机（SVM）的模型和损失函数之前，首先需要理解函数间隔和几何间隔的概念。

当确定了分隔超平面 $\boldsymbol{\omega}^\mathrm{T} \boldsymbol{x} + b = 0$ 后，$\boldsymbol{\omega}^\mathrm{T} \boldsymbol{x} + b = 0$ 表示的是点 $\boldsymbol{x}$ 到超平面的相对距离。可以通过检查 $\boldsymbol{\omega}^\mathrm{T} \boldsymbol{x} + b$ 与 y 的符号是否一致来判断分类是否正确。这里，引入了函数间隔的概念，定义函数间隔 γ' 为

$$\gamma' = y(\boldsymbol{\omega}^\mathrm{T} \boldsymbol{x} + b)$$

这个函数间隔实际上就是感知机模型中误分类点到超平面距离的分子。对于训练集中的 m 个样本点，计算每个点的函数间隔，整个训练集的函数间隔就是这 m 个函数间隔的最小值。

然而，函数间隔并不能准确反映点到超平面的实际距离，因为当分子成比例增长时，分母也会成比例增长。为了得到一个统一的度量标准，需要对法向量 $\boldsymbol{\omega}$ 施加约束条件，这样就引入了几何间隔的概念，定义几何间隔 γ 为

$$\gamma = \frac{y(\boldsymbol{\omega}^\mathrm{T} \boldsymbol{x} + b)}{\parallel \boldsymbol{\omega} \parallel_2} = \frac{\gamma'}{\parallel \boldsymbol{\omega} \parallel_2}$$

几何间隔才是点到超平面的真实距离，也是感知机模型中使用的距离度量。通过引入几何间隔，SVM 能够更准确地衡量点与超平面之间的距离，从而提高分类的准确性和模型的泛化能力。

11.5.3　支持向量

感知机模型虽然能够识别出多个超平面来分隔不同的数据类别，并且目标是确保所有数据点都能被准确分类，但实际情况是，那些远离超平面的点其实已经被正确分类，它们对超平面的确切位置并不敏感。真正关键的是那些靠近超平面的点，因为这些点处于被误分类的边缘。如果能够推动这些接近超平面的点远离它，从而增大几何间隔，那么模型的分类性能将得到显著提升。正是基于这样的洞察，支持向量机（SVM）的概念应运而生。

SVM 的核心思想是寻找一个超平面，不仅能够将不同类别的数据点分开，而且能够最大化两类数据点之间的间隔。通过这种方式，SVM 旨在找到一个最优化的超平面，使得最近的数据点（即支持向量）到超平面的距离最大化，这样可以提高模型对于新样本的分类准确性和鲁棒性。这种方法强调了间隔的最大化，而不是简单地追求正确分类所有训练样本，从而在一定程度上减少了过拟合的风险，并增强模型的泛化能力。

如图 11.11 所示，分离超平面为 $\omega^{\mathrm{T}}x+b=0$，如果所有的样本不光可以被超平面分开，还和超平面保持一定的函数距离（图 11.1 中函数距离为 1），那么这样的分类超平面是比感知机的分类超平面优的。可以证明，这样的超平面只有一个。和超平面平行的保持一定的函数距离的这两个超平面对应的向量，定义为支持向量，如图 11.11 中虚线所示。

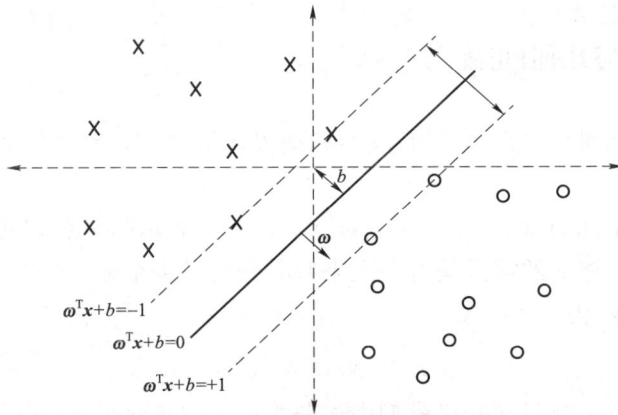

图 11.11　支持向量

支持向量到超平面的距离为 $1/\|\omega\|_2$，两个支持向量之间的距离为 $2/\|\omega\|_2$。

11.5.4　SVM 模型目标函数与优化

SVM 旨在找到一个超平面，使得每个类别中的点不仅被正确分类，而且与超平面保持一定的间隔距离。这种设置有助于提高模型对新样本的分类准确性和鲁棒性。可以描述为如下优化问题

$$\max_{\omega,b}\min \gamma=\frac{y_i(\omega^{\mathrm{T}}x_i+b)}{\|\omega\|_2}$$

$$\text{s. t}\quad y_i(\boldsymbol{\omega}^{\mathrm{T}}\boldsymbol{x}_i+b)=\gamma'_i \geqslant \gamma',\ i=1,2,\cdots,m$$

一般都取函数间隔 γ' 为 1，这样优化函数定义为

$$\max_{\boldsymbol{\omega},b}\frac{1}{\parallel\boldsymbol{\omega}\parallel_2}\min_i y_i(\boldsymbol{\omega}^{\mathrm{T}}\boldsymbol{x}_i+b)\ \gamma$$

$$\text{s. t}\quad y_i(\boldsymbol{\omega}^{\mathrm{T}}\boldsymbol{x}_i+b)\geqslant 1,\ i=1,2,\cdots,m$$

也就是说，要在约束条件 $y_i(\boldsymbol{\omega}^{\mathrm{T}}\boldsymbol{x}_i+b)\geqslant 1(i=1,2,\cdots,m)$ 下，最大化两类数据点到分隔超平面的最小距离 $\frac{1}{\parallel\boldsymbol{\omega}\parallel_2}$。可以看出，SVM 的优化策略与感知机有所不同。在感知机中，固定分母（即样本数量）并优化分子（即误分类点到超平面的距离之和）。而在 SVM 中，固定分子（即所有数据点到超平面的距离都大于或等于 1）并优化分母（即法向量 $\boldsymbol{\omega}$ 的范数），同时加上了支持向量的限制。

由于 $\frac{1}{\parallel\boldsymbol{\omega}\parallel_2}$ 的最大化等同于 $\frac{1}{2}\parallel\boldsymbol{\omega}\parallel_2^2$ 的最小化。这样 SVM 的优化函数等价于

$$\min_{\boldsymbol{\omega},b}\frac{1}{2}\parallel\boldsymbol{\omega}\parallel_2^2$$

$$\text{s. t}\quad y_i(\boldsymbol{\omega}^{\mathrm{T}}\boldsymbol{x}_i+b)\geqslant 1(i=1,2,\cdots,m)$$

由于目标函数 $\frac{1}{2}\parallel\boldsymbol{\omega}\parallel_2^2$ 是凸函数，同时约束条件不等式是仿射的，根据凸优化理论，可以通过拉格朗日函数将优化目标转化为无约束的优化函数，利用 KKT 条件进行求解。具体证明过程不进行赘述，可自行了解。

11.5.5　线性可分 SVM 的算法过程

对于线性可分的 m 个样本 $(\boldsymbol{x}_1,y_1)$，$(\boldsymbol{x}_2,y_2)$，$\cdots$，$(\boldsymbol{x}_m,y_m)$，线性可分支持向量机（SVM）的算法过程可以总结如下。

步骤 1　构造约束优化问题。

$$\min_{\boldsymbol{\alpha}}\frac{1}{2}\sum_{i=1}^{m}\sum_{j=1}^{m}\alpha_i\alpha_j y_i y_j(\boldsymbol{x}_i^{\mathrm{T}}\boldsymbol{x}_j)-\sum_{i=1}^{m}\alpha_i$$

$$\text{s. t.}\quad \sum_{i=1}^{m}\alpha_i y_i=0$$

$$\alpha_i\geqslant 0,\ i=1,2,\cdots,m$$

步骤 2　用 SMO 算法求出上式取最小时对应的 $\boldsymbol{\alpha}$ 向量的值，记为 $\boldsymbol{\alpha}^*$。

步骤 3　计算 $\boldsymbol{\omega}^*=\sum_{i=1}^{m}\alpha_i^* y_i \boldsymbol{x}_i$。

步骤 4　找出所有的 S 个支持向量，即满足 $\alpha_s>0$ 对应的样本 $(\boldsymbol{x}_s,y_s)$，通过 $y_s(\sum_{i=1}^{m}\alpha_i y_i \boldsymbol{x}_i^{\mathrm{T}}\boldsymbol{x}_s+b)=1$，计算出每个支持向量 $(\boldsymbol{x}_s,y_s)$ 对应的 $b_s^*=y_s-\sum_{i=1}^{m}\alpha_i y_i \boldsymbol{x}_i^{\mathrm{T}}\boldsymbol{x}_s$。所有的 b_s^* 对应的平均值即为最终的 $b^*=\frac{1}{S}\sum_{i=1}^{S}b_s^*$。

这样最终的分类超平面为：$\boldsymbol{\omega}^*\boldsymbol{x}+b^*=0$，最终的分类决策函数为 $f(x)=\mathrm{sign}(\boldsymbol{\omega}^*\boldsymbol{x}+b^*)$。

在某些情况下，数据集本身是线性可分的，意味着可以使用线性分类支持向量机

（SVM）来找到分隔不同类别的超平面。然而，如果数据集中混入了异常点，这些点可能会干扰分类过程，使得数据集看起来不再线性可分。例如：图 11.12 展示了一个情景，其中大部分数据点可以通过一条实线超平面被清晰地分隔开，但一个黑色和一个灰色的异常点的存在，却妨碍了这一过程，导致无法简单地应用线性 SVM 来分类。

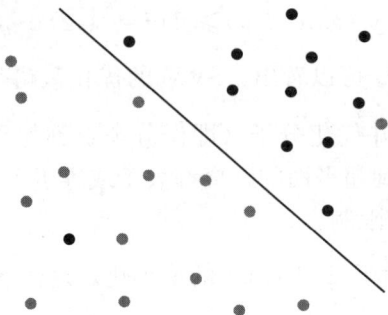

图 11.12　存在异常点的分类问题（1）

　　这种情况下，这些异常点虽然数量不多，但它们对分类结果的影响却是显著的。它们扰乱了原本清晰的分类边界，使得模型难以找到一个能够将所有正常数据点正确分类的超平面。因此，为了恢复数据集的线性可分性，需要采取一些措施来处理这些异常点，如通过异常点检测方法将它们识别并移除，或者使用更加鲁棒的分类方法来减少它们对模型的影响。这样，就能够重新利用线性 SVM 的学习方法，准确地对数据进行分类。

　　在某些情况下，数据集可能并非完全线性不可分，但异常点的存在仍然会显著影响模型的泛化能力。如图 11.13 所示，如果忽略异常点，SVM 能够找到一个如线 a，b 所示的理想超平面，将不同类别的数据点有效分隔。然而，一个异常点（图中圆点）的存在可能会误导模型，导致学习到的超平面变成了粗虚线所示，这个超平面可能会穿过一些正常的数据点，从而降低分类的准确性。

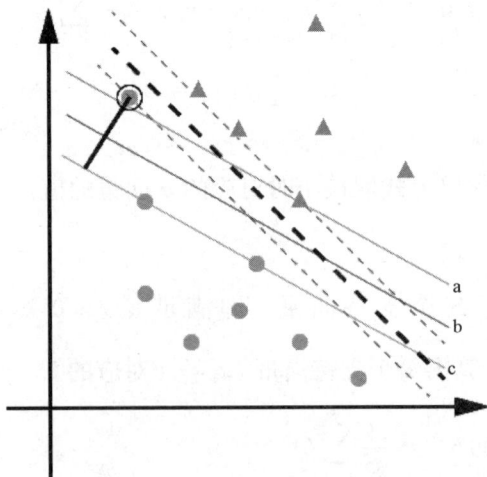

图 11.13　存在异常点的分类问题（2）

　　这种由异常点引起的问题虽然没有导致数据集完全线性不可分，但却严重影响了模型的预测性能。异常点的干扰使得超平面过于贴近这些异常值，从而影响了对其他正常数据点的分类。这不仅降低了模型在训练集上的分类准确率，更重要的是，它会损害模型在未见过的测试数据上的泛化能力。

　　为了提高模型的泛化性能，需要采取措施来识别并处理这些异常点。这可能包括使用异常点检测技术来识别并剔除异常点，或者采用更加鲁棒的学习方法，如软间隔 SVM，以减少异常点对模型训练的影响。下面将介绍通过软间隔最大化来解决该问题。

1. 线性分类 SVM 的软间隔最大化

　　所谓的软间隔，是指相对于硬间隔来说的。SVM 对训练集里面的每个样本 (x_i, y_i) 引入了一个松弛变量 $\xi_i \geqslant 0$，使函数间隔加上松弛变量大于或等于 1，即

$$y_i(\boldsymbol{\omega} \cdot x_i + b) \geqslant 1 - \xi_i$$

　　这里的条件显然比硬间隔条件要宽松，因为现在允许数据点的函数间隔不必严格大于或等于 1，只要加上一个非负的松弛变量 ξ_i 后能大于或等于 1 即可。这种放松的条件使得模型能够容忍一些误分类的点，从而提高模型对异常点的鲁棒性。

　　当然，引入松弛变量是有代价的。每个松弛变量 ξ_i 都对应一个惩罚项 $C\xi_i$，其中 C 是一个正的调节参数：C 越大，对误分类的惩罚越大；C 越小，对误分类的惩罚越小，用于控制误分类的惩罚力度。这样，就得到了软间隔最大化的 SVM 学习条件，即

$$\min \frac{1}{2} \parallel \boldsymbol{\omega} \parallel_2^2 + C\sum_{i=1}^{m} \xi_i$$

$$\text{s. t. } y_i(\boldsymbol{\omega}^\mathrm{T} x_i + b) \geqslant 1 - \xi_i, i = 1, 2, \cdots, m$$

$$\xi_i \geqslant 0, i = 1, 2, \cdots, m$$

　　也就是说，希望 $\frac{1}{2} \parallel \boldsymbol{\omega} \parallel_2^2$ 尽量小，从而减少误分类的样本数量。参数 C 是用于平衡误分类惩罚和间隔最大化之间的权衡因子，它是一个正则化惩罚系数，其值需要通过交叉验证等调参方法来确定。这个目标函数的优化和线性可分 SVM 的优化方式类似。

　　对于线性可分 SVM，硬间隔最大化和软间隔最大化的算法都能够有效地处理那些在特征空间中线性可分的数据集。然而，对于那些在原始特征空间中完全线性不可分的数据集，通过映射技术将它们转换到更高维的空间，在这个新的空间中，数据可能就变得线性可分了，线性可分 SVM 的算法思想因此得以应用。

2. 核函数的引入

　　对于线性不可分的低维特征数据，可以将其映射到高维，就能线性可分。现在将它运用到 SVM 的算法上。在线性可分 SVM 的优化目标函数中，低维特征仅仅以内积 $x_i \cdot x_j$ 的形式出现，如果定义一个低维特征空间到高维特征空间的映射 ϕ，将所有特征映射到一个更高的维度，让数据线性可分，就可以优化目标函数，求出分离超平面和分类决策函数了。在高维空间中，SVM 的优化目标函数变成

$$\min_{\boldsymbol{\alpha}} \frac{1}{2} \sum_{i=1}^{m} \sum_{j=1}^{m} \alpha_i \alpha_j y_i y_j \phi(x_i) \cdot \phi(x_j) - \sum_{i=1}^{m} \alpha_i$$

$$\text{s. t. } \sum_{i=1}^{m} \alpha_i y_i = 0$$

$$0 \leqslant \alpha_i \leqslant C$$

可以看到，与线性可分 SVM 的优化目标函数相比，区别仅在于将原始内积 $x_i \cdot x_j$ 替换为映射后的内积 $\phi(x_i) \cdot \phi(x_j)$。这种替换使得 SVM 能够在高维空间中寻找最优的分离超平面，而无需直接在原始低维空间中进行复杂的非线性变换。

虽然将低维特征数据映射到高维空间可以让原本线性不可分的数据变得线性可分，从而使得 SVM 能够找到分离超平面，但这并不是一个完美的解决方案。例如：如果有一个二维特征的数据集，可以将其映射到五维空间来计算特征的内积。对于三维特征空间的数据，可以映射到二十维空间。这种方法看似可行，但当特征维度增加到 100 或 1 000 时，需要将数据映射到一个非常高的维度，这将导致计算量的爆炸性增长。在这种情况下，映射后的高维空间的维度将变得不可控制，计算内积的成本也变得难以承受。特别是当涉及无穷维空间时，传统的映射方法将无法实现。

为了解决这个问题，核函数的概念被引入到 SVM 中。核函数是一种巧妙的数学工具，它允许在低维输入空间中直接计算高维特征空间中的内积。假设 φ 是一个从低维的输入空间 χ（欧式空间的子集或者离散集合）到高维的希尔伯特空间的 HH 映射，如果存在函数 $K(x,z)$，对于任意 $x, z \in \chi$，都有 $K(x,z) = \phi(x) \cdot \phi(z)$，那么称 $K(x,z)$ 为核函数。核函数的计算完全在原始的低维特征空间中进行，从而避免了在高维空间中直接计算内积所带来的巨大计算量。这种方法不仅简化了计算过程，而且使得 SVM 能够处理那些在高维或无穷维特征空间中线性可分的数据集。下面来看看常见的核函数，选择这几个核函数介绍是因为 Scikit-learn 中默认可选的就是下面几个核函数。

线性核函数（linear kernel）其实就是线性可分 SVM，表达式为

$$K(x,z) = x \cdot z$$

也就是说，线性可分 SVM 可以和线性不可分 SVM 归为一类，区别仅仅在于线性可分 SVM 用的是线性核函数。

多项式核函数（polynomial kernel）是线性不可分 SVM 常用的核函数之一，表达式为

$$K(x,z) = (\gamma x \cdot z + r)^d$$

其中，γ, r, d 都需要自己调参定义。

高斯核函数（gaussian kernel），在 SVM 中也称为径向基核函数（radial basis function, RBF），它是非线性分类 SVM 最主流的核函数，也是 LIBSVM 默认的核函数，其表达式为

$$K(x,z) = \exp(-\gamma \parallel x - z \parallel^2)$$

其中，γ 大于 0，需要自己调参定义。

Sigmoid 核函数（Sigmoid kernel）也是线性不可分 SVM 常用的核函数之一，表达式为

$$K(x,z) = \tanh(\gamma x \cdot z + r)$$

其中，γ, r 都需要自己调参定义。

自测题

自测题答案

思考与练习

1. 比较 K-means 和 DBSCAN 聚类算法的异同，并讨论它们在实际应用中的适用性。
2. SVM 中的大间距分类器是什么？
3. 阐述 Apriori 算法的基本原理，并讨论其优缺点及改进方法。
4. 详细解释决策树中的信息增益比和基尼指数，并讨论它们在选择最优特征时的差异。
5. 简述决策树的基本构建过程。
6. 什么是过拟合（overfitting）？有哪些防止过拟合的方法。
7. 简述监督学习和无监督学习的区别。
8. 关联规则分析方法中的置信度和支持度分别是如何计算的？

人物小传

格兰杰（Clive Granger）

格兰杰 1934 年出生于英国的威尔士，1955 年获得诺丁汉大学颁发的首批经济学与数学联合学位，1959 年获统计学博士学位。于 1974 年移居美国，成为加州大学圣地亚哥分校经济系教授。

宏观经济学实证研究的一个主要工作就是检验和估计（test & estimate），即由宏观经济理论出发，推导主要宏观经济变量之间关系的假设命题（hypothesis）。然而，当这些宏观经济变量本身是非稳定时，那么所有的统计推论（statistical inference）都无法进行，若无视变量的非稳定性直接建立模型就会导致伪模型。格兰杰成功地解决了这一难题。

1987 年，格兰杰在计量经济学顶级杂志《计量经济学》上发表了《协整和误差校正：表示、估计和检验》一文。在该论文中，格兰杰提出了协整（cointegration）理论和误差校正模型（error correction model，ECM），并因此获得了 2003 年诺贝尔经济学奖。

格兰杰的主要著作有《经济时间序列的谱分析》（1964）、《股价的可预测性》（1970）、《商品价格的投机、套利和预测》（1970）、《经济时间序列预测》（1977）、《双线性时间序列模型导论》（1990）、《经济学的实证建模：设定和估计》（1999）等。

附录 A　常用统计表

表 A.1　标准正态分布表

$$\Phi(z) = \frac{1}{\sqrt{2\pi}} \int_{-\infty}^{z} e^{-\frac{z^2}{2}} \, dx \quad (z \geqslant 0)$$

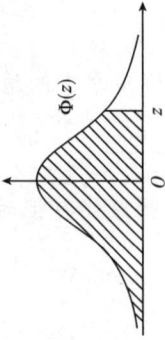

z	0.00	0.01	0.02	0.03	0.04	0.05	0.06	0.07	0.08	0.09
0.0	0.500 0	0.504 0	0.508 0	0.512 0	0.516 0	0.519 9	0.523 9	0.527 9	0.531 9	0.535 9
0.1	.539 8	.543 8	.547 8	.551 7	.555 7	.559 6	.563 6	.567 5	.571 4	.575 3
0.2	.579 3	.583 2	.587 1	.591 0	.594 3	.598 7	.602 6	.606 4	.610 3	.614 1
0.3	.617 9	.621 7	.625 5	.629 3	.633 1	.636 8	.640 6	.644 3	.648 0	.651 7
0.4	.655 4	.659 1	.662 8	.666 4	.670 0	.673 6	.677 2	.680 8	.684 4	.687 9
0.5	.691 5	.695 0	.698 5	.701 9	.705 4	.708 8	.712 3	.715 7	.719 0	.722 4
0.6	.725 7	.729 1	.732 4	.735 7	.738 9	.742 2	.745 4	.748 6	.751 7	.754 9
0.7	.758 0	.761 1	.764 2	.757 3	.770 3	.773 4	.776 4	.779 4	.782 3	.785 2
0.8	.788 1	.791 0	.793 9	.796 7	.799 5	.802 3	.805 1	.807 8	.810 6	.813 8
0.9	.815 9	.818 6	.821 2	.823 8	.826 4	.828 9	.831 5	.834 0	.836 5	.838 9
1.0	.841 3	.843 8	.846 1	.848 5	.850 8	.853 1	.855 4	.857 7	.859 9	.862 1
1.1	.864 3	.866 5	.868 6	.870 8	.872 9	.874 9	.877 0	.879 0	.881 0	.883 0
1.2	.884 9	.886 9	.888 8	.890 7	.892 5	.894 4	.896 2	.898 0	.899 7	.901 47
1.3	.903 20	.904 90	.906 58	.908 24	.909 88	.911 49	.913 09	.914 66	.916 21	.917 74
1.4	.919 24	.920 73	.922 20	.923 64	.925 07	.926 47	.927 85	.929 22	.930 56	.931 89
1.5	.933 19	.934 48	.935 74	.936 99	.938 22	.939 43	.940 62	.941 79	.942 95	.944 08
1.6	.945 20	.946 30	.947 38	.948 45	.949 50	.950 53	.951 54	.952 54	.953 52	.954 49
1.7	.955 43	.956 37	.957 28	.958 18	.959 07	.959 94	.960 80	.961 64	.962 46	.963 27
1.8	.964 07	.964 85	.965 62	.966 38	.967 12	.967 84	.968 56	.969 26	.969 95	.970 62
1.9	.971 28	.971 93	.972 57	.973 20	.973 81	.974 41	.975 00	.975 58	.976 15	.976 70

续表

z	0.00	0.01	0.02	0.03	0.04	0.05	0.06	0.07	0.08	0.09	z
2.0	.977 25	.977 78	.978 31	.978 82	.979 32	.979 82	.980 30	.980 77	.981 24	.981 69	2.0
2.1	.982 14	.982 57	.983 00	.983 41	.983 82	.984 22	.984 61	.985 00	.985 37	.985 74	2.1
2.2	.986 10	.986 45	.986 79	.987 13	.987 45	.987 78	.988 09	.988 40	.988 70	.988 99	2.2
2.3	.989 28	.989 56	.989 83	$.9^2$00 97	$.9^2$03 58	$.9^2$06 13	$.9^2$08 63	$.9^2$11 06	$.9^2$13 44	$.9^2$15 76	2.3
2.4	$.9^2$18 02	$.9^2$20 24	$.9^2$22 40	$.9^2$24 51	$.9^2$26 56	$.9^2$28 57	$.9^2$30 53	$.9^2$32 44	$.9^2$34 31	$.9^2$36 13	2.4
2.5	$0.9^2$37 90	$.9^2$39 63	$.9^2$41 32	$.9^2$42 97	$.9^2$44 57	$0.9^2$46 14	$.9^2$47 66	$.9^2$49 15	$0.9^2$50 60	$0.9^2$52 01	2.5
2.6	$.9^2$53 39	$.9^2$54 73	$.9^2$56 04	$.9^2$57 31	$.9^2$58 55	$.9^2$59 75	$.9^2$60 93	$.9^2$62 07	$.9^2$63 19	$.9^2$64 27	2.6
2.7	$.9^2$63 33	$.9^2$66 36	$.9^2$67 36	$.9^2$68 33	$.9^2$69 28	$.9^2$70 20	$.9^2$71 10	$.9^2$71 97	$.9^2$72 82	$.9^2$73 65	2.7
2.8	$.9^2$74 45	$.9^2$75 23	$.9^2$75 99	$.9^2$76 73	$.9^2$77 44	$.9^2$78 41	$.9^2$78 82	$.9^2$79 48	$.9^2$80 12	$.9^2$80 74	2.8
2.9	$.9^2$81 34	$.9^2$81 93	$.9^2$82 50	$.9^2$83 05	$.9^2$83 59	$.9^2$84 11	$.9^2$84 62	$.9^2$85 11	$.9^2$85 59	$.9^2$86 05	2.9
3.0	$.9^2$86 50	$.9^2$86 94	$.9^2$87 36	$.9^2$87 77	$.9^2$88 17	$.9^2$88 56	$.9^2$88 93	$.9^2$89 30	$.9^2$89 65	$.9^2$89 99	3.0
3.1	$.9^3$02 34	$.9^3$06 46	$.9^3$09 57	$.9^3$12 60	$.9^3$15 53	$.9^3$18 36	$.9^3$21 12	$.9^3$23 78	$.9^3$26 36	$.9^3$28 86	3.1
3.2	$.9^3$31 29	$.9^3$33 63	$.9^3$35 90	$.9^3$38 10	$.9^3$40 24	$.9^3$42 30	$.9^3$44 29	$.9^3$46 28	$.9^3$48 10	$.9^3$49 91	3.2
3.3	$.9^3$51 66	$.9^3$53 35	$.9^3$54 99	$.9^3$56 58	$.9^3$58 11	$.9^3$59 59	$.9^3$61 03	$.9^3$62 42	$.9^3$63 76	$.9^3$65 05	3.3
3.4	$.9^3$66 31	$.9^3$67 52	$.9^3$68 69	$.9^3$69 82	$.9^3$70 91	$.9^3$71 97	$.9^3$72 99	$.9^3$73 98	$.9^3$74 93	$.9^3$75 85	3.4
3.5	$.9^3$76 74	$.9^3$77 59	$.9^3$78 42	$.9^3$79 22	$.9^3$79 99	$.9^3$80 74	$.9^3$81 46	$.9^3$82 15	$.9^3$82 82	$.9^3$83 47	3.5
3.6	$.9^3$84 09	$.9^3$84 69	$.9^3$85 27	$.9^3$85 83	$.9^3$86 37	$.9^3$86 89	$.9^3$87 39	$.9^3$87 87	$.9^3$88 34	$.9^3$88 79	3.6
3.7	$.9^3$89 22	$.9^3$89 64	$.9^4$00 39	$.9^4$04 26	$.9^4$07 99	$.9^4$11 58	$.9^4$15 04	$.9^4$18 38	$.9^4$21 59	$.9^4$24 68	3.7
3.8	$.9^4$27 65	$.9^4$30 52	$.9^4$33 27	$.9^4$35 93	$.9^4$38 48	$.9^4$40 94	$.9^4$43 31	$.9^4$45 58	$.9^4$47 77	$.9^4$49 88	3.8
3.9	$.9^4$51 90	$.9^4$53 85	$.9^4$55 73	$.9^4$57 53	$.9^4$59 26	$.9^4$60 92	$.9^4$62 53	$.9^4$64 06	$.9^4$65 54	$.9^4$66 96	3.9
4.0	$.9^4$68 33	$.9^4$69 64	$.9^4$70 90	$.9^4$72 11	$.9^4$73 27	$.9^4$74 39	$.9^4$75 46	$.9^4$76 49	$.9^4$77 48	$.9^4$78 43	4.0
4.1	$.9^4$79 34	$.9^4$80 22	$.9^4$81 06	$.9^4$81 86	$.9^4$82 63	$.9^4$83 38	$.9^4$84 09	$.9^4$84 77	$.9^4$85 42	$.9^4$86 05	4.1
4.2	$.9^4$86 65	$.9^4$87 23	$.9^4$87 78	$.9^4$88 32	$.9^4$88 82	$.9^4$89 31	$.9^4$89 78	$.9^5$02 26	$.9^5$06 55	$.9^5$10 66	4.2
4.3	$.9^5$14 60	$.9^5$18 37	$.9^5$21 99	$.9^5$25 45	$.9^5$28 76	$.9^5$31 93	$.9^5$34 97	$.9^5$37 88	$.9^5$40 66	$.9^5$43 32	4.3
4.4	$.9^5$45 87	$.9^5$48 31	$.9^5$50 65	$.9^5$52 88	$.9^5$55 02	$.9^5$57 06	$.9^5$59 02	$.9^5$60 89	$.9^5$62 68	$.9^5$64 39	4.4

表 A. 2　正态分布常用分位数表

$1-\alpha$	0.90	0.95	0.975	0.99	0.995	0.999
$z_{1-\alpha}$	1.282	1.645	1.960	2.326	2.576	3.090

表 A. 3　t 分布表

$$P\{t(n)>t_\alpha(n)\}=\alpha$$

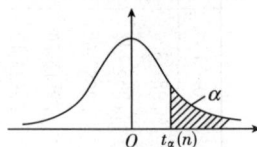

n	$\alpha=0.25$	0.10	0.05	0.025	0.01	0.005
1	1.000 0	3.077 7	6.313 8	12.706 2	31.820 7	63.657 4
2	0.816 5	1.885 6	2.920 0	4.302 7	6.964 6	9.921 8
3	0.764 9	1.637 7	2.353 4	3.182 4	4.540 7	5.840 9
4	0.740 7	1.533 2	2.131 8	2.776 4	3.746 9	4.604 1
5	0.726 7	1.475 9	2.015 0	2.570 6	3.364 9	4.032 2
6	0.717 6	1.439 8	1.943 2	2.446 9	3.142 7	3.707 4
7	0.711 1	1.414 9	1.894 6	2.364 6	2.998 0	3.499 5
8	0.706 4	1.396 8	1.859 5	2.306 0	2.896 5	3.355 4
9	0.702 7	1.383 0	1.833 1	2.262 2	2.821 4	3.249 8
10	0.699 8	1.372 2	1.812 5	2.228 1	2.763 8	3.169 3
11	0.697 4	1.363 4	1.795 9	2.201 0	2.718 1	3.105 8
12	0.695 5	1.356 2	1.782 3	2.178 8	2.681 0	3.054 5
13	0.693 8	1.350 2	1.770 9	2.160 4	2.650 3	3.012 3
14	0.692 4	1.345 0	1.761 3	2.144 8	2.624 5	2.976 8
15	0.691 2	1.340 6	1.753 1	2.131 5	2.602 5	2.946 7
16	0.690 1	1.336 8	1.745 9	2.119 9	2.583 5	2.920 8
17	0.689 2	1.333 4	1.739 6	2.109 8	2.566 9	2.898 2
18	0.688 4	1.330 4	1.734 1	2.100 9	2.552 4	2.878 4
19	0.687 6	1.327 7	1.729 1	2.093 0	2.539 5	2.860 9
20	0.687 0	1.325 3	1.724 7	2.086 0	2.528 0	2.845 3
21	0.686 4	1.323 2	1.720 7	2.079 6	2.517 7	2.831 4
22	0.685 8	1.321 2	1.717 1	2.073 9	2.508 3	2.818 8
23	0.685 3	1.319 5	1.713 9	2.068 7	2.499 9	2.807 3
24	0.684 8	1.317 8	1.710 9	2.063 9	2.492 2	2.796 9
25	0.684 4	1.316 3	1.708 1	2.059 5	2.485 1	2.787 4
26	0.684 0	1.315 0	1.705 6	2.055 5	2.478 6	2.778 7
27	0.683 7	1.313 7	1.703 3	2.051 8	2.472 7	2.770 7
28	0.683 4	1.312 5	1.701 1	2.048 4	2.467 1	2.763 3
29	0.683 0	1.311 4	1.699 1	2.045 2	2.462 0	2.756 4
30	0.682 8	1.310 4	1.697 3	2.042 3	2.457 3	2.750 0
31	0.682 5	1.309 5	1.695 5	2.039 5	2.452 8	2.744 0
32	0.682 2	1.308 6	1.693 9	2.036 9	2.448 7	2.738 5
33	0.682 0	1.307 7	1.692 4	2.034 5	2.444 8	2.733 3
34	0.681 8	1.307 0	1.690 9	2.032 2	2.441 1	2.728 4
35	0.681 6	1.306 2	1.689 6	2.030 1	2.437 7	2.723 8
36	0.681 4	1.305 5	1.688 3	2.028 1	2.434 5	2.719 5
37	0.681 2	1.304 9	1.687 1	2.026 2	2.431 4	2.715 4
38	0.681 0	1.304 2	1.686 0	2.024 4	2.428 6	2.711 6
39	0.680 8	1.303 6	1.684 9	2.022 7	2.425 8	2.707 9
40	0.680 7	1.303 1	1.683 9	2.021 1	2.423 3	2.704 5
41	0.680 5	1.302 5	1.682 9	2.019 5	2.420 8	2.701 2
42	0.680 4	1.302 0	1.682 0	2.018 1	2.418 5	2.698 1
43	0.680 2	1.301 6	1.681 1	2.016 7	2.416 3	2.695 1
44	0.680 1	1.301 1	1.680 2	2.015 4	2.414 1	2.692 3
45	0.680 0	1.300 6	1.679 4	2.014 1	2.412 1	2.689 6

表 A.4 χ^2 分布表

$$P\{\chi^2(n) > \chi_\alpha^2(n)\} = \alpha$$

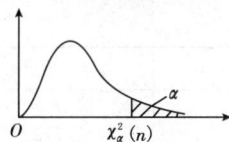

n	$\alpha=0.995$	0.99	0.975	0.95	0.90	0.75
1	—	—	0.001	0.004	0.016	0.102
2	0.010	0.020	0.051	0.103	0.211	0.575
3	0.072	0.115	0.216	0.352	0.584	1.213
4	0.207	0.297	0.484	0.711	1.064	1.923
5	0.412	0.554	0.831	1.145	1.610	2.675
6	0.676	0.872	1.237	1.635	2.204	3.455
7	0.989	1.239	1.690	2.167	2.833	4.255
8	1.344	1.646	2.180	2.733	3.490	5.071
9	1.735	2.088	2.700	3.325	4.168	5.899
10	2.156	2.558	3.247	3.940	4.865	6.737
11	2.603	3.053	3.816	4.575	5.578	7.584
12	3.074	3.571	4.404	5.226	6.304	8.438
13	3.565	4.107	5.009	5.892	7.042	9.299
14	4.075	4.660	5.629	6.571	7.790	10.165
15	4.601	5.229	6.262	7.261	8.547	11.037
16	5.142	5.812	6.908	7.962	9.312	11.912
17	5.697	6.408	7.564	8.672	10.085	12.792
18	6.265	7.015	8.231	9.390	10.865	13.675
19	6.844	7.663	8.907	10.117	11.651	14.562
20	7.434	8.260	9.591	10.851	12.443	15.452
21	8.034	8.897	10.283	11.591	13.240	16.344
22	8.643	9.542	10.982	12.338	14.042	17.240
23	9.260	10.196	11.689	13.091	14.848	18.137
24	9.886	10.856	12.401	13.848	15.659	19.037
25	10.520	11.524	13.120	14.611	16.473	19.939
26	11.160	12.198	13.844	15.379	17.292	20.843
27	11.808	12.879	14.573	16.151	18.114	21.749
28	12.461	13.565	15.308	16.928	18.939	22.657
29	13.121	14.257	16.047	17.708	19.768	23.567
30	13.787	14.954	16.791	18.493	20.599	24.478
31	14.458	15.655	17.539	19.281	21.434	25.390
32	15.134	16.362	18.291	20.072	22.271	26.304
33	15.815	17.074	19.047	20.867	23.110	27.219
34	16.501	17.789	19.806	21.664	23.952	28.136
35	17.192	18.509	20.569	22.465	24.797	29.054
36	17.887	19.233	21.336	23.269	25.643	29.937
37	18.586	19.960	22.106	24.075	26.492	30.893
38	19.289	20.691	22.878	24.884	27.343	31.815
39	19.996	21.426	23.654	25.695	28.196	32.737
40	20.707	22.164	24.433	26.509	29.051	33.660
41	21.421	20.906	25.215	27.326	29.907	34.585
42	22.138	23.650	25.999	28.144	30.765	35.510
43	22.859	24.398	26.785	28.965	31.625	36.436
44	23.584	25.148	27.575	29.787	32.487	37.363
45	24.311	25.901	28.366	30.612	33.350	38.291

n	α=0.25	0.10	0.05	0.025	0.01	0.005
1	1.323	2.706	3.841	5.024	6.635	7.879
2	2.773	4.605	5.991	7.378	9.210	10.597
3	4.108	6.251	7.815	9.348	11.345	12.838
4	5.385	7.779	9.488	11.143	13.277	14.860
5	6.626	9.236	11.071	12.833	15.086	16.750
6	7.841	10.645	12.592	14.449	16.812	18.548
7	9.037	12.017	14.067	16.013	18.475	20.278
8	10.219	13.362	15.507	17.535	20.090	21.955
9	11.389	14.684	16.919	19.023	21.666	23.589
10	12.549	15.987	18.307	20.483	23.209	25.188
11	13.701	17.275	19.675	21.920	24.725	26.757
12	14.845	18.549	21.026	23.337	26.217	28.299
13	15.984	19.812	22.362	24.736	27.688	29.819
14	17.117	21.064	23.685	26.119	29.141	31.319
15	18.245	22.307	24.996	27.488	30.578	32.801
16	19.369	23.542	26.296	28.845	32.000	34.267
17	20.489	24.769	27.587	30.191	33.409	35.718
18	21.605	25.989	28.869	31.526	34.805	37.156
19	22.718	37.204	30.144	32.852	36.191	38.582
20	23.828	28.412	31.410	34.170	37.566	39.997
21	24.935	29.615	32.671	36.479	38.932	41.401
22	26.039	30.813	33.924	36.781	40.289	42.796
23	27.141	32.007	35.172	38.076	41.638	44.181
24	28.241	33.196	36.415	39.364	42.980	45.559
25	29.339	34.382	37.652	40.646	44.314	46.928
26	30.435	35.563	38.885	41.923	45.642	48.290
27	31.528	36.741	40.113	43.194	46.963	49.645
28	32.620	37.916	41.337	44.461	48.278	50.993
29	33.711	39.087	42.557	45.722	49.588	52.336
30	34.800	40.256	43.773	46.979	50.892	53.672
31	35.887	41.422	44.985	48.232	52.191	55.003
32	36.973	42.585	46.194	49.480	53.486	56.328
33	38.058	43.745	47.400	50.725	54.776	57.648
34	39.141	44.903	48.620	51.966	56.061	58.964
35	40.223	46.059	49.802	53.203	57.342	60.275
36	41.304	47.212	50.998	54.437	58.619	61.581
37	42.383	48.363	52.192	55.668	59.892	62.883
38	43.462	49.513	53.384	56.896	61.162	64.181
39	44.539	50.600	54.572	58.120	62.428	65.476
40	45.616	51.805	55.758	59.342	63.691	66.766
41	46.692	52.949	56.942	60.561	64.950	68.053
42	47.766	54.090	58.124	61.777	66.206	69.336
43	48.840	55.230	59.304	62.990	67.459	70.616
44	49.913	56.369	60.481	64.201	68.710	71.893
45	50.985	57.505	61.656	65.410	69.957	73.166

表 A.5 F 分布表

$$P\{F(n_1, n_2) > F_\alpha(n_1, n_2)\} = \alpha$$

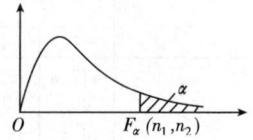

n_2	n_1												
	1	2	3	4	5	6	7	8	9	10	20	30	60
1	161 / 4052	200 / 4999	216 / 5403	225 / 5625	230 / 5764	234 / 5859	247 / 5928	239 / 5981	241 / 6022	242 / 6056	248 / 6208	250 / 6258	252.2 / 6313
2	18.51 / 98.49	19.00 / 99.01	19.16 / 99.17	19.25 / 99.25	19.30 / 99.30	19.33 / 99.33	19.36 / 99.34	19.37 / 99.36	19.38 / 99.38	19.39 / 99.40	19.44 / 99.45	19.46 / 99.47	19.48 / 99.48
3	10.13 / 34.12	9.55 / 30.81	9.28 / 29.46	9.12 / 28.71	9.01 / 28.24	8.94 / 27.91	8.88 / 27.67	8.84 / 27.49	8.81 / 27.34	8.78 / 27.25	8.66 / 26.69	8.62 / 26.50	8.57 / 26.32
4	7.71 / 21.20	6.94 / 18.00	6.59 / 16.69	6.39 / 15.98	6.26 / 15.52	6.16 / 15.21	6.09 / 14.98	6.04 / 14.80	6.00 / 14.66	5.96 / 14.54	5.80 / 14.02	5.74 / 13.83	5.69 / 13.65
5	6.61 / 16.26	5.79 / 13.27	5.41 / 12.06	5.19 / 11.39	5.05 / 10.97	4.95 / 10.67	4.88 / 10.45	4.82 / 10.27	4.78 / 10.15	4.74 / 10.05	4.56 / 9.55	4.50 / 9.38	4.43 / 9.20
6	5.99 / 13.74	5.14 / 10.92	4.76 / 9.78	4.53 / 9.15	4.39 / 8.75	4.28 / 8.47	4.21 / 8.26	4.15 / 8.10	4.10 / 7.98	4.06 / 7.87	3.87 / 7.39	3.81 / 7.23	3.74 / 7.06
7	5.59 / 12.25	4.74 / 9.55	4.35 / 8.45	4.12 / 7.85	3.97 / 7.46	3.87 / 7.19	3.79 / 7.00	3.73 / 6.84	3.68 / 6.71	3.63 / 6.62	3.44 / 6.15	3.38 / 5.98	3.30 / 5.82
8	5.32 / 11.26	4.46 / 8.65	4.07 / 7.59	3.84 / 7.01	3.69 / 6.63	3.58 / 6.37	3.50 / 6.19	3.44 / 6.03	3.39 / 5.91	3.34 / 5.82	3.15 / 5.36	3.08 / 5.20	3.01 / 5.03
9	5.12 / 10.56	4.26 / 8.02	3.86 / 6.99	3.63 / 6.42	3.48 / 6.06	3.37 / 5.80	3.29 / 5.62	3.23 / 5.47	3.18 / 5.35	3.13 / 5.26	2.96 / 4.80	2.86 / 4.64	2.79 / 4.48
10	4.96 / 10.04	4.10 / 7.56	3.71 / 6.55	3.48 / 5.99	3.33 / 5.64	3.22 / 5.39	3.14 / 5.21	3.07 / 5.06	3.02 / 4.95	2.97 / 4.85	2.77 / 4.41	2.70 / 4.25	2.62 / 4.08
11	4.84 / 9.65	3.98 / 7.20	3.59 / 6.22	3.36 / 5.67	3.20 / 5.32	3.09 / 5.07	3.01 / 4.88	2.95 / 4.74	2.90 / 4.63	2.86 / 4.54	2.65 / 4.10	2.57 / 3.94	2.49 / 3.78
12	4.75 / 9.33	3.88 / 6.93	3.49 / 5.95	3.26 / 5.41	3.11 / 5.06	3.00 / 4.82	2.92 / 4.65	2.85 / 4.50	2.80 / 4.39	2.76 / 4.30	2.54 / 3.86	2.46 / 3.70	2.38 / 3.54
13	4.67 / 9.07	3.80 / 6.70	3.41 / 5.74	3.18 / 5.20	3.02 / 4.86	2.92 / 4.62	2.84 / 4.44	2.77 / 4.30	2.72 / 4.19	2.67 / 4.10	2.46 / 3.67	2.38 / 3.51	2.30 / 3.34
14	4.60 / 8.86	3.74 / 6.51	3.34 / 5.56	3.11 / 5.03	2.96 / 4.69	2.85 / 4.46	2.77 / 4.28	2.70 / 4.14	2.65 / 4.03	2.60 / 3.94	2.39 / 3.51	2.31 / 3.34	2.22 / 3.18
15	4.54 / 8.68	3.68 / 6.36	3.29 / 5.42	3.06 / 4.89	2.90 / 4.56	2.79 / 4.32	2.70 / 4.14	2.64 / 4.00	2.59 / 3.89	2.55 / 3.80	2.33 / 3.36	2.25 / 3.20	2.16 / 3.05
16	4.49 / 8.53	3.63 / 6.23	3.24 / 5.29	3.01 / 4.77	2.85 / 4.44	2.74 / 4.20	2.66 / 4.03	2.57 / 3.89	2.54 / 3.78	2.49 / 3.69	2.28 / 3.26	2.20 / 3.10	2.11 / 2.93
17	4.45 / 8.40	3.59 / 6.11	3.20 / 5.18	2.96 / 4.67	2.81 / 4.34	2.70 / 4.10	2.62 / 3.93	2.55 / 3.79	2.50 / 3.68	2.45 / 3.59	2.23 / 3.16	2.15 / 3.00	2.06 / 2.83
18	4.41 / 8.28	3.55 / 6.01	3.16 / 5.09	2.93 / 4.58	2.77 / 4.25	2.66 / 4.01	2.58 / 3.85	2.51 / 3.71	2.46 / 3.60	2.41 / 3.51	2.19 / 3.07	2.11 / 2.91	2.02 / 2.75
19	4.38 / 8.18	3.52 / 5.93	3.13 / 5.01	2.90 / 4.50	2.74 / 4.17	2.63 / 3.94	2.55 / 3.77	2.48 / 3.63	2.43 / 3.52	2.38 / 3.43	2.15 / 3.00	2.07 / 2.84	1.98 / 2.67
20	4.35 / 8.10	3.49 / 5.84	3.10 / 4.94	2.87 / 4.43	2.71 / 4.10	2.60 / 3.87	2.52 / 3.71	2.45 / 3.56	2.40 / 3.45	2.35 / 3.37	2.12 / 2.94	2.04 / 2.77	1.95 / 2.61
30	4.17 / 7.59	3.32 / 5.39	2.92 / 4.51	2.69 / 4.02	2.53 / 3.70	2.42 / 3.47	2.34 / 3.30	2.27 / 3.17	2.21 / 3.06	2.16 / 2.98	1.93 / 2.55	1.84 / 2.38	1.74 / 2.21
40	4.08 / 7.31	3.23 / 5.18	2.84 / 4.31	2.61 / 3.83	2.45 / 3.51	2.34 / 3.29	2.25 / 3.12	2.18 / 2.99	2.12 / 2.88	2.07 / 2.80	1.84 / 2.37	1.74 / 2.20	1.64 / 2.02

（上面一数对应显著性水平 0.05，下面一数对应显著性水平 0.01）

续表

n_2	n_1												
	1	2	3	4	5	6	7	8	9	10	20	30	60
1	647.8	799.5	864.2	899.6	921.8	937.1	948.2	956.7	963.3	968.6	993.1	1001	1010
	39.9	49.5	53.6	55.8	57.2	58.2	58.9	59.4	59.9	60.2	61.7	62.3	62.79
2	38.51	39.00	39.17	39.25	39.30	39.33	39.36	39.37	39.39	39.40	39.45	39.46	39.48
	8.53	9.00	9.16	9.24	9.29	9.33	9.35	9.37	9.38	9.39	9.44	9.46	9.47
3	17.44	16.04	15.44	15.10	14.88	14.73	14.62	14.54	14.47	14.42	14.17	14.08	13.99
	5.54	5.46	5.39	5.34	5.31	5.28	5.27	5.25	5.24	5.23	5.18	5.17	5.15
4	12.22	10.65	9.98	9.60	9.36	9.20	9.07	8.98	8.90	8.84	8.56	8.46	8.36
	4.54	4.32	4.19	4.11	4.05	4.01	3.98	3.95	3.94	3.92	3.84	3.82	3.79
5	10.01	8.43	7.76	7.39	7.15	6.98	6.85	6.76	6.68	6.62	6.33	6.23	6.12
	4.06	3.78	3.62	3.52	3.45	3.40	3.37	3.34	3.32	3.28	3.21	3.17	3.14
6	8.81	7.26	6.60	6.23	5.99	5.82	5.70	5.60	5.52	5.46	5.17	5.07	4.96
	3.78	3.46	3.29	3.18	3.11	3.05	3.01	2.98	2.96	2.94	2.84	2.80	2.76
7	8.07	6.54	5.89	5.52	5.29	5.12	4.99	4.90	4.82	4.76	4.47	4.36	4.25
	3.59	3.26	3.07	2.96	2.88	2.83	2.78	2.75	2.72	2.70	2.59	2.56	2.51
8	7.57	6.06	5.42	5.05	4.82	4.65	4.53	4.43	4.36	4.30	4.00	3.89	3.78
	3.46	3.11	2.92	2.81	2.73	2.67	2.62	2.59	2.56	2.54	2.42	2.38	2.34
9	7.21	5.71	5.08	4.72	4.48	4.32	4.20	4.10	4.03	3.96	3.67	3.56	3.45
	3.36	3.01	2.81	2.69	2.61	2.55	2.51	2.47	2.44	2.42	2.30	2.25	2.21
10	6.94	5.46	4.83	4.47	4.24	4.07	3.95	1.56	3.85	3.72	3.42	3.31	3.20
	3.29	2.92	2.73	2.61	2.52	2.46	2.41	2.38	2.35	2.32	2.20	2.16	2.11
11	6.72	5.26	4.63	4.28	4.04	3.88	3.76	3.66	3.59	3.53	3.23	3.12	3.00
	3.23	2.82	2.66	2.54	2.45	2.39	2.34	2.30	2.27	2.25	2.12	2.08	2.03
12	6.55	5.10	4.47	4.12	3.89	3.73	3.61	3.51	3.44	3.37	3.07	2.96	2.85
	3.18	2.81	2.61	2.48	2.39	2.33	2.28	2.24	2.21	2.19	2.06	2.01	1.96
13	6.41	4.97	4.35	4.00	3.77	3.60	3.48	3.39	3.31	3.25	2.95	2.84	2.72
	3.14	2.76	2.56	2.43	2.35	2.28	2.23	2.20	2.16	2.14	2.01	1.96	1.90
14	6.30	4.86	4.24	3.89	3.66	3.50	3.38	3.29	3.21	3.15	2.84	2.73	2.61
	3.10	2.73	2.52	2.39	2.31	2.24	2.19	2.15	2.12	2.10	1.96	1.91	1.86
15	6.20	4.77	4.15	3.80	3.58	3.41	3.29	3.20	3.12	3.06	2.76	2.64	2.52
	3.07	2.70	2.49	2.36	2.27	2.21	2.16	2.12	2.09	2.06	1.92	1.87	1.82
16	6.12	4.69	4.08	3.73	3.50	3.34	3.22	3.12	3.05	2.99	2.68	2.57	2.45
	3.05	2.67	2.46	2.33	2.24	2.18	2.13	2.09	2.06	2.03	1.89	1.84	1.78
17	6.04	4.62	4.01	3.66	3.44	3.28	3.16	3.06	2.98	2.92	2.62	2.50	2.38
	3.03	2.64	2.44	2.31	2.22	2.15	2.10	2.06	2.03	2.00	1.86	1.81	1.75
18	5.98	4.56	3.95	3.61	3.38	3.22	3.10	3.01	2.93	2.87	2.56	2.44	2.32
	3.01	2.62	2.42	2.29	2.20	2.13	2.08	2.04	2.00	1.98	1.84	1.78	1.72
19	5.92	4.51	3.90	3.56	3.33	3.17	3.05	2.96	2.88	2.82	2.51	2.39	2.27
	2.99	2.61	2.40	2.27	2.18	2.11	2.06	2.02	1.98	1.96	1.81	1.76	1.70
20	5.87	4.46	3.86	3.51	3.29	3.13	3.01	2.91	2.84	2.77	2.46	2.35	2.22
	2.97	2.59	2.38	2.25	2.16	2.09	2.04	2.00	1.96	1.94	1.79	1.74	1.68
30	5.57	4.18	3.59	3.25	3.03	2.87	2.75	2.65	2.57	2.51	2.20	2.07	1.94
	2.88	2.49	2.28	2.14	2.05	1.98	1.93	1.88	1.85	1.82	1.67	1.61	1.54
40	5.42	4.05	3.46	3.13	2.90	2.74	2.62	2.53	2.45	2.39	2.07	1.94	1.80
	2.84	2.44	2.23	2.09	1.97	1.93	1.87	1.83	1.79	1.76	1.61	1.54	1.47
60	5.29	3.93	3.34	3.01	2.79	2.63	2.51	2.41	2.33	2.27	1.94	1.82	1.67
	2.79	2.39	2.18	2.04	1.95	1.87	1.82	1.77	1.74	1.71	1.54	1.48	1.40

（上面一数对应显著性水平 0.025，下面一数对应显著性水平 0.10）

参 考 文 献

[1] 贾俊平，何晓群，金勇进．统计学 ［M］．8 版．北京：中国人民大学出版社，2021.

[2] 吴喜之，吕晓玲．统计学：从数据到结论 ［M］．5 版．北京：中国统计出版社，2021.

[3] 何晓群．多元统计分析 ［M］．5 版．北京：中国人民大学出版社，2019.

[4] 易丹辉．时间序列分析：方法与应用 ［M］．2 版．北京：中国人民大学出版社，2018.

[5] 袁卫，庞皓，曾五一．统计学 ［M］．5 版．北京：高等教育出版社，2019.

[6] 费宇，石磊．统计学 ［M］．3 版．北京：高等教育出版社，2023.

[7] 向蓉美，王青华，马丹．统计学 ［M］．3 版．北京：机械工业出版社，2023.

[8] 朱建平，黄良文．统计学 ［M］．4 版．北京：中国统计出版社，2022.

[9] 坎姆，科克伦，弗里，等．数据可视化：数据探索和解释 ［M］．肖夏波，上官莉莉，
译．北京：机械工业出版社，2024.

[10] 安德森，斯威尼，威廉斯，等．商务与经济统计：精要版：原书第 9 版 ［M］．张建
华，王健，译．北京：机械工业出版社，2024.